当代中国中等职业教育

曹晔 等著

南开大学出版社
天津

图书在版编目(CIP)数据

当代中国中等职业教育 / 曹晔等著. —天津：南开大学出版社，2016.7
ISBN 978-7-310-05155-7

Ⅰ.①当… Ⅱ.①曹… Ⅲ.①中等专业教育—发展—研究—中国 Ⅳ.①G719.2

中国版本图书馆 CIP 数据核字(2016)第 144065 号

南开大学出版社出版发行
出版人:孙克强
地址:天津市南开区卫津路 94 号　邮政编码:300071
营销部电话:(022)23508339　23500755
营销部传真:(022)23508542　邮购部电话:(022)23502200
*
天津市蓟县宏图印务有限公司印刷
全国各地新华书店经销
*
2016 年 6 月第 1 版　2016 年 6 月第 1 次印刷
230×155 毫米　16 开本　28.125 印张　2 插页　400 千字
定价:55.00 元

如遇图书印装质量问题,请与本社营销部联系调换,电话:(022)23507125

本书为全国教育科学“十一五”规划教育部重点课题（DJA090270）和“十二五”规划教育部重点课题(DJA120290）的基础性研究成果，得到天津市高等学校职教教师教育创新团队培养建设规划项目（TD12-5044）和天津市人文社会科学重点研究基地(职业教育发展研究中心)资助。

前　言

职业教育在中国有一个很长的历史发展过程，作为劳动技能的传授途径，可以追溯到秦汉或更古老的时代；作为近代学校教育的一部分，它伴随着民族工业发展而诞生，出现于 1866 年，始于福建的船政学堂。在旧中国，由于政府腐败，战乱连年，经济发展缓慢，现代大工业不发达，社会对技术人才需求有限，基础教育普及程度低，职业技术教育发展缓慢，到 1946 年，全国共有高级职业学校（高中阶段的学校）724 所，在校生 13.7 万人；中等师范学校 902 所，在校生 24.6 万人。到 1949 年，全国共有高级职业中学 561 所，在校生 7.7 万人；中等师范学校 610 所，在校生 15.2 万人。新中国成立后，由于社会主义的政治、经济、科技、文教等各方面的快速发展，促进了职业教育的发展，特别是改革开放以来，中国经济日新月异的发展变化，使职业教育发展速度加快。到 2010 年我国中等职业学校学生规模达到历史新高，学校数为 13872 所，在校生高达 2238.5 万人。经过 60 多年的不懈努力，我国已经初步形成了一个能够适应国家建设需要，具有中国特色的中等职业教育体系。这个体系形式多样，行业配套，结构较合理，在数量和质量上基本与国家经济建设的规模和水平相适应。

新中国成立 60 多年来，我国中等职业教育事业的发展经历了一个曲折的发展过程，在政治、经济、科技、文教及政策等力量的影响下，有持续稳定发展的年代，也有大起大落的时期；有计划经济的政府统招统配，也有市场经济的市场主导；有大力发展的阶段，也有调整、巩固、充实、提高的时期，但这些丝毫没有改变其不断发展壮大的趋势。总的来说，我们积累了丰富的办学经验，形成了具有中国特色的办学模式，建立和完善了规章制度；为国家建设输送了大批中等职业教育毕业生，成为我国初中级专业技术人员、技术工人和其他专业人才的重要来源，成为普及高中教育的重要力量，在走新型工业化道路、发展制造业强国、建设人力资源大国、解决“三农”问题、促进就业再就业、提升综合国力、构建和谐社会中承载着越来越重要的功能。

教育兴国、教育立国、教育强国，既是国家意志，也是人民期盼。新中国中等职业教育发展的历程，是不断探索、不断开拓、不断创新的历程。在卓有成效的教育实践中，积累了宝贵的经验，走上了一条适合中国国情、符合时代特征、富有生机活力的发展道路。前事不忘、后事之师，这些宝贵的历史经验，对我国中等职业教育积极应对新的挑战具有深远的启迪作用和重要的实践指导意义。

本书的内容源于全国教育科学“十一五”规划教育部重点课题“当代中国农村职业技术教育体系研究”（DJA090270）和全国教育科学“十二五”规划教育部重点课题“区域职业教育发展评价指标体系研究”（DJA120290）的基础性、前期性研究成果，是两个课题研究成果的重要组成部分。为了有效构建我国农村职业技术教育体系和区域职业教育发展评价指标体系，课题组对新中国中等职业教育发展历程进行了全方位的梳理，试图弄清楚 60 多年来我们收获了什么、继承了什么、发展了什么、学到了什么、遗忘了什么，以便更好地思索未来的发展道路，构建现代职业教育体系，建立有效的评价指标体系。为此，我们抱着“吾将上下而求索”的心态，以经济社会发展变化为背景，以政策演变为主线，以专题研究为载体，分发展历程、结构演变、改革创新、师资队伍、农村职教 5 篇、22 个专题，全面系统地对新中国中等职业教育发展变化进行了初步的梳理和总结。为了有效地完成这一繁重的任务，本人带的 2007 级、2008 级、2009 级职业技术教育学硕士研究生参与了相关内容的资料收集和初稿的撰写工作，分别是卢金燕（第二章）、魏鹏（第三章）、曹茂甲（第四章、第十三章）、宋小杰（第五章）、余娟（第七章）、张雯雯（第九章）、梁燕（第十章）、王力俊（第十一章）、李艳红（第十四章）。

本书也得到天津市普通高等学校创新团队建设规划项目（TD12-5044）和天津市人文社会科学重点研究基地（职业教育发展研究中心）资助。在写作过程中查阅了大量的政策文献，也参考了许多研究者的最新研究成果，他们的研究成果对本书的写作提供了重要的基础资料。虽然我们努力注明引文出处，但遗漏之处难免，恳请作者见谅。此外，河北科技师范学院农村职业技术教育研究所、天津职业技术师范大学职业教育教师研究院、教育部职业教育与成人教育司、中国职业技术教育学会学术委员会、中国职业技术教育学会师资专业委员会、教育部高等学校中等职业学校教师培养教学指导委员会等单位或机构，对本书的完成也给予了有力的支持和帮助。本书也得到了南开大学出版社的大力支持，王乃合编辑为本书出版付出了艰辛的劳动，在此一并表示衷心的感谢。

本书力求全面地、实事求是地记述当代中国的中等职业教育的伟大成就和经验教训。但由于涉及面广，内容复杂，占有资料不足，研究水平有限等，书中难免会有疏漏和不当之处，恳请读者不吝赐教。

目　录

第一章　经济社会发展中的中等职业教育……………………………… 1
　第一节　整顿调整时期…………………………………………………… 1
　第二节　破坏与泛化发展时期 …………………………………………12
　第三节　改革发展时期……………………………………………………14
　第四节　改革创新时期……………………………………………………20
　第五节　全面建设时期……………………………………………………22
　第六节　巩固提高时期……………………………………………………23
第二章　中等专业学校教育发展历程 ……………………………………26
　第一节　调整与整顿时期…………………………………………………26
　第二节　快速发展时期……………………………………………………36
　第三节　全面发展时期……………………………………………………41
第三章　技工学校教育发展历程 …………………………………………46
　第一节　初创时期…………………………………………………………46
　第二节　盲目冒进与整顿调整时期………………………………………50
　第三节　劫后恢复时期……………………………………………………56
　第四节　快速发展时期……………………………………………………58
　第五节　结构调整时期……………………………………………………62
　第六节　全面发展时期……………………………………………………64
第四章　职业高中（中学）教育发展历程…………………………………70
　第一节　起步探索时期……………………………………………………70
　第二节　恢复发展时期……………………………………………………81
　第三节　结构调整时期……………………………………………………85
　第四节　重点发展和全面建设时期………………………………………88
第五章　民办中等职业教育发展历程 ……………………………………93
　第一节　改造消亡时期……………………………………………………93

第二节　艰难复兴时期……96
第三节　快速发展时期……99
第四节　规范建设时期……101
第六章　高中阶段职普教育结构变化……107
第一节　体制改革前职普教育数量和结构变化……107
第二节　体制改革后职普教育数量和结构变化……110
第三节　体制改革后职普教育结构变化的原因……125
第四节　建设性的结论……127
第七章　中等职业教育专业设置与调整……129
第一节　政府主导的专业设置……130
第二节　市场主导、政府有限的专业设置……140
第三节　专业设置变化的特点……143
第八章　中等职业学校布局与专业结构调整……148
第一节　学校分布结构变化……148
第二节　专业结构调整与变化……153
第三节　校均规模变化……161
第四节　建设性的结论……162
第九章　中等职业教育学制……164
第一节　培养目标变迁……164
第二节　招生对象与学习年限变迁……174
第十章　中等职业教育教学改革……185
第一节　改革开放前的教学改革……185
第二节　改革开放后的教学改革……195
第三节　进入新世纪的教学改革……200
第十一章　中等职业教育课程改革……207
第一节　借鉴与固化时期……208
第二节　泛化实践时期……214
第三节　学习与改革并存时期……215
第四节　创新与发展时期……222
第十二章　中等职业教育教材开发与建设……228

第一节 分工负责时期……229
第二节“两级规划”“两级审定”时期……232
第三节 加强宏观管理时期……238
第十三章 中等职业教育招生就业制度改革……245
第一节 “统招统配”的招生就业制度……246
第二节 “双轨制”下的招生就业制度……251
第三节 市场导向的招生就业制度……257
第四节 市场主导的招生就业体制……260
第十四章 中等职业教育管理体制改革……265
第一节 计划经济体制下的管理体制……266
第二节 双轨制经济体制下的教育管理体制……272
第三节 市场经济体制下的管理体制……276
第十五章 中等职业教育师资培养培训体系建设……283
第一节 职业教育师资培养……284
第二节 职业教育师资培训……295
第三节 师资建设发展规划……302
第十六章 中等职业学校教师编制与生师比……305
第一节 新中国成立后学校教师编制……305
第二节 新时期教师编制……311
第三节 教师编制执行情况……316
第四节 教师编制变化的特点……320
第五节 教师编制存在的问题……321
第六节 重新制定教师编制标准的客观性……323
第七节 重新制定教师编制须注意的几个问题……324
第十七章 中等职业学校教师资格制度……328
第一节 教师资格制度的历史沿革……329
第二节 教师资格制度的现状……333
第三节 教师资格制度的实施……337
第十八章 中等职业教育教师职务制度……341
第一节 教师职务制度的历史沿革……342

第二节　教师职务制度与职称制度……345
第三节　教师职务结构不断优化……347
第四节　教师职务制度存在的问题……350
第五节　教师职务制度的改革……352
第十九章　中等职业学校教师队伍建设成就与展望……356
第一节　教师队伍建设的成就……357
第二节　教师素质提高计划实施情况……367
第三节　教师队伍建设的基本经验……373
第四节　教师队伍建设面临的机遇与挑战……373
第五节　教师队伍建设的思路……378
第二十章　农村中等职业教育发展历程……381
第一节　试办与消失时期……381
第二节　恢复与发展时期……387
第三节　改革发展时期……393
第四节　重点发展时期……396
第五节　发展“面农”职业教育……398
第二十一章　农村中等职业教育办学经验……401
第一节　改革开放前的办学经验与教训……402
第二节　改革开放后的办学经验……405
第二十二章　农村中等职业教育的成就与展望……416
第一节　取得的主要成就……416
第二节　面临的任务与发展趋势……428
参考文献……433

第一章

经济社会发展中的中等职业教育

职业教育是社会经济发展的产物，并伴随着经济社会的发展而不断变化。总的来看，新中国成立后，我国的经济社会发展水平低，中等职业教育发展缓慢；经济体制改革以来，社会生产力极大提高，职业教育取得了长足的发展。进入21世纪，国民经济综合实力明显增强，支持中等职业教育发展的条件更加成熟，政府出台了一系列政策支持中等职业教育的发展，中等职业教育的发展更加稳健。

第一节　整顿调整时期

新中国成立后，我国先后经历过新民主主义革命、社会主义改造、“大跃进”等历史时期，总的来看，这一时期国民经济发展受到急于求成、求快思想的影响，导致欲速则不达的后果，最后不得不进行调整。受国民经济发展波动的影响，这一时期中等职业教育是在曲折中前进。

一、中等职业教育随国民经济的发展而发展

新中国的成立，标志着我国新民主主义革命阶段的基本结束和社会主义革命阶段的开始。1949年，中华人民共和国中央人民政府先后

没收了占我国工业固定资产 80%的官僚资本企业共 2858 个，建立了社会主义性质的国有经济，控制了国家的经济命脉。但这一时期，国民经济既有社会主义元素，也有资本主义元素，社会经济成分包括国有经济、农户和个体手工业经济、私人资本主义经济。1952 年，集体工业、公私合营工业、私营工业和个体手工业的产值占工业总产值的 55.2%。[①]在 1950—1952 年全国的农村除新疆、西藏等少数民族地区以及台湾地区外，基本完成了土地改革，实现了耕者有其田，3 亿多无地少地的农民无偿获得了 7 亿亩（约 47 万平方公里）土地和其他生产资料，免除了过去每年向地主缴纳的约 350 亿公斤粮食的苛重地租，极大地调动了农民生产的积极性，为巩固新政权、恢复和发展农业生产创造了基本条件。这一时期国家坚持以恢复和发展社会生产为中心任务，有效地拉动了职业教育的发展。

为了尽快恢复国民经济，一方面这一时期教育工作在尽快解决技术人才的供求矛盾。为了解决恢复国民经济所需的技术人才，当时采取了专业院校培养、短期培训、业余培训、冬季整训等多种办法培养干部和技术人员。并且通过技工学校、艺徒学校、技术夜校、师徒合同、冬学夜校等多种方式普遍加紧提高工农文化水平。另一方面对旧有的学校进行调整和改造。1949 年 12 月，教育部在北京召开第一次全国教育工作会议，会议明确了“中华人民共和国的教育是新民主主义的教育”，它的主要任务是“提高人民文化水平，培养国家建设人才，肃清封建的、买办的、法西斯主义的思想，发展为人民服务的思想”。提出建设新教育“首先为工农兵服务，为当前的革命斗争与建设服务”。对于新解放区的教育工作则“维护原有学校，逐步作可能与必要的改善”，“对中国人办的私立学校，采取保护维持，加强领导，逐步改造的方针”。按先公立、后私立，先高级、后初级的顺序，对原有职业学校进行接管，并逐步进行了调整、改造。1951 年 10 月 1 日，政务院发布了《关于改革学制的决定》，1952 年 3 月政务院发出了《整顿和发展中等技术教育的指示》，提出“要整顿和积极发展中等技术学校，

① 汪海波．国民经济恢复时期恢复、发展工业的基本经验[J]．中国社会科学院研究生院学报，1995（1）39-47.

整顿、巩固和适当发展师范学校”的指示，目前应采取调整、整顿为主，有条件发展的方针。10月中央人民政府教育部颁发《中等技术学校暂行实施办法》，对中等技术学校人才培养目标、学制、招生对象、办学层次、办学形式、课程设置、教学计划、学校组织与管理等多方面做出了较全面的规定，有效地指导了中等技术学校的发展。1953年9月全国中等专业学校调整、整顿工作基本完成，学校数由原来的794所调整为651所。

1952年下半年我国提出了党在过渡时期的总路线：“从中华人民共和国成立，到社会主义改造基本完成，这是一个过渡时期。党在这个过渡时期的总路线和总任务，是要在一个相当长的时期内，逐步实现国家的社会主义工业化，逐步实现国家对农业、对手工业和对资本主义工商业的社会主义改造。”

按照总路线的要求，从1951年12月开始，党中央颁发了一系列的决议，规定了我国的农业社会主义改造的路线、方针和政策，到1956年底，农业社会主义改造在经历了互助组、初级社、高级社三阶段后基本完成，全国加入合作社的农户达96.3%。手工业的社会主义改造从1953年11月开始至1956年底结束，全国90%以上的手工业者加入了合作社。对资本主义工商业的社会主义改造，从1954年至1956年底全面完成。截止1956年，全国基本完成了对农业、手工业和资本主义工商业的社会主义改造，原计划用10到15年的时间，却只用了4、5年的时间，我国就开始进入了全面建设社会主义的历史时期。1957年，整个国民收入中国营经济、合作经济和公私合营经济所占比重由1952年的21.3%上升到92.9%；产业结构发生新的变化，在工业总产值中，工业产值所占比重由1949年的30%提高到56.5%，重工业的比重由26.4%提高到48.4%。1957年粮食产量达到19505万吨，棉花产量达到164万吨，都超额完成“一五”计划指标。

社会主义改造时期，我国中等职业教育仍然贯彻调整、整顿的方针政策，这一时期，国家出台了一系列政策来规范中等职业学校的办学。

社会主义改造完成后，中国要实现工业化，必须高度重视粮食和钢铁的生产。这是由于农业是国民经济的基础，粮食是基础的基础；钢铁工业是整个工业的基础。正是基于这个原因，1956 年 1 月中央政治局颁布了《一九五六年到一九六七年全国农业发展纲要（草案）》（简称“农业纲要四十条”），规定有关农业生产的若干重要指标和主要措施。1957 年 11 月 13 日，《人民日报》发表社论《发动全民，讨论四十条纲要，掀起农业生产新高潮》，批评经济工作中的“右倾保守”现象，提出“在农业合作化以后，我们就有条件也有必要在生产战线上来一个大的跃进”，拉开了大跃进的序幕。1958 年 5 月八大二次会议提出：“逐步实现技术革命和文化革命，尽快地把我国建设成为一个具有现代工业、现代农业和现代科学文化的伟大的社会主义国家。”会议肯定了当时全国出现的“大跃进”形势，认为中国正经历着“一天等于二十年”的伟大时期。会议还调整了“二五”计划的指标，钢产量由 1200 万吨提高到 3000 万吨，粮食从 2.5 亿吨上升到 3.5 亿吨。会后，“大跃进”在全国范围内全面展开。农业提出“以粮为纲”，要求 5 年、3 年甚至 1～2 年达到 12 年发展纲要规定的指标。工业提出“以钢为纲”，将赶超英国的目标由原来的 15 年缩短为 7 年、5 年甚至 3 年。1958 年 8 月的北戴河会议，这些指标又进一步夸大了两倍。为了实现钢产量，从 1957 年 11 月开始“大炼钢”运动，经过全民运动，党中央于 1958 年 12 月 19 日宣布提前 12 天完成钢产量翻番任务。而粮食产量受自然条件的影响，并非一帆风顺。当时认为所有制形式越公越好，生产规模越大越好，即所谓的“一大二公”，于是 1958 年 8 月中央政治局扩大会议正式通过了《关于建立农村人民公社问题的决议》，社会主义改造完成时建立的高级农业生产合作社，在极短的一个月时间内，重新改组为集体性质的人民公社。人民公社作为社会化大生产组织，需要大量的技术和管理人才，客观上为农业中学的产生创造了有效需求。

1958 年，党的八大二次会议提出了“文化革命”。教育战线掀起了以“教育与生产劳动相结合”“脑力劳动与体力劳动相结合”为中心的教育革命热潮。1958 年 9 月，中共中央、国务院颁布了《关于教育工作的指示》，提出：“国家办学与厂矿、企业、农业合作社办学并举；

普通教育与职业（技术）教育并举，成人教育与儿童教育并举，全日制学校与半工半读业余学校并举；学校教育与自学（包括函授学校、广播学校）并举；免费的教育与不免费的教育并举”的方针，有力地冲破了单一的教育模式，走多种形式办学的道路。在总路线和“大跃进”的推动下，中等专业学校大办工厂、农场，实行勤工俭学、半工半读，学生下厂、下乡参加生产劳动和技术革新。同时，学校规模迅速扩大，全国中等专业学校从 1957 年的 1326 所到增至 1960 年的 6225 所，农业中学和其他职业中学到 1959 年增到 22302 所。

1958 年全国城乡各地大办工业、大炼钢铁，大批农民经招工进入工矿企业，城镇居民人口极度膨胀。仅 1958 年一年间，全民所有制单位职工猛增到 4532 万人，比 1957 年增加了 2000 多万人。城镇人口由 1957 年的 9949 万人猛增到 1960 年的 1.3 亿多人，3 年增加 3124 万人。同期所增人口中约有 90%属于机械增长，其中 2000 万人来自农村，流动期主要集中在 1958 年。[①]结果导致农业劳动力的严重不足。以 1960 年为例，农业战线、主要是粮食生产第一线的劳动力就比 1957 年减少了 4000 万人。许多地方只有 50%～60%的劳动力用在农业生产上，其中占相当比例的还是老弱妇孺等半劳力。劳动力数量和质量的下降，直接导致农业生产力水平和农业生产大幅度滑坡。[②]再加上从 1959 年开始的三年自然灾害，粮食大幅减产，农产品供给短缺，工业经济效益下降，国家无力负担庞大的吃“商品粮”的城镇人口。为此，1960 年 8 月，中共中央发出《关于全党动手，大办农业，大办粮食的指示》，提出“坚决从各方面挤出一切可能挤出的劳动力，充实农业战线”，“农村学校应当放农忙假”，“农业中学不要发展过快”。农业生产的衰败，又迫使重工业下马，转为全民大办农业。当时农业的组织形式人民公社的生产资料实行单一的公社所有制，在分配上实行过工资制和供给制相结合，并取消了自留地，压缩了社员家庭副业，挫伤了农民的生产积极性，影响了农村生产力的发展。加上 1959—1961 年部分地区的

---

① 杨黎源．建国后三次人口大迁徙的流动机制比较及启示[J]．探索，2007（3）：114.

② 陈理．60 年代初精减职工、动员城市人口下乡决策的研究[J]．当代中国史研究，1996（6）20—27.

自然灾害，我国农业生产全面倒退（其中粮食 1959 年减产 150 亿公斤，1960 年减产 265 亿公斤），导致全国性的粮食短缺和饥荒。从 1959 年至 1961 年期间国民经济处于三年困难时期，国民经济建设已不能按照第二个五年计划的部署继续发展，国家决定对国民经济实行调整。

1960 年 9 月中共中央在批转国家计委《关于 1961 年国民经济计划控制数字的报告》中提出了国民经济“调整、巩固、充实、提高”的“八字方针”，1961 年 1 月党的八届九中全会正式批准。1961 年 4 月中共中央转发《关于调整农村劳动力和精简下放职工问题的报告》，1962 年 2 月中共中央做出《关于一九六二年上半年继续减少城镇人口七百万人的决定》。据中央批转的《关于精减任务完成情况和结束精减工作的意见的报告》中提到，从 1961 年 1 月至 1963 年 6 月的三年半时间里，全国共减少职工 1887 万人、城镇人口 2600 万人、吃商品粮人数 2800 万人。在这样的大背景下，农村农业中学和职业中学也毫无例外地开始大幅度缩减规模，先后经历了三次。随着大批青壮劳动力陆续返回农村，1961 年至 1962 年农业劳动力逐步回升到 21278 万人，超过了 1957 年的水平。

在这一大背景下，中等职业学校一是压缩规模，1960 年以来先后三次精简职工，调整合并职业学校，压缩办学规模。经过三年的调整，中等专业学校、中等师范学校、农业中学和其他职业中学、技工学校，由 1960 年的 31001 所，减为 5878 所，减少 81%，在校生由 503.5 万人，减为 83.78 万人，减少 83.4%，教职工由 51.38 万人，减为 18.19 万人，减去 64.6%。当然在此期间，通过“中专戴帽办专科”，一些中等专业学校升格为专科学校；二是调整和规范专业设置。1963 年 10 月 28 日，国务院批转教育部《关于中等专业学校专业的设置和调整问题的规定》。1959 年教育部对各校已开设的专业进行综合与整理，当时共有 17 类，336 个专业，其中工科就占 13 类，共有 237 个专业，其后两三年间新增几百种，种类多、专业窄、不规范的现象严重，1963 年调整为 348 种；三是稳定和恢复被“大跃进”“教育革命”打乱的教育教学秩序及常规管理，并将“教育革命”中积累的一些经验予以规范化和固定化。1959 年周恩来总理在二届人大一次会议上做的《政府工作报告》中指出："我国教育事业的发展必须采取普及和提高相结合的办法。除了各级全日制正规学校外，还应当根据实际可能，继续发展半日制学校、农村和厂矿的业余学校。积极推行群众性的扫盲工作。同时，特别注意提高各类学校的教学质量。去年各级学校都有了很大的发展，现在需要进行整顿、巩固和提高的工作。"四是城市发展面向农村的职业教育。为了缓解城市就业的压力，1963 年 10 月中共中央、国务院批准《第二次城市工作会议纪要》的指示中提出："当前，安置城市需要就业的劳动力，主要方向是下乡上山。下乡上山的主要办法，是到农村人民公社插队。""职业教育应当主要面向农村，积极培养为农业服务的农艺、林业、畜牧、渔业、农机、医药卫生、会计、统计、供销等方面的人才，为城市青年学生下乡上山创造条件。"

1964—1965 年国民经济采取继续调整的方针政策，国民经济计划从以往的优先发展重工业转为以农、轻、重的顺序安排，重点发展农业、压缩工业和基本建设投资。工业贯彻"七十条"，钢铁生产全部停止，对停工待料的工业企业实行关、停、并、转，大批非生产及下马企业人员动员到农村参加农业生产。农村实行集体经济和个体经济并举的方针，提出"三级核算、队为基础"的办法，恢复自留地和家庭副业。商业贯彻"四十条"。恢复在国营经济为主导下的多种经济成分和多条流通渠道。同时开放农村集市贸易。使国民经济恢复并在许多方面超出"大跃进"发动以前的 1957 年的水平。这一时期，和 1958 年"大跃进"一样，全国中等职业教育发展的重点是农村的农业中学和职业中学。

二、中等职业教育的制度建设

新中国的成立标志着破旧立新，需要加强制度建设，同时，工作中又急于求成，整个经济社会发展变化加快，要求中等职业教育不断调整政策，因此，这一时期中等职业教育的制度建设成效显著。

1. 明确人才培养目标为初中级技术人才。1951 年 6 月 12 日，教育部召开第一次全国中等技术教育会议。会议讨论了整顿和发展中等技术教育的问题，提出中等技术教育的基本方针任务是：根据新民主主义的教育政策，从国家建设的实际需要出发，以理论与实际一致的方法，培养出大批具有一般文化、科学的基础知识，掌握现代技术，体格健康，全心全意地为人民服务的初、中级技术人才。1954 年 4 月劳动部颁发了《关于技工学校暂行办法草案》中规定：技工学校以培养四、五级技工为主。

2. 明确招生对象、学制等。1951 年 10 月国家公布了《关于改革学制的决定》，决定中规定，“技术学校，修业年限为二年至四年，招收初级中学毕业生或具有同等学力者。入学年龄不作统一规定。初级技术学校，修业年限为二年至四年，招收小学毕业生或具有同等学力者。入学年龄不作统一规定”。1954 年 4 月劳动部颁发的《关于技工学校暂行办法草案》中规定：学习期限一般规定为二年。技工学校的学生，应招收具有高小毕业以上或相当于高小文化程度及身体健康、政治纯洁、年满十六周岁至二十三周岁的青年，经考试合格并填写志愿书后方可入学。

3. 构建了职业教育体系。1952 年 3 月 31 日政务院发出了《关于整顿和发展中等技术教育的指示》。《指示》指出：现阶段除整顿和发展正规的技术教育外，还要举办各种速成性质的技术训练班和业余性质的技术补习班或训练班，使正规的、业余的、速成的各种技术学校与训练班配合发展。

4. 加强教学指导工作。1952 年 10 月 7 日教育部颁发了《关于工业、农业、财经性质中等技术学校教学计划的指示》，1953 年 3 月 5 日，发表社论《教学工作是学校压倒一切工作的中心任务》，强调教师的主要责任是做好教学工作，学生的主要任务是学好各门功课，必须克服学校中的忙乱现象。4 月 3 日，中央生产实习指导委员会成立。7 月 4 日高等教育部发出《关于中等技术学校（中等专业学校）设置专业的原则的通知》；7 月 31 日政务院公布 180 次政务院会议通过的《关于加强高等学校与中等技术学校学生生产实习工作的决定》。1955 年 10 月 21 日，高等教育部发出《关于中等技术学校毕业设计工作的指示》，并附发了《中等技术学校毕业设计和毕业设计答辩规程》。1956

年 4 月 11 日高等教育部发布《中等专业学校（不包括中等师范学校）国家考试规程》，1956 年 3 月 14 日高等教育部颁发《普通课和基础技术课及社会经济课标准时数》和《关于拟定中等专业学校四年制教学计划的规定》，1956 年 5 月 9 日高等教育部发布《中等专业学校教师教学工作量标准草案》。1957 年 9 月 17 日国务院下发了《关于改进企业、事业、机关等单位接收学校师生前往参观、实习、进修等工作和为科学研究提供资料工作的指示》。1961 年 2 月 1 日，根据中央书记处指示，教育部会同有关部门着手解决高等学校、中等专业学校教材问题，并成立了高等学校和中等专业学校理工农医各科教材工作领导小组。至 8 月初，编写出了理工农医高等学校和中等专业学校大部分专业的统一教材。1962 年 8 月 11 日国务院批转教育部、农业部《关于农业学校实习农场和实习工厂的编制标准意见的报告》的通知。1963 年 5 月 14 日，教育部颁布了《中等专业学校学生成绩考核和升留（降）级办法（草案）》和《中等专业学校学生学籍管理办法（草案）》。1963 年 5 月 13 日教育部颁发《中等专业学校专业目录》，10 月 28 日国务院批转教育部《关于中等专业学校专业的设置和调整问题的规定》，等等。

5. 制定招生和毕业生分配制度。1953 年 7 月 21 日政务院发出《关于中等专业学校毕业生分配工作的指示》，规定这类学校的毕业生，原则上由所属领导部门负责分配工作。1963 年 3 月 14 日，教育部发出《关于改进中等专业学校招生工作和毕业生分配工作的意见》，提出中等农、林、医和师范学校可以采取公社保送和考试相结合的办法，从公社招收经过生产劳动锻炼的初中毕业生和具有同等学力的青年，为人民公社培养人才。各所中专学校可以内招一部分职工。1963 年 7 月 5 日教育部发出《关于在中等专业学校中试办招收高中毕业生班的通知》。1964 年 10 月 12 日国务院批转高等教育部《关于中等专业学校招生的毕业生分配统筹规划问题的报告的通知》。

6. 明确管理体制，规范管理工作。1952 年 11 月教育部颁发了《中等专业学校组织编制试行标准》。1954 年 6 月 7 日，高等教育部召开全国中等专业教育行政会议，会议提出今后中等专业教育的工作方针是：大力整顿并有计划的发展，进一步明确领导关系，努力学习苏联先进经验，积极改进教学，提高教学质量。并确定各类中等专业学校由中央各业务部门实行集中统一的领导。9月26日，政务院发布《关于改进中等专业教育的决定》，提出：在高等教育部统一领导下，各类中等专业学校均归中央有关业务部门主管，原则上实行集中统一的直接领导，并对这类学校的学习年限、教学工作及管理章程等做了规定。1955年3月1日高等教育部颁布《中等专业学校学科委员会工作规程》。此后又接连颁布了中等专业学校的《校长任免办法》《课程设计规程》《行政和教学辅助人员标准编制》《学校设置、停办的规定》等文件。1964年4月2日，国务院发出通知，将技工学校的综合管理工作由劳动部划归教育部主管。1963年9月20日，教育部、劳动部、财政部联合发出《关于职业学校经费、编制的暂行规定》等。

7. 对中等职业教育的发展进行规划。1955年3月21日至31日，中国共产党全国代表会议在北京举行。会议一致通过《关于中华人民共和国发展国民经济第一个五年计划草案的决议》。《决议》第八章“培养建设干部，加强科学研究”对中等专业学校和技工学校招生人数和毕业生人数全面规划。“五年内，中等专业教育的重点是培养工业的技术干部和管理干部，同时应该配合农业合作化运动的迅速开展，注意培养农业的技术干部和管理干部。并规划了五年内各类中等专业学校招收新生人数和毕业生人数”。“五年内，中央工业、农业、林业、运输、邮电、劳动等部门将培养熟练工人92万多人。技工学校是培养熟练工人的主要方式之一，1952年为22所，1957年将发展到140所，五年内计划培养熟练工人11.9万人。五年内，各类企业用工人技术训练班的方式培养熟练工人36.2万人。应积极推广在生产中培养熟练工人的各种有效方法。五年内各类企业运用师傅带徒弟的方式将培养熟练工人43.9万人”。1956年5月14日，高等教育部召开全国中等专业教育工作会议。会议讨论了中等专业教育12年发展规划草案，调整中等专业学校的领导关系，调动一切积极因素办好中等专业教育等问题。提出在最近3年内，加速发展中等专业教育，同时积极发展业余中等专业教育。

8. 在普通教育中渗透职业教育，大力发展职业教育。为了解决大量中学毕业生的就业问题，贯彻教育与生产劳动相结合的方针政策，在普通教育中增设劳动课或生产课。1957 年 2 月 28 日，教育部发出《关于指导中小学毕业生正确对待升学和就业问题的通知》。3 月 7 日教育部发出通知：初中三年级增设农业基础知识课。6 月 8 日，教育部发出通知：调整 1957—1958 学年度中学教学计划。各年级增设政治课，初高中三年级设农业基础知识课，并停授和取消初高中的一些课程。7 月 11 日，教育部颁发《1957—1958 学年度小学教学计划》，在各年级增设周会，农村小学高年级设农业常识课。1963 年教育部发出通知：初中三年级设生产知识课，小学六年级设生产常识课。

9. 贯彻教育与生产劳动相结合方针，开展半工（农）半读教育。1957 年 11 月，共青团中央印发刘少奇关于试行半工半读问题的批示，并提出重点试办勤工俭学、半工半读的制度。1958 年 1 月 27 日，共青团中央发布《关于在学生中提倡勤工俭学的决定》，1958 年 1 月 31 日毛泽东在《工作方法（草案）》中提出“一切中等技术学校，凡是可能的，一律试办工厂或农场，进行生产，做到自给或半自给。学生实行半工半读”，2 月 4 日教育部通知各地教育行政部门积极支持和帮助共青团执行团中央的这个决定。1958 年中共江西省委根据毛泽东关于“半工半读”的教育思想，做出了创办共产主义劳动大学的决定。1958 年 8 月 1 日，江西共产主义劳动大学办了 30 多所分校，在校学生 11000 多人。发展到 1961 年，共产主义劳动大学有总校 1 所，分校 100 多所，学生有 5 万人之多。在 1961 年 7 月 30 日共产主义劳动大学建校 3 周年前夕毛泽东给江西共产主义劳动大学的一封信中指出：“半工半读，勤工俭学，不要国家一分钱，小学、中学、大学都有，分散在全省各个山头，少数在平地。这样的学校确是很好的。”经过三年调整后，半工半读学校基本消失。

1964 年下半年，根据中央要实行两种教育制度、两种劳动制度的精神和刘少奇关于半工（农）半读学校是教育与生产劳动高度结合的新型学校的指示，进一步发展半工（农）半读学校。1965 年 3 月 26 日，教育部召开全国农村半农半读教育会议，总结和交流各地试办半农半读学校的经验，强调要在办好全日制学校的同时，实行半工（农）半读教育制度。会议确定农村教育革命的任务是：实行全日制和耕读小学两条腿走路，普及小学教育；扩大试办农业中学，积极试办半农半读中等技术学校。7月15日，农业部召开全国高等和中等农业教育会议，研究农业教育革命的方向、方针、任务和措施。会议提出在教育革命中，高等、中等农业教育的首要任务是：有计划、有步骤地搞好现有院校半农半读、社来社去和教学改革。10月25日，教育部召开城市半工半读教育会议，讨论在我国逐步推行两种劳动制度和两种教育制度的意义和城市半工半读教育的方针和措施。会议强调必须坚持“五年试验，十年推广”的方针，继续积极试办城市半工半读学校，以便掌握规律，实现教育战线上的这一大革命。1966年2月24日教育部发出《关于巩固提高耕读小学和农业中学的指示》。

第二节　破坏与泛化发展时期

“文化大革命”时期，各级各类教育均遭到严重破坏，职业教育遭受最为严重的破坏，学校被迫停办，校舍被占，教师干部下放，仪器设备、图书资料损失。职业中学被摧毁殆尽，中等专业学校和技工学校所剩无几。据统计，1971年中等专业学校仅剩955所，在校生9.18万人；技工学校仅剩39所，在校生8550人，中等教育结构单一化，普通高中畸形发展。抛开“文化大革命”运动的政治因素，从大职业教育的观点来看，这一时期出现了普通教育职业化的现象，即大批普通高等学校直接面向生产一线培养专业技术人员，可以说是职业教育处于泛化发展的一个阶段。

一、大中专院校人才培养从实践中来到实践中去

在“文革”后期，按照中共领导的“教育要革命，学制要缩短”的指示，全国学习“上海机床厂从工人中培养技术人员”的做法，中等

职业教育和高等教育取消了全国统一招生考试制度，从有实践经验的工人农民中选拔学生，让他们在校学习几年后再回到生产实践中。1970年6月27日，中共中央批转《北京大学、清华大学关于招生（试点）的请示报告》，当年部分高校开始招收工农兵学员，中等专业学校和技工学校也开始招生，1973年国务院批转国家计委、国务院科教组《关于中等专业学校、技工学校办学几个问题的意见》，要求各地抓紧中等专业学校和技工学校的调整、规划、布局等工作，并根据需要可能适当发展。此后，中等专业学校和技工学校得以恢复发展。截至“文革”结束的1976年，各类中等职业学校在校生仅为91万人，接受中等职业教育的学生占高中阶段教育的5.7%。这一时期，学员不经过文化考试，由工厂、农村、军队基层单位选拔推荐，上级领导和学校审核批准入学，因此称为工农兵学员。这一时期的理工科高等学校变成了高等技术学校，从在职人员中培养工农业生产所需的实用人才。

二、农业院校搬到农村办学

1965年9月23日，农业部颁布《关于高、中等农业学校迁往农村办学问题的通知》，要求高中等农业院校必须面向农村，面向生产，有计划、有步骤地迁往农村办学。1968年12月10日，《人民日报》转载《红旗》第五期的调查报告，提出“农业院校统统搬到农村，由贫下中农管理学校”。此后，许多农业院校搬到农村办学，实现了教育与生产、知识分子与农民的结合。如1970年1月17日，辽宁省革委会决定，将沈阳农学院一分为四，到农村去分散办学。1970年5月，朝阳地区革委会决定，将沈阳农学院水利连队、朝阳农校、辽宁省水利学校、辽宁省农业科研所、辽宁省水土保持研究所合并，成立朝阳五七农业科技大学（后改为朝阳农学院）。五七农业科技大学在各县设立分校，培养有觉悟、有理论、有实际能力的农民技术员和师资，毕业生实行“社来社去”。教育教学采取“几上几下”方式，“几上几下”的“上”，就是学员在校结合科研、生产任务进行学习，实行半工半读、勤工俭学；“下”就是回到自己所在的社队参加阶级斗争、生产斗争和科学实验活动。以三年制为例，大体安排是，头一年在校学习，第二年、第三年共抽出一年左右的时间回队实践。1973 年 7 月 28 日，《光明日报》以“一所深受贫下中农欢迎的大学”为题，对“朝农经验”公开报道。1974 年 11 月 21—28 日，国务院科教组、农林部、辽宁省委联合召开了“学习朝阳农学院教育革命现场会”，此后在全国推广。这一时期要求农业大学或农学院搬到农村去，与农业生产实际相结合，在一定程度上弥补了农村职业教育的空缺。

“文革”对整个教育的破坏是相当严重的，但人民群众为了挽救教育，在实践中也创造出一些办学经验，如开门办学，厂校挂钩，校办工厂，厂带专业，教学、科研、生产三结合的办学体制等。在教育教学中也探讨出一些适合职业教育的方式方法。如，教学实行大中专教师、技术工人和工农兵学员三结合；学员在校结合科研、生产任务进行学习，开展项目教学，学以致用；教学采用先做后讲、边做边讲、理论联系实际的方法。大中专院校人才培养从实践中来到实践中去的做法，在一定程度上弥补了人才短缺的现状。统计资料表明，中等专业学校数和在校生数分别从 1971 年的 1591 所、21.8 万人增加到 1977 年的 2485 所、68.9 万人；技工学校从 1971 年的 39 所、0.85 万人增加到 1977 年的 1333 所、24.3 万人。

第三节　改革发展时期

1978 年 12 月，中共十一届三中全会确立了将全党工作的重心转移到经济建设上来的发展战略，做出了改革开放的战略举措。

“文化大革命”期间，教育领域是饱受“摧残”的重灾区，极“左”思潮在其中施虐的时间最长，摧残最严重，危害最重，教育事业几乎处于无政府状态，撤消了原教育部，成立了军事管制小组。学校任意被裁减、搬迁、停止招生，学制缩短，课程改变。推行贫下中农管理学校，大搞“开门办学”。因此，“文革”结束后需要拨乱反正。当时教育领域的“拨乱反正”主要体现在：平反冤假错案，理顺管理体制，恢复大中专院校统一考试招生制度，恢复重点学校的建制，恢复、重建教师队伍，恢复农业、职业中学。

1977年8月4日至8日，邓小平主持召开科学和教育工作座谈会，决定恢复高考制度。根据邓小平指示，此后教育部两次在北京召开全国高等学校招生工作会议。决定从1977年起，对高等学校招生制度进行改革。新的招生制度实行德、智、体全面衡量，择优录取原则，采用自愿报名，统一考试，地方初选，学校录取，省、市、自治区批准和办理。1978年11月11日，教育部转发了国务院批准的《关于改变部分中等专业学校领导体制的报告》，国务院各部委陆续从地方收回了一些中等专业学校。因此，在这一时期，全国教育系统逐步恢复了“文革”前中央统一领导，中央和地方两级管理的领导体制，即统一领导，分级管理的体制。为适应国民经济快速发展的要求，调整中等教育结构，加快中等职业教育的发展。1980年4月10日，教育部召开全国中等专业教育会议，提出新时期中等专业教育的任务是：多办、办好中等专业学校，培养德、智、体全面发展，又红又专的中等专业人才。在三五年内，着重抓好调整、改革、整顿、提高工作，有计划地稳步发展。

这一时期中等职业教育的发展表现在两个方面：一是适应经济快速发展的要求，不断提高人才培养的数量和质量；二是适应经济体制和政治体制改革，中等职业教育的体制和制度也在不断完善。

一、中等职业教育在教育结构调整中发展

20世纪70年代末以来，我国中等职业教育在中等教育结构调整中取得长足发展。究其原因主要表现在两个方面：

一是高校恢复高考，迫使一些普通中学转型。1977年10月12日，国务院批转教育部《关于1977年高等教育招生工作的意见》，规定高等学校招生实行自愿报名，统一考试。高考制度的恢复，使得普通高中有了明确的培养目标——考大学，而当时由于高等院校招生量较少，致使一些教学质量较低的普通高中不得不转型办职业学校。

二是中等教育结构单一不利于学生就业。“文化大革命”期间，我国高等教育和中等职业教育遭到严重破坏，但在“文革”后期中小学

教育却得到了大发展。1971 年 4 月 15 日到 7 月 31 日在北京召开全国教育工作会议，根据 8 月 13 日发布的《全国教育工作会议纪要》，当时提出争取在第四个五年计划期间，在农村普及小学五年教育，有条件的地区普及七年教育。1974 年，提出大力普及农村小学五年教育、农村有条件的地区普及七年教育、逐步在大中城市普及十年教育。不少地方提出“小学不出村，初中不出队，高中不出社”的口号。从统计数字看，1976 年全国小学生数比 1965 年增加了 29.1%；普通中学的发展更为迅速，1976 年中学学生总数达 5836.58 万人，比 1965 年增加 6.25 倍，其中高中生 1483.64 万人，增加了 11.3 倍；初中生 4352.94 万人，增加 5.4 倍。教育重心下降，农村初高中得到了前所未有的发展，初中生中农村学生的比例，从 1965 年的 33.7%提高为 1976 年的 75.2%；高中生中农村学生的比例，从 1965 年的 9%提高为 1976 年的 62.3%[①]。“文革”后期农村中小学快速发展，与大量知识青年插队落户到农村，提供了大量的教师有很大的关系。

普通教育规模过大，在恢复高考制度以后，普通高等学校和中等专业学校数量少，一些学校的校舍在“文革”期间被占用，还没有全部归还。“到 1978 年 5 月底止，全国被占用的校舍共有一千七百六十一万余平方米。被占用的校舍中，高等学校为四百六十二万余平方米，约相当于十五万名大学生的容量；中等专业学校为七百四十七万余平方米，约相当于三十七万名中专学生的容量。”[②]形成了“千军万马过独木桥”的局面，大量未升入高一级学校的学生缺乏劳动技能而难以有效就业，因此改变教育结构，尤其是中等教育结构就势在必行。

表 1-1　1978—1985 年我国普通高中毕业生人数与升学率

年份	1978	1979	1980	1981	1982	1983	1984	1985
普通高中毕业生（万人）	682.7	726.5	616.2	486.1	310.6	235.1	189.8	196.6
普通高校招生数（万人）	40.2	27.5	28.1	27.9	31.5	39.1	47.5	61.9
普通高中升学率（%）	5.9	3.9	4.6	5.7	10.1	16.6	25.0	31.5

资料来源：依据相关年份《中国教育统计年鉴》数据统计和计算。

① 《中国教育年鉴》编辑部．中国教育年鉴（1949—1981）[M]．北京：中国大百科全书出版社，1984：1001，1021．

② 《国务院批转教育部关于退还被占用校舍的请示报告的通知》，1978 年 8 月 31 日。

1978年，邓小平在全国教育工作会议上提出要扩大职业技术学校的比例。1979年五届人大二次会议政府工作报告中指出：“中等教育要有计划地多举办各种门类的中等职业教育。”1980年，中共中央在全国劳动就业会议文件的通知中指出要“逐步建立职业教育网”。同年10月国务院批转《教育部、国家劳动总局关于中等教育结构改革的报告》中指出：“中等教育结构改革，主要是改革高中阶段的教育，要使高中阶段的教育适应社会主义现代化建设的需要，应当实行普通教育与职业、技术教育并举，全日制学校与半工半读学校、业余学校并举，国家办学与业务部门、厂矿企业、人民公社办学并举的方针，县以下教育事业应当主要面向农村，为农村和各项建设事业服务。在城乡要提倡各行各业广泛办职业（技术）学校。可适当将一部分普通高中改办为职业（技术）学校、职业中学、农业中学。”1981年11月，五届人大四次会议的政府工作报告中又着重指出：“在中学教育方面要逐步改变普通高中过多，职业中学太少的状况。”经过调整改革，要使各类职业（技术）学校的在校学生数在整个高级中等教育中的比重大大增长。各地大规模调整学校布局，压缩普通高中，大力发展中等职业教育。在这一调整过程中，由于乡村高中教学质量较差，难以考上大学，所以调整的大部分是农村普通高中。当然也与国家落实政策大量知识青年返城，使得农村中小学教师大量减少有关。此外，我国经济体制改革走的是农村包围城市的道路，农村首先实行家庭联产承包责任制，极大地解放了生产力，农村经济的快速发展需要大量的人才。同时，农村职业教育多年来毕业生实行“社来社去”的政策，不需要国家解决就业问题，改制后的毕业生不存在安置就业问题。

与普通中学最多的1977年相比，1981年全国普通高中学生减少1085.03万人，减幅为60.3%，初中生减少835.32万人，减幅为16.8%。这种大幅度缩减和调整一直持续到20世纪80年代中期。1985年《中共中央关于教育体制改革的决定》中进一步指出：调整中等教育结构，大力发展职业技术教育。

二、中等职业教育改革

我国中等职业教育在改革开放以来，不仅在数量上取得了长足的发展，有效地调整了中等教育结构，解决了广大青年的就业问题，满足了国家经济建设所需要的人才，促进了国家经济体制的改革，而且在整个经济社会变化中，尤其是随着国家经济体制改革的不断深化，也不断加强自身的改革与发展。

我国的经济体制改革首先从农村实行家庭联产承包责任制开始，1979年9月中共中央《关于加快农业发展若干问题的决定》对我国实现农业现代化进行了全面部署，并指出“实现农业现代化，迫切需要用现代科学技术知识来武装我们的农村工作干部和农业技术人员，需要有大批掌握现代农业科学技术的专家，需要有一支庞大的农业科学技术队伍，需要有数量充足、质量合格的农业院校来培养农业科技人才和经营管理人才”，“各省、市、自治区要根据农业区域规划办好一批农业科研机构、农业学院和中等农业技术学校，逐步形成门类齐全、布局合理的农业科学技术研究体系”。

1980年10月，国务院批转《教育部、国家劳动总局关于中等教育结构改革的报告》中提出改革中等教育结构的第一种途径是改革普通高中课程，普通高中要逐步增设职业（技术）教育课，学习科目可由学生自己选择。第二种途径是将部分普通高中改办为职业（技术）学校、职业中学、农业中学。第三种途径是各行各业举办职业（技术）学校。从实施的情况来看，由于农业职业中学的毕业生，国家不包分配，加之农业生产的快速发展，当时发展的主要是农业中学。统计资料表明，1981年我国农业、职业中学共计2655所，其中农业中学为2094所，占78.9%。

1982年9月，中共十二大提出经济体制改革要“正确贯彻计划经济为主、市场调节为辅的原则”。1984年10月，中共十二届三中全会通过了《中共中央关于经济体制改革的决定》，确立了在公有制基础上的“有计划的商品经济”。为了适应经济体制改革的要求，1985年5月中共中央做出了《关于教育体制改革的决定》，《决定》指出：实行

“先培训后就业”制度；中等职业技术教育要同经济和社会发展的需要密切结合起来，在城市要适应提高企业的技术、管理水平和发展第三产业的需要，在农村要适应调整产业结构和农民劳动致富的需要；发展职业技术教育，要充分调动企事业单位和业务部门的积极性，并且鼓励集体、个人和其他社会力量办学。1986 年 3 月国家教委发布的《普通中等专业学校招生暂行规定》中规定：普通中等专业学校招生来源计划分为国家任务、委托培养、自费生三种。1987 年 10 月，中共十三大提出“社会主义有计划商品经济的体制，应该是计划与市场内在统一的体制”。1987 年 1 月国务院办公厅转发《国家教育委员会等部门关于全国职业技术教育工作会议情况报告的通知》中指出：要改革中等专业学校和技工学校毕业生的分配制度，逐步将包分配改为不包分配，由用人部门择优录用。中专和技工学校还要改革助学金办法，实行奖学金和贷学金制度，以提高学生的学习积极性。这些改革要经过试点逐步推行。中专、技工学校要发展横向联系，面向社会招生，以利于发挥学校潜力、扩大招生规模、增加办学活力。这一系列的改革都是为了适应有计划的商品经济体制。

1992 年 10 月，中共十四大明确提出我国经济体制改革的目标是“建立和完善社会主义市场经济体制”。1993 年 11 月，中共十四届三中全会通过《中共中央关于建立社会主义市场经济体制若干问题的决定》，确定了建立社会主义市场经济体制的框架。1993 年 2 月中共中央、国务院印发的《中国教育改革和发展纲要》提出：“各级政府要按高度重视，统筹规划，积极发展的方针，充分调动各部门、企事业单位和社会各界的积极性，形成全社会兴办多形式、多层次职业技术教育的局面。”3 月国家教委下发了《关于印发〈关于普通中等专业学校专业设置管理的原则意见〉的通知》，使中等专业学校能更好地适应面向市场办学的需要。9 月劳动部颁发了《关于深化技工学校教育改革的决定》，1994 年 3 月教育部颁发了《关于普通中等专业学校招生与就业制度改革的意见》，1995 年 4 月国家教育委员会《关于印发〈关于普通中等专业教育（不含中师）改革与发展的意见〉的通知》，这些政策文件都是教育领域适应社会主义市场经济体制的具体做法。市场经济是法制经济，为了有效地促进职业教育的发展，1996 年 5 月，我国第一部《中华人民共和国职业教育法》颁布，对我国职业教育体系、实施主体、条件保障等做了明确规定，使我国职业教育的发展受到了法律的保护。1996 年国家教委、国家计委、财政部下发了《中等职业学校收费管理暂行办法》中指出:“中等职业教育属于非义务教育阶段，学校依据国家有关规定，向学生收取学费。”1997 年国家教委、国家计委《关于普通中等专业学校招生并轨改革的意见》，进一步明确了毕业生就业实行市场化的改革方向。1997 年 9 月，中共十五大进一步发展和完善了社会主义市场经济的理论，提出了“公有制实现形式可以而且应当多样化”,“股份制是现代企业的一种资本组织形式”，并提出了“把按劳分配和按生产要素分配结合起来”的理论。1997 年 7 月 31 日国务院颁布了《社会力量办学条例》，从此民办中等职业学校取得了长足的发展。2002 年 11 月，中共十六大提出“个体、私营等各种形式的非公有制经济是社会主义市场经济的重要组成部分”，提出要“积极推行股份制，发展混合所有制经济”。2002 年 12 月 28 日颁布的《中华人民共和国民办教育促进法》中规定：民办教育事业属于公益性事业，是社会主义教育事业的组成部分。各级人民政府应当将民办教育事业纳入国民经济和社会发展规划。

第四节　改革创新时期

以往中等职业教育的许多改革是适应经济体制改革而开展的。到 20 世纪末，正如 1999 年 6 月中共中央国务院《关于深化教育改革全面推进素质教育的决定》中所指出的：新中国成立 50 年来特别是改革开放以来，教育事业的改革与发展取得了令人瞩目的巨大成就。但面对新的形势，由于主观和客观等方面的原因，我们的教育观念、教育体制、教育结构、培养模式、教育内容和教学方法相对滞后，影响了青少年的全面发展，不能适应提高国民素质的需要。为此，《决定》中提出：“全面推进素质教育，培养适应 21 世纪现代化建设需要的社会主义新人。”“深化教育改革，为实施素质教育创造条件。”从此，加快了教育教学改革的力度。

对于中等职业教育而言，改革的另一个原因是由于《决定》中提出：“调整现有教育体系结构，扩大高中阶段教育和高等教育的规模，……通过多种形式积极发展高等教育，到2010年，我国同龄人口的高等教育入学率要从现在的百分之九提高到百分之十五左右。要在确保‘两基’的前提下，积极发展包括普通教育和职业教育在内的高中阶段教育，为初中毕业生提供多种形式的学习机会。在城市和经济发达地区要有步骤地普及高中阶段教育。”据此，从1999年我国高等教育开始大规模扩招，拉动了普通高中的快速发展，中等职业教育的发展面临着生源大幅度下降的困难，发展处于艰难时期。为了落实国务院实施素质教育的精神，增强中等职业教育的吸引力，加大了教育教学改革的力度。1999年9月教育部《关于印发〈关于调整中等职业学校布局结构的意见〉的通知》，2000年3月教育部下发了《关于全面推进素质教育深化中等职业教育教学改革的意见》，教育部《关于印发〈关于制定中等职业学校教学计划的原则意见〉的通知》，7月下发了《关于成立全国中等职业教育教学指导委员会的通知》，2000年5月劳动部发出了《关于加快技工学校改革工作的通知》。2001年8月10日教育部办公厅《关于在部分有条件的中等职业学校做好综合课程教育试验工作的意见》，8月17日发出了《关于在职业学校进行学分制试点工作的意见》，11月教育部下发了《关于印发〈关于制定中等职业学校学生学籍管理规定的原则意见〉的通知》，等等。2002年7月国务院召开全国职业教育工作会议，8月国务院颁发了《关于大力推进职业教育改革与发展的决定》，明确了“十五”期间职业教育改革与发展的目标；推进管理体制和办学体制改革；深化教育教学改革，适应社会和企业需求等。这一系列文件有效地促进了中等职业学校的教育教学改革。

第五节　全面建设时期

2002年11月中共十六大报告明确提出了“全面建设小康社会”。2003年10月在党的十六届三中全会上，明确提出要树立和落实科学发展观，即“坚持以人为本，树立全面、协调、可持续的发展观，促进经济社会和人的全面发展”。会议通过的《关于完善社会主义市场经济体制若干问题的决定》中提出“五统筹”，即“统筹城乡发展、统筹区域发展、统筹经济社会发展、统筹人与自然和谐发展、统筹国内发展和对外开放”。2005年10月，中国共产党十六届五中全会通过《十一五规划纲要建议》，提出要按照“生产发展、生活富裕、乡风文明、村容整洁、管理民主”的要求，扎实推进社会主义新农村建设。2006年党的十六届六中全会通过的《中共中央关于构建社会主义和谐社会若干重大问题的决定》中把构建社会主义和谐社会的目标和主要任务归纳为：城乡、区域发展差距扩大的趋势逐步扭转，合理有序的收入分配格局基本形成，家庭财产普遍增加，人民过上更加富足的生活；社会就业比较充分……实现全面建设惠及十几亿人口的更高水平的小康社会的目标，努力形成全体人民各尽其能、各得其所而又和谐相处的局面。2007年10月党的十七大报告指出：“科学发展观，第一要义是发展，核心是以人为本，基本要求是全面协调可持续，根本方法是统筹兼顾。”“加快推进以改善民生为重点的社会建设。优先发展教育，建设人力资源强国。”“教育是民族振兴的基石，教育公平是社会公平的重要基础。”2007年中央1号文件专门下发了《关于积极发展现代农业扎实推进社会主义新农村建设的若干意见》等文件。

适应构建和谐社会，发展现代农业和推进社会主义新农村建设，实现全面建设小康社会，我国中等职业教育进入全面建设时期。落实统筹城乡发展和区域发展，2003年11月教育部、财政部、劳动保障部专门下发了《关于开展东部对西部、城市对农村中等职业学校联合招生合作办学工作的意见》，有效地促进了西部和农村职业教育的发展。落实构建和谐社会，促进教育公平，2005年10月国务院《关于大力发展职业教育的决定》提出：实施“四大计划”，加强基础能力建设，建立职业教育贫困家庭学生助学制度。“十一五”期间中央投入80亿元加强中等职业学校实训基地、示范校、县级职教中心和中职教师素质提高等基础能力建设。2010年6月，教育部等三部门联合下发了《关于实施国家中等职业教育改革发展示范学校建设计划的意见》，决定从2010年到2013年中央投入100亿元，分三批在全国建立1000所国家级中等职业教育改革创新示范校，来加强中等职业学校教育教学改革。

2006年7月，财政部、教育部制定了《关于完善中等职业教育贫困家庭学生资助体系的若干意见》，资助接受中等职业教育的农村贫困家庭和城镇低收入家庭子女。中等职业学校资助的对象覆盖所有在校的一、二年级农村学生，农村学生全部得到了资助。资助标准为每年每生1500元，连续资助两年，共3000元，以解决学生在学期间的基本生活需要。2007年国家用于中等职业学校的资助经费每年约180亿元，中等职业学校在校生一、二年级所有农村户籍的学生和县镇非农业户口的学生，以及城市家庭经济困难的学生都可以得到每年1500元的生活补贴，资助面达到90%。落实中共中央《关于积极发展现代农业扎实推进社会主义新农村建设的若干意见》，2009年12月，财政部、国家发展和改革委员会、教育部等联合发出了《关于中等职业学校农村家庭经济困难学生和涉农专业学生免学费工作的意见》，从2009年下半年开始对农村家庭贫困学生和21个涉农专业按照每年每生平均2000元标准进行免学费补助。这一系列政策是党和国家关注民生、促进教育公平、构建和谐社会等的重要举措。国家采取一系列措施来支持和促进中等职业职业教育发展，中等职业教育实行免费教育的政策体系正在形成。

第六节　巩固提高时期

在过去的30年中，我国利用中等教育水平的劳动力和普通技能，通过发展简单劳动力密集型产业，推动了经济高速增长三十年。随着中国经济发展水平的不断提高，导致劳动力成本不断上升，原材料与能源价格持续升高，人民币不断升值，资源与环境对经济发展的约束力增强。2008年国际金融危机爆发，中国多年来快速发展的外向型经济受到了影响，出口增幅下降，制造业等产品的国际竞争力优势减弱，我国出口额占GDP的比重由2007年的37.4%下降到2013年的24.1%，经济发展越来越依靠扩大内需来拉动。推动农业人口向城镇转移、加快新型城镇化建设、优化升级产业结构，成为经济工作的重心，中国经济发展速度从以往的高速增长走向了中高速增长，迫切要求转变发展方式、优化升级产业结构。经济发展方式需由粗放经营向集约经营转变，由高能耗经济向低碳经济转变，由要素驱动向效率驱动转变；产业结构需增加资本技术密集型产业，减少劳动密集型产业；增加高新技术产业，减少低技术产业；增加高附加值产品，减少低附加值产品。面对国内外新的经济形势，中国再次高举经济体制改革的大旗。十八届三中全会提出，要全面深化经济体制改革，加快转变政府职能，充分利用市场力量推动改革创新。十八大提出加快发展现代职业教育，十八届三中全会提出加快现代职业教育体系建设，深化产教融合、校企合作，培养高素质劳动者和技能型人才。

当前，我国人口总体上进入了低出生率、低死亡率和低增长率“三低”阶段。从20世纪70年代国家开始实行的计划生育政策，其作用日益凸显。一方面，从2012年开始，劳动年龄人口数开始下降，人口抚养比停止下降，预计到2027年，我国总人口出现绝对减少，中国经济社会的发展从人口红利转向人才红利，迫切需要加强人力资源开发；另一方面，学龄人口大幅度减少，初中毕业生从2005年最高的2123.43万人减少到2014年的1413.5万人，减少了1/3，致使中等职业学校招生人数从2010年的870万人减少到2014年的629万人，减少了27.7%。为此，2014年5月2日《国务院关于加快发展现代职业教育的决定》指出：巩固提高中等职业教育发展水平。各地要统筹做好中等职业学校和普通高中招生工作，落实好职普招生大体相当的要求，加快普及高中阶段教育。鼓励优质学校通过兼并、托管、合作办学等形式，整合办学资源，优化中等职业教育布局结构。推进县级职教中心等中等职业学校与城市院校、科研机构对口合作，实施学历教育、技术推广、扶贫开发、劳动力转移培训和社会生活教育。在保障学生技术技能培养质量的基础上，加强文化基础教育，实现就业有能力、升学有基础。有条件的普通高中要适当增加职业技术教育内容。

总之，新中国成立60多年来，伴随着中国社会从闭关锁国到改革开放，经济体制从计划经济转向市场经济体制，经济总量由小到大，经济实力由弱变强，产业结构由农变工，工业结构由轻变重，发展方式由粗放到集约，社会形态由传统变现代，我国中等职业教育在优化高中阶段教育结构的过程中，正实现由小到大、由弱变强、由单一到多样、由校本单一主体向校企双主体、由政府主导向市场引导的转变，逐步形成与经济社会相适应的现代中等职业教育。

第二章

中等专业学校教育发展历程

新中国成立以来，中等专业学校为国家培养了大量的中级专门人才，在中等职业教育中发挥着骨干力量。在计划体制下，我国中等专业学校为国民经济各部门培养了大量的技术和管理干部，在市场经济体制下培养了大量的技能型人才。虽然不同时期人才培养的目标由于社会经济条件的变化而有所改变，但服务经济社会的宗旨没有改变。

第一节　调整与整顿时期

新中国成立后对旧有的中等专业教育进行了整顿、改造，建立了与新中国发展相适应的中等专业教育制度。这一时期，中等职业教育调整、整顿主要是从两个方面进行：一是接管和改造旧有的职业学校，建立新中国的中等技术学校管理制度；二是适应国民经济发展的需要，不断调整布局结构和发展速度，其发展变化受整个国家政治、经济、文化运动的影响较大。

一、整顿发展时期（1949—1957 年）

新中国刚成立，百废待兴，国民经济的恢复和重建，迫切需要大批的技术人才和管理干部。这一时期的中等技术教育，一方面根据中央的方针政策，接管公立学校，对公立、私立职业学校进行整顿和改造；另一方面，学习苏联经验，制定基本教育制度，新建一批中等技术学校。

新中国成立初期，按照《共同纲领》中“有计划、有步骤地实行普及教育，加强中等教育和高等教育，注重技术教育”的规定，我党接管、整顿和改造了旧有的职业学校。对公立学校由各地军事管制委员会派代表接收，并采取“维持现状，立即开学”的办法；对私立学校一般采用“保护维持，加强领导，逐步改造”的方针，使之适应国家建设的需要，并将解放前的职业学校改称为技术学校。1949 年 12 月，在北京召开了第一次全国教育工作会议，指出：“各地中等学校，普通中学多，技术学校少，不适应恢复与发展经济的迫切要求”。1951 年 3 月 19 日教育部召开全国第一次中等技术教育会议，时任教育部副部长曾昭抡做了《积极整顿和发展中等技术教育》的报告，报告中指出：“目前，全国中等技术教育以调整、整顿为主的，有条件发展的方针。”会上提出利用两年的时间调整、整顿、有条件发展中等技术教育。第一次全国中等技术教育会议以后，为适应国民经济按计划发展的需要，原由各地教育部门统一管理的中等技术学校，按照学校开设的专业科目划转到同级的政府业务部门，实行部门管理。同时全国各地陆续成立中等技术教育委员会，来加强指导。同年 10 月，中央人民政府政务院颁布了《关于改革学制的决定》，规定：中等专业学校包括中等技术学校、中等师范学校和中等医药及其他学校。技术学校（工业、农业、交通、运输等）分中级和初级两类。修业年限各为 2～4 年，分别招收小学或初级中学毕业生或具有同等学力者，入学年龄不作统一规定。初级技术学校和技术学校的毕业生，应在生产部门服务；在服务满规定年限后，得经过考试，分别升入技术学校、高级中学或各种高等学校。1952 年 3 月 31 日政务院在《关于整顿和发展中等技术教育的指示》中提出“培养技术人才是国家的、经济建设的必要条件，而大量的训练与培养中级技术人才尤为当务之急”。“在五六年内，全国经济建设约需中级和初级技术干部 50 万人左右”“我国现有的中等技术学校在数量和质量上，均远不能适应此种需要”。1952 年 7 月，教育部颁布了《中等技术学校暂行实施办法》，对学校办学宗旨与任务、学生培养目标、课程、学时、成绩考查、教材编审、机构组织、人员编制、领导管理、职业分工及教师要求、学生分配等方面做出了明确的规定。至此，中等技术学校办学有了法规性依据。同年 8 月 30 日，教育部颁发《各级中等技术教育委员会暂行组织条例》，规定了全国中等技术教育委员会的成员单位及职责。9 月教育部在《关于统一中等技术学校（包括专业学校）名称的规定》中首次提出并要求统一使用“中等专业学校”的名称。

1953 年国家开始实施国民经济的第一个五年计划，大规模的经济建设迫切需要各类人才。教育界出现了全面学习苏联教育的高潮。1954 年 6 月 7 日高等教育部召开全国中等专业教育行政会议，高等教育部副部长曾昭抡做了《关于整顿改革中等专业教育的总结及今后工作的基本任务》的报告。此次会议决定：“今后我们中等专业教育工作的方针是：大力整顿发展中等专业教育，积极推行教育改革，提高教学质量。”同年 9 月 26 日政务院发出《关于改革中等专业教育的决定》，《决定》规定：“今后中等专业教育应大力整顿并作有计划的发展，巩固已有的成绩，克服各项缺点，特别应注意确定学习年限，进一步明确领导关系，加强领导，努力学习苏联先进经验，积极改进教学，以提高教学质量。”1954 年 11 月 24 日高教部颁发《中等专业学校章程》，具体规定了学校的教育任务、专业设置、入学标准、学生管理、学校组织机构、管理职责、教学活动、经费来源等完整的办学要求，是指导学校办学的纲领性文件。《章程》的颁布替代了 1952 年 7 月教育部的《中等技术学校暂行实施办法》。1956 年 5 月，高等教育部召开全国中等专业教育工作会议，会议提出在最近三年内加快发展中等专业教育，同时要积极发展业余中等专业教育，并提出：中等专业学校的领导关系应根据“谁用干部谁办学校”的原则，按照中央事业和地方事业的划分，分别由中央业务部门或省、市人民委员会直接领导[①]。在两次

① 教育部、高等教育部. 关于 1956 年中等学校招生工作的通知[R]. 中华人民共和国国务院公报，1956.17.

会议、两个文件的精神指导下，全国的中等技术学校经历了一次有计划、有步骤全面系统的调整整顿，停办了一批条件差的学校，新办了一些中等技术学校，把原来多科综合性的职业学校改为单科性技术学校。至此，新中国的中等专业教育制度基本确立。这一期间，虽然中等专业学校数量变化不是太大，但在校生人数却取得了突破性进展。到 1956 年，我国中等技术学校数量增加到 755 所，比 1949 年的 561 所增加了 194 所，而在校生人数达到了 53.85 万人，是 1949 年在校生人数的 7 倍。显而易见，整顿、提高取得了明显的成效。

二、超常规扩张时期（1958—1960 年）

这一时期，国民经济开始实施第二个五年计划，周恩来总理在《关于发展国民经济的第二个五年计划的建议报告》中指出："为国家培养各项建设人才，首先是工业技术人才和科学研究人才，是教育工作的首要任务。""在第二个五年计划期间，应该进一步发展高等教育和中等专业教育。"第一个五年计划完成后，全国各方面发展形势一片大好。但不久就被胜利的喜悦冲昏了头脑，在农业、工业等各条战线提出了一些脱离实际的发展目标，中国经历了三年"大跃进"时期。中等专业学校的发展速度也进入了"大跃进"，特别是学校数量的增长超乎常态。

1958 年 3 月，国务院第二办公室召开中等专业教育与劳动生产相结合座谈会，强调在社会主义建设"大跃进"的形势下，中等职业教育应该"大跃进"。5 月 5 日中共八届二中全会提出："积极地进行技术革命和文化革命，争取在 15 年内，或者在更短的时间内，在主要的工业产品产量方面赶上或超过英国。"8 月，中共中央和国务院又发布了《关于教育事业管理权下放问题的意见》。开始出现了中央各部门举办，地方产业部门、教育部门以及厂矿企事业单位举办等多种渠道办学的局面。特别是许多厂矿企业单位和县（市）均举办中等技术学校。有的由企业自行投资或由地方有关部门、单位联合集资办学，有的采取"母鸡下蛋"的办法，由老校包建新校，有的利用现有房屋设备，因陋就简办学等。这种“大跃进”式的发展使教育事业计划失去控制，学校的发展出现了混乱状况。

这一时期中等技术学校规模增长速度令人吃惊。1957 年，全国中等技术学校数量是 728 所，在校生人数是 48.22 万人，而 1958 年全国中等技术学校数就增加到了 2085 所，在校生人数增加到 108.35 万人，到 1960 年，全国中等技术学校数增加到 4261 所，在校生数增到 137.74 万人，学校数量是 1957 年的近 6 倍，中等技术教育迎来了发展的第一个高峰期。但由于不切实际的盲目发展，在国民经济刚得到恢复、经济基础十分薄弱的情况下，职业教育的发展规模超越经济发展水平，高速发展的代价给教育和整个国民经济带来严重后果。由于新增的学生和教师大部分来自农村，农村劳动力减少，农业生产受到影响；城镇职工增加，商品粮供应紧张。学校数量增加，财政支出增多，超过了教育事业本身发展的能力，基本建设跟不上需要，教室、宿舍、实验室、食堂、图书、仪器设备缺乏必要的补充，导致教育质量的普遍下降。

从 1961 年开始国民经济通过 5 年的调整，经济社会进入了一个新的发展时期。

三、调整提高时期（1961—1965 年）

1958 年“大跃进”不切实际的发展，加之 1960—1962 年我国处于三年经济困难时期，全国人民的生产、生活受到严重影响，社会经济发展难以支撑中等专业学校的发展规模。因此，国家对当时中等专业学校过分追求数量而脱离实际的状况做了调整。在对学校数量的调整过程中，中等专业学校办学质量在一定程度上也有所提高。

1960 年 11 月 24 日，中央文教小组召开全国文教工作会议，提出当前文化教育工作必须贯彻执行“调整、巩固、充实、提高”八字方针，会后向中共中央提交了《关于一九六一年和今后一个时期文化教育工作安排的计划》，1961 年 1 月中共八届九中全会决定中正式提出对国民经济实行“调整、巩固、充实、提高”的方针。2 月，中共中央批转中央文教小组《关于一九六一年和今后一个时期文化教育工作安排的报告》，教育部从1961—1963年对教育进行了全面的调整、整顿工作。连续召开了三次调整会议。1961年7月3日至15日，教育部在北京召开了第一次全国高等学校及中等学校调整工作会议，采取毕业多少招多少的方针，主要是减少城镇学校的在校生，尤其是初等技术学校和师范学校，但面向农村、服务农业和少数民族的学校该保留的保留。对压缩学校的一年级学生，农村的回农村，城市的可分配到厂矿；二年级学生能分配的分配，能转学的转学。凡是合乎参军条件的，可动员参军。1961年12月17日，教育部在北京召开了第二次全国高等学校和中等学校调整工作会议，确定在现有中等专业学校中保留1670所。其中工科613所，农林科419所，医科483所，其他155所。按领导关系分，中央部属269所，地方1401所。实际上，到1961年中等专业学校从1960年的6225所（含中师）调整到2843所。第三次是1962年4月21日至5月中旬，教育部在北京召开全国教育会议，确定进一步调整教育事业和精减学校的教职工，尽可能地从教育部门动员较多的人力去参加农业战线，减少城市人口。同年5月25日中共中央批转教育部党组《关于进一步调整教育事业和精减学校职工的报告》中提出，大幅度裁并中等专业学校，这次裁并的是1958年以后设立的条件很差的新校和少数布局不够合理、设置重复的老校，所有保留的中等专业学校，在今后五年内，改变过去的招生办法，即实行内招。中央批示指出："1958年以来，我国教育事业有了很大的发展，成绩是显著的。但是，由于发展过快，规模过大，超过了国民经济的负担能力，特别是超过了农业生产水平，也超过了教育事业本身的发展条件，影响了教育质量的提高。必须要下最大决心，对教育事业，特别是对高等学校和中等专业学校进行进一步的调整。"

在一系列政策的指导下，从1961年开始，中等专业学校的数量、在校人数明显大幅下降。到1963年，中等技术学校由1960的4261所裁并为865所，在校学生数由137.74万人压缩到32.07万人。1964年12月21日周恩来总理在三届全国人大一次会议所做的《政府工作报告》中宣布："现在，调整国民经济的任务已经基本完成，工农业生产已经全面高涨，整个国民经济已全面好转，并将进入一个新的发展时期。针对当时城市大量初中生毕业生不能升学，而又缺乏就业思想准备和职业训练而难以就业，城市和农村又都缺乏劳动和技术后备力量的形势，中共中央、国务院转发了教育部《中小学教育和职业教育七年（1964—1970）规划要点（初步草案）》，要求在城市举办各种类型的职业学校，随之职业学校大量兴办起来。所以 1964 年全国中等技术学校数量又有所增加，发展为 1125 所，在校生人数达 39.73 万人。

四、全面倒退期（1966—1970 年）

1966 年到 1976 年十年的“文化大革命”期间，林彪和“四人帮”严重摧残了中国的教育，中等专业学校也在劫难逃。这一时期我国中等专业学校各方面都呈现倒退迹象，校舍被占，教学设备严重流失，特别是学校数量大幅度减少，在校生、毕业生寥寥无几，中等专业学校已有名无实。

事实上 1965 年全国中等技术学校就受到影响，学校数量已经减少到 871 所，在校生 39.24 万人。当时大批中等专业学校被迫停办或改办工厂，教师和干部下放，大量仪器设备和图书资料被毁坏或散失。全国有可容纳 37 万名学生的 750 万平方米的校舍被占用①。到 1969 年全国仅有 685 所中等技术学校，在校生只有 2.32 万人，比 1949 年的全国中等技术学校只多了 124 所，在校生比 1949 年减少了 5.39 万人，校均规模仅达 34 人。

五、复苏时期（1971—1977 年）

1968 年 7 月 22 日，在毛泽东的指示下，《人民日报》刊载了题为《从上海机床厂看培养工程技术人员的道路》的调查报告，毛泽东亲自

① 刘英杰. 中国教育大事典（1949—1990）[M]. 杭州：浙江教育出版社，1993.

写了一段编者按。他说："大学还是要办的"，"要从有实践经验的工人农民中间选拔学生，到学校学几年以后，又回到生产实践中去。"[①]1969年8月7日，《人民日报》发表《搞好中等技术学校的教育革命》的社论。《社论》指出："中等技术学校的办学现状是有的已经改为工厂；有的办成工厂，也承担教学任务；有的准备继续办下去；有的干脆下马不办了。"同时指出："社会主义中等技术学校必须贯彻执行毛主席关于'学制要缩短，教育要革命'，'要从有实践经验的工人农民中间选拔学生'，培养'有社会主义觉悟的有文化的劳动者'的指示。""中等技术学校应当开办多种类型的学习班。①中技班：选拔高小以上文化程度，有三年实践经验的工人、农民和复员转业军人入学学习。学习年限一年半至二年。主要培养突出无产阶级政治的、有中等专业理论知识的电力技术工人。②短期训练班：选拔有丰富经验的工人进行短期学习，厂来厂去。年龄、文化程度不限，学习内容和方式灵活多样。根据缺什么学什么的原则，提高工人的理论水平。③农电班：学校组织有实践经验的工人和教师，组织农村巡回教学小分队，直接为贫下中农服务，也便于教师接受贫下中农再教育。"1970年6月22日，中共中央批示，国务院各部委成立革命委员会，机构调整，成立国务院教科组，它是临时性的工作机构，标志着我国恢复了对教育事业的行政领导，也是职业技术教育恢复阶段的开始。为了落实毛泽东的指示，1970年6月27日，中共中央批转《北京大学、清华大学关于招生（试点）的请示报告》，提出招收"政治思想好、身体健康、具有三年以上实践经验，年龄在20岁左右、有相当于初中以上文化程度的工人、贫下中农，解放军战士和青年干部。有丰富实践经验的工人、贫下中农，不受年龄和齐化程度的限制。还要注意招收上山下乡和回乡知识青年。""实行群众推荐、领导批准和学校复审的办法"[②]，开始招收工农兵学员。10月15日，国务院向各地发出电报：1970年高等学校招生工作，按中央批转的北京大学、清华大学报告提出的意见进

① 中央教育科学研究所．中华人民共和国教育大事纪（1949—1982）[M]．北京：教育科学出版社，1984：399.

② 中央教育科学研究所．中华人民共和国教育大事纪（1949—1982）[M]．北京：教育科学出版社，1984：433.

行。1971 年全国教育工作会议召开，国务院有关部委和省市代表强烈要求恢复中等专业学校和技工学校并恢复招生。周恩来总理 1971 年 7 月 6 日接见会议领导小组时指出中专可以委托厂矿来办，或联合办或地方办，多种多样。他肯定了要办中专。1971 年 7 月 10 日的会议简报，汇总了会议代表讨论的意见，简报标题是《要认真办好中专》。这次会议规定必须认真办好中等专业学校和技工学校，从此这两类学校结束了停办等待观望的局面，逐步恢复起来。作为培养国家干部的中等专业学校从 1971 年学校数量和规模开始复苏，1971 年的中等技术学校比 1970 年增加了 270 所，在校生增加了 3 倍多，达到 9.80 万人。1973 年 7 月 3 日国务院批转国家计委和国务院科教组《关于中等专业学校、技工学校办学中几个问题的意见》中强调："要抓紧做好中等专业学校的调整、规划、布局工作，根据需要和可能，有计划地适当发展"，"中等专业学校实行 2～3 年制，招收具有 2 年以上实践经验、年龄在 20 岁以内、具有初中毕业文化程度的工农知识青年"，①所以到 1973 年全国中等技术学校就已恢复到 1058 所，在校生人数达 26.43 万人，到 1976 年"文化大革命"结束时，全国中等专业学校也已基本复苏，这时的中等技术学校由 1969 年的 685 所恢复到 1461 所，增加了两倍之多，在校生人数由 1969 年的 2.32 万人增加到 38.55 万人，增加了近 17 倍（如表 2-1）。

这一时期总的来看，伴随着新中国的诞生和成长，中等专业教育也在不断发展壮大，但由于受"左"的错误思想的影响，"大跃进"期间虽取得了长足的发展，但脱离了当时经济社会发展水平盲目冒进，违背了教育适应经济社会发展的规律而产生大的波动，后经三年调整有所改善，但随着国民经济的全面复苏，又有盲目冒进的倾向。"文革"期间又遭到了严重的破坏，可以说这一时期中等专业教育的发展呈现出"两波一折"的格局。因此，新中国成立近 30 年，我国中等技术教育培养的人才十分有限，1949 年到 1978 年 30 年的时间培养了 264.04 万人，面对改革开放带来的国民经济快速发展对中等专业技术人才的大量需求，迫切要求加快对中等技术教育的发展。

① 中央教育科学研究所．中华人民共和国教育大事纪（1949—1982）[M]．北京：教育科学出版社，1984：451.

表 2-1　1949—1976 年全国中等专业学校、技术学校发展基本情况表

年份	学校数（所）		学生数（万人）					
	中专校	技术校	在校生数		招生数		毕业生数	
			中专校	技术校	中专校	技术校	中专校	技术校
1949	1171	561	22.9	7.7	9.7	4.3	7.2	2.4
1950	1086	500	25.7	9.8	12.8	5.3	7.5	2.2
1951	1413	669	38.3	16.3	23.0	9.3	5.7	2.2
1952	1710	794	63.6	29.1	35.1	16.9	6.8	4.1
1953	1438	650	66.8	29.9	19.4	10.4	11.8	5.8
1954	1189	557	60.8	30.0	15.0	9.8	16.9	7.1
1955	1027	512	53.7	31.8	19.0	12.7	23.5	9.7
1956	1353	755	81.2	53.9	46.2	30.2	17.4	7.5
1957	1320	728	77.8	48.2	12.3	6.0	14.6	9.6
1958	3113	2085	147.0	108.4	89.5	69.4	19.1	10.1
1959	3706	2341	149.5	95.5	70.0	39.9	28.9	17.1
1960	6225	4261	221.6	137.7	106.6	62.6	26.8	16.3
1961	2843	1771	120.3	74.1	16.7	10.7	34.0	21.6
1962	1514	956	53.5	35.3	3.9	2.6	30.5	15.9
1963	1335	865	45.1	32.1	15.5	10.6	19.6	10.7
1964	1611	1125	53.1	39.7	24.9	17.9	16.5	10.3
1965	1265	871	54.7	39.2	20.8	14.6	9.1	7.3
1966	1265	871	47.0	33.6	4.6	2.8	11.9	8.0
1967	1264	870	30.8	22.4	0.8	0.6	17.0	11.8
1968	1244	853	12.8	9.8	1.8	1.0	19.7	13.5
1969	1058	685	3.8	2.3	1.3	0.7	10.3	8.2
1970	1087	685	6.4	3.2	5.4	2.5	2.8	1.7
1971	1591	955	21.8	9.8	21.3	10.0	8.9	3.8
1972	1380	725	34.2	14.7	26.8	11.4	9.5	3.6
1973	1795	1058	48.2	26.4	29.4	16.4	12.2	3.8
1974	1959	1234	63.4	34.9	32.7	17.8	16.6	7.8
1975	2213	1326	70.7	40.5	34.4	18.4	24.8	12.4
1976	2443	1461	69.0	38.6	34.8	19.3	33.9	19.1

资料来源：国家统计局国民经济综合统计司. 新中国五十年统计资料汇编[G]. 北京：中国统计出版社，1999。

第二节　快速发展时期

1978年党的十一届三中全会以后，中国进入了一个以经济建设为中心的新的历史发展时期，在国民经济快速增长对人才需求的拉动下，中等专业学校教育在数量、规模等多方面进入了一个快速发展时期。

一、恢复增长时期（1977—1985年）

1977年邓小平主管科技、教育工作，对科技、教育、人才问题，做了一系列重要指示，恢复了大中专招生考试制度，结束了“群众推荐、领导批准和学校复审”的招生制度。1978年党的十一届三中全会决定把全国工作的着重点转移到社会主义现代化建设方面来，并实行全面对外开放政策，我国经济、政治、文化等各个方面也有了很大的变化，国家也相继出台了一系列教育方针政策来指导中等专业教育的发展，使中等专业教育得以恢复性发展。

1977年8月，党的十一大宣告“文化大革命”结束。当时全国有中等技术学校1457所，在校学生39.13万人。针对新形势的新要求，国家召开多次会议，出台一系列关于调整、改革与促使中等专业教育发展的政策文件，以适应经济社会快速发展对技术人才的大规模需求。1978年党的十一届三中全会指出“教育必须要为社会主义现代化服务”，1979年五届人大二次会议的政府工作报告指出：“中等教育要有计划地多举办各种门类的中等职业教育，这是社会主义建设的多方面的迫切需要，同时也有利于解决大量中学毕业生的就业问题。”1980年4月10日，教育部召开第四次全国中等专业教育工作会议，国务院当年10月8日批转《全国中等专业教育工作会议纪要》中提出“新时期中专教育的任务就是多办和办好中等专业学校”，并强调指出：“在今后的三五年内，中专教育必须认真贯彻八字方针，着重抓好调整、改革、整顿和提高工作，并有计划地稳步发展，为今后进一步发展提高打下坚实基础。”1980 年中共中央批转全国劳动就业会议文件的通知中指出：要有步骤地改革现行教育制度，要改革中等教育单一化的情形，改善职业教育与经济社会严重脱节的情况，并提出要视职业教育为教育体系中的重要组成部分，逐步建立起职业教育网。同年国家在批转教育部和国家劳动总局《关于教育结构改革的报告》中指出：“改革中等教育结构，发展职业教育，适应四化建设需要，是当前亟待解决的问题。”1983 年 5 月 9 日《关于改革城市中等教育结构、发展职业技术教育的意见》中提出了改革中等教育结构、发展职业技术教育的四条途径，其中改革和办好中等专业学校和技工学校是途径之一。因此，这一时期在改革中等教育结构，发展职业技术教育政策的引导下，中等专业学校数量和在校生人数快速增长。国务院制定的《国民经济和社会发展第六个五年计划（1981—1985）》中规划：中等专业学校 1985 年招生 50 万人，在校学生数达到 125 万人。五年中专毕业生共计 230 万人。适当扩大财经、政法、管理、轻工、纺织、建筑等专业的招生人数。现实中中等技术学校数从 1977 年的 1457 所增加到 1985 年的 2529 所，在校生是继 1958 年后第一次突破百万人数，由 1977 年的 39.13 万人增加到 101.29 万人，增加了近 3 倍，校均规模达到 401 人。

二、快速发展时期（1986—1990 年）

经过恢复调整后，尤其是 1985 年 5 月《中共中央关于教育体制改革的决定》中提出“调整中等教育结构，大力发展职业技术教育，发展职业技术教育要以中等职业技术教育为重点，发挥中等专业学校的骨干作用”之后，中等专业教育的发展更加快速。这一时期，国家出台了相关文件对中等专业学校的办学目标、招生数量、人才培养模式都做了明确的规定。

1986 年 4 月 26 日颁布实施的《国民经济与社会发展第七个五年计划》中指出：“职业技术教育已经成为现代教育制度的一个重要组成部分。‘七五’期间，必须按照‘先培训、后就业’的原则改革劳动就业制度，大力发展职业技术教育，使多数地区各类高中阶段职业技术学校的招生人数相当于普通高中的招生人数，同时发展初中阶段职业技术教育和短期培训。五年内，中专和职业技术学校总共要培养毕业生八百多万人，比‘六五’期间增长1.5倍”。1986年7月我国召开了全国第一次职业教育会议，会议前后制定了关于师资、中专学校设置暂行办法、经费、经济部门和教育部门加强合作等系列文件，为中等专业教育快速发展提供了制度保障。1987年1月3日国务院办公厅转发《关于全国职业技术教育工作情况的报告》中指出："中等专业教育是一种成功的培养中级专门人才的制度。但现在中专发展缓慢，部分老中专已改为高等学校，余下的也很不稳定，中专一般不要改为专科，应该坚持办下去。"从1986年到1990年五年间中等专业学校数量、在校生数量、毕业生数量的发展是在“稳中求质、质中求稳”中发展。所以，这一时期的学校数量、在校生数量都在不断增长。到1991年我国中等专业学校突破三千所，达到3925所，这是继“大跃进”后的最高记录，在校生突破200万人，达到227.7万人，这也是新中国成立以来在校生人数达到的最高值，同时校均规模达到580人，比1985年增加了179人。这时期中等专业学校的办学质量也有所提高，为了提高毕业生质量，国家在招生工作中有明确的规定。1990年11月25日国家教委、国家计委关于颁发《普通高等学校、中等专业学校招生计划管理暂行办法》的通知中规定："制定的招生计划，必须具有相应的教学、生活条件保障，包括教育经费、基本建设投资、师资力量、教学及生活用房、教学仪器设备等，以确保教育质量。"从1949年到1991年我国中等技术学校共培养了708.43万人。

三、巩固提高时期（1991—1998年）

进入20世纪90年代，特别是1992年国家提出建立社会主义市场经济体制以来，一方面，国家针对发展市场经济的需要制定了一系列方针政策；另一方面，中等职业学校积极面向市场办学，开始发展面向市场的职业教育，使得中等专业学校在市场经济体制的作用下进一步得以巩固提高。

1991 年 10 月 17 日，国务院发出的《关于大力发展职业技术教育的决定》指出："要制定相应政策稳定中专，支持它们深化改革，办出特色，提高质量，积极发挥中等专业学校在同类职业技术教育中的骨干作用。"1993 年 2 月 26 日中共中央国务院发布的《中国教育改革和发展纲要》中指出："高中阶段职业技术学校在校学生人数有较大幅度的增加，不仅教育的规模要有较大发展，而且要把教育质量和办学效益提高到一个新的水平。"该纲要规定了我国中等专业学校在 20 世纪 90 年代的基本发展目标。1995 年 4 月 1 日国家教育委员会印发的《关于普通中等专业教育（不含中师）改革与发展的意见》通知中指出："要主动适应科学技术进步、生产工艺、装备水平及管理方式现代化对人才素质提高的需要。要优化结构，调整布局，不断探索有中国特色的发展中等专业教育的道路，学校总体规模要扩大，加强重点学校建设，集中力量建设好一批省部级和国家级重点学校，从而带动整个中专教育的发展与提高，更好地为我国现代化建设服务。"在 1995 年，中等专业学校的教师首次享受政府特殊津贴①，教师地位的提高有力地保障了学校的稳定发展。1996 年 5 月 15 日国家又颁布了历史上第一部《职业教育法》，不仅对中等专业学校的建设、发展做了原则上的规定，对各级各类职业学校办学的方方面面都做出了明确的说明，这是我国职业教育发展史上的重要里程碑。一系列政策、法律法规都充分说明了国家对中等专业教育发展的重视与支持。如表 2-2，到 1998 年，我国中等专业学校数量和在校生数再创历史新高，全国中等专业学校达到 4109 所，在校生达到 498.1 万人，校均规模 1212 人，学校数量是中等专业学校开始大力发展初期即 1977 年的近 3 倍，在校生是 1977 年的近 13 倍。可见，这一时期的中等专业学校发展处于规模、数量和质量都稳步提高的阶段。

① 刘英杰．中国教育大事典（1949—1990）［M］．杭州：浙江教育出版社，1993．

表 2-2　1977—1998 年全国中等专业学校、技术学校发展基本情况表

年份	学校数（所）		学生数（万人）					
	中专校	技术校	在校生数		招生数		毕业生数	
			中专校	技术校	中专校	技术校	中专校	技术校
1977	2485	1457	68.9	39.1	36.6	20.8	34.0	17.9
1978	2760	1714	88.9	52.9	44.7	26.8	23.2	11.9
1979	3033	1980	119.9	71.4	49.1	26.5	18.1	7.9
1980	3069	2052	124.3	76.1	46.8	25.3	41.0	20.1
1981	3132	2170	106.9	63.2	43.3	23.8	60.5	36.5
1982	3076	2168	103.9	62.8	41.9	24.1	44.6	24.2
1982	3090	2229	114.3	68.8	47.8	28.7	37.5	23.0
1984	3301	2293	132.3	81.1	54.6	35.1	37.6	23.8
1985	3557	2529	157.1	100.9	66.8	45.2	42.9	26.1
1986	3782	2741	175.7	114.6	67.7	45.0	49.6	32.1
1987	3913	2854	187.4	122.3	71.5	48.5	57.8	38.9
1988	4022	2957	205.2	136.8	77.6	54.1	59.6	39.2
1989	3984	2940	217.7	149.3	73.5	50.8	59.1	36.5
1990	3982	2956	224.4	156.7	73.0	50.3	66.1	42.8
1991	3925	2977	227.7	161.6	78.0	55.1	74.0	49.6
1992	3903	2984	240.8	174.3	87.9	63.8	74.3	50.7
1993	3964	3046	282.0	209.8	114.9	86.5	73.6	50.7
1994	3987	3093	319.8	241.4	122.5	93.5	72.9	50.4
1995	4049	3152	327.2	287.4	138.1	107.3	83.9	59.4
1996	4099	3206	422.8	334.8	152.3	120.8	101.9	73.8
1997	4143	3251	465.4	374.3	162.1	129.6	115.7	86.3
1998	4109	3234	498.1	406.0	166.8	134.9	129.3	98.7

资料来源：国家统计局国民经济综合统计司. 新中国五十年统计资料汇编[G]. 北京：中国统计出版社，1999。

改革开放以来，我国社会经济发生了翻天覆地的变化，国民经济的快速发展对中等专业人才产生了巨大的需求。从 1978 年到 1998 年，我国中等专业教育规模和数量上取得了长足的发展，为国民经济快速发展培养了大量的人才，20 年培养的人才是前 30 年的 4 倍之多。但这一时期，由于我国正处于构建社会主义市场经济体制时期，新旧体

制处于交替时期，培养的人才大部分还是国家干部身份，其职业教育的特色并不明显。20 世纪 90 年代末期，随着国家机构改革和人事制度的改革，中等专业培养的人才从干部身份走向了生产第一线岗位，中等专业教育面临着人才培养模式的改革。

第三节　全面发展时期

进入 21 世纪，为了适应劳动力市场对技能型人才大量需求的要求，国家更加高度重视技能型人才的培养，先后召开了三次全国职业教育工作会议，出台了一系列方针政策，各级政府也加大了对职业教育的投入，职业学校的办学条件明显改善，积极推行工学结合、校企合作的人才培养模式，加强对学生实践能力的培养，中等专业学校更加体现了职业教育的办学特色。

一、调整改革时期（1999—2002 年）

国家为了实现高等教育大众化，1999 年高校开始扩招，与高等教育扩招相适应，普通高中得以快速发展，与此相对应，从 1999 年到 2002 年中等职业教育招生人数出现了下降，中等专业学校发展面临困境，为此，这一时期国家加大了对中等专业学校调整改革的力度。

1999 年，我国开始进入实施高等教育大众化的历史时期，高等教育大规模扩招，一方面，极大地刺激了普通教育的发展，普通高中的超常规发展，使得中等职业教育招生人数大幅度减少；另一方面，各地为了达到高等教育大众化的目标，把一部分中等专业学校升格为高职高专或合并到普通高等院校，职业教育内部结构发生了变化，高等职业教育取得了长足发展，独立设置的高职院校由 1999 年的 161 所增加到 2002 年 548 所。同时，随着城镇化进程的推进，职业教育布局结构也不断调整。1999 年教育部印发的《关于调整中等职业学校布局结构的意见》中指出："随着我国经济体制由计划经济转变为社会主义市场经济，原有的学校布局结构已经不能继续适应经济建设、经济体制改革及教育体制改革的需要，严重制约着我国中等职业教育的进一步发展，因此，调整中等职业学校布局结构势在必行。”在多种因素综合作用下，到2002年，我国中等专业学校共有2953所，比1998年减少了1056所，在校生456.4万人，但校均规模仍达到1546人。面对中等职业教育资源不断减少的严峻形势，2000年10月19日教育部印发的《关于中等专业学校管理体制调整工作中防止中等职业教育资源流失问题的意见》通知中指出：“中等专业学校是中等职业教育的重要组成部分，是培养中初级专门人才和高素质劳动者的重要基地。各级教育行政部门应在各级地方政府的领导支持下，统筹规划各类教育资源，在积极发展高等教育的同时，也要积极发展中等职业教育，防止中等职业教育资源流失，已经改为高等职业学校的，仍可以继续举办中等职业教育。”同时，面对新的形势，国家出台了相关政策，旨在通过教学改革，提高教育质量来增强中等职业教育吸引力。1999年国务院颁布了《关于深化教育改革全面推进素质教育的决定》，为了贯彻落实国务院的决定，2000年3月21日教育部出台了《关于全面推进素质教育深化中等职业教育教学改革的意见》和《关于制定中等职业学校教学计划的原则意见》，拉开了21世纪中等专业教育教学改革的序幕。2001年3月8日教育部发出的《关于做好2001年中等职业学校招生工作的通知》提出：“要积极推动中等职业学校改革办学模式和教学管理制度。实行学历教育与非学历教育并举，推行学分制和弹性学制，允许学生分阶段完成学业。中等职业学校要积极接纳愿意转入职业学校学习的普通高中各年级在校学生，要尽可能地创造条件为愿意接受职业教育的人员提供入学机会。”2002年8月24日国务院发布的《关于大力推进职业教育改革与发展的决定》中指出：“职业学校要适应经济结构调整、技术进步和劳动力市场变化，及时调整专业设置，积极发展面向新兴产业和现代服务业的专业，增强专业适应性，努力办出特色，加强实践教学，提高受教育者的职业能力，加强职业教育信息化建设，为职业学校和学生提供优质教育资源。”

二、全面发展时期（2003 年至今）

经过一系列的改革，中等专业学校教育教学质量不断提高，同时，由于国家经济的快速发展，我国出现了“技工荒”，在技能型劳动力市场需求的拉动下，2002 年我国中等专业教育开始走出低谷而进入快速发展阶段，尤其是 2005 年全国职业教育工作会议的召开和《国务院关于大力发展职业教育的决定》出台以来，中等专业学校在招生数量、办学条件、人才培养规模、教学方式等各方面都取得了长足的发展。

这一时期，党和国家也更加重视中等职业教育的发展，2004 年 4 月 30 日教育部等七部门联合下发的《关于加强职业教育工作的若干意见》中指出：“要促进职业教育改革不断深入，加大结构调整工作力度，进一步扩大中等职业教育招生规模，使中等职业教育与普通高中教育的比例保持大体相当，在有条件的地方职业教育所占比例应该更高一些。”“中等职业学校不再升格为高等职业院校或并入高等学校。”2005 年 2 月 28 日教育部印发的《关于加快发展中等职业教育的意见》中指出：“今后一个时期，要采取强有力的措施，加快中等职业教育发展，力争 2005 年中等职业学校招生人数在 2004 年的基础上增加 100 万人，达到 650 万人，经过几年的努力，到 2007 年，中等职业教育和普通高中教育规模大体相当，实现中等职业教育快速健康持续发展。”2005 年 10 月 28 日，国务院颁布了《关于大力发展职业教育的决定》，11 月 7 日至 8 日，国务院召开了全国职业教育工作会议。该决定和会议规定：“把加快职业教育，特别是加快中等职业教育发展与繁荣经济、促进就业、消除贫困、维护稳定、建设先进文化紧密结合起来，增强紧迫感和使命感，采取强有力措施，大力推动职业教育快速健康发展。”提出了“四项改革”，即推进职业教育办学思想转变，推动职业院校更好地面向社会、面向市场办学；强化职业院校学生实践能力和职业技能的培养，切实加强学生的生产实习和社会实践；大力推行工学结合、校企合作的人才培养模式，逐步建立和完善半工半读制度；充分利用城市和东部地区优质职业教育资源和就业市场，进一步推进东西部之间、城乡之间职业院校的联合招生、合作办学。实施加强职业教育基础能力建设的“四个计划”：一是要实施好“职业教育实训基地建设计划”，重点建设好2000个职业教育实训基地。二是要实施好“县级职教中心建设计划”，重点扶持建设1000个县级职教中心。三是要实施好“职业教育示范性院校建设计划”，重点建设好高水平培养高素质技能型人才的1000所示范性中等职业学校和100所示范性高等职业院校。四是要实施好“职业院校教师素质提高计划”，全面提升教师队伍整体素质。为了落实国务院的决定精神，2006年3月26日教育部制定了《关于职业院校试行工学结合、半工半读的意见》。4月25日教育部发布的《关于大力发展民办中等职业教育的意见》中指出：在发展公办中等职业教育的同时，大力发展民办中等职业教育，对于更新教育观念，深化学校办学体制和运行机制改革，扩大职业教育规模，实现职业教育快速健康发展，满足经济社会发展和人民群众对职业教育的多样化需求具有十分重要的意义。同年，7月24日财政部、教育部印发了《中等职业教育国家助学金管理暂行办法》，国家助学金资助对象为全国中等职业学校（包括公办和民办的普通中专、成人中专、职业高中和技工学校等)全日制在校学生中家庭经济困难的学生。2008年教育部制定了《关于进一步深化中等职业教育教学改革的若干意见》，2009年教育部制定了《关于制定中等职业学校教学计划的原则意见》。2009年下半年国家开始对中等职业学校农村家庭经济困难学生和涉农专业学生实行免费。这一系列文件和政策的出台，极大地促进了中等专业学校的发展，如表2-3，到2010年，全国有中等专业学校3938所，在校生877.71万人，这是新中国成立以来在校生人数最多的一年，同时校均规模也达到2229人。

这一时期，在高等教育大规模扩招和毕业生就业制度完全市场化等因素的影响下，中等专业学校加大了教育教学改革的力度，处于规模和质量并重的阶段，同时，国家出台了一系列政策支持中等专业教育的发展，大力推行工学结合、校企合作的人才培养模式，加大对职业教育投资的力度，学校的实习实训条件也明显改善，注重对学生实践能力的培养，逐步建立贫困家庭学生助学制度，职业教育的特色日趋明显，我国中等职业教育进入全面发展时期。

表 2-3　1999—2014 年全国中等专业学校发展基本情况表

年份	学校数（所）	学生数（万人）		
		在校生数	招生数	毕业生数
1999	3962	515.0	163.4	140.2
2000	3646	489.5	132.6	150.7
2001	3260	458.0	127.7	150.3
2002	2953	456.4	155.3	144.2
2002	3065	502.4	183.9	148.5
2004	3047	554.5	203.8	140.6
2005	3207	629.8	241.1	156.7
2006	3698	725.8	278.9	182.4
2007	3801	781.6	297.3	202.3
2008	3846	817.3	303.8	220.6
2009	3789	840.4	311.7	241.5
2010	3938	877.7	316.6	264.6
2011	3753	855.2	299.6	270.2
2012	3681	812.6	277.4	265.3
2013	3577	772.2	271.5	265.2
2014	3536	749.1	259.7	247.7

资料来源：《中国教育统计年鉴》相关年份数据。

综上所述，我国中等专业学校 60 多年的发展历程是曲折艰难的，经历过“大跃进”的大起大落，饱受过“文化大革命”的摧残，接受过高等教育大众化的洗礼，可以说是“三波一折”，但这并不能阻止其前进的步伐，学校数由 1949 年的 1171 所发展为 2010 年的 3938 所，招生数由 9.7 万人发展为 2010 年的 316.6 万人，在校生由 22.9 万人发展为现在的 877.7 万人，分别增长了 2.4 倍、31.6 倍、37.3 倍，在三类中等职业学校中处于主导地位。近几年由于初中学龄人口减少等原因，学校数和学生数出现了一些下降。

第三章

技工学校教育发展历程

技工学校是培养中级和高级技术工人的重要力量。新中国成立以来我国技工学校在党和国家的关怀和有关部门的领导下经历了由小变大、由弱到强的发展过程，从新中国成立初期的 3 所、在校生不足 0.3 万人发展到 2010 年的 3000 多所、在校生突破了 400 多万人，已成为我国教育事业不可缺少的重要组成部分，为我国工业领域培养了大批中高级技术工人，为加速我国工业化建设提供了强有力的人力支撑。

第一节　初创时期

这一时期，技工学校随着国民经济发展和建立工业化体系的需要而建立并逐步发展，逐渐成为我国中等职业教育的重要组成部分。这一时期分为两个阶段。第一个阶段，在 1949 年到 1954 年期间，根据当时恢复国民经济的需要，以失业工人的转业训练为主，举办了各种类型的初级技工训练班。第二阶段是 1955 年到 1957 年。1955 年，中央劳动部在北京召开了第一次全国技工学校校长会议，确定了技工学校的性质、任务、培训目标和以生产实习教学为主的方针，技工学校处于快速发展阶段。

新中国成立之初，全国工商业处于百废待兴状态，该时期的首要任务是恢复国民经济，建立比较完善的国民经济体系。因此，培养具有一定操作技能的熟练工人成为当时教育事业的重要任务。同时，如何解决旧社会遗留下来的大量失业问题，维护社会稳定，也是新中国成立初期亟待解决的问题。为此，当时针对旧社会遗留下来的需要安置的 400 万失业人员建立了许多培训机构，对他们进行技术训练，一些技工学校就是在此基础上建立起来的。1949 年，我国首先在东北地区的长春、大连、哈尔滨三市各创建了一所技工学校，在校学生 2700 人，此后在全国的其他一些城市也陆续建立，到 1952 年，技工学校发展到 22 所，在校学生 1.5 万人。

1953 年我国开始实施第一个五年计划，《关于发展国民经济的第一个五年计划的报告》中规定："五年内，中央工业、农业、林业、运输、邮电、劳动等部门将培养熟练工人 92 万多人。"当时我国共有一百五十六项大型建设项目，再加上对原有工矿企业的扩建改建，突出了新中国成立初期对技术工人的需求。同年 5 月，中央劳动就业委员会、内务部、劳动部联合召开劳动就业座谈会，提出了劳动部门应根据生产发展的需要培养技术工人，不应把技工训练作为单纯安置失业人员劳动就业的手段。此后，劳动部门一是将许多原来条件较好的训练班经过整顿、充实、提高办成了技工学校；二是列入计划，从国家财政中开支开办技工学校，建立起培训技术工人的教育制度。上海、天津、北京、广东、湖南、湖北、山东、辽宁等地都先后筹建一批条件比较好的工人技术学校[①]。技工学校由 1953 年的 35 所增至 1956 年的 212 所，在校生人数也由 23500 人增至 110867 人。

为了加强对技工教育的统一管理，加快技工学校的发展建设，1953 年政务院决定由劳动部门对全国技工学校进行综合管理。1954 年 4 月，中央财经委员会批转劳动部制定的《技工学校管理办法（草案）》，1956 年劳动部颁发《工人技术学校标准章程（草案）》等文件。这些文件的颁发对技工学校的培养目标、学制、机构编制、领导管理、教学工作、

① 1955 年技工学校改为工人技术学校，1956 年以后仍称为技工学校。

办学条件、师资队伍建设等都做出了明确规定，使技工学校的管理和教学工作更具有科学性、系统性和全面性。1955 年 4 月 7 日，劳动部和工业、交通、运输各部联合召开了第一次全国工人技术学校校长会议，通过了《关于提高教学工作质量的决议》。会议明确了技工学校的教学工作以生产实习教学为主的方针，以区别于中专和普通学校偏重于文化教学。为了保证这一方针的贯彻落实，在课时分配上又进一步规定，生产实习和理论教学的课时比例一般为 6:4，即生产实习占 60%，政治、文化和技术理论占 40%。同时，加强教学研究，1955 年底，劳动部成立了技工学校教学方法研究室，次年又颁布了《技工学校教学方法研究组工作规划》。此后，全国技工学校均建立了教学研究组，有的省市还建立了地区性的技工学校教学研究室，教师集体研究和相互帮助，着重研究贯彻执行教学计划和教学大纲的措施，研究教材内容、教学方法和采用新技术新工艺，总结交流教学工作经验，组织教师学习业务技术等①。这样一来，使得技工学校学生的操作技能大为加强，素质得到提高，较好地适应企业岗位的需要，深受工厂企业等用人单位的欢迎。

为了加快技工学校的发展，1956 年劳动部召集上海、天津、南京、无锡、湖南、甘肃等省市的劳动部门召开了紧急会议。会议认为：在过去三年来，各地劳动部门，所属工人技术学校培养了大批熟练技术工人，满足了工业生产的一定需要。但是，由于在技工培训工作中，存有保守思想，往往过于强调困难，前怕狼、后怕虎，看不到工作中的有利条件，熟练工人培训计划的完成情况是不够好的。据计算：如果按照前三年的培训速度，至 1957 年，各地劳动部门所属工人技术学校培训的熟练工人只能达到五年计划所规定的数字 76%。会议决定，天津第一、上海第三、甘肃、无锡、湖南、广州、重庆等工人技术学校，应由两年制改为一年半制，南京工人技术学校的学制仍为一年，以便加速培训熟练工人；上述八个工人技术学校应提前招生日期，原定秋季招生的应改为春季或春秋两季招

---

① 方画展，刘辉，傅雪凌．知识与技能——中国职业教育 60 年[M]．杭州：浙江大学出版社，2009：51.

生，提前半年毕业；上海、天津、南京等地的工人技术学校还可以在原有基础上，适当地进行基本建设，扩大规模，增加学生名额，在不降低教学质量的条件下，更多地培养熟练工人。[①]此外，1956 年 9 月，中共中央转发了劳动部党组《关于加强省市党委对技工学校领导的建议》的批示。批示中明确指出："办好技工学校是满足国家工业建设对技术工人需要的一项非常重要的工作。各地技工学校目前的状况必须迅速加以改善，望国务院各负责部门在最近期间组织工作组对各部所属的技工学校的工作进行一次检查，协同当地党委负责部门加以研究，拟出妥善办法，切实解决目前在这些学校中存在的各项问题。"批示也指出了发展技工学校的重要性，加强了对技工学校的领导和管理。到 1956 年底，技工学校数发展为 212 所，在校生 11.09 万人，招生 9.12 万人，分别是 1949 年的 70.67 倍、41.04 倍和 48 倍[②]，比 1955 增加 171.80%、131.56%和 168.24%。可见，1956 年技工学校取得了较快的发展。

1957 年 6 月全国开始反右派斗争，并逐步扩大化，许多学校领导、教师被划为右派，影响了技工学校的正常发展，以及当时"全国职工有多余，有些技工学校有困难、工作有缺点等原因，就使得有些技工学校停办了，有些技工学校改为工厂了"。[③]技工学校的发展首次出现了倒退的情况。1957 年全国技工学校数量为 144 所，较 1956 年减少 32.08%，招生数和在校生人数也同时减少（如表 3-1 所示）。

这一时期，技工学校的发展符合当时国民经济建设的需要，为我国各行业培养了大量一线技术工人，在一定程度上缓解了技术工人短缺的状况。五年内共培养毕业生 14.7 万人，约占当时所有熟练工人的 20%。但是，由于政治影响及缺乏办学经验，技工学校的发展表现出一定的波动，但总体上处于良性发展阶段。

---

① 劳动部举行技工培训紧急会议决定增加培训任务百分之四十[J]. 中国劳动，1953（2）：22.

② 招生数为 1950 年数据。

③ 马文瑞. 勤俭办学，勤工俭学，为培养思想好、技术好、身体好的新工人而努力[J]. 中国劳动，1958（8）：2—5.

表 3-1　1949—1957 年技工学校基本情况统计表

年份	学校数（所）	招生数（万人）	在校生数（万人）	毕业生数（万人）	校均规模（人）
1949	3	—	0.27	—	900
1950	3	0.19	0.36	0.10	1200
1951	12	0.45	0.64	0.17	533
1952	22	1.15	1.50	0.29	682
1953	35	1.50	2.35	0.65	671
1954	65	3.44	4.39	1.20	675
1955	78	3.40	4.81	2.99	617
1956	212	9.12	11.09	2.95	532
1957	144	1.41	6.66	6.90	463

资料来源：刘英杰. 中国教育大事典[M]. 杭州：浙江教育出版社，1993.

第二节　盲目冒进与整顿调整时期

该阶段初期全国正处于社会主义制度基本建立时期，全国人民建设社会主义的积极性空前高涨。但随之而来的全国“大跃进”，使技工学校的发展出现了盲目冒进，不切实际的过度发展。此时由于人才培养目标强调“又红又专”和受“以阶级斗争为纲”的“左”倾主义思想的影响，加之受三年自然灾害的影响，技工学校的教学质量也有所下降。但随着国民经济的调整整顿，中央对于技工学校政策也进行了调整，开始压缩技工学校的数量，提高质量，使技工学校进入 20 世纪 60 年代又开始恢复正常。

1958 年我国开始进入“大跃进”时期。3 月 20 日—26 日，劳动部在天津召开了全国技工学校工作会议，会议指出：由于工农业生产特别是工业生产的大跃进，国家对于新工人的数量和质量都提出了更高的要求。因此，技工学校的工作不能满足于现状，应该更加奋发跃进。会议主要解决两个问题：一是贯彻执行国家勤俭办学、勤工俭学方针，实现自给自足；二是进一步改进教学工作。总体来说，力争使技工学校工作全面大跃进。会后，“有些地区根据勤俭办学的方针，采取了因陋就简、边建设、边生产、边教学、老校包建新校等办法来开办技工学校”[①]，7月8日，中共中央批转劳动部党组的报告中提出“今后技工学校还需大量发展”，一些地区开始大办技工学校，技工学校开始“大跃进”式发展。全国技工学校一年发展到417所，在校生达16.9万人。

1959年4月6日至16日，劳动部在上海召开了全国技工学校工作会议，会议在肯定一年来勤俭办学、自给自足和教学改革所取的成绩的同时，还指出：也还存在一些缺点和问题，如不少学校只顾了生产，忽视了文化和技术理论教育，有些学校的教学改革还进行得不够深透；政治思想教育还需要进一步加强；一些新办的技工学校在教学和生产方面也有若干问题需要解决。为此，会议提出“整顿巩固和有计划地发展技工学校”，并提出了技工学校必须具备五项条件：第一，招收的学生必须有初中或高小毕业的文化程度；第二，学制在一年以上（非业余性质的），并有相应的教学计划；第三，有一定数量的专职的教学、行政人员，能够组织学校的教学工作；第四，有专用的教学、生产设备（生产设备是指校内设立的实习工厂，或在企业内设有供学生实习的固定的车间、工段或工地），能够进行正常的教学工作和生产实习；第五，有单独的财务计划和生产计划（工厂所属学校可在工厂的统一计划下制订单独的财务计划和生产计划）。9月，中共中央、国务院发布《关于教育工作的指示》提出缩短学制试验。由于工作急于求成，不顾客观条件，把学制改革简单化，一哄而起，使得教育质量下降，造成技工学校过快的畸形发展。10月26日—11月4日，劳动部在北京召开了全国技工培训工作座谈会，会议认为，上海会议以来，技工学校半年的工作主要表现在四个方面：一是对1958年新建的技工学校大力地进行了整顿工作。二是开办了新的技工学校。仅湖南、北京、重庆等地新建的技校就有十八所；河北省的技工学校已增加到五十八所，比去年增加了1.5倍；哈尔滨已建成的技校有四所，正在筹

① 邢予洪．全国技工学校工作会议总结报告[J]．中国劳动，1959（10）：10—13.

建而估计在年底可以建成的还有十所，北京原来已经改变了性质的学校，也恢复了四所。三是大力开展了培养与提高师资的工作。四是建立和健全了很多规章制度。与会代表认为，根据目前技工学校和学徒培训工作的情况，为了适应生产继续“大跃进”的需要，有必要进一步巩固、提高现有的技工学校，继续发展新的技工学校，加强学徒培训的管理工作，并对如何进行这些方面的工作，提出了一些具体的意见和建议。①1959 年技工学校发展到 747 所。1958 年大炼钢铁、大办工业，城镇职工迅猛增加，致使农业劳动力大幅度减少，粮食大幅度减产，工农业比例严重失调。为此，中央于 1959 年 1 月 5 日及时发出《关于立即停止招收新职工和固定临时工的通知》。2 月 4 日和 3 月 11 日相继发出《关于制止农村劳动力流动的指示》《关于制止农村劳动力盲目外流的紧急通知》，明令各地立即采取紧急措施，解决农村劳动力盲目外流问题。12 月 4 日，劳动部颁发了《关于劳动力招收和调配的若干规定》中规定：企业事业单位必须按照国家批准的劳动计划用人。企业事业单位从社会上招收的职工一般地应为临时工（合同工）。鉴于此，工业领域从 1959 年我国就开始精简职工。以湖南为例，“一年来的劳动力管理工作，经过二月和七月两次大规模的精简，全省县以上工业、基建、交通等企事业单位共压缩了 41 万职工，其中，80%的人直接参加了农业生产，超额完成了中央下达的 35 万人的精简指标。1959 年年末全省职工人数 164 万人”。“精简下来的学徒工，大部分被安置到技工学校学习，技工学校经过整顿提高，在教学和生产方面也都有了很大改进。”“根据中央下达我省 1960 年劳动计划指标，今年全省职工人数只能在 1959 年年末计划控制人数的基础上增加 7.1 万人。”②由于计划经济体制下，招生即招工，直接招工受到限制，转而开展间接招工，即发展技工学校等。1960 年 3 月劳动部在郑州召开全国技工培训工作现场会议，会议总结交流了河南省大办技工学校的经验，劳动部刘亚雄副部长做了“积极发展和办好技工学校”的总结报告，

① 本刊记者．推动技工学校继续跃进——全国技工培训工作座谈会报道[N]．中国劳动，1959（23）:12—13

② 林斌．一九五九年劳动工作的估计和 1960 年的工作意见[N]．湖南政报，1960 年第 Z1 期：72—77.

指出“根据国家社会主义工业化的需要，每年都要有一定数量的农村劳动力转化为工业劳动力。把农民转化为工人，采取事先使他们经过技工学校的文化技术教育，再由学校有计划地输送到工厂中去这样的办法，要比目前实行的招工制度更好”。“技工学校要办，而且多办，肯定了河南县办、社大办、都办技工学校和劳动后备学校的做法。提出全党全民来办技工学校，不仅国家投资办，公社也办；不仅省办，专、县也办，技工学校遍地开花结果，既为工业准备了劳动后备力量，也为农业技术改造培养了人才，这就能够与工农业生产的持续跃进相适应”。[①]与会代表表示，要以河南作为学习的榜样，在今后的工作中，更紧地依靠党的领导，充分走群众路线，根据本地区、本单位的具体情况，认真地学习和创造性地运用河南的经验，按照多快好省培训技工的精神，大办技工学校，以便奋起直追，迎头赶上和超过河南。[②]此时的技工学校发展达到了“大跃进”的顶峰。据统计，1960 年底全国技工学校达到 2179 所，在校学生 51.7 万人，招生 33 万人，1960 年技工学校数量是 1958 年的 5.3 倍。

“大跃进”的浮夸，给国民经济和社会发展带来了严重的后果。1961 年 1 月，中共八届九中全会决定对国民经济实行“调整、巩固、充实、提高”的八字方针，在此方针的指导下，中共中央和教育部针对 1958 年兴起的大规模学制改革运动进行了总结并开始调整，1961 年 5 月，劳动部颁发的《技工学校通则》中指出，“技工学校的规模一般为容纳学生二百人至一千五百人。每所技工学校所设置的工种，应该性质相近，并且以不超过十种为宜”，“技工学校由各主管部门直接领导，由劳动部门综合管理，并且接受教育部门的教学指导和按照国家规定的招生计划统一安排招生”，在规模上保证了技工学校的正常发展水平，但由于连续三年的经济困难对教育事业造成的影响以及前期技工学校数量的过快发展，造成校均规模的持续减小，到 1961 年全国技工学校的校均规模为 199 人，仅为 1958 年的 48.82%。1962 年，为了进一步

① 刘亚雄．积极发展和办好技工学校[J]．中国劳动，1960（7）：1—6.

② 本刊记者，学先进、赶先进，大办技工学校——全国技工培训工作现场会议报导[J]．中国劳动，1960（7）：23.

贯彻中央关于缩短工业、文教战线的精神，全国技工学校调整压缩仅保留155所，在校生不足6万人。经过三年的调整和整顿，同时随着国民经济逐渐好转，技工学校又有了一定的发展，并正确处理生产与教学的关系，贯彻“在学校工作上以教学为主、在教学工作上以生产实习教学为主”[①]的办学方针。1963年周恩来在《国民经济发展的方针和目标》中强调：“技术力量要成龙配套，不仅要培养高级技术人才，而且要相应地培养中等技术人才和技术工人。为此，必须加强职业教育，对普通中等教育进行改革。”再次明确了技工学校的培养目标，对技工学校有了准确的定位。到1965年，全国技工学校为400所，在校学生18余万人，技工学校的校均规模有了一定的增长，达到459人，基本与1957年持平。

这一时期半工半读学校有了充分的发展。1957年11月8日，刘少奇对《参考资料》所载《美国大学生有三分之二半工半读》一文批示道：“此件送团中央一阅。中国是否可以个别试办？请你们研究。”此后，各地主要从勤工俭学的角度开展了讨论。1958年5月27日，天津国棉一厂所办全国第一所半工半读学校开学，51名学员，每天工作6小时、学习2小时。5月30日，刘少奇在中共中央政治局扩大会议上做了《我国应有两种教育制度、两种劳动制度》的讲话，从制度变革的角度全面阐述了半工半读教育的意义，提出了半工半读的职业教育形式，使得部分青年工人可以得到学习与培训的机会，缓解了当时大部分企业技术工人紧缺的问题。此后，半工半读的职业教育形式以天津为试点，逐步向全国推广。9月19日，中共中央、国务院发出《关于教育工作的指示》，规定今后半工半读学校将与全日制学校、业余学校同为我国三类主要学校。天津作为半工半读学校的主要发源地和试验地，曾有100多家企业试办。此后，由于国民经济遇到暂时困难，同时又由于某些工厂企业领导对半工半读的意义认识不足，不少参加半工半读的职工改为业余学习；也有些招收青年学生的半工半读中等技术学校，把学生转成了徒工。1964年天津仍坚持试办半工半读

① 劳动部劳动力稠配局技工培训处．运用丰富经验改进技工学校工作[J]．中国劳动，1962（2）：1—4.

学校的企业仅剩 7 家[①]。

1964 年 2 月 13 日“春节座谈会”毛泽东对教育提出严厉批评之后，半工半读教育又被重提。1965 年半工半读又掀起新一轮试验高潮。1965 年 10 月，刘少奇主持召开第一次全国城市的半工（农）半读教育会议，会议提出必须坚持“五年试验，十年推广”的方针。会议期间，刘少奇同志在讲话中进一步明确半工半读教育的性质和培养目标。他说：“我们的国民教育有三种形式，一种是全日制，一种是业余教育，一种是半工半读、半农半读。”“（半工半读）要培养有社会主义觉悟、有文化科学知识、有技术、有实际操作能力的新型劳动者。”他指出：“半工半读、半农半读，是一种教育同劳动相结合的新型学校。”“是社会主义、共产主义教育的长远发展方向。”[②]12 月 7 日《光明日报》发表了社论《踏踏实实，积极办好城市半工半读教育》，指出：“半工半读是新事物，是教育战线上的大革命，在现阶段还是试行时期，我们虽取得不少经验，但是还有许多具体问题，需要通过实践，认识，再实践，再认识的过程，逐步掌握它的规律。”12 月 11 日《人民日报》发表了社论《坚持“五年试验、十年推广方针”，办好半工半读教育》，指出：“在城市办半工半读学校比在农村办半农半读学校要复杂得多，这里不仅涉及办学的问题，如通过试验解决课程、教材、劳动安排、教学方法问题，等等，而且涉及其他许多方面的问题，如城市人口、粮食销量、劳动资料、劳动门路等等问题。所有这些问题，都需要在不断实践中积累经验，探索它的规律，找到解决的办法。”在此期间，全日制学校一般不再发展，现有技工学校、职业学校、全日制中等专业学校都要改为半工半读技术学校。据不完全统计，到 1965 年，全国城市有半工半读学校 4000 余所，学生 80 万人。

总的来看，这一时期技工学校的发展处于大起大落的非常规发展阶段，经过三年调整，“大跃进”之后的发展规模与“大跃进”之前差

① 杨旭，李剑萍．两种教育制度：半工半读的两次试验高潮[N]．中国教育报，2009-10-13:3.

② 杨天敬，杨天荣，黄腾华．“两种教育制度”的历史回顾[J]．文史资料，2007（6）下旬刊：128.

不多，但严重影响了教育质量。不过这一时期，根据穷国办大教育的客观实际，在全日制教育之外，积极探索半工半读等办学形式是可以肯定的。

表 3-2　1958—1965 年技工学校基本情况统计表

年份	学校数（所）	招生数（万人）	在校生数（万人）	毕业生数（万人）	校均规模（人）
1958	414	14.10	16.88	3.80	408
1959	744	12.67	28.00	1.55	376
1960	2179	33.00	51.68	9.00	237
1961	1507	20.00	30.00	20.00	199
1962	155	1.93	5.96	1.12	385
1963	220	4.75	7.81	2.01	355.
1964	334	6.55	12.34	1.93	370
1965	400	10.74	18.34	4.75	459
1966	—	—	—	6.56	—
1967	—	—	—	11.79	—

资料来源：刘英杰.中国教育大事典[M]，杭州：浙江教育出版社，1993.

第三节　劫后恢复时期

1966 年我国开始了“文化大革命”。“文革”期间，国民经济增长停滞，甚至出现了衰退，技工学校教育同其他类型的教育一样受到严重破坏，过分强调“政治挂帅”，沦为政治斗争的牺牲品，教学工作不注重教育规律和社会需要，领导管理工作长期陷于停顿，师资流失，校舍被侵占，学校被撤销停办。

1966 年 8 月 8 日，中共中央通过了《中国共产党中央委员会关于无产阶级文化大革命的决定》（简称“十六条”）。《决定》指出：“在当前，我们的目的是斗垮走资本主义的当权派，批判资产阶级的学术权威，批判资产阶级和一切剥削阶级的意识形态，改革教育，改革文艺，改革一切不适合社会主义经济基础的上层建筑，以利于巩固和发展社会主义制度。”《决定》的提出使技工学校的教师和学生同其他行业一样也开始进行“破四旧”活动，并同其他各类学校的红卫兵一起投入到“文化大革命”当中去，技工学校开始了所谓的“停课闹革命”，后虽变为“复课闹革命”，但学生回到学校也只是学习“最高指示”，学习《人民日报》和《红旗》杂志上的社论及评论员文章；参加本单位、本地区的斗、批、改等，文化课和专业课的恢复相当困难，到 1969 年大部分技工学校被撤销、停办或改为工厂。

20 世纪 70 年代初，一部分技工学校开始恢复招生。1973 年国务院批转《国家计委、国务院教科组关于中等专业学校、技工学校办学几个问题的意见》中提出对中等专业学校和技工学校要抓紧调整、规划、布局等工作，根据需要和可能适当发展。《意见》规定：“技工学校招收相当于初中文化程度的经过 1 至 2 年劳动锻炼的知识青年或应届初中毕业生，学制暂定为 2 年。”《意见》还规定了中专、中技学校的招生、毕业分配办法。此后，原有技工学校逐步得以恢复，同时一些厂矿企业单位也开始新办技工学校。但新办的技工学校多数办学条件较差，有的甚至是单纯安置职工子女就业或变相招工。此阶段的技工学校教育仍然受“十年浩劫”的影响。

例如，上海印刷公司从 1972 到 1973 年，陆续在所属中华、新华、商务、市印一厂、美术厂等五个印刷厂，办了五所厂办印刷技工学校，学制两年，半工半读。五所技校共设置了平印制版、平印印刷、凸版排版、照相排版、凸版印刷、图版印刷、书刊装订和印刷机械修造等八个专业，共有专职教师、干部 61 名。学生来源是招收中学毕业生。从 1972 年到 1978 年，共招收学生 1098 名，已毕业 798 名，1978 年，在校学生还有 300 名。技校毕业生一般都具有一定的政治觉悟和相当于高中毕业的文化水平，有些好的毕业生已担任了机长，有的成为上海印刷技术研究所的科研力量。[①]

① 上海的印刷技工学校和七・二一大学. 中国出版，1978（16）：8

表 3-3　1971—1977 年技工学校基本情况统计表

年份	学校数（所）	招生数（万人）	在校生数（万人）	毕业生数（万人）	校均规模（人）
1971	39	0.70	0.85	0.33	218
1972	236	3.36	3.69	0.31	156
1973	653	6.60	9.49	0.50	145
1974	905	5.82	13.63	2.36	151
1975	1151	9.74	19.24	6.73	167
1976	1267	12.01	22.15	5.44	175
1977	1333	13.16	24.30	10.31	182

资料来源：刘英杰.中国教育大事典[M]，杭州：浙江教育出版社，1993.

第四节　快速发展时期

1976 年我国从“文化大革命”的阴影中走出来，特别是 1978 年党中央将改革开放作为我国的基本国策，全党工作的重心转移到经济建设上来，并确定了教育要适应经济发展要求的基本思想，使技工学校在改革开放的大背景下得到快速发展。

1978 年 12 月 12 日，国家劳动总局召开全国技工培训工作会议，研究“如何认真搞好技工培训工作，提高培训质量，为加速实现四个现代化服务”。会议报告提出：“要大力整顿、充实、提高现有技工学校；要全面规划有计划地发展技工学校。”并且指出：“过去技工学校工业部门办得多，随着国民经济的发展，今后除工业部门需要进一步办好技工学校，加强培训工作外，农、林、牧、副、渔和商业、服务行业以及集体所有制企业为了适应现代化的需要，也要有计划地举办技工学校，加强培训工作。”表明了在改革开放初期，随着国民经济的全面恢复发展，技工学校开始从主要为第二产业培养人才，逐渐开始重视培养第一和第三产业的技能型人才。1979 年，国家经济委员会、国家劳动总局联合发出的《关于进一步做好技工培训的通知》中指出："目前，全国技工学校的教学秩序正在逐步恢复，培训质量有所提高……当前存在的主要问题是：办校思想不明确，领导班子不健全，缺少师资、教材、校舍、教学设备等基本办学条件，培训质量得不到保证，在职工人技术培训工作发展还很不平衡，工人技术水平低的情况还没有得到显著改变，同生产实际需要远远不相适应。因此，必须继续大力抓好职工培训工作，尽快培养建设人才，以适应四个现代化的需要。"立足于国民经济发展的高度，针对当时全国技工学校发展中存在的问题，进行宏观规划，同时也提出具体性指导意见，包括："有计划地举办新的技工学校，调整、整顿现有技工学校、大力加强在职工人的技术培训等"，为技工学校的改革与发展指明了方向。1980 年 10 月 7 日国务院批转教育部、国家劳动总局《关于中等教育结构改革的报告》指出："中等教育结构改革，主要是改革高中阶段的教育……应当实行普通教育与职业、技术教育并举……的方针。"提倡各行各业举办职业（技术）学校，适当将一部分普通高中改为职业（技术）学校、职业中学，使技工学校在数量上得到了进一步的发展。到 1980 年技工学校发展到 3305 所，是 1975 年的 2.87 倍，1977 年的 2.48 倍；在校生为 70.0 万人，是 1975 年的 3.65 倍，1977 年的 2.88 倍；招生数 33.12 万人，是 1975 年的 3.40 倍，1977 年的 2.52 倍，形成了新中国成立以来技工学校数量增长的第二个高峰期。

1984 年 4 月，劳动人事部印发的《关于不得随意改变技工学校的性质的通知》中指出："根据一九七八年二月十一日国务院批准将全国技工学校综合管理工作由教育部划归国家劳动总局的通知的精神，今后技工学校申请改变性质时，属于地方办的，须由地方办学部门商得有关省、市、自治区劳动人事厅（劳动局）同意后，才能报省、市、自治区人民政府审批；属于国务院各部门办的，应由有关部门商得学校所在省、市、自治区劳动人事厅（劳动局）同意后，再报我部审批。"这就保证了技工学校数量的稳定增长。1985 年 5 月 27 日，《中共中央关于教育体制改革的决定》提出要转变长期以来轻视职业教育的观念，要调整中等教育结构，大力发展职业技术教育，《决定》指出："……

职业技术教育恰恰是当前我国整个教育事业最薄弱的环节。一定要采取切实有效的措施改变这种状况，力争使职业技术教育有一个大的发展。”“要充分发掘现有中等专业学校和技工学校的潜力，扩大招生，并且有计划地将一批普通高中改为职业高中，或者增设职业班，加上新办的这类学校，力争在五年左右，使大多数地区的各类高中阶段的职业技术学校招生数相当于普通高中的招生数，扭转目前中等教育结构不合理的状况。”进一步巩固了职业教育在我国教育体系中的地位。随后，1986 年 11 月劳动人事部和国家教委发布的《技工学校工作条例》中指出：“技工学校的办学规模和工种（专业）设置，从经济和社会发展需要出发，由办学主管部门核定。规模不宜过小，在校学生一般不应少于 200 人。工种设置，应以操作技术复杂、技术业务知识要求高的为主；为增强学生就业后的适应能力，不宜划分过细。”在办学方向、校均规模等方面对技工学校提出了要求。“已经批准开办的技工学校不准改为中等专业学校或其他性质的学校”，保证了技工学校的整体规模。至 1990 年，全国技工学校数发展到 4184 所，在校生人数为 133.2 万人，分别是 1980 年的 126.6%和 190.29%，进入了稳步发展的阶段。值得注意的是 1985 年至 1990 年期间，由于我国产业技术装备的升级，对技术工人的要求也从原来的注重数量向注重质量转变，技工学校在校生人数增加量有所减弱，全国技工学校在校生人数年均增加 11 万人左右。

进入 20 世纪 90 年代后，在国务院颁布的《关于大力发展职业教育的决定》等文件精神的指导下，全国技工学校持续发展。1990 年 9 月劳动部颁布《技工学校招生规定》中指出：“省、自治区、直辖市、计划单列市劳动厅（局）和国务院有关部门及计划单列企业集团，应根据生产建设对技术工人的实际需求，在每年第三季度编制出本地区、本部门下一年度的招生计划，并报劳动部审核平衡，纳入国家劳动工资和技工学校招生计划。”可以看出，当时招生即招工。1991 年国务院《关于大力发展职业技术教育的决定》指出：“努力办好现有各类职业技术学校，……使全国高中阶段职业技术学校的在校生人数超过普通高中的在校生人数。”同时指出：“要加强技工学校和职业中学的建设，改善办学条件，提高教学质量。”“要积极稳妥地改革中等专业学校和技工学校的招生和毕业生分配制度。应按照国家计划分配、用人单位择优录用和个人自谋职业相结合的就业方针，面向城乡多种所有制的需要培养人才，根据专业特点，合理安排毕业生去向，特别是要打开中级技术人才通向农村的渠道。计划、教育、劳动、人事等有关部门应积极配合，推进这项改革。”这种国家计划分配、用人单位择优录用和个人自谋职业“三结合”的就业方针，已经开始改变技工学校毕业生由国家统一分配的制度，为以后技工学校面向市场办学创造了条件。同时，针对一些地方教育布局结构调整中，把技工学校纳入县级职教中心等做法，1995 年劳动部下发了《关于进一步加强技工学校管理的通知》指出：“技工学校的开办、更名、撤销必须严格按照劳动部的有关规定执行。”“已经批准开办的技工学校不得随意改为其他性质的机构。”这些再次表明了国家对技工学校整体规模稳定性的重视。如表 3-4 所示，至 1995 年全国技工学校共 4507 所，在校生 188.5 万人，招生数 69.7 万人，分别比 1990 年增长了 7.71%、41.45%和 38.29%，校均规模增长了 31.45%，技工学校逐渐由学校数量扩张向扩大办学规模转变。

随着劳动力市场对高级技术人才要求的增加，技工学校的办学层次有所提高，高级技工学校开始出现，培养高级技术工人。1989 年 5 月 10 日，劳动部《关于技工学校深化改革的意见》指出：有条件的技工学校还可以举办高级技工培训班或实习指导教师培训班。从 1990 年起在山东试办了两所高级技工学校，1995 年劳动部、国家计委下发了《关于申办高级技工学校若干问题的通知》，从性质、任务、办学条件及规模等方面对高级技工学校做出了界定，高级技工学校开始逐步发展起来，至 1997 年全国高级技工学校达到 30 所，每年培养近万名高级技工，为经济增长方式的转变奠定了一定的人力基础。

表 3-4　1978—1996 年技工学校基本情况统计表

年份	学校数	招生数（万人）	在校生数（万人）	毕业生数（万人）	校均规模（人）
1978	2013	25.7	38.2	8.9	182
1979	2933	34.7	64.0	9.7	218
1980	3305	33.1	70.0	25.5	212
1981	3669	28.4	67.9	35.3	185
1982	3367	20.4	51.2	32.3	152
1983	3443	27.4	52.5	26.9	153
1984	3465	31.1	62.8	18.5	181
1985	3548	35.5	74.2	22.6	209
1986	3765	39.4	89.2	23.3	237
1987	3952	42.3	103.1	26.5	261
1988	3996	46.1	116.1	31.1	290
1989	4102	47.0	125.8	36.8	307
1990	4684	50.6	133.2	41.3	318
1991	4269	54.5	142.2	45.4	333
1992	4392	60.2	155.6	45.7	354
1993	4477	66.4	173.9	49.7	388
1994	4430	71.4	187.1	55.7	422
1995	4507	69.7	188.5	68.2	418
1996	4467	75.9	191.8	71.6	429

资料来源：刘英杰.中国教育大事典[M]. 杭州：浙江教育出版社，1993；教育部发布《全国教育事业发展统计公报》（1991—1996）.

第五节　结构调整时期

为了适应 1992 年国家提出建立社会主义市场经济体制的要求，1993 年劳动部制订了《关于深化技工学校教育改革的决定》，《决定》

指出：学校自主招生，毕业生自主择业。技工学校招生计划由指令性改为指导性。技工学校招生，逐步实行在劳动行政部门监督下，由学校自行组织报名、考试、评卷、录取新生的办法。技工学校除招收城镇青年或接受乡镇企业委托的培训任务外，可根据当地经济发展需要，适当扩大招生范围。招收的农村青年毕业后被企业录用的，允许将其户口迁往企业所在地的城镇落户。完全打破了国家统一分配的政策，使得技工学校毕业生逐渐失去了招生即招工的制度保障。技工学校招生数从 1997 年开始减少。1999 年国家开始实施高等教育大众化战略，高等教育开始大规模扩招，拉动了普通高中教育，致使技工学校数、招生人数和在校生人数均出现了不同程度的下降。为此，2000 年劳动和社会保障部下发了《关于加快技工学校改革工作的通知》指出："按照优化结构、合理配置培训资源的原则，对技工学校、就业训练中心进行必要的调整和重组，鼓励和引导各类技工学校、就业训练中心和其他职业培训机构通过联合、合并、协作等方式，创建职业培训综合基地或职业培训集团。""对行业或企业举办的技工学校继续给予政策支持。指导行业或企业举办的技工学校通过联合、分离、转制、撤销等方式进行改组。对行业或企业举办的国家重点技工学校，可引导其与其他学校或培训机构联合，组建高级技工学校；对具备面向社会开展职业培训条件的技工学校，可指导其从企业分离出来，办成独立的培训机构；对规模较小但有发展潜力的技工学校，可通过资产评估，探索以股份制形式办学的新模式；对不具备独立办学条件、停止招生的技工学校，可按规定程序予以撤销，改建为企业职工培训中心。""引导和推动县办技工学校和就业训练中心合并，实现资源共享，发挥规模效益。"该通知提出了技工学校发展的几种新思路、新模式，有效地缓解了技工学校在不利条件下的下降速度，至 2001 年全国技工学校 3470 所，较 1996 年减少 22.32%，在校生 134.7 万人，减少 29.77%，招生 55.1 万人，减少 27.40%（如表 3-5 所示）。

在此期间，高级技工学校却取得了长足的发展。为了有效地规范高级技工学校的发展，1997 年劳动部下发了《关于印发〈高级技工学校设置标准（试行）〉的通知》，指出："办学规模要与本地区、本部门的经济建设和生产发展相适应。在校生规模达到 1200 人以上，其中高级工培养规模不少于 400 人[①]。”“专业设置能适应本地区、本部门对高级技能人才的需求，常设专业一般不少于 4 个。”在专业设置及办学规模对高级技工学校的发展进行了指导规划。此外，2000 年 8 月常州技师学院成立并开始独立招生，培养技师和高级技工，标志着高等级技工教育开始走上历史的舞台，至 2001 年全国高级技工学发展到 195 所，占全部技工学校的 5.21%，是 1997 年的 6.5 倍，在技工学校数量整体减少的情况下，表明了市场对高级技工的需求增加，也从另一个侧面反映了技工学校的调整势在必行。

表 3-5　1997—2001 年技工学校基本统计情况表

年份	学校数（所）	招生数（万人）	在校生数（万人）	毕业生数（万人）	校均规模（人）
1997	4395	73.4	193.1	69.9	439
1998	4395	57.9	173.0	60.1	394
1999	4098	51.6	156.1	66.3	381
2000	3792	50.4	140.1	64.6	369
2001	3470	55.1	134.7	47.7	388

资料来源：教育部发布《全国教育事业发展统计公报》（1997—2001）。

第六节　全面发展时期

进入 21 世纪后我国技工教育再次进入了快速发展的时期。随着 21 世纪我国经济建设和科学技术的快速发展，对劳动者素质的要求越来越高。同时，国家出台了支持职业教育发展的一系列政策，极大地促进了技工学校的发展。

2002 年国务院《关于大力推进职业教育改革与发展的决定》明确提出要“深化劳动就业制度改革，实施严格的就业准入制度和职业资

① 边远地区和特殊行业的学校经批准，可不受此限。

格证书制度”，就业准入制度和职业资格证书制度的进一步严格实施，给职业教育发展提供更多的社会需求。2003年，教育部、国家经济贸易委员会、劳动和社会保障部联合印发的《关于进一步发挥行业、企业在职业教育和培训中作用的意见》中提出：“各级政府要依靠行业、企业发展职业教育和培训，充分依靠企业，发挥行业作用，逐步形成政府统筹、行业指导、市场调节、企业自主开展职业教育和培训的运行机制。”2004年教育部等七部委《关于进一步加强职业教育工作的若干意见》指出：“从现在起到2007年，在高中阶段教育中，要加大结构调整工作力度，进一步扩大中等职业教育招生规模，使中等职业教育与普通高中教育的比例保持大体相当，在有条件的地方职业教育所占比例应该更高一些。”同年，劳动保障部《关于做好东部对西部、城市对农村技工学校联合招生合作办学工作有关事项的通知》中规定：“东部省市要积极支持和鼓励技工学校，特别是国家重点技工学校和高级技工学校，开展对西部地区技能人才培训和就业援助。西部地区应积极主动与东部地区联系，寻求对口支援。东部地区要根据本地区技工学校教育资源和就业需求状况，认真研究制定与西部地区联合招生合作办学的具体工作方案，细化联合招生计划和合作办学内容。”通过跨地区的合作，既满足了东部发达地区对技术工人的需求，也使西部地区的劳动力优势得到发挥，同时保证了技工学校的生源及总体规模，技工学校发展明显加快。到2005年全国技工学校2855所，虽比2002年减少7.15%，但招生人数和在校生人数却大幅度增长，招生人数和在校学生分别为118.4万人和275.3万人，分别比2002年增长了61.53%和79.93%。这种学校数量减少的同时招生数及在校生数的增加表明了技工学校进一步向着规模化、效益化的方向发展。

2005年国务院颁布的《关于大力发展职业教育的决定》中指出：“到2010年，中等职业教育招生规模达到800万人，与普通高中招生规模大体相当。”进一步明确了新时期大力发展中等职业教育的国家意志。同时国家和地方出台了各项优惠政策加强职业指导和就业服务工作，促进技工学校毕业生就业。该《决定》还要求建立职业教育贫困家庭学生助学制度。《决定》指出：“中央和地方财政要安排经费，资助接受中等职业教育的农村贫困家庭和城镇低收入家庭子女。要通过助学金、奖学金、贷学金等多种形式，对贫困家庭学生和选学农业及地矿等艰苦行业职业教育的学生实行学费减、免和生活费补贴。”2007年劳动保障部与财政部共同下发《关于做好技工学校国家助学金发放管理工作的通知》中指出：“国家助学金资助对象是具有中等职业学校全日制正式学籍的在校一、二年级所有农村户籍的学生和县镇非农户口的学生以及城市家庭经济困难学生。中等职业学校在校三年级学生通过工学结合、顶岗实习获得一定报酬，用于支付学习和生活费用。”“国家助学金由中央和地方政府共同出资设立，主要资助受助学生的生活费开支，资助标准每生每年1500元。”使技工学校的助学金制度得到了国家财政的保障，吸引了更多贫困生，提高了技工学校的吸引力，保证了技工学校的生源的增加。2008年全国技工学校共3103所，招生161.9万人，在校生398.9万人，分别比2006年增长了7.74%、20.10%和34.35%。2009年中共中央国务院《关于2009年促进农业稳定发展农民持续增收的若干意见》进一步指出：“2009年起对中等职业学校农村家庭经济困难学生和涉农专业学生实行免费。”这一政策的实施进一步增强了技工学校吸引力。

同时，随着社会经济发展和科学技术不断进步，社会对高技能人才需求的增加，技工学校的办学层次在不断提高。2003年中共中央、国务院颁发了《关于进一步加强高技能人才工作的决定》，为贯彻落实中共中央、国务院决定的精神，加快高技能人才队伍建设，劳动和社会保障部同年决定在全面实施国家高技能人才培训工程的基础上，从2004年到2006年的三年时间内，在全国开展“三年五十万新技师培养计划”。即在三年内，在制造业、服务业及有关行业技能含量较高的职业中，实施50万新技师[①]培养计划。2006年中共中央办公厅、国务院办公厅印发的《关于进一步加强高技能人才工作的意见》中指出：“针对经济社会发展实际需要，健全和完善以企业行业为主体、职业院校为基础、学校教育与企业培养紧密联系、政府推动与社会支持相互

① 包括技师、高级技师和其他高等级职业资格人才。

结合的高技能人才培养体系。在国家发展职业教育、实施国家技能型人才培养培训工程中，突出高技能人才培养工作。充分发挥高等职业院校和高级技工学校、技师学院的培训基地作用。”为贯彻落实《中共中央办公厅、国务院办公厅印发〈关于进一步加强高技能人才工作的意见〉的通知》（中办发〔2006〕15号）精神，2006年，劳动和社会保障部颁发的《关于推动高级技工学校和技师学院加快培养高技能人才有关问题的意见》中指出：“要按照我部新技师培养带动计划确定的目标任务，将院校培养规划纳入高技能人才工作总体部署，结合当地经济社会和企业发展实际需求以及院校培训资源现状，制定院校高技能人才培养目标，细化工作任务，落实工作责任，切实发挥院校高技能人才培训基地作用。”“明确培养目标。院校培养目标主要为：高级技工、预备技师、技师或高级技师。”该文件中提出了技师学院设立的标准：“设立技师学院一般应具备以下基本条件：在校生规模达3000人以上，其中，高级技工和预备技师在校生占40%以上或达到1200人以上；培养技师层次的常设专业一般不少于4个，所设专业具有两届以上高级技工培养实践；生产实习指导教师具有高级职业资格达到50%以上，具有技师职业资格达到20%以上；开展企业在职职工高级工、技师和高级技师提高培训每年至少500人次。”这些规定极大地促进了高技能人才的培养工作，从2006年9月开始，全国各地在读和新招收各类技师专业学制学生，原则上实行预备技师培养考核制度，学生毕业时经理论知识和操作技能考核合格，颁发预备技师证书。技师学院作为高级技工教育机构得到了社会的广泛认可。为了进一步促进技师学院的发展，2006年12月4日劳动和社会保障部下发了《关于规范技师学院管理有关工作的通知》，该《通知》指出：“技师学院是高等职业教育的组成部分，在面向新生劳动力开展后备高技能人才学制教育的同时，承担企业在职职工高技能培训和各类职业教育培训机构师资培训任务。”进一步明确了技师学院的性质与任务。2007年劳动和社会保障部制订了《高级技工学校设置标准》，即“学校专业设置应紧密结合区域经济发展需要，适应企业生产实际对高技能人才的需求，常设高级技工专业一般不少于4个”。“学校办学规模应与本地区经济和社会发展相适应，在校生规模达2000人以上，其中，高级工班在校生3年内达到800人以上。开展各类职业培训每年不少于1000人次，其中企业在职职工高级工及以上培训规模每年不少于500人次。"较之1997年进一步增加了办学规模和高级工培养人数的比例，显现出十年间对高级技术工人的需求不断增加，明确了高级技工学校作为技工教育体系发展的重要增长点，高级技工学校的比例不断增加。据统计，2008年全国高级技工学校406所，占全部技工学校的13.08%，是2001年的2.08倍（见表3-6）。

表3-6　2002—2014年技工学校基本统计情况表

年份	学校数（所）	招生数（万人）	在校生数（万人）	毕业生数（万人）	校均规模（人）
2002	3075	73.3	153	45.4	498
2003	2970	91.6	193.1	47.3	650
2004	2884	109.7	234.5	53.5	813
2005	2855	118.4	275.3	69.0	964
2006	2880	134.8	320.8	86.4	1114
2007	2995	158.6	367.2	99.7	1226
2008	3103	161.9	398.9	109.6	1286
2009	3077	156.8	415.3	115.5	1350
2010	3008	159.0	422.0	121.6	1403
2011	2924	163.90	430.42	119.22	1472
2012	2901	157.06	423.81	120.51	1461
2013	2882	133.50	386.59	116.88	1341
2014	2818	124.41	338.97	106.79	1203

资料来源：教育部发布《全国教育事业发展统计公报》（2002—2010）。

我国技工学校在60多年的发展历程中，既经历了健康快速发展的良性阶段，也经历了"大跃进"式的盲目发展和"文革"期间停滞发展的波动时期，但从总体来看还是处于一个相对稳步发展的过程，为新中国建设和社会主义现代化建设培养了大批一线技术工人。从目前来看，正如 2009 年 12 月 21 日胡锦涛总书记视察广东省珠海市高级技工学校时指出的："技工院校是培养后备高技能人才的摇篮。要大力发展各级各类技工院校，特别是加快发展技师学院和高级技工学校，充分发挥高端引领作用，在加强后备高技能人才培养的同时，进一步加大企业职工技能提升培训力度，不断扩大培养规模，提高培养质量，逐步形成以技师学院为龙头，以高级技工学校为骨干，以普通技工学校为基础，满足高、中、初级技能人才培养需求的技工培养体系，为提升企业竞争力和自主创新能力提供强大的技能人才支持。"这不仅是对我国技工教育所做的科学总结，也指明了今后发展的方向。可以预言，随着我国改革开放的不断深入和社会主义市场经济制度的不断完善，技工教育会不断根据市场的需要进行完善和提高，必将形成一批学校规模大、教学质量高、毕业生深受市场欢迎的大型技工学校或技工教育集团，为我国从制造业大国向制造业强国迈进做出应有的贡献。

第四章

职业高中（中学）教育发展历程

我国职业高中是在中等教育结构调整过程中发展起来的，经过多年的发展已成为我国中等职业教育的重要组成部分，农村中等职业教育的主体，为国家经济建设，尤其是农村培养了大批实用专门技术人才。新中国的职业高中（中学）发展共经历了四个阶段：新中国成立初的起步探索、“文革”后的恢复发展、20 世纪 90 年代的快速发展、21 世纪的重点发展等。

第一节　起步探索时期

从 1958 年到 1965 年这段时间我国的职业中学处于起步发展的时期，学校形式主要是农业中学和半工半读学校，经过“大跃进”时期盲目的追求数量到后来的调整、巩固、充实、提高，职业中学在曲折中前进。

一、农业中学

新中国成立之初，我国中等职业学校主要是当时接收、改造的中等专业学校和建立的少量技工学校，它们主要面向城镇居民，在农村并没有建立专门的职业学校。1956 年我国基本完成了社会主义改造，由于生产力水平提高和基础教育的发展，等待升学的高小、初中毕业生大幅度增加。为解决生产和升学双重压力，1958 年以来，全国举办了大量的农业中学和半工半读学校，由于这类学校采取半工（耕）半读的形式，在不影响生产的情况下指导学生生产、生活技能，毕业后继续参加生产，而且办学条件要求简单易于普及，所以这种学校迅速在全国范围内推广起来。

在 1957 年底和 1958 年初，中共中央高层领导不断批判右倾保守思想，要求破除迷信，“左”倾冒进思想在中共党内迅速增长。1958 年 2 月 2 日，《人民日报》发表社论指出：“工业建设和工业生产要大跃进，农业生产要大跃进，文教卫生事业也要大跃进。”全国“大跃进”由此开始。3 月 8 日，江苏省海安县双楼乡农民用四天工夫创办了海安县双楼乡民办农业中学，3 月 17 日，江苏省委召开民办农业中学座谈会，中共中央宣传部部长陆定一在《关于农业中学座谈会》的讲话中指出：“动员群众的力量办各种职业学校特别是农业中学，使不能进普通初中的小学毕业生都能升学，是一个好办法。”[①]3 月 24 日，教育部在北京召开的第四次全国教育行政会议上提出“大力举办农业中学、工业中学和手工业中学，把高小毕业生培养成有社会主义觉悟，有文化，又有一定生产技能的劳动者”的要求。随后，江苏、浙江、河南、辽宁等省都举办了大量的农业中学。1958 年 4 月 21 日和 1960 年 3 月 16 日《人民日报》分别发表《大量发展民办农业中学》和《又多又好地办农业中学》两篇社论，强调要“大力发展农业中学，多办一些农业中学，进一步把农业中学办好”。农业中学创办的目的是为农业培养技术人才，实行群众办学，农忙劳动，农闲学习，半耕半读，为农业生产服务，并采取谁读书谁出钱的原则。农业中学开设的课程有语文、数学、农业知识和政治四门课，学制二至三年，招生对象以 25 岁以下的高小、初中毕业生为主，同时，招收一些不同程度的青壮年，25 岁以上的一般不收，以免影响生产。[②]

① 刘英杰．中国教育大事典（1949—1990）[M]．杭州：浙江教育出版社，1993：1774.
② 吴天石．江苏的农业中学[J]．人民教育，1958（5）：12—13.

在一系列政策的驱使下，如表 4-1 所示，从 1958 年到 1960 年我国的农业中学出现了膨胀发展的局面。仅 1958 年一年建立的农业中学就达到 20000 多所，招生数高达 200 多万人，1960 年又增加到 22597 所，在校学生达 230.2 万人。

表 4-1　1958—1965 年农业中学发展情况表

年份	学校数（所）	招生数（万人）	毕业生数（万人）	在校生数（万人）	专任教师数（万人）	生师比
1958	20023	200.0	—	200.0	6.0	33.3
1959	22302	105.2	2.1	219.0	6.5	33.7
1960	22597	95.3	14.9	230.2	8.5	27.1
1961	7260	29.3	16.1	61.2	2.7	22.7
1962	3715	15.0	4.5	26.7	1.3	20.5
1963	3757	13.4	2.0	24.6	1.3	18.9
1964	12996	65.8	2.9	85.0	2.4	35.4
1965	54332	225.1	8.2	316.7	12.6	25.1

资料来源：《中国教育成就》与《全国教育统计资料》统计数字。

“大跃进”中由于受“左”的错误路线的影响，一些人认为农业中学越大越多越好，“要办到把所有高小毕业生的没有进入中学的学生统统上农业中学，连袁世凯时代高小毕业的人也要进农业中学”[①]。由于当时人民公社实行供给制，吃饭不要钱，干不干都吃饭，许多人进入农业中学，甚至出现了父子同班、夫妻同校的怪现象。至此，农业中学一方面从原来的群众性质的民办转为社办、县办等公办形式；学生由原来的“谁上学谁出钱”变成免费上学，无形中增加了人民公社的负担；另一方面占用了大量的整、半劳动力，加剧了农村劳动力的短缺。据江苏省 1959 年 3 月底统计，农业中学“十六足岁以上的超龄学生，最高的达到 80%，最低的为 30%，一般的为 50%左右”。1960 年 11 月 24 日，中央文教小组召开全国文教工作会议，确立了“调整、巩固、充实、提高”的教育发展方针。会后向中共中央提交了《关于一九六一年和今后一个时期文化教育工作安排的计划》，1961 年国民

① 陆定一．陆定一文集[M]．北京：人民出版社，1992：617.

经济开始调整整顿，农业中学进行了大力整顿。1961 年 1 月 20 日通过的《中央工作会议关于农村整风整社和若干政策问题的讨论纪要》指出：农业中学应该改为业余学校，或者利用农闲季节，一年学习三个月到五个月。[①]1961 年 2 月，中共中央批转中央文教小组《关于一九六一年和今后一个时期文化教育工作安排的报告》，再次强调“农业中学应该改为业余学校，或者利用农闲季节一年学习三个月到五个月，其余时间回生产队劳动”[②]，各地贯彻中央指示把农村中学改为业余学校，并恢复“谁读书谁出钱”的群众办学形式。同时，随着国民经济调整的深入、农村按劳分配制度的重新确立，大量超龄生自动退出了农村中学。在调整中，农业中学急剧减少。“大跃进”和人民公社化运动打乱的教学秩序也开始恢复，并采取各种措施提高教育质量。1961 年 2 月，中共中央批转中央文教小组《关于一九六一年和今后一个时期文化教育工作安排的报告》，要求把教学质量放在第一位，减少劳动时间。“在城市，高等学校每年的全部生产劳动时间，一般定为二、三个月。初中生一般规定每周六个小时，最多不得超过八小时，每年最多不得超过一个半月。高中八小时，最多不得超过十个小时，每年不得超过二个月。九岁以上的小学生参加一些力所能及的劳动，一般每周的劳动时间为四小时，最多不得超过六小时。”对于学生，要求首先保证学习时间、劳动时间和睡眠时间，然后安排课余时间。教师参加体力劳动的时间不宜过多，以不妨碍教学为原则。[③]

“大跃进”时期农业中学片面强调学校数量的扩张超越了农村社会经济发展水平和承受能力，带来了诸多问题。学校基础设施不足，教育质量不能保障；教师数量严重不足，1958 年和 1959 年学生教师比例都超过了 33:1；毕业率更是低得惊人，按一般职业中学 3 年学制来算， 1958 年招收的 200 万人到 1960 年仅有 14.9 万人毕业，毕业率

① 中共中央文献研究室．建国以来重要文献选编（第 14 册）[M]．北京：中央文献出版社，1997：100.

② 中共中央文献研究室．建国以来重要文献选编（第 14 册）[M]．北京：中央文献出版社，1997：173.

③ 中共中央文献研究室．建国以来重要文献选编（第 14 册）[M]．北京：中央文献出版社，1997：175.

仅为 7.45%。[①]这都导致在学校数量不断上升的情况下招生数量却在持续下降的局面，从 1958 年的 220 万人下降到 1960 年的 95.3 万人，招生数量下降 56.8%。经过三年调整，1963 年农业中学由 1960 年的 22597 所减少至 3757 所，在校学生数由 230.2 万人减少至 24.57 万人，农业中学办学质量和规模等得以提高。

经过前一轮的调整，一方面中等职业学校压缩了很多，城市普通中学得到了较大发展，普通中学毕业生缺乏就业思想准备和职业能力，初中生中大量毕业生就业困难；另一方面，国民经济经过调整，工农业生产全面恢复，城市和农村又都缺乏应用技术人才。1963 年 3 月中央宣传部《关于调整初级中学和加强农业、工业技术教育的初步意见（草稿）》中提出“过去几年停办或者合并掉的一些农业学校和与农业有关的技术学校，应该积极设法恢复，积极举办为农业生产服务的各种技术学校，同时也要继续办好农业中学”。同月中央在《关于讨论试行全日制中小学工作条例草案和对当前中小学教育工作几个问题的指示》中强调，认真贯彻执行普通教育和职业教育、技术教育同时并举的方针；要求在城市举办各类职业学校，同时每年还应有计划地组织城市和农村一部分不能升学的初级、高级中学毕业生，给予短期的职业、技术训练。

1964 年初，中共中央和国务院转发了由教育部拟定的《中小学教育和职业教育七年（1964—1970）规划要点（初步草案）》，随之职业学校大量兴办起来。农业中学学校数从 1963 年的 3757 所增加到 1965 年的 54332 所，在校学生数从 24.57 万人增加到 316.69 万人。[②]

农业中学是民办中学，学生缴费上学。由于它实行勤工俭学、半工半读，既参加劳动获得了劳动报酬，极大地减轻了学生家庭负担；又满足了农业生产所需的劳动力，尤其是农业播种和秋收的季节性劳动力需求大的要求；既满足了人民群众接受高一级教育的需求，又满足了刚成立的人民公社对技术人才的需求，所以在全国得到了普及。

① 刘英杰．中国教育大事典（1949—1990）[M]．杭州：浙江教育出版社，1993.

② 中国教育年鉴编辑部．中国教育年鉴（1949—1981）[M]．北京：中国大百科全书出版社，1984：9.

然而农业中学“社来社去”的招生分配办法和人民公社技术岗位的有限性，也给农业中学后期发展埋下了隐患。当然，在一些经济比较富裕的地区，尤其是社队企业搞得比较好的地方，农业中学即使在“文革”期间也一直坚持在办，充分说明职业教育是面向就业的教育，能有效就业就能够促进其快速发展。

二、职业中学与半工半读学校

在农业中学恢复到正常发展轨道的同时，城市的职业学校也有了一定的发展。1963 年 5 月 13 日至 18 日，教育部与劳动部联合召开城市职业教育座谈会，教育部部长杨秀峰在会上做了《关于在城市办职业学校的初步意见》，提出：“教育事业必须以农业为基础，以工业为主导的方针……在城市举办各种类型的职业学校……逐步建立完备的职业教育体系。”[①]该意见也提出工作措施：一是城市职业学校是培养劳动或技术后备力量的中等学校；二是招生对象和修业年限，分别不同行业，可以灵活多样，长期短期并存。招收高小毕业生，学习四年，毕业时达到就业年龄。招收初中毕业生，学习二至三年，也可以招收高中毕业生，适当缩短修业年限。三是职业学校与技工学校、学徒培训相辅而行，各有侧重。四是依靠业务部门办学，有关支援农业的职业学校，尽量办在农村。五是业务部门、厂矿企业办的职业学校，人员列为事业编制，经费列为企业营业外项目开支。六是职业学校的设置、发展，既要因地因行业制宜、分级分行业管理，又要有统筹安排、避免浪费。对毕业生要统一规划，妥善安置，总的由劳动部门掌握。同年 8 月 27 日，教育部向周恩来总理做了《关于职业教育问题的汇报》。10 月 18 日，周恩来召集教育部及有关部、委、团中央、全国妇联负责人讨论中小学教育和职业教育问题。周恩来指出：职业教育十分重要，必须努力办好。大中城市不能升初中的高小毕业生，每年大约有 110 万人，到农村劳动就业年龄太小，怎样解决，是个大问题，要好

① 刘英杰．中国教育大事典（1949—1990）[M]．杭州：浙江教育出版社，1993：1745.

好计划一下，逐年发展一批职业学校。将来小城镇也要办一些，可以放在第二步。职业学校不可能过多地依靠初中改办，要发动工交财贸系统的各厂矿、企业单位和大农场、林场办，国家也要直接办一些，现有中学也可增设一些职业班，还可要求军队办一点。现在大中城市普通初中已不宜再发展过多，主要发展职业学校。此外，为了缓解城市就业压力，支持农业生产，1963 年 10 月中共中央、国务院批准的《第二次城市工作会议纪要》指示中提出："当前，安置城市需要就业的劳动力，主要方向是下乡上山。下乡上山的主要办法，是到农村人民公社插队。""职业教育应当主要面向农村，积极培养为农业服务的农艺、林业、畜牧、渔业、农机、医药卫生、会计、统计、供销等方面的人才，为城市青年学生下乡上山创造条件。"

当时城市兴办的职业学校主要有以下几种类型：一是试改普通中学为职业学校招收城市青年，毕业后输送到国营农场、渔场或人民公社参加劳动。二是依托工厂办校，招收城市青年，毕业后随机器下乡工作。三是依靠工厂、企业、事业办职业学校，为工厂、企业、事业单位培养劳动和技术后备力量，学生毕业后由业务部门统一安排。

从 1963 年到 1965 年我国城市职业中学从 546 所增加到 7294 所，在校生总数增至 126.65 万人（见表 4-2），形成了一个发展高峰。

表 4-2　1963—1965 年城市职业中学发展情况表

年份	学校数（所）	招生数（万人）	毕业生数（万人）	在校学生数（万人）	专任教师数（万人）	生师比
1963	546	3.4	0.4	6.2	0.3	20.7
1964	2112	22.8	2.0	27.4	1.3	21.8
1965	7294	81.4	5.4	126.7	7.2	17.6

资料来源：《中国教育成就》与《全国教育统计资料》统计数字。

这一时期，职业教育发展的另一类学校就是半工（农）半读学校。我国的半工（耕）半读学校最初是源于勤工俭学。1957 年 5、6 月间，《中国青年报》《人民日报》相继发表了社论《提倡勤工俭学，开展课余活动》《一面劳动，一面读书》，提倡学生勤工俭学。6 月 26 日，周恩来总理在一届人大四次会议上做的《政府工作报告》中指出："我们的教育方针，应该是培养有社会主义觉悟的、有文化的身体健康的劳动者。过去这个方针是不够明确的，我们的中小学生毕业后除了一小部分升学外，多数都应参加工农业生产。"1957 年 11 月，共青团中央印发刘少奇同志关于试行半工半读问题的批示，并提出重点试办勤工俭学、半工半读的制度。1958 年 1 月，毛泽东在《工作方法六十条（草案）》中提出："一切中等技术学校和技工学校，凡是可能的，一律试办工厂或者农场，进行生产，做到自给或半自给。学生实行半工半读。""农村里的中小学，都要同当地的农业合作社订立合同，参加农、副业生产劳动。农村学生还应当利用假期、假日或者课余时间回到本村参加生产。"1 月 27 日，共青团中央发布《关于在学生中提倡勤工俭学的决定》。2 月 3 日，国务院副总理薄一波做了《关于 1958 年度国民经济计划草案的报告》，指出："农业学校，不论是中等的或者高等的，都要同当地的农业合作社签订合同，经常地使学生和教员适当轮流到当地农业合作社去劳动。"①2 月 20 日，时任中共中央宣传部部长的陆定一向江苏省委提出，可以鼓励群众自办半耕半读（半日在校学习，半日回家劳动）的农业中学，来解决高小毕业生升学困难的问题。对于这种离家近、花钱少，既能学习又不耽误劳动挣工分的学校，群众非常欢迎。5 月 30 日，刘少奇同志在中共中央政治局扩大会议上发表《我国应有两种教育制度、两种劳动制度》的讲话，从制度变革的角度全面阐述了半工半读教育的意义。他说："我们国家应该有两种主要的学校教育制度和工厂农村的劳动制度。一种是现在全日制的学校教育制度和现在工厂里面、机关里面 8 小时工作的劳动制度。这是主要的。此外，是不是还可以采用一种制度，跟这种制度相并行，也成为主要制度之一，就是半工半读的学校教育制度和半工半读的劳动制度。"6 月 8 日至 20 日，刘少奇又在两次会议上提出："半工半读问题是从中国条件、中国特点提出的。中国特点是：人多、穷、生活水平低，要进行技术革命，人多劳动力够用。""学校分两类：第一类是全日制

① 何东昌. 中华人民共和国重要教育文献（1949—1975）[M]. 海口：海南出版社，1998：798.

学校，第二类是半工半读、业余学校，主要是半工半读。”“两类学校都算正规学校”“这些都要规定为国家制度。”8 月 1 日，半农半读的江西共产主义劳动大学总校和附设在全省 30 个垦殖场的 30 所分校开学。其办学方针是：半工（农）半读，勤工俭学，学习与劳动相结合，政治与业务相结合，逐渐形成高、中、初和大、中、小各类专业齐全的教育体系。江西共产主义劳动大学的创办，走出了一条为山区、农村培养新型劳动者的新路，推动了半工（农）半读教育的发展。9 月 19 日，中共中央、国务院发出《关于教育工作的指示》，《指示》指出：“全国有三类主要学校：第一类是全日制学校，第二类是半工半读学校，第三类是各种形式的业余学习的学校。”“为了很快地普及教育，应当大量发展业余的文化技术学校和半工半读的学校，因为这类学校可以全部或者大部分解决自己的经费，很少需要或者不需要政府的帮助。”①1959 年 4 月 18 日，周恩来同志在第二届全国人民代表大会第一次会议上所做的《政府工作报告》中指出：“我国的教育事业的发展，必须采取普及和提高相结合的办法。为了实现文化普及，为了能够适应当前国家建设事业发展的迫切需要，除了各级全日制正规学校以外，还应当根据实际可能，继续发展半日制学校、农村和厂矿的业余学校。”②在一系列政策的推动下，全国相继办起了各种类型的半工半读学校。但由于受“大跃进”的影响，当时许多半工半读学校存在着不顾客观条件，急躁冒进，一哄而起的问题，到三年困难时期，这类学校能够坚持下来的不多。

1964 年 2 月 13 日的“春节座谈会”毛泽东对教育提出严厉批评之后，半工半读教育又被重提。8 月 1 日、22 日，刘少奇接连在中共中央召集的党内报告会上发表《半工半读，亦工亦农》，在广西壮族自治区干部会议上发表《关于两种劳动制度和两种教育制度》的讲话。随后，农业部、卫生部、化学工业部、教育部、高等教育部等相继召开会议部署落实。1964 年 7、8 月间，刘少奇向中央各部和北京市干

① 《中国教育年鉴》编辑部．中国教育年鉴（1949—1981）[M]．北京：中国大百科全书出版社，1984：689.

② 中央教育科学研究所编．中华人民共和国教育大事记（1949—1982）[M]．北京：教育科学出版，1984：214.

部做报告，以及在天津视察时，多次讲到两种劳动制度和两种教育制度。他指出：“半工半读既是劳动制度又是教育制度，两种教育制度和两种劳动制度是结合的。从当前看，既能够办学，又希望普及教育，又能减轻国家和家庭的负担；从长远看，培养既能从事脑力劳动，又能从事体力劳动的新人。”他建议各省、市、自治区，各个大城市都着手试验、试办半工半读学校。8 月《人民日报》发表题为《坚决扶持半农半读、半工半读学校》的社论。社论指出，实行半农半读和半工半读，不仅是学校教育上的革命，而且也将引起劳动制度上的变革。对这样一种新事业，需要去扶持。9 月，教育部、高等教育部、劳动部将《关于试行半工半读制度的初步意见的报告（草案）》上报中共中央，该报告指出，1964 年 5 月中共中央工作会议上提出要实行两种教育制度和两种劳动制度，而且刘少奇又做了多次的指示。刘少奇强调半工半读学校是教育和生产劳动高度结合的新型学校，并提出将现有的技工学校、职业学校（包括职业中学）逐步改为半工半读的中等技术学校。11 月 17 日，中共中央转发江苏省《关于发展半工（耕）半读教育制度的规定（草案）》，中央批示指出：“1958 年教育革命，各地办了很多半工半读、半农半读的学校，1959 年以后只剩少数坚持下来。这些坚持下来的半工半读、半农半读的学校，虽然数量是很小的，但它代表了今后教育发展的方向。我们已经试办了 6 年，应该总结出经验来，这种经验对今后实行两种教育制度，对发展我国社会主义教育理论，都是非常重要的。”1965 年 3 月，教育部召开全国农村半农半读教育会议，农村半农半读会议提出，农村教育的任务是要实行全日制和半农半读教育两条腿走路，普及小学教育，扩大试办农业中学，积极试办半农半读中等技术学校。1965 年 4 月，《人民日报》开辟专栏，开展“怎样办好半农半读、半工半读的新型学校”的讨论。7 月中共中央批转教育部党组关于这次会议的报告并在批语中指出：“农村教育在我国教育事业中占的比重很大，抓好半农半读教育工作，对改变我国教育事业面貌，具有决定性的作用。”“在工作中，除了要抓好方针、政策和思想工作以外，还应该进一步研究并妥善解决半农半读学校的学制、课程、教材和师资等重要的实际问题，使这种学校能逐步定型，逐步形成体系。”同年10月，召开城市半工半读教育工作会议。在中共中央、国务院和教育部的统一部署下，各部门、各地方积极贯彻半工（农）半读制度的试办和推行工作。农业部召开7所农业院校会议，要求农业高校要为农业技术学校培养半农半读的专业课教师和为农村培养新型的农业技术干部，全国再次掀起试行两种教育制度，大办半工（耕）半读学校的热潮。1965年全国半工（农）半读中等学校达到7294所，在校生126.6万人。全国有耕读小学40万所，占全国小学总数的31.4%。1966年3月，农业部召开全国农业教育会议，讨论了半农半读、社来社去及编写教材等问题。会议根据农业部宣教司的统计，全国中等农业学校307所，已试行半农半读的有220所，4.1万名学生，占在校生总数的52%。有160所中等农业学校实行“人民公社招生，学生毕业后回公社参加生产劳动”的办法。[①]

纵观这一时期职业中学虽经历了从初创发展到调整充实的过程，但开创了我国大规模发展农村职业教育、农村试办民办职业教育和发展半工半读学校的三个先河，为我国职业教育的发展提供了宝贵的经验，丰富了我国职业教育的办学形式，拓宽了职业教育的服务范围，创新了职业教育培养模式，为国家经济建设培养了大批的技术人才，促进了社会生产力的提高。在创办的8年时间里，农业、职业中学为国家经济建设提供了大量的技术人才，累计的毕业生数达58.5万人。同时，在解决大部分高小学生的升学问题后，也增加了农村适龄儿童入小学的积极性，间接地促进了小学教育的普及。但不顾客观规律，盲目冒进所产生的教训也是沉痛的，由于在办学过程中对教育需求估计不足，对职业教育承受能力认识不清，导致了职业中学发展过程的“大起大落”，造成了教育资源的巨大浪费，影响了职业教育的正常发展。

此后，十年“文革”中，因刘少奇被错误地认为是党内走资本主义道路的当权派，半工半读学校被认为是资产阶级职业教育，两种教育制度是资本主义国家的“双轨制”教育的翻版，因此，农业、职业

① 杨士谋，彭干梓，王金昌．中国农业教育发展史略[M]．北京：北京农业大学出版社，1994.

中学停办，一度曾经轰轰烈烈的农业、职业中学销声匿迹近十五年。

与此同时，遵照毛泽东“五七指示”和“七二一指示”办起了具有职业教育性质的“五七中学”（或称“五七大学”“五七农校”等）和“七二一大学”。据统计，到1976年上半年，全国有“七二一大学”15000多所，学生780000人。[①]

第二节 恢复发展时期

一、职业高中（中学）在中等教育结构调整中恢复和发展

十一届三中全会以后，中国进入一个改革开放的新的历史时期，职业教育也进入新的发展阶段。1978年4月22日，邓小平在教育部召开的全国教育工作会议上的讲话中指出：“国家计委、教育部和各部门，要共同努力，使教育事业的计划成为国民经济计划的一个重要组成部分。这个计划，应该考虑各级各类学校发展的比例，特别是扩大农业中学、各种中等专业学校、技工学校的比例。”[②]1979年6月中共中央五届全国人大二次会议上的政府工作报告中也提出：中等教育要有计划地多办各种门类的中等职业教育，这有利于解决大量中学毕业生的就业问题。于是，一些省市的城乡开始试办农业中学、职业中学，职业教育又走上了恢复发展的道路。1979年底，全国农业中学和其他职业中学达到2000多所，在校生达23万多人。[③]1980年9月27日，国务院批转了教育部、国家劳动总局《关于中等教育结构改革的报告》，《报告》提出了中等教育改革的方针，指出发展职业技术教育的重要性和紧迫性，并规定“在城乡要提倡各行各业广泛办职业（技术）学校。可适当将一部分普通高中改办为职业（技术）学校、职业

① 中央教育科学研究所．中华人民共和国教育大事纪（1949—1982）[M]．北京：教育科学出版社，1984：475.

② 刘英杰．中国教育大事典（1949—1990）[M]．北京：浙江教育出版社，1993：1747.

③ 丁彦．论我国政府农村职业教育管理职能演进的内在逻辑[J]．煤炭高等教育，2010（4）：17—18.

中学、农业中学”。国务院在批转这份报告中指出：改革中等教育结构，发展职业教育，适应四化建设需要，是当前亟待解决的问题。据统计，1980 年，我国有农业、职业中学共 3314 所，在校生 45.4 万人，我国职业中学开始了恢复与发展。

1982 年 8 月，教育部向省、市、自治区教育厅（局）转发了山东省《关于加速农村中等教育结构改革问题的报告》及“批语”。《报告》提出力争在近期内使农村技术教育在数量上有一个较大的发展，质量上有一个较大的提高，逐步建立起以县办农民技术中学为主要基地的技术教育网。“批语”针对农村技术教育的重要意义指出要改革农村中等职业教育机构，加速发展农业技术教育，大量培养农业技术人才和经营管理人才。普遍提高广大农民、首先是青年农民的文化科学技术水平，是实现农业现代化的重要条件。各级党委和政府一定要把这项工作当作一件大事来抓，决心要大，步子要快些，组织有关部门切实抓紧抓好。[①]1982 年底，全国《关于第六个五年计划的报告》中提出“要创造必要的条件，把部分普通高中改为农业职业中学”。1983 年 5 月 6 日，中共中央、国务院《关于加强和改革农村学校教育若干问题的通知》中提出：“改革农村中等教育结构，发展职业技术教育，是振兴农村经济，加速农业现代化建设的一项战略措施。各地要根据本地区的实际需要与可能，统筹规划，有步骤地增加一批农业高中和其他职业学校。除在普通高级中学增设职业技术课，开办职业技术班，把一部分普通高中改办为农业中学或其他职业学校外，还要根据可能，新办一些职业学校。”同年 5 月 9 日教育部等四部委下发的《关于改革城市中等教育结构、发展职业技术教育的意见》中指出：“发展生产，搞现代化建设，不仅需要高级专门人才，而且需要大批初、中级技术、管理人才和大批有文化、有技术知识的劳动后备力量。因此，改革中等教育结构、发展职业技术教育，既是刻不容缓的任务，又是长期的历史任务。”同时，明确了改革城市中等教育结构、发展职业技术教育的方向、途径和要求，指出了城市中等教育结构改革的四条主要途径。

① 刘英杰．中国教育大事典（1949—1990）（上）[M]．杭州：浙江教育出版社，1993（5）．

由于改革开放极大地解放了生产力，我国各行业的快速发展对各级技术人才的大量需求与职业教育相对薄弱的现状形成了巨大的反差。1985 年 5 月 27 日，中共中央颁布了《关于教育体制改革的决定》，进一步提出要“有计划地将一批普通高中改为职业高中，或者增设职业班。加上新办的这类学校力争在五年左右，使大多数地区的各类高中阶段的职业技术学校招生数相当于普通高中的招生数，扭转目前中等教育结构不合理的状况”。1987 年 1 月 3 日，国务院办公厅转发国家教委等部门《关于全国职业技术教育工作会议情况报告》中提出“要采取积极措施，大力发展和加强培养技术工人的技工学校和职业高工，使之逐步同我国的技术工人队伍应有的规模相适应”。1991 年 10 月，国务院发布的《关于大力发展职业技术教育的决定》提出“使全国高中阶段职业技术学校的在校生人数超过普通高中的在校生人数”的发展目标。

二、职业高中发展成因与成就

这一期间，职业学校，尤其是农村职业学校取得长足发展，除了有国家的政策支持外，主要归结为以下几个方面：一是以家庭联产承包责任制为主的农村经济体制改革，极大地解放了农村生产力，农村经济社会的快速发展，需要大量实用人才。二是国家放开了农民进城的禁锢。从 1984 年开始，中央颁布了一系列的开放、搞活政策，取消了对农民非农就业权利的限制。1984 年 10 月，国务院颁布了《关于农民进入集镇落户问题的通知》，农民可以进入集镇务工、经商、办服务业。1984 年，中央还发文正式承认并鼓励社队企业的发展，并将其正式更名为“乡镇企业”，这在客观上成了乡镇企业大量兴起的起点。1985 年 1 月 1 日，中共中央、国务院颁布了《关于进一步活跃农村经济的十项政策》，拉开了农村经济结构全面调整的序幕。三是职业中学毕业生国家“不包分配”，没有触动国家的人事分配制度，没有增加国家计划体制内就业的负担。1980 年国务院批转了教育部、国家劳动总局《关于中等教育结构改革的报告》中明确指出：“职业高中毕业生国家‘不包分配’，实行择优录用的政策。”四是国家采取一系列政策予以支持。1983 年 6 月，教育部和财政部联合发出《关于发展城乡职业技术教育开办补助费的通知》，决定中央财政对教育部门办的职业技术教育追加一次性补助费，从 1983—1985 年，中央财政每年都拨给 5000 万元职教补助经费，并要求各省、地、县财政也要依据上述精神，增加职业教育补助经费。[①]

这一时期职业高中发展迅猛，是职业学校发展的黄金时期，其发展规模和速度均超过中专和技工学校。如表 4-3 所示，1980 年我国有农业职业中学共 3314 所，在校生 45.4 万人；到 1985 年各类职业中学 8070 所，在校生数 229.6 万人；1990 年全国职业学校已经发展到 9164 所，在校生数 295 万人；1992 年，全国职业中学数量达到 9860 所（其中，职业高中 8267 所），在校生数 342. 8 万人（见表 4-3）。

表 4-3　1980—1992 年职业高中发展情况表

年份	学校数（所）	招生数（万人）	毕业生数（万人）	在校生数（万人）	教师数（万人）	生师比
1980	3314	30.7	7.9	45.4	2.3	19.7
1981	2655	26.7	9.4	48.1	2.9	16.6
1982	3104	32.0	13.1	70.0	4.1	17.1
1983	5481	75.7	21.6	112.0	7.3	15.3
1984	5174	75.4	21.08	133.5	8.06	16.8
1985	6444	98.5	32.46	184.3	11.58	15.9
1986	6791	97.4	48.18	214.3	14.09	15.2
1987	7171	96.5	63.88	225.0	16.13	14.0
1988	7538	101.0	69.19	234.1	17.72	13.2
1989	7673	99.1	72.92	236.3	18.64	12.7
1990	7655	103.8	75.34	247.1	19.53	12.7
1991	8106	114.0	80.86	263.2	20.46	12.9
1992	8267	125.5	80.86	286.4	21.60	13.3

资料来源：《中国教育统计年鉴》（1980—1992）。

注：1980—1983 年数据为职业中学数据。

① 李蔺田．中国职业技术教育史[M]．北京：高等教育出版社，1994：359.

第三节 结构调整时期

1993 年到 1998 年，随着社会主义市场经济体制的确立，中等职业学校也进入结构调整时期。这期间虽然我国职业高中整体数量的增长速度放缓，但是学校规模、布局结构、专业结构、办学主体结构等都有很大的变化。

改革开放以来，虽然职业高中的学校数量、教学质量有显著提高，但仍然存在一些问题，如相关法规和配套政策不健全、办学条件差、学校整体教学水平不高、专业设置与社会需求结合得不够紧密等问题，制约了职业教育整体发展。为解决这些问题，适应社会主义市场经济体制的要求，1993 年 2 月 26 日，中共中央发布的《中国教育改革发展纲要》中提出职业学校的改革目标是："各级各类职业技术学校都要主动适应当地建设和社会主义市场经济的需要。要在政府的指导下，提倡联合办学，走产教结合的路子。"对办学体制改革也提出了要求："职业技术教育和成人教育主要依靠行业、企业、事业单位办学和社会各方面联合办学。"这些都提高了社会力量举办职业教育的积极性。1996 年 5 月 15 日正式颁布和实施的《中华人民共和国职业教育法》为职业教育的发展和完善，提供了强有力的法律保障。

随着社会主义市场经济体制的不断深入，农村第二、三产业快速发展造成农业比较效益降低，中等职业学校出现了农林类专业招生下降的情况。1993 年我国职业高中农林类专业学生人数为 45.3 万人，到 1995 年降低到 38.1 万人。为解决农村职业高中数量减少、农林类专业招生下降等问题，国家教委职教司于 1995 年 9 月在山东省即墨市召开了部分省市农业职业教育研讨会。与会者一致认为：农业是我国国民经济发展的基础，也是社会长治久安的基础。没有农业的现代化，就没有中国的现代化，农村职业学校要坚持面向农业、面向农村、面向农民的办学方向，首先办好为一产服务的专业。1996 年 4 月 29 日，国家教委与农业部联合发出《关于进一步办好农村中等职业学校农业类专业的意见》，《意见》对农业职业教育进一步深化改革的内容与措施提出了强化兴农意识、深化教育改革、加强学校基本建设、加大政府统筹力度四点要求，把深化农业职业教育改革的内容与措施阐述得更加具体，指导农村地区办好农业类专业，以解决发展中招生数及在校生数几年来大幅度减少的问题。通过调整，职业中学农林类在校学生数有所回升，到1998年我国职业高中农林类专业在校学生人数恢复到43.3万人（如表4-4）。

表4-4　职业中学农林类专业学生变化数据表

年份	在校生总数（万）	农林类专业在校生数（万）	农林类专业在校生比例（%）
1992	286.4	58.8	20.5
1993	306.4	45.3	14.8
1994	342.6	39.4	11.5
1995	378.6	38.1	10.1
1996	395.8	38.9	9.8
1997	431.0	41.0	9.5
1998	454.9	43.3	9.5

资料来源：《中国教育统计年鉴》（1993—1998）。

为了加强农村职业教育的发展，河北省等一些地区以县（市）职业中学为主体融合职业高中、农民中专、农业广播电视学校等多类中等职业学校，形成综合性、多功能的职业教育中心。1993年3月13日，在河北省职教中心建设座谈会上，李铁映同志根据《中国教育改革与发展纲要》的要求，对进一步探索职业教育新的改革发展路子提出六方面的意见：采取“政府统筹、部门联办、教委协调、一校多制、各尽其力、隶属不变”的办学体制；在校办企业上提出了职业技术教育要迅速和当地经济建设相结合；职业学校师资队伍应采取少专职多兼职的办法；学生管理采取专业自由选择，学制因人而异，实行双证书制度；毕业生的质量衡量标准要看他的致富速度和能力；投资体制上，职业技术学校一不走财道，二不走集资道，应该产教结合，迅速地创造产值和效益，自我发展，到市场上去竞争；职业技术教育要努力扩大服务面，为全县人民致富奔小康服务，还可以对县外服务，多数服务是要收费的，不收费的服务也要做好。[①]同年 5 月，国家教委召开的全国骨干型示范职业学校（中心）建设工作会议上，国家教委副主任王明达在会议总结时指出，河北省建设县级职教中心的经验值得全国学习借鉴和推广。此后，全国各地积极推进农村职业教育布局结构调整，对农村职业学校进行合并重组，大范围地推广县级职教中心（如表 4-5）。

表 4-5　1993—1998 年职业高中发展情况表

年份	学校数（所）	招生数（万人）	毕业生数（万人）	在校生数（万人）	教师数（万人）	生师比
1993	8403	134.9	88.0	306.4	22.9	13.4
1994	8679	146.8	93.8	342.6	24.1	14.2
1995	8612	161.2	107.0	378.6	25.5	14.9
1996	8515	158.2	120.8	395.8	26.9	14.7
1997	8578	180.3	129.2	431.0	28.2	15.3
1998	8602	182.7	139.9	454.9	29.6	15.4

资料来源：《中国教育统计年鉴》（1993—1998）。

这段时间，由于农林类专业招生困难、职业学校的合并重组等原因，职业高中总体数量增长不大。根据表 4-5，统计资料表明，1993 年职业高中总共有 8403 所，到 1998 年职业高中有 8602 所，6 年内数量增长不到 200 所，但是学生人数却保持快速增长，到 1998 年在校生人数达到 454.9 万人，比 1993 年的 306.4 万人增长 48.5%。随着我国经济体制改革和教育体制改革的不断深入，民办职业学校也在这一时期逐渐兴起，1994 年我国民办职业中学有 392 所，招生人数 3.96 万人，到 1998 年已经发展到 899 所，招生人数达到 11.4 万人。虽然数量少、规模小，但作为全新的办学主体使职业学校更贴近市场，为职业教育发展提供了新的思路。

① 李铁映．探索有中国特色的职教改革新路子[N]．中国教育报，1993-4-2.

第四节 重点发展和全面建设时期

1999年以后我国中等职业教育面临着高等教育大众化、企业用人需求变化、毕业生就业全面面向市场等新的形势，中等职业教育也迎来了经济快速发展对技能型人才大量需求的新的发展机遇，可以说是挑战和机遇并存。为适应新的市场环境和教育发展要求，我国的职业高中进入了全面改革阶段。

1999年我国高等教育开始大规模扩招，拉动了普通高中的快速发展，中等职业教育的发展面临着生源大幅度下降的困难，发展处于艰难时期。尤其是农村职业高中发展面临着更大的困难，截至2002年我国职业高中在校生人数从1998年的454.92万人下降到2001年的383.1万人，许多职业学校为了生存，开始兴办所谓的综合高中，出现了职业教育普通化的倾向。为此，2002年《国务院关于大力推进职业教育改革与发展的决定》中明确提出职业教育的“四个服务”要求，即“职业教育为经济结构调整和技术进步服务，为促进就业和再就业服务，为农业、农村和农民服务，为推进西部大开发服务”。2003年《国务院关于进一步加强农村教育工作的决定》中提出：“以就业为导向，大力发展农村职业教育。要实行多样、灵活、开放的办学模式，把教育教学与生产实践、社会服务、技术推广结合起来，加强实践教学和就业能力的培养。在开展学历教育的同时，大力开展多种形式的职业培训，适应农村产业结构调整，推动农村劳动力向二、三产业转移。”“加大城市对农村教育的支持和服务，促进城市和农村教育协调发展。”“城市职业学校要扩大面向农村的招生规模，到2007年争取年招生规模达到350万人。城市各类职业学校和培训机构要积极开展进城务工就业农民的职业技能培训。要积极推进城市与农村、东部与西部职业学校多种形式的合作办学，不断扩大对口招生规模。”2004年，教育部等七部门《关于进一步加强职业教育工作的若干意见》进一步明确提出：“要积极推动职业教育和培训从计划培养向市场驱动转变，从政府直接管理向宏观引导转变，从专业学科本位向职业岗位和就业为本位转变。职业院校要坚持以服务为宗旨，以就业为导向，面向社会、面向市场办学，深化办学模式和人才培养模式改革，努力提高职业教育的质量和效益。”“进一步扩大职业院校面向农村的招生规模，充分发挥城市对农村、东部对西部的带动和辐射作用，继续加强职业教育对口支援和帮扶工作，做好城市与农村、东部与西部合作办学、联合招生工作，并积极帮助农村和西部地区学生在城市和东部地区就业。”2005 年 11 月《国务院关于大力发展职业教育的决定》明确提出：进一步建立和完善适应社会主义市场经济体制，满足人民群众终身学习需要，与市场需求和劳动就业紧密结合，校企合作、工学结合，结构合理、形式多样，灵活开放、自主发展，有中国特色的现代职业教育体系。至此，以就业为导向，以服务为宗旨，积极推行工学结合、校企合作培养模式，成为当前我国职业教育教学改革的重点和主要方向。初步形成了新时期职业教育改革发展的几个方向：

（1）加强城乡合作，统筹发展城乡职业教育。2002 年《国务院关于大力推进职业教育改革与发展的决定》中提出：“加强东部地区和西部地区、大中城市和农村的学校对口支援工作。”2003 年 11 月 10 日，教育部、财政部、劳动保障部专门印发了《关于开展东部对西部、城市对农村中等职业学校联合招生合作办学工作意见》。2004 年教育部七部委《进一步加强职业教育工作意见》，2004 年《教育部关于贯彻落实全国职业教育工作会议精神进一步扩大中等职业学校招生规模的意见》，2005 年 2 月《关于加快发展中等职业教育意见》，2005 年《国务院关于大力发展职业教育的决定》等均对城市和农村、中部和西部联合招生、合作办学提出了指导，有效地促进了城乡职业教育的统筹发展。城乡统筹发展职业教育有效地促进了农村职业教育的发展，职业中学在校生的数量增加很快，到 2007 年已经发展到 725.3 万人。

（2）加强职业教育基础能力建设。2005 年《国务院关于大力发展职业教育的决定》把发展职业教育作为经济社会发展的基础和教育工作的战略重点，提出加强基础能力建设，实施“四大工程”，国家投入 80 亿元，加强中等职业教育基础能力建设。2006 年国家发改委、教育部、劳动和社会保障部联合下发的《关于编制中等职业教育基础能力建设规划的通知》中指出，中央专项投入 60 亿元重点支持建设 1000 所左右县级职教中心（或县级职业学校）和 1000 所左右示范性中等职业学校。中央财政投资 5 亿元实施“中等职业学校教师素质提高计划”。

（3）大力推行工学结合、校企合作的培养模式。为了落实 2005 年《国务院关于大力发展职业教育的决定》中指出的“大力推行工学结合、校企合作的培养模式。与企业紧密联系，加强学生的生产实习和社会实践，改革以学校和课堂为中心的传统人才培养模式”，教育部发出了《关于职业院校试行工学结合、半工半读的意见》《关于进一步深化中等职业教育教学改革的若干意见》《关于制定中等职业学校教学计划的原则意见》等文件，对职业学校工学结合模式改革做了具体的规定。

（4）对中等职业学校学生给予助学金和免学费，逐步建立中等职业教育免费教育制度。2005 年《国务院关于大力发展职业教育的决定》指出：建立职业教育贫困家庭学生助学制度，中央和地方财政要安排经费，资助接受中等职业教育的农村贫困家庭和城镇低收入家庭子女。2006 年 7 月财政部教育部印发了《关于完善中等职业教育贫困家庭学生资助体系的若干意见》，2006 年中央决定“十一五”期间安排专项经费 40 亿元，建立中等职业教育国家助学金，用于资助农村贫困家庭和城镇低收入家庭子女接受中等职业教育，补助标准是每生每学期 1000 元。2007 年秋季学期起，中央和地方财政共同设立国家助学金，资助对象扩大到中职学校全日制所有农村学生和城市家庭经济困难学生，资助标准为每人每年 1500 元，主要用于生活费开支。国家资助两年，学生第三年进行工学结合、顶岗实习。2008 年党的十七届三中会议通过的《中共中央关于推进农村改革发展若干重大问题的决定》中指出：加快普及农村高中阶段教育，重点加快发展农村中等职业教育并逐步实行免费。2009 年 12 月 2 日，国务院常务会议决定，从 2009 年秋季学期起，对公办中等职业学校全日制在校学生中农村家庭经济困难学生和涉农专业学生逐步免除学费。对在政府职业教育行政管理部门依法批准的民办中等职业学校就读的一、二年级符合免学费政策条件的学生，按照当地同类型同专业公办中等职业学校免除学费标准，由财政给予补助。免学费补助资金，由中央和地方财政按比例分担。2010年中央1号文件《中共中央国务院关于加大统筹城乡发展力度 进一步夯实农业农村发展基础的若干意见》中指出：大力发展中等职业教育，继续推进农村中等职业教育免费进程。逐步实施农村新成长劳动力免费劳动预备制培训。2010年9月财政部等四部委将中等职业学校城市家庭经济困难学生纳入免学费政策范围。

（5）全党和全社会关心“三农”问题，发展面向农村的职业教育。从2002年《国务院关于大力推进职业教育改革与发展的决定》中提出“把农村和西部地区作为工作重点”，农村职业教育成为发展的重点，但农村职业教育的发展并不能完全改变农村落后的面貌。为此，2010年《国家教育中长期改革与发展规划纲要（2010—2020）》明确提出发展面向农村的职业教育，旨在通过全社会的力量转移农村剩余劳动力，培养现代农业和社会主义农村建设所需的人才，加快农村经济社会的发展，有效解决“三农”问题。落实规划纲要的要求，2011年教育部等九部门出台了《关于加快发展面向农村的职业教育的意见》，进一步明确农村职业教育改革发展的目标任务。农村职业教育要以推动县域经济社会发展为目标，坚持学校教育与技能培训并举、全日制与非全日制并重，大力开发农村人力资源，逐步形成适应县域经济社会发展要求，体现终身教育理念的现代农村职业教育体系。

这一时期，职业高中在经历了高等教育大众化所导致的暂时的困难后，进入2002年以来国家出台了一系列方针政策，各级政府齐抓共管，加大了投入力度，我国职业高中从办学理念到人才培养模式等都有了很大的进步，使职业高中数量和质量同步发展，校均规模不断增大。2009年各类中等职业教育学校总招生数超过870万人，十年来首次超过普通高中。

表 4-6　1999—2014 年职业高中发展情况表

年份	学校数（所）	招生数（万人）	毕业生数（万人）	在校生数（万人）	教师数（万人）	生师比
1999	8317	160.4	143.7	443.8	29.61	15.0
2000	7655	150.4	149.9	414.6	28.2	14.7
2001	6737	155.1	142.0	383.1	26.9	14.3
2002	6437	187.4	121.6	428.1	27.3	15.7
2003	5824	197.3	112.7	455.8	25.8	17.7
2004	5781	212.7	125.6	516.9	27.1	19.1
2005	5822	248.2	153.1	582.4	28.3	20.6
2006	5765	288.0	170.3	655.6	29.6	22.2
2007	5916	302.2	190.9	725.3	30.9	23.5
2008	5915	290.7	211.6	750.3	32.0	23.4
2009	5652	313.2	229.2	778.4	32.2	24.2
2010	5206	278.7	230.2	726.3	30.7	23.7
2011	4802	246.4	217.8	681.0	31.6	21.6
2012	4517	213.9	217.4	623.1	31.2	20.0
2013	4267	189.5	204.5	534.2	30.1	17.7
2014	4067	161.5	178.4	472.8	29.3	16.1

资料来源：《全国教育事业发展统计公报》相关年份数据。

通过对我国职业高中（中学）发展历程的回顾，我们不难发现，在新中国走过的 60 多年历程中，职业高中（中学）的发展经历了从幼稚走向成熟、从落后走向进步、从大起大落走向繁荣昌盛的过程，在这个过程中，学校规模不断扩大、办学形式逐渐多样化、办学主体日趋多元化，办学模式从封闭走向联合，培养模式从学校本位走向了工学结合、校企合作，在政策引导和市场调节下，逐渐融合于整个社会经济体系中，为我国经济建设、生产发展以及人民生活水平提高发挥了越来越重要的作用。但 2009 年以来，随着城镇化、工业化的发展，促使了大量农村劳动力向城镇转移，农村职业技术教育规模在缩减。

第五章

民办中等职业教育发展历程

民办中等职业教育以其贴近市场、机制灵活、形式多样、运行高效等特点，在提高劳动者素质、培养技能型人才，以更好地满足经济社会发展对职业教育多层次、多样化的需求等方面发着挥巨大作用，经过多年的发展已逐渐从“拾遗补缺”的地位，上升为我国职业教育体系的一个有机组成部分。但与其他教育相比，由于民办教育缺乏社会主义的“属性”，新中国成立后我国民办中等职业教育发展先后经历了改造消亡、恢复初创、快速发展、规范发展的一个曲折发展历程。认真研究我国民办中等职业教育的发展历史，总结其发展规律，对我国职业教育的发展有着重要的现实意义。

第一节　改造消亡时期

新中国成立初，新生的中华人民共和国政府处在巩固人民政权、恢复发展国民经济时期，急需大规模的技术人才和技术干部，因此迫切需要发展中等职业教育。但当时的中等技术学校和中等专业学校，无论在数量上或是质量上，远不能适应需要。在这种背景下，国家明确提出了要积极维持和改造私立技术学校的方针、政策。中国人民解放军各地军事管制委员会（解放战争时期和新中国成立初期在城市中建立的军事性的、临时性的政权机关，地方过渡政权的一种）不仅妥善接收了国民党政府遗留下来的公立学校，还颁发了有关私立学校的暂行办法，对私立学校进行了接管和改造。

1948 年中共中央在关于新区学校工作的指示和 1949 年 4 月 25 日中国人民解放军总部布告中明确提出："保护一切公私学校、医院、文化教育机关、体育场所和其他一切公益事业。凡在这些机关供职的人员均望照常供职，人民解放军一律保护，不受侵犯。"当时的职业学校总体上可以分为三类，即公立、私立及教会学校。据统计，1949 年全国中等职业学校共有 564 所（在校生 77095 人），其中私立 235 所，不含教会学校。[①]私立学校约占 41.7%，可见全国私立中等职业学校数量还是比较大的，尤其是在大城市，私立学校的学生人数几乎占学生总数的一半。1949 年 11 月 1 日，中央人民政府教育部成立。为适应大规模的经济建设，尽快建立新的教育体制，12 月 23 日至 31 日，教育部在北京召开了新中国第一次全国教育工作会议，在《总结报告》中讨论了关于私立学校的管理与改造的问题："在目前条件下，我们对中国人办的私立学校除极坏者应予取缔或接管外，一般的应采取保护维持，加强领导，逐步改造的方针。没有必要随便命令停办或接管，是不妥当的。我们对成绩优良的私立学校应予以奖励或补助；对纯粹为谋利而设的私立学校，要予以整顿和改造，使之逐渐地能够实行新民主主义教育，实行民主管理与经济公开；对经费困难而办理成绩不坏的私立学校应给以补助。"政府还特别对私立技术补习学校进行整顿改造、登记和备案工作，并根据国家建设需要重新确定了各校新的方针任务和分工。总体来说，"公私兼顾"是新中国成立初期处理公立学校和私立学校发展所采取的正确原则，对民办中等职业教育也起到了保护的作用。

1950 年 5 月，毛泽东主席为《人民教育》杂志创刊号题词："恢复和发展人民教育是当前的重要任务之一。"新中国的教育事业开始冉冉升起。1951 年 3 月，教育部召开第一次全国中等教育会议。教育部

① 闻友信，杨金梅. 职业教育史[M]. 海口：海南出版社，2000:24.

部长马叙伦在开幕词中再次指出："我们依据公私兼顾的原则，为了纠正忽视和歧视私立中等学校的错误，继续贯彻积极扶持、加强领导、逐步改造的方针和鼓励各阶层人民积极参加教育建设事业的精神。"会议通过了《关于积极扶持与改进私立中等学校的决定（草案）》。1951年6月时任教育部副部长曾昭抡针对中等私立技术学校谈了需要解决的几个具体问题，主要包括领导关系问题和经费问题，为了便于实现学校任务明确、学与用一致、理论与实际相结合的原则，规定现有一切公立私立中等技术学校，由各有关业务部门直接领导。1952年3月31日，政务院《关于整顿和发展中等技术教育的指示》指出：各地现有的各类私立中等技术学校和私立技术补习学校，对培养技术人才起到一定的作用，各级人民政府及所属各有关业务部门应鼓励此类学校的设置，并加强领导，使其有效地为国家建设服务。其办理有成绩而经费确实困难者，应予以适当的补助。接着，教育部于同年7月12日和8月30日分别发出了《中等技术学校暂行实施办法》《关于加强领导私立技术补习学校的指示》等文件，停办了一批条件很差的私立技术补习学校。

1952年我国完成了新民主主义革命，开始了对个体农业、手工业和私人资本主义工商业等生产资料私有制进行大规模的社会主义改造时期，私立学校的改造自然也随之开始。1952年8月29日，教育部发布的《中等技术学校暂行实施办法》第13条规定：私立中等技术学校在学校董事会同意和条件具备的原则下，由省（市）人民政府审核，经大行政区人民政府（或军政委员会）批准，得改为公立学校。政务院于1954年7月制订《中等专业学校章程》，将学校的任务明确规定为培养具有马克思列宁主义基础知识、普通教育的文化水平和基础技术的知识，并能掌握一定专业的、身体健康、全心全意为社会主义建设服务的中等专业干部。1956年5月14日，高教部召开第三次全国中等专业教育工作会议，主要讨论《中等专业教育十二年发展规划（草案）》，在领导管理方面提出"中等专业学校的领导关系应根据谁用干部谁办学校的原则，按照中央事业和地方事业的划分，分别由中央业务部门或省、市人民委员会直接领导"。至此，我国源远流长的私立中等专业学校传统被社会政治力量强制阻断。

随着1958年全国“大跃进”的开始，在农村掀起了农业合作化运动的高潮。为了适应高速发展的农业生产目标和农村大量高小和初中毕业生的升学需要，江苏、河北等地农村合作社先后办起一批农业中学，从办学主体上来看，这些农业中学都是群众力量自主办学。1958年3月17日，中共江苏省委在南京召开关于民办农业中学经验的座谈会，中央宣传部部长陆定一、教育部副部长柳堤参加了会议。陆定一指出：“动员群众的力量办各种职业中学，特别是创办农业中学，使不能进普通初中的小学毕业生都能升学，这是一个好办法。办农业中学，不但有利于教育事业的大跃进，而且也有利于农业生产的大跃进。”同年3月24日，教育部在北京召开的第四次全国教育行政会议上提出：“大力举办农业中学、工业中学和手工业中学。”4月21日《人民日报》发表题为《大量发展民办农业中学》的社论。此后，受“左”的思想影响，民办农业中学开始“大跃进”式发展，1960年开始进行调整、压缩，1963年农业中学由1960年的22597所减少至3757所，在校学生数由230.2万人减少至24.57万人。此后，随着国民经济走出“三年困难时期”，民办农业中学从1963年又开始大规模发展。1966年“文化大革命”开始，农业中学开始逐步消亡。

客观地说，无论是西方教会组织或中国人自己所办的私立、民办中等职业学校，对新中国教育事业的恢复和发展均做出了积极的贡献，尤其是1958年依靠群众的力量办学，在开创新了农村职业教育的先河的同时，也为新中国民办教育增添了新生力量，虽然由于受“左”的思想影响，发展不切实际，急于求快、求成，出现了大起大落，但也是我国民办教育发展的历程中的一个重要里程碑。

第二节　艰难复兴时期

1978年十一届三中全会的召开实现了新中国成立以来中国共产党历史上具有深远意义的伟大转折，中国共产党恢复了实事求是的思想路线，工作重心从“以阶级斗争为纲”转移到“以经济建设为重心”的轨道上来，中央从我国社会主义初级阶段的基本国情出发，提出了坚持以公有制为主体、多种所有制经济平等竞争和共同发展的方针，鼓励发展个体、私营等非公有制经济，这一政策的提出使我国所有制结构发生了重要变化，彻底打破了传统计划经济体制下单一的公有制格局。但总体看来，20 世纪七八十年代我国民办中等职业教育的发展举步维艰。

改革开放初期，我国职业教育学校数量少、规模小、办学条件差，难以满足经济建设对高素质劳动者和技能型人才的迫切需要。据统计，1978 年仅有中等职业学校 4700 多所，当年招生 70.4 万人，占高中阶段教育招生总数的 6.1%，在校生人数也只有 130 万人，民办中等职业学校数量更是可想而知。1978 年 4 月，邓小平同志明确指出，“整个教育事业必须同国民经济发展的要求相适应，应该考虑各级各类学校的发展比例，特别是扩大农业中学、各种中等专业学校、技工学校的比例”。1980 年 10 月 7 日，国务院批转的《关于中等教育结构改革的报告》中也把大力发展职业技术教育列为教育改革的重要内容之一，而且提出“要根据发展生产和服务性行业的需要，广开学路，举办各种职业（技术）学校。主要招收初中毕业生，办学形式灵活多样。这类学校除由各行各业举办外，集体和个人也可以办”。可见，国家出台了一系列政策措施来鼓励发展中等职业教育，同时也逐步放开了对民办中等职业教育的办学限制。

悄然复苏的民间教育实践，对国家现有的法律提出了挑战。1982 年 12 月 4 日，第五届全国人民代表大会第五次全体会议重新修订通过的《中华人民共和国宪法》第十九条规定：“国家鼓励集体经济组织、国家企业事业组织和其他社会力量依照法律规定举办各种教育事业。”这可以看作是我国民办教育重新崛起的真正起点，第一次将社会力量作为国家教育事业的组成部分所做出原则性规定，为以后民办教育事业的发展奠定了基本的法律基础。对此后民办中等职业教育发展影响深远。

1983 年 5 月 6 日中共中央、国务院《关于加强和改革农村学校教育若干问题的通知》中指出："办好农村学校教育，要坚持'两条腿走路'的方针，通过多种渠道切实解决经费问题。中央和地方要逐年增加教育经费，厂矿、企业单位、农村合作组织都要集资办学，还应鼓励农民在自愿基础上集资办学和私人办学。"同年5月9日教育部等四部委发出的《关于改革城市中等教育结构、发展职业技术教育的意见》中指出："城市中等教育结构改革，实行普通教育与职业技术教育并举，全日制学校与半工半读学校、业余学校并举，国家办学与业务部门、厂矿企事业单位、集体经济单位办学并举的方针。民主党派、群众团体以及个人办学，应给予鼓励。"

1985年5月27日，经全国教育工作会议讨论正式颁发的《中共中央关于教育体制改革的决定》将"调整中等教育结构，大力发展职业技术教育"确定为教育体制改革的一个重要方面，而且提到"地方要鼓励和指导国家企业、社会团体和个人办学，并在自愿的基础上鼓励单位、集体和个人捐资助学"，这一《决定》集中反映了20世纪80年代教育改革的方向，对地方办学、社会力量办学开始"松绑"，给予了较充分的自主权。之后，整个20世纪80年代中后期，民办中等职业技术教育在规模上得到了显著发展。

为了进一步促进和规范民办中等职业教育的发展，1987年7月8日国家教育委员会发布了《关于社会力量办学的若干暂行规定》，对社会力量办学主体做了明确规定，即具有法人资格的国家企业事业组织、民主党派、人民团体、集体经济组织、社会团体、学术团体以及经国家批准私人办学等。这是我国对民办教育所制定的第一个基本规章，是我国改革开放后第一个较全面的有关社会力量办学的法规性文件，它的出台加强了对民办教育的领导和管理，使我国社会力量办学有了法规层面的政策依据。

1988年9月中共十三届三中全会《决定》充分肯定了"个体、私人等非公有制经济是促进社会生产力发展的重要力量"，明确提出了发展非公有制经济的方针是"大力发展和积极引导"，这意味着各级政府有不可推卸的责任来支持引导民营经济发展，也意味着每个民营企业要高举宪法，合法经营，维护自己的合法权益。

在此阶段，民办中等职业教育是在困难的环境中自我发展的。由于鼓励、扶持民间办学远没有成为广大民众，特别是各级行政领导部门的自觉行动和自觉意识，加之几十年一贯制形成的“一大二公”的计划经济观念，使得民办中等职业教育事业在复苏之初便陷入了深深的困惑与困境之中。但显而易见的事实是，民办中等职业教育的办学思路、形式、机制，已经对中国职业教育体制的改革产生了积极影响，可以说坚冰已经消融，道路正在拓展。

第三节　快速发展时期

受传统政治理论和思想的影响，人们对民办教育“姓资姓社”“姓公姓私”在很长一段时间争论不休，致使教育主管部门对民办学校持冷淡、观望的态度。1992 年邓小平具有划时代意义的南行讲话，尤其是中共十四大首次明确提出：我国经济体制改革的目标是建立社会主义市场经济体制——在“市场经济”四字前冠以“社会主义”这一定语，就可以回答“姓资姓社”的诘问了，解开了许多人心中的顽固心结，此后民办教育事业发展进入了快速发展时期。

1992 年 8 月 10 日，《人民日报》以《社会力量办学理应大力支持》为题，重点报道了 18 个省市在上海召开社会力量办学研讨会。此次会议的最重要成果，是对社会力量办学“拾遗补缺”，而是我国教育事业中不可缺少的一个组成部分形成了共识。这次会议为全国的民办教育实践提供了初步但很重要的理论支持。9 月，国家教委党组提出的《关于加快教育改革和发展的若干意见》中指出：目前要特别鼓励、支持社会力量兴办以职业技术教育、基础教育、继续教育、社会文化生活教育和助学性质的高等教育为主的各类教育。10 月，在党的十四大上，江泽民同志在报告中首次指出：“要改变国家包办教育的局面，支持和鼓励民间办学。”之后在十四大召开后的第八届全国人大一次会议上，李鹏同志也代表新一届中国政府做出承诺：“要逐步地建立以国家办学为主，社会各界共同办学的新体制。”也就在这一年，在中央政策引导下，许多省市鼓励和扶持民间兴学的举措相继出台。

1993年1月11日，国家教育委员会召开全国教育工作电话会议，会议中形成《国家教育委员会1993年工作要点》，在“关于职业技术教育”部分，提到坚决支持社会力量兴办多种形式的职业技术教育。同年2月13日，中共中央、国务院颁布《中国教育改革与发展纲要》提出“改变政府包揽办学的格局，逐步建立以政府办学为主体，社会各界共同办学的体制”，并对社会团体和公民个人依法办学采取“积极鼓励、大力支持、正确引导、加强管理”的十六字方针。《纲要》的颁布确定了到20世纪末我国教育改革和发展的基本目标和任务，为民办教育此后的发展确定了基调。

1995年3月18日，第八届全国人大第三次会议通过《中华人民共和国教育法》。该法第25条规定：“国家鼓励企业事业组织、社会团体、其他社会组织及公民个人依法举办学校及其他教育机构。”1996年5月15日第八届全国人大第十九次会议通过的我国第一部《中华人民共和国职业教育法》中也明确规定：“国家鼓励事业组织、社会团体、其他社会组织及公民按照国家有关规定举办职业学校、职业培训机构。”可以说，我国民办中等职业教育的发展，在社会需要基础上已有了法律上的保障。

随着民办教育理论与实践的不断深化，公办、民办教育共同发展的思路逐渐得到社会各界的认可，民办中等职业教育迅速崛起，拓宽了职业教育投资渠道，加快了教育事业的发展，满足了人民群众多样化的教育需求。据统计，到1997年底，全国已有民办职业中学689所，占职业中学学校数的6.8%，在校学生数18万人；民办中等专业学校1036所，占中专学校数的11.2%，在校学生26万人。我国职业教育开创了以政府办学为主，社会各界共同参与办学，公办、民办共同发展的新格局。

第四节 规范建设时期

1997 年，党的十五大召开，确立了以公有制为主体多种所有制经济共同发展的基本经济制度，并提出公有制的实现形式可以而且应当多样化的科学论断。在十五大精神的激励下，教育领域也迎来了一次思想大解放。在新的历史发展阶段，中等职业教育的办学体制改革步伐进一步加快，进入了规范发展时期。

1997 年以前，国家对民办中等职业教育的法律规范，散见于《宪法》《教育法》《职业教育法》之中。因此，民办中等职业教育虽然有法可依，但没有进入全面依法治教的阶段。1997 年 3 月 27 日，国家教委发布了《关于加强社会力量办学管理工作的通知》，完善了民办教育的管理。《通知》提出："要引导社会力量办学，主要兴办面向本地区的中等和中等以下的职业教育和成人教育（包括扫盲班）。"7 月 31 日，国务院发布《社会力量办学条例》，明确表明"社会力量应当以举办实施职业教育、成人教育、高级中等教育和学前教育机构为重点"，并分别对教育机构的设立、教育机构的教学和行政管理、教育机构的财产与财务管理、教育机构的变更解散、保障与扶持、法律责任等方面进行规定。该条例明确界定了"民办教育"，即"企业事业组织、社会团体及其他社会组织和公民个人利用国家非财政性教育经费，面向社会举办学校及其他教育机构的活动"。因此，可以说，《社会力量办学条例》的颁布，使民办中等职业教育进入了一个全面依法治教、依法管理、依法办学的崭新的发展时期。

虽然，民办中等职业教育得到了国家和地方政府的高度重视和大力支持，但这一阶段由于市场经济受亚洲金融风暴的影响，民办学校呈现出规模小、效益低的特点。据 1997 年的统计，除小学外，各级民办学校都低于全国学校的平均水平，民办职业中学学生平均规模 267 人/所，低于全国职业中学学生规模（350 人/所）；民办中等专业学校学生平均规模为 261 人/所，低于全国中等专业学校学生平均规模

（1031 人/所）。

1999 年 6 月 13 日，中共中央、国务院颁布了《关于深化教育改革全面推进素质教育的决定》，对“民办教育”提出：“进一步解放思想，转变观念，积极鼓励，大力支持社会力量以多种形式办学，满足人民群众日益增长的教育需求，形成以政府办学为主体、公办学校和民办学校共同发展的格局。”该决定要求在发展民办教育方面迈出更大的步伐，鼓励社会力量以各种方式举办高中阶段和高等职业教育，要因地制宜地制定优惠政策（如土地优惠使用、免征配套费等），支持社会力量办学。这为 21 世纪民办中等职业教育的开拓进取创造了有利条件。

1999 年 6 月 15 日至 18 日，党中央、国务院召开了改革开放以来的第三次全国教育工作会议。会议的主题是：动员全党同志和全国人民，以提高民族素质和创新能力为重点，深化教育体制和结构改革，全面推进素质教育，振兴教育事业，实施科教兴国战略，为实现党的十五大确定的社会主义现代化建设宏伟目标而奋斗。江泽民同志在大会上指出：“事实已经充分说明‘象牙塔’式的教育不能适应当今时代的需要，对于不能进入高等教育行列进行学习的城乡学生和其他群众，应通过大办各级各类职业技术学校，广泛吸收他们学习和掌握一门或几门生产技术与管理、服务方面的技能。”这次会议为我国民办中等职业教育的进一步发展拓展了空间。

2001 年中国加入世贸组织，在这一背景下，我国企业将逐步加入全球竞争，产业的优化升级和技术的不断创新对劳动力素质不断提出新的更高的要求，为我国职业技术教育尤其是中等职业技术教育提供了巨大的人才需求，民办中等职业教育的发展面临着新的机遇和挑战。2002 年 7 月 28 日至 30 日，第四次全国职业教育工作会议在北京召开。这是进入 21 世纪后第一次由国务院召开的专门研究职业教育工作的重要会议，确立了新时期职业教育的重要地位。会后，国务院发布了《关于大力推进职业教育改革和发展的决定》，在深化职业教育办学体制改革方面，提出要形成政府主导、依靠企业、充分发挥行业作用、社会力量积极参与的多元办学格局，提出了对民办教育给予相关支持的优惠政策。

如地方人民政府和其他单位，可以采取出租闲置的国有、集体资产等措施，对民办职业学校予以扶持；民办职业学校教师、学生享有与公办职业学校教师、学生同等的义务与权利；对举办民办职业教育有突出贡献的单位和个人予以表彰奖励；鼓励公办学校引入民办机制。该决定提出“积极引进国（境）外优质职业教育资源，鼓励国（境）外组织和个人依照我国法律和办学资格要求，同我国境内职业教育机构和其他社会组织，合作举办高水平的职业学校或职业培训机构”。

2002 年 12 月 28 日，《中华人民共和国民办教育促进法》颁布，这对于我国的教育事业来说是一部非常重要的法律，是我国民办教育事业发展道路上的一个里程碑。它不仅确立了我国民办教育的法律地位，也对民办教育的发展方针、办学性质、学校产权、师生权益等方面都做了详细规定。这部法律首次用“民办教育”和“民办学校”的概念取代了“社会力量办学”和“社会力量办学机构”，并进一步明确界定了“民办教育”，即“国家机构以外的社会组织或个人，利用非国家财政性经费，面向社会举办学校及其他教育机构的活动”，有力地促进了民办中等职业教育规范、健康、快速发展。2003 年 2 月 19 日，国务院第 68 次常务会议通过了《中外合作办学条例》，这部条例的出台，预示着我国教育市场大门的打开，加强了教育对外交流与合作，规范了中外合作办学活动，对于民办中等职业教育的办学模式的新突破起到了推动作用，进一步完善了政府、社会等多元办学的新格局。

经历世纪之交的调整，我国民办中等职业教育的整体规模和水平已有了大幅提升，对国家经济社会发展的作用也日益凸显。2005 年 2 月 28 日，教育部出台了《关于加快发展中等职业教育的意见》，来推动中等职业教育快速、健康、可持续发展，其采取的政策措施之一就是“大力发展民办中等职业教育”，要把大力发展民办中等职业教育作为加快中等职业教育发展新的增长点，把民办中等职业教育纳入整个中等职业教育事业发展的总体规划来加快发展。同时，要依法加强对民办中等职业学校的管理，规范其办学行为。该意见提出积极探索国有民办、民办公助、公办转制、股份制和中外合作等多种办学模式。在公办中等职业学校中引入民办教育的运行机制，积极推进公办中等职业学校人事制度、分配制度改革和运行机制创新，使职业学校真正成为面向社会、面向市场自主办学的实体。

2005 年 10 月 28 日国务院颁布了《关于大力发展职业教育的决定》，进一步明确了职业教育的定位，并提出继续完善“政府主导、依靠企业、充分发挥行业作用、社会力量积极参与，公办与民办共同发展”的多元办学格局；进一步完善了支持民办职业教育的政策，“加大对民办职业教育的支持力度，制定和完善民办学校建设用地、资金筹集的相关政策和措施。在师资队伍建设、招生和学生待遇等方面对民办职业院校与公办学校要一视同仁。依法加强对民办职业院校的管理，规范其办学行为。扩大职业教育对外开放，借鉴国外有益经验，积极引进优质资源，推进职业教育领域中外合作办学，努力开拓职业院校毕业生国（境）外就业市场”。为贯彻落实《国务院关于大力发展职业教育的决定》，2006 年教育部下达了《关于大力发展民办中等职业教育的意见》，肯定了近年来我国民办中等职业教育的发展，并针对现存问题对民办中等职业教育的目标任务、发展形式、政策措施、指导管理、宣传工作等方面提出了意见和建议。随后，各省市相继制定并颁布了地方性鼓励和支持民办职业教育发展的法规、规章和实施办法，这些地方性法规针对各地实际情况，分别对举办民办职业教育的意义、办学投资、机构设置、教师队伍建设、教学改革、内部管理等问题做了具体规定，有效解决了民办教育发展中存在的一些问题，使民办中等职业教育真正走向规范化发展的轨道。

表 5-1 1999—2014 年全国民办中等职业教育发展基本情况

年份	学校数（所）	在校生人数（万人）	招生数（万人）
1999	950	27.63	10.82
2000	999	30.34	12.51
2001	1040	37.73	16.70
2002	1085	47.05	21.83
2003	1382	79.38	38.89
2004	1633	109.94	51.45
2005	2017	154.14	73.11
2006	2559	202.63	94.30

续表

年份	学校数（所）	在校生人数（万人）	招生数（万人）
2007	2958	257.54	118.81
2008	3234	291.81	122.25
2009	3198	318.10	128.04
2010	3123	306.99	113.19
2011	2856	269.25	95.74
2012	2649	240.88	83.75
2013	2482	207.94	73.16
2014	2343	189.57	71.95

数据来源：《中国教育统计年鉴》相关年份。

表 5-2　民办中等职业教育发展数量与规模

年份	中等职业学校总数（所）	民办中等职业学校数（所）	所占比例（%）	中等职业学校在校生人总数（万人）	民办中等职业学校在校生人数（万人）	所占比例（%）
2003	11712	1382	11.8	1063.58	79.38	7.5
2004	11570	1633	14.1	1174.75	109.94	9.4
2005	11611	2017	17.4	1324.74	154.14	11.6
2006	11813	2559	21.7	1489.07	202.63	13.6
2007	11837	2958	25.0	1619.86	257.54	15.9
2008	11744	3234	27.5	1688.24	291.81	17.3
2009	11324	3198	28.2	1779.85	318.10	17.9
2010	10864	3123	28.7	1816.44	306.99	16.9
2011	10169	2856	28.1	1774.91	269.25	15.2
2012	9762	2649	27.1	1689.88	240.88	14.3
2013	9380	2482	26.5	1536.38	207.94	13.5
2014	9060	2343	25.9	1416.31	189.57	13.4

数据来源：《中国教育统计年鉴》相关年份。

从表 5.1 和表 5.2 中可以看出，我国民办中等职业教育在 1999—

2002 年之间以平稳的速度缓慢递增，到了 2003 年民办中等职业教育的学校数量和在校生人数大幅上升。民办学校在整个中等职业教育所占比例也在逐年增加，到 2010 年发展到 28.7%，接近三分之一的比例，成为中等职业教育的重要组成部分。

回顾新中国民办中等职业教育的发展历程，我们不难发现，民办中等职业教育的起落与我国特定的历史条件，尤其是经济体制改革是分不开的。改革开放之后，尤其是非公有制经济对人才的大量需求，使得民办中等职业教育快速发展，为人们提供了更多的接受教育和培训的机会，扩大了我国中等职业教育的规模。全国涌现出一批办学思想端正、教育质量较高、社会效益明显的民办中等职业学校，极大地繁荣了社会主义教育事业，已成为方兴未艾的朝阳事业。但民办中等职业教育发展中也存在一些问题，许多民办中等职业学校办学历史短，规模小，师资队伍不稳定，办学经费紧张，社会认可度低，政府的支持力度还有待加强，在初中生源高峰期过后，面临着越来越激烈的市场竞争。未来我国民办中等职业教育的发展重要的是提高办学质量，以质量求生存，以质量求发展，近期内不再是学校数量的增长，甚至可能出现数量下降的趋势。十八届三中全会召开，中共中央做出了《关于全面深化改革若干重大问题的决定》，提出了紧紧围绕使市场在资源配置中起决定性作用来深化经济体制改革的要求，2014 年《国务院关于加快发展现代职业教育的决定》，进一步提出引导支持社会力量兴办职业教育。创新民办职业教育办学模式，积极支持各类办学主体通过独资、合资、合作等多种形式举办民办职业教育；探索发展股份制、混合所有制职业院校，允许以资本、知识、技术、管理等要素参与办学并享有相应权利。探索公办和社会力量举办的职业院校相互委托管理和购买服务的机制。引导社会力量参与教学过程，共同开发课程和教材等教育资源。社会力量举办的职业院校与公办职业院校具有同等法律地位，依法享受相关教育、财税、土地、金融等政策。健全政府补贴、购买服务、助学贷款、基金奖励、捐资激励等制度，鼓励社会力量参与职业教育办学、管理和评价。

第六章

高中阶段职普教育结构变化

职普教育结构属于教育类型结构，教育类型结构取决于经济社会发展水平和社会对人才的需求结构。合理的教育类型结构对经济和社会发展、满足社会多样化人才需求具有重要作用，不合理的教育类型结构导致教育资源浪费和人才结构失衡。体制改革以前，我国高中阶段职普教育结构受“左”的思想影响，波动大、不稳定，尤其是十年“文革”的破毁，使职普教育结构严重失衡。体制改革以来，在经济社会发展需求拉动和国家一系列方针政策的指导下，职业教育的比例不断提高，职普比例一度达到 6:4，虽然 1999 年以来受高等教育扩招等因素的影响，职业教育数量和比例有所下降，但近年来职业教育又取得了长足的发展，职普教育的结构日趋合理。

第一节　体制改革前职普教育数量和结构变化

新中国成立之初，我国居民人均收入仅 58 元，折合 15 美元，排名于世界各国之末；积累率 5%，相当于低收入国家平均积累率的 1/3；以现代工业方式生产的产品产量还不到总产量的 10%；90%的劳动力依赖传统技术。旧中国落后的经济、社会使得教育也相当滞后，在当时作为教育层次较高的高中阶段教育，无论是普通教育还是职业教育，基础都十分薄弱，数量也非常少。据统计，到1949年我国普通高中仅有1597所，在校生20.72万人。职业教育主要是普通中专和技工学校，普通中专1171所，在校生22.88万人[①]，技校3所，在校生0.27万人。可见，当时高中阶段教育中，职业教育的在校生超过了普通高中。

新中国刚成立，国民经济百废待兴，需要大量的生产技术和管理人才，培养应用型人才的职业教育受到高度重视。1951年6月教育部召开了全国中等技术教育会议，提出“中等技术教育的基本方针任务是培养一大批具有一般文化、科学基础知识，掌握现代技术，体格健康，全心全意为人民服务的初、中级技术人才”。1952年政务院发布了《关于整顿和发展中等技术教育的指示》，要求“积极整顿和发展中等技术教育，满足目前国家对技术干部的迫切需要”。这一系列政策的实施，使得普通中专学校在校生在1956年前一直高于普通高中。1953年我国开始了第一个五年计划，“一五”计划中进一步明确了中等专业教育的培养目标，即“中等专业教育的重点是培养工业技术干部和管理干部，同时适应农业合作化运动的迅速发展，培养农业技术干部和管理干部”。

由于受“左”的思想影响，“二五”时期的第一年，即1958年开展了“大跃进”运动，使得教育和整个国民经济一样进入了“跃进式”的发展阶段，各类教育都超常发展，普通高中在校生从1957年的90.43万人发展到1960年的167.49万人，普通中专从77.8万人发展到221.59万人[②]，职业教育的发展速度大大快于普通教育，尤其是成人中专和农村职业教育。成人中专由于具有教育与生产相互结合、相互促进的特点，符合当时国家经济困难、办学条件差的客观情况，因而取得了较快的发展，在校生从1956年的56.3万人发展到1965年的351.8万人。农业中学和职业中学实现了从无到有，1958年全国一年新办农业中学、职业中学20023所，1960年达到了22597所，超过了普通中学总数，但由于盲目冒进，实际效果并不理想，在校生人数仅为普通中

① 国家统计局国民经济综合统计司．新中国五十年统计资料汇编[R]．北京：中国统计出版社，1999:75-81.

② 同上。

学的 22.4%，平均每校仅 105 人[①]。1961 年后，根据国家的“八字方针”进行了调整，许多条件不具备的农业中学纷纷停办。1962 年只剩下 3715 所，为 1960 年学校数的 16.4%，在校生人数徒然降为 26.6 万人，仅为 1960 年的 11.6%[②]。1963 年国民经济进入了为期 3 年的调整时期，农村多年累积的大量初中和小学毕业生迫切要求学习和学校数量严重不足的矛盾日益尖锐，农业生产的进一步发展也要求从业人员素质不断提高，因而农业中学和职业中学从 1963 年又开始回升，农业中学由 1962 年的 3715 所，增加到 4303 所，在校生人数也由 26.6 万人回升到 30.78 万人[③]。1964 年刘少奇同志提出的两种劳动制度、两种教育制度在全国贯彻和实施，极大地推动农业中学和职业中学的发展，农业中学和职业中学从 1964 年的 15108 所猛增至 1965 年的 61626 所，在校生人数从 849716 人猛增至 443.34 万人[④]。从总体上来看，1966 年之前，如不考虑政治因素所导致的大起大落，我国高中阶段职业教育超过了普通教育。统计资料表明，到 1965 年我国普通高中在校生数为 130.8 万人，占 47.9%，中等职业教育在校生 142.3 万人（其中，中专 54.7 万人、技工学校 10.1 万人，农业、职业高中 77.5 万人），占 52.1%。

“文化大革命”期间，各类学校在逆境中办学，其中职业教育受到的冲击最大。由于 1958 年以来许多农业大学陆续办到了农村，加之“社来社去、哪来哪去”的毕业生就业政策，不仅缺乏办学条件的农业中学、职业中学在“文革”期间大幅度减少，在职业教育中的地位逐渐消失，普通中专在校生也大幅度减少，到 1969 年仅为 3.85 万人，20 世纪 70 年代虽有所恢复，但到 1976 年学校数为 2443 所，在校生仅有 68.99 万人，仍没有达到 1956 年 81.2 万人的水平[⑤]。1976 年技工学校为 1267 所，在校生 22.15 万人，二者在校生合计仅为 81.14 万人，即使加上业余中等学校在校生 226.32 万人，也只有 307.46 万人，而这

① 杨士谋，彭干梓，王金昌．中国农业教育发展史略[M]．北京：北京农业大学出版社，1994:204.

② 同上。

③ 同上。

④ 同上。

⑤《中国教育年鉴》编辑部．中国教育年鉴（1949—1981）[R]．北京：中国大百科书出版社，1984:182.

一时期的普通高中，由于贯彻了教育与生产劳动相结合原则，实行了所谓的“半工半读”，似乎带有了职业教育的性质，在很大程度上代替了职业教育，因而取得了较快的发展，在校生从 1965 年的 130.82 万人，发展到 1976 年的 1483.64 万人[①]，1976 年中等职业学校在校生仅为普通高中在校生的 20.72%，高中阶段职普教育在校生比例为 2:8，出现了严重的不平衡。

第二节　体制改革后职普教育数量和结构变化

一、学校类型结构

由于“文革”时期对职业教育的严重破坏，截至 1977 年，普通中等职业教育学校（包括普通中专、职业高中、技工学校，即“三校”，下同）为 9683 所，仅为普通高中的 13.17%，按全口径计算（高中普通教育含成人高中，中等职业教育含成人中专），高中阶段职业学校为普通学校的 38.66%左右（由于缺乏 1977 年成人高中学校数统计资料，以 1980 年数来代替）。1977 年我国恢复了高考制度，普通高中教学质量受到人们的重视，加上“拨乱反正”，尤其是 1980 年 10 月，国务院批转教育部、国家劳动总局《关于中等教育结构改革的报告》，该《报告》指出：中等教育结构单一化，与国民经济的发展需要严重脱节，中等教育结构改革势在必行，主要是改革高中阶段的教育结构，应当实行普通教育与职业技术教育并举，全日制学校与半工半读学校、业余学校并举，国家办学与业务部门、厂矿企业办学并举的方针。普通高中不合理的布局结构开始调整，每年以近千所甚至更多的速度在减少，从 1977 年的 64903 所快速地调整到 1984 年的 17847 万所，以后每年以几百所的速度在减少，到 1997 年降到最低。与此同时，中等职业学校的数量不断增多，尤其是职业高中，增长速度最快，从 1980

①《中国教育年鉴》编辑部. 中国教育年鉴（1949—1981）[Z]. 北京：中国大百科书出版社，1984:182.

年的 2000 多所（职业中学 3314 所，估计含职业初中约 1000 多所），发展到 1994 年达到了最高，为 8679 所，增长了 3 倍多。普通中专从 1977 年的 2485 所平稳地发展到最高的 1997 年 4143 所，增加了 1658 所。成人中专先从 1977 年的 37515 所调整为 1984 年的 3171 所，此后逐渐增加到 1988 年的 5014 所，以后四年开始逐年减少，但 1993 年以后又逐年增长，到 1999 年发展到最高，为 5165 所。技工学校从 1980 年的 3305 所平稳地发展到最高的 1995 年的 4507 所，增加了 1202 所。

我国高中阶段教育经过近 20 年的调整，到 1997 年普通高中学校数减少到最低，为 13880 所，普通中等职业学校数达到最高，为 17116 所，比普通高中学校数多 23.3%。1998 年以来，普通高中学校数量又开始增加，普通中等职业学校数量开始减少，尤其是 1999 年以来普通高中进入了加速发展阶段，而中等职业学校却出现了大幅度的减少。从全口径高中阶段教育来看，1999—2003 年 5 年内高中普教学校增长了 1852 所，而中等职业学校却减少了 7023 所。如果 2003 年与 1998 年相比，我国高中阶段学校数 5 年内减少了 8875 所，减幅为 20.96%。高中阶段学校大幅度减少的主要是职业学校和成人学校，其中，成人高中减少了 1383 所，减幅为 51.22%，占减少总量的 15.58%；成人中专减少了 2245 所，减幅为 44.29%，占减少总量的 25.3%；普通中等职业教育“三校”减少 5247 所，减幅为 30.67%，占减少总量的 59.12%。可见，高中阶段学校数量下降的主要是中等职业学校，而下降幅度最大的是成人学校。

从高中阶段职普教育结构变化历程来看，1981—1985 年全口径中等职业学校数占高中阶段学校数的比例不足一半，而在 1986—2001 年长达 16 年的时间里超过了一半，其中 1993—1999 年共 7 年时间超过了 55%，后从 2002 年开始中等职业学校数又低于高中普教学校数。从职前高中阶段教育来看，1988 年前，普通高中学校数一直多于普通中等职业学校数，从 1988 年开始普通中等职业学校数超过普通高中学校数，从 2001 年开始又低于普通高中学校数，职前指标与全口径指标相比，推迟了 2 年超过普通中学数，提前 1 年低于普通中学数。

需要指出的是，到 2004 年普通高中、普通中专、职业高中、技工学校四类学校数所占的比例基本上与 1985 年的相同。1985 年四者的比例分别为 56.11%、11.52%、20.88%、11.49%，而 2004 年四者的比例分别是 57.73%、11%、20.86%和 10.41%。这是偶然的巧合，还是计划体制仍在无形中起作用而形成的一种自然复归。这 20 年间，普通中专和技工学校数所占比例变化幅度不是太大，普通中专所占比例最高的年份比 1985 年所占的比例高 1.85%，技工学校高 2.89%，而职业高中所占比例的变化幅度较大，最高的年份比 1985 年高 6.82%。

2004 年教育部等七部委召开了全国职业教育工作会议，会议提出："从现在起到 2007 年，在高中阶段教育中，要加大结构调整工作力度，进一步扩大中等职业教育招生规模，使中等职业教育与普通高中教育的比例保持大体相当，在有条件的地方职业教育所占比例应该更高一些。"各级教育部门采取有效措施，扩大中等职业学校招生规模，为此，2005—2008 年，中等职业学校数又小幅度有所增加，4 年累计增加 393 所，2009 年受初中生源下降等因素的影响，中等职业学校数又开始减少。

表 6-1　高中阶段教育：学校数及其构成

单位：所、%

年份	学校数合计	普通高中	成人高中	中等职业教育				
				小计	普通中专	成人中专	职业高中	技工学校
1977	68721	64903	—	3818	2485	—	—	1333
1980	94471	31300	10190	52981	3069	43293	3314	3305
1985	42382	17318	7326	17738	3557	4189	6444	3548
1990	39020	15678	2579	20763	3982	4942	7655	4184
1995	38557	13991	2494	22072	4049	4904	8612	4507
1996	38296	13975	2170	22151	4099	5070	8515	4467
1997	38539	13880	2430	22229	4143	5113	8578	4395
1998	38822	13948	2700	22174	4109	5068	8602	4395
1999	38533	14100	2891	21542	3962	5165	8317	4098

续表

年份	学校数合计	普通高中	成人高中	中等职业教育				
				小计	普通中专	成人中专	职业高中	技工学校
2000	36294	14600	1967	19727	3646	4634	7655	3792
2001	34210	14907	1723	17580	3260	4113	6737	3470
2002	32801	15400	1463	15938	2953	3473	6437	3075
2003	31799	15800	1317	14682	3065	2823	5824	2970
2004	31407	15998	955	14454	3047	2742	5781	2884
2005	31532	16092	974	14466	3207	2582	5822	2855
2006	31685	16153	839	14693	3698	2350	5765	2880
2007	31255	15681	742	14832	3801	2120	5916	2995
2008	30806	15206	753	14847	3846	1983	5915	3103
2009	29761	14607	753	14401	3789	1883	5652	3077
2010	28584	14058	654	13872	3938	1720	5006	3008
2011	27222	13688	857	13093	3753	1614	4602	2924
2012	26868	13509	696	12663	3681	1564	4517	2901
2013	26225	13352	611	12262	3577	1536	4267	2882
2014	25677	13253	546	11878	3536	1457	4067	2818
相对数（%）								
1977	100	94.44	—	5.56	3.62	—	—	1.94
1980	100	33.13	10.79	56.08	3.25	45.83	3.51	3.50
1985	100	40.86	17.29	41.85	8.39	9.88	15.20	8.37
1990	100	40.18	6.61	53.21	10.21	12.67	19.62	10.72
1995	100	36.29	6.47	57.25	10.50	12.72	22.34	11.69
1996	100	36.49	5.67	57.84	10.70	13.24	22.23	11.66
1997	100	36.02	6.31	57.68	10.75	13.27	22.26	11.40
1998	100	35.93	6.95	57.12	10.58	13.05	22.16	11.32
1999	100	36.59	7.50	55.91	10.28	13.40	21.58	10.64
2000	100	40.23	5.42	54.35	10.05	12.77	21.09	10.45
2001	100	43.57	5.04	51.39	9.53	12.02	19.69	10.14

续表

年份	学校数合计	普通高中	成人高中	中等职业教育				
				小计	普通中专	成人中专	职业高中	技工学校
2002	100	46.95	4.46	48.59	9.00	10.59	19.62	9.37
2003	100	49.69	4.14	46.17	9.64	8.88	18.32	9.34
2004	100	50.94	3.04	46.02	9.70	8.73	18.41	9.18
2005	100	51.03	3.09	45.88	10.17	8.19	18.46	9.05
2006	100	50.98	2.65	46.37	11.67	7.42	18.19	9.09
2007	100	50.17	2.37	47.45	12.16	6.78	18.93	9.58
2008	100	49.36	2.44	48.20	12.48	6.44	19.20	10.07
2009	100	49.08	2.53	48.39	12.73	6.33	18.99	10.34
2010	100	49.18	2.29	48.53	13.78	6.02	18.21	10.52
2011	100	49.38	3.09	47.23	13.54	5.82	16.60	10.55
2012	100	50.28	2.59	47.13	133.70	5.82	16.81	10.80
2013	100	50.91	2.33	46.76	13.64	5.86	16.27	10.99
2014	100	50.61	2.31	46.26	13.77	5.67	15.84	10.97

资料来源：《中国教育统计年鉴》相关年份数据。

注：1980 年的职业高中数为职业中学数。

（二）招生数量和结构

从 1978 年开始，经过 3 年调整和整顿后，我国全口径高中阶段教育从 1981 年开始进入了稳步发展阶段。1981—1992 年的 12 年间招生量变化不大，年平均招生量为 576 万人，其中，职前的职普高中教育平均每年招生数为 454 万人，职后的成人教育平均每年招生 122 万人。进入 1993 年以来，高中阶段教育发展加快，招生数平均每 2 年增长 100 万人，从 1992 年的 600 多万人发展到 1998 年的 900 多万人，尤其是从 2001 年开始，年均增加 100 多万人，到 2005 年招生数量突破 1500 万人，2009 年接近 1700 万人，仍处于上升趋势。1978—2009 年

31 年来，我国高中阶段教育招生量增长了 1.7 倍，其中 20 世纪 80 年代和 90 年代初期变动幅度比较大但无增长，90 年代中后期增长明显加快，尤其是进入 21 世纪出现了快速增长的势头。

从全口径高中阶段教育结构变化来看，20 世纪 80 年代前期，中等职业教育招生数占整个高中阶段教育招生数的比例大部分年份低于 40%，中后期在 40%～50%之间，进入 20 世纪 90 年代，中等职业教育招生数超过了普通教育，且 1993—1996 年连续 4 年超过了 60%。从 1997 年开始逐年减少，2000 年开始低于 50%，在 2002 年达到了最低点，仅为 40.11%。1997—2003 年中等职业教育招生数占高中阶段教育招生数的比例连续 7 年较大幅度下降，2003 年与 1996 年相比下降的幅度高达 21.81%。2001 年与 1998 年相比，招生量减少了 130.1 万人，2001 年招生量仅为 1998 年的 75.5%，减少了近 1/4。

从职前高中阶段教育招生数量来看，1994 年以前，普通高中的招生量一直在减少，从 1994 年以后才开始增加，而普通中等职业教育招生量继 20 世纪 80 年代以来一直在不断增加，也就是说，从 1994 年开始普通高中和普通中等职业教育进入了共同增长阶段。从职前高中阶段教育结构来看，20 世纪 80 年代普通高中的招生数高于普通中等职业教育的招生数，1991—1998 年普通中等职业教育“三校”中的招生数超过普通高中招生数，从 1999 年又开始低于普通高中，而且差距越来越大，1999 年为普通高中的 94.72%，而 2004 年仅为 64.05%，降低了 30 多个百分点。普通中等职业教育“三校”招生比例从 1997 年开始连续 5 年下降，2001 年招生比例比 1996 年下降了 20.07%。其中，1999 年和 2000 年两年比例下降的幅度最大，2000 年招生量比 1998 年减少了 74 万人，招生比例下降了 11.76%。

职前高中阶段职普教育招生数量经过近年来的变化，其比例 2004 年基本上与 1984 年的相同，仅相差 1.6 个百分点，但普通中等职业教育内部招生比例发生了一定的变化，普通中专和技工学校均有所上升，普通中专由 1984 年的 12.36%上升到 2004 年的 15.12%，技工学校从 7.03%上升为 8.14%，而职业高中却处于下降状态，从 21.25%下降到 15.78%，职业高中的招生规模相对萎缩。2004 年中等职业学校扩招以来，各类学校数量又有所增加，普通中专和职业高中招生数量相差不多，是技工学校招生量的近一半。

高中阶段的成人教育，在 20 世纪 80 年代前期，招生数量占 20%以上，在 1986—1998 年的 13 年间招生数量所占比例基本上是在 15%以上，从 2001 年开始比例低于 10%。说明我国高中阶段成人教育招生比例不断下降，在高中阶段教育中的地位逐渐减弱。从高中阶段成人教育的内部结构来看，从 20 世纪 80 年代中期开始，成人高中招生所占比例就开始下降，进入 20 世纪 90 年代以来，成人高中年招生数量基本上维持在二三十万人，变化不大，但其所占的比例在逐渐下降，且非常小。成人中专所占的比例较大，多年来招生比例一直保持在 10%以上，从 2000 年开始比例低于 10%。从发展历程来看，成人中专学校招生数在 1995 年前在逐年增加，1995 年以后才开始下降，尤其是进入 21 世纪成人中专无论是招生数还是学校数所占比例开始大幅度下降，2004 年学校数减少到最低，2004 年中等职业学校扩招以来，各类学校数有所增加，但幅度不大。说明随着高等教育大众化的发展，以学历教育为主的成人教育受到了极大的挑战，需要改革人才培养模式。

表 6-2　高中阶段教育：招生数量及其构成

单位：万人、%

年份	合计	普通高中	成人高中	中等职业教育				
				小计	普通中专	成人中专	职业高中	技工学校
1977	630.1	585.8	—	44.5	34.0	—	—	10.3
1980	684.0	383.4	44.4	104.0	46.8	152.2	24.1	33.1
1985	626.2	257.5	99.0	269.7	66.8	68.9	98.5	35.5
1990	576.7	249.8	40.9	286.0	73.0	58.8	103.8	50.4
1993	662.3	228.3	32.1	401.9	114.9	85.7	134.9	66.4
1995	796.1	273.6	28.3	494.2	138.1	125.2	161.2	69.7
1996	794.5	282.2	20.8	491.5	152.3	105.1	158.2	75.9

续表

年份	合计	普通高中	成人高中	中等职业教育				
				小计	普通中专	成人中专	职业高中	技工学校
1997	879.1	322.6	35.8	520.7	162.1	104.9	180.3	73.4
1998	930.7	359.6	41.0	530.1	166.8	122.7	182.7	57.9
1999	905.3	396.3	35.7	473.4	163.4	98.0	160.4	51.55
2000	911.6	472.7	30.6	408.3	132.6	74.9	150.4	50.4
2001	988.1	558.0	30.1	400.0	127.7	62.1	155.1	55.1
2002	1180.8	676.7	30.5	473.6	155.3	57.6	187.4	73.3
2003	1287.9	752.1	20.0	515.8	183.9	43.0	197.3	91.6
2004	1405.2	821.5	17.5	566.2	203.8	40.0	212.7	109.7
2005	1533.4	877.7	—	655.7	241.1	48.0	248.2	118.4
2006	1619.0	871.2	—	747.8	278.9	46.2	288.0	134.8
2007	1650.2	840.2	—	810.0	297.3	52.0	302.2	158.6
2008	1649.1	837.0	—	812.1	303.8	55.8	290.7	161.8
2009	1698.9	830.3	—	868.5	311.7	86.9	313.2	156.8
2010	1706.66	836.2	—	870.4	316.6	116.1	278.7	159.0
2011	1664.65	850.8	—	813.9	299.6	104.0	246.4	163.9
2012	1598.74	884.6	—	754.1	277.4	105.8	213.9	157.1
2013	1497.45	822.7	—	674.8	271.5	86.3	183.5	133.5
2014	1416.36	796.6	—	619.8	259.7	74.2	161.5	124.4
相对数（%）								
1977	100	92.97	—	7.03	5.39	—	—	1.64
1980	100	56.05	6.49	37.46	6.84	22.25	3.52	4.84
1985	100	41.12	15.81	43.07	10.67	11.00	15.73	5.68
1990	100	43.31	7.10	49.59	12.66	10.20	18.00	8.74
1993	100	34.47	4.84	60.69	17.35	12.94	20.37	10.03
1995	100	34.37	3.55	62.08	17.35	15.73	20.25	8.76
1996	100	35.52	2.62	61.86	19.17	13.23	19.91	9.55

续表

年份	合计	普通高中	成人高中	中等职业教育				
				小计	普通中专	成人中专	职业高中	技工学校
1997	100	36.70	4.07	59.23	18.44	11.93	20.51	8.35
1998	100	38.64	4.41	56.96	17.92	13.18	19.63	6.22
1999	100	43.77	3.94	52.29	18.05	10.82	17.72	5.69
2000	100	51.86	3.35	44.79	14.55	8.22	16.50	5.53
2001	100	56.47	3.04	40.48	12.92	6.28	15.70	5.58
2002	100	57.31	2.58	40.11	13.15	4.88	15.87	6.21
2003	100	58.40	1.55	40.05	14.28	3.34	15.32	7.11
2004	100	58.46	1.25	40.29	14.50	2.85	15.14	7.81
2005	100	57.24	—	42.76	15.72	3.13	16.19	7.72
2006	100	53.81	—	46.19	17.23	2.85	17.79	8.33
2007	100	50.92	—	49.08	18.02	3.15	18.31	9.61
2008	100	50.75	—	49.25	18.42	3.38	17.63	9.81
2009	100	48.87	—	51.12	18.35	5.12	18.44	9.23
2010	100	49.00	—	51.00	18.55	6.80	16.33	9.32
2011	100	51.11	—	48.89	18.00	6.25	14.80	9.85
2012	100	52.83	—	47.17	17.35	6.62	13.38	9.83
2013	100	54.94	—	45.06	18.13	5.76	12.25	8.92
2014	100	56.24	—	43.76	18.34	5.24	11.40	8.78

资料来源：《中国教育统计年鉴》相关年份数据。

注：成人高中 2003 和 2004 年数因中国教育统计年鉴缺乏数据，是依据在校生数进行估算的。

三、在校生结构

我国全口径高中阶段教育在校生在20世纪80年代基本没有增长，1980 年为 1578.2 万人，1981—1985 年发展很不稳定，总体处于调整、缩减阶段，从 1986 年开始进行稳步增长阶段，到 1990 年发展为 1528.6

万人，仍没有达到 1980 年的水平。进入 20 世纪 90 年代，发展速度加快，1996 年突破 2000 万人，2003 年突破 3000 万人，2005 年突破了 4000 万人，2009 年达到 4641 万人，1999—2009 年 10 年时间增长了 0.85 倍。从发展速度来看，从 1986 年的 1500 多万人增加到 1996 年的 2000 多万人，历时 10 年；而从 1996 年的 2000 多万人增加到 2003 年的 3000 多万人，历时才 7 年，从 2003 年的 3000 多万人增加到 2005 年的 4000 多万人，仅用了 3 年时间，说明随着社会经济发展和科技进步对人才数量需求的增加和质量要求的提高，我国高中阶段教育进入 20 世纪 90 年代中期发展速度明显加快。

从全口径高中阶段职普教育在校生数量来看，高中普教在校生数在 1980—1993 年的 14 年间，有 9 年在减少，5 年在增加，发展处于下降趋势，但从 1993 年开始逐年增加。中等职业教育在校生除了 1984 年和 1985 年两年数量略有减少外，从 1980 年到 1998 年共有 16 个年份在校生数逐年增长，从 1980 年的 522.6 万人增加到最高的 1998 年的 1467.9 万人，发展处于上升趋势。从结构变化来看，20 世纪 80 年代中等职业教育在校生比例低于高中普教的比例，20 世纪 90 年代中等职业教育在校生比例高于高中普教，其中，从 1994—1998 年连续 5 年超过了 60%，而进入 21 世纪以来，中等职业教育在校生比例又低于高中普教。

从职前高中阶段职普教育在校生数量来看，普通中等职业教育“三校”在校生从 1980 年的 226.3 万人开始，逐年平稳地持续增长，到 1999 年增加到 1114.9 万人，18 年增长了 3.93 倍。而普通高中从 1982 年的 640.5 万人在 5 年内增加到 1987 年的 773.7 万人，此后 6 年处于下降阶段，到 1993 年下降为 656.9 万人，从 1994 年开始连续逐年增加，经过 11 年，到 1999 年超过 1000 万人，又经过 5 年超过 2000 多万人，即到 2004 年达到 2220.4 万人，2004 年与 1982 年相比，22 年增长了 2.47 倍，低于中等职业教育在校生增长速度。从结构来看，1993 年以前，普通高中在校生高于普通中等职业教育在校生，1993—1999 年，历时 7 年普通中等职业教育“三校”在校生超过普通高中在校生，从2000年开始，普通中等职业教育“三校”在校生比例又低于普通高中，2004年达到了最低点，职前高中阶段在校生职普比例低于4:6。尽管2002年中等职业教育的招生数量开始恢复性增长，又经过2005年以来的连续几年大规模扩招，但到2009年中等职业教育在校生比例仍没有达到5:5。2011年以来，受学龄人口减少等的影响，我国中等职业教育招生人数出现了较大幅度的减少，在校生规模出现了下降，尤其是职业高中和成人中专，下降幅度较大。

表6-3 高中阶段教育：在校生数量与构成

单位：万人、%

年份	学生数合计	普通高中	成人高中	中等职业教育				
				小计	普通中专	成人中专	职业高中	技工学校
1977	1893.2	1800.0	—	93.2	68.9	—	—	24.3
1980	1731.3	969.8	85.8	522.6	124.3	296.7	31.9	70.0
1985	1430.4	741.1	139.0	550.3	157.1	134.7	184.3	74.2
1990	1528.6	717.3	47.8	763.5	224.4	158.8	247.1	133.2
1992	1599.2	704.9	37.1	857.2	240.8	174.4	286.4	155.6
1995	1979.2	713.2	35.9	1230.1	372.2	290.8	378.6	188.5
1996	2065.2	769.3	27.8	1268.1	422.8	257.7	395.8	191.8
1997	2246.5	850.1	40.5	1355.9	465.4	266.4	431.0	193.1
1998	2445.5	938.0	39.6	1467.9	498.1	341.9	454.9	173.0
1999	2509.9	1049.7	43.2	1417.0	515.0	302.1	443.8	156.1
2000	2518.4	1201.3	32.6	1284.5	489.5	240.3	414.6	140.1
2001	2601.0	1405.0	31.0	1165.0	458.0	189.2	383.1	134.7
2002	2908.1	1683.8	33.5	1190.8	456.4	153.3	428.1	153.0
2003	3243.5	1964.8	21.9	1256.8	502.4	105.5	455.8	193.1
2004	3649.0	2220.4	19.4	1409.3	554.5	103.4	516.9	234.5

续表

年份	学生数合计	普通高中	成人高中	中等职业教育				
				小计	普通中专	成人中专	职业高中	技工学校
2005	4031.0	2409.1	21.8	1600.1	629.8	112.6	582.4	275.3
2006	4341.9	2514.5	17.5	1809. 9	725.8	107.6	655.6	320.8
2007	4527.5	2522.4	18.1	1987.0	781.6	113.0	725.3	367.2
2008	4576.1	2476.3	12.7	2087.1	817.3	120.7	750.3	398.9
2009	4640.9	2434.3	11.5	2195.2	840.4	161.0	778.4	415.3
2010	4677.3	2427.3	11.5	2238.5	877.7	212.4	726.3	422.1
2011	4686.6	2454.8	26.5	2205.3	885.2	238.7	681.0	430.4
2012	4595.3	2467.2	14.4	2113.7	812.6	254.3	623.0	423.8
2013	4369.9	2435.9	11.1	1923.0	772.2	230.0	534.2	386.6
2014	4218.3	2400.5	14.9	1802.9	749.1	194.4	472.8	386.6
相对数								
1977	100	95.08	—	4.92	3.64	—	—	1.28
1980	100	56.02	4.96	39.03	7.18	25.96	1.84	4.05
1985	100	51.81	9.72	38.47	10.98	9.42	12.89	5.19
1990	100	46.93	3.13	49.95	14.68	10.39	16.17	8.71
1992	100	44.08	2.32	53.60	15.06	10.91	17.91	9.73
1995	100	36.03	1.81	62.15	18.81	14.69	19.13	9.52
1996	100	37.25	1.35	61.40	20.47	12.48	19.17	9.29
1997	100	37.84	1.80	60.36	20.72	11.86	19.19	8.60
1998	100	38.36	1.62	60.02	20.37	13.98	18.60	7.07
1999	100	41.82	1.72	56.46	20.52	12.04	17.68	6.22
2000	100	47.70	1.29	51.00	19.44	9.54	16.46	5.56

续表

年份	学生数合计	普通高中	成人高中	中等职业教育				
				小计	普通中专	成人中专	职业高中	技工学校
2001	100	54.02	1.19	44.79	17.61	7.27	14.73	5.18
2002	100	57.90	1.15	40.95	15.69	5.27	14.72	5.26
2003	100	60.58	0.67	38.75	15.49	3.25	14.05	5.95
2004	100	60.85	0.53	38.62	15.20	2.83	14.17	6.43
2005	100	59.76	0.54	39.69	15.62	2.79	14.45	6.83
2006	100	57.91	0.40	41.68	16.72	2.48	15.10	7.39
2007	100	55.71	0.40	43.89	17.26	2.50	16.02	8.11
2008	100	54.11	0.28	45.61	17.86	2.64	16.40	8.72
2009	100	52.45	0.25	47.30	18.11	3.47	16.77	8.95
2010	100	51.9	0.2	47.9	18.8	4.5	15.5	9.0
2011	100	52.4	0.6	47.1	18.2	5.1	14.5	9.2
2012	100	53.7	0.3	46.0	17.2	5.5	13.6	9.2
2013	100	55.7	0.3	44.0	17.7	5.3	12.2	8.9
2014	100	56.9	0.4	42.7	17.8	4.6	11.2	9.2

资料来源：《中国教育统计年鉴》相关年份数据。

四、校均规模变化

我国高中阶段的教育发展，不仅表现为不同类型教育数量增减和结构的变化，而且还表现在规模效益方面的变化，最为突出的是校均规模的变化。从总体上来看，2009 年校均规模与 20 世纪 80 年代初相比，职前高中阶段各类学校校均规模差不多都翻了两番。在此期间，普通高中增长了 4.38 倍。其中，1980—1998 年，18 年间增长了 1 倍多；1998—2004 年增长速度最快，7 年就增长了 1 倍多，增长速度是前 18 年的 2.5 倍多。成人高中校均规模比较稳定，多年来基本上是一二百人。普通中专 2009 年比 1980 年增长了 4.48 倍。其中，从 1980—1994 年，15 年时间增长了约 1 倍；1995—2004 年增长速度加快，10 年时间增长了 1 倍多，增长速度是前 15 年的约 1.5 倍。职业高中除了 1987—1989 年三年略有下降外，其他年份逐年增加，从 1981 年的 181 人增加到 2009 年的 1377 人，增长了 6.61 倍，从 1981 年的 181 人增加到 1993 年的 365 人，10 年（扣除 3 年）时间增长了 1 倍，1994—2004 年 11 年时间又增长了 1 倍多，2002 年恢复性增长以来，尤其是 2004 年中等职业学校扩招以来，增长最快，2002—2009 年 7 年增长了 1 倍多。技工学校从 1980 年到 2009 年校均规模增长了 5.38 倍，从 1980 年的 212 人增加到 1996 年的 429 人，16 年时间增长了 1 倍，1997—2004 年 8 年的时间增长了近 1 倍，后 8 年的增长速度大约是前 16 年的 2 倍，2002—2009 年，增长速度最快，7 年增长了 1.7 倍。成人中专从 1985—1998 年，14 年时间增长了 1 倍，此后出现了下降，到 2004 年校均规模略高于 80 年代中期的水平，但 2004 年以后校均规模又出现了提高，2009 年是 2004 年的 2 倍多，创下历史新高。从以上分析可以看出，30 年来职前高中教育校均规模增长较快，成人教育增长较慢，但变化较大；职业高中和技工学校校均规模增长速度最快（与基数小有关），也比较平稳。总之，进入新世纪以来随着我国教育布局结构调整，除了高等教育扩招的最初几年的成人中专和成人高中外，我国高中阶段各类学校校均规模均有了大幅度的提高。

需要指出的是，我国普通中等职业教育“三校”招生数和在校生数分别从 1998 年和 1999 年开始出现了大幅度下降，而校均规模却不但没有下降，反而增加。究其原因主要表现在三方面，一是学校数量的减少，二是及时对中等职业教育布局结构进行调整的结果，三是与一些中等职业学校狠抓招生工作、进行综合办学等因素有关。

2011 年，由于学龄人口减少等原因，我国各类中等职业学校招生人数出现了下降，而且下降幅度较大，致使各类中等职业学校在校生规模均出现了不同程度的下降，尤其是职业高中下降幅度比较大。

表 6-4 高中阶段教育：校均规模

单位：人/所

年份	普通高中	成人高中	中等职业教育			
			普通中专	成人中专	职业高中	技工学校
1980	310	84	405	--	96	212
1985	428	190	442	322	286	209
1990	458	185	564	321	323	318
1995	510	144	919	593	440	418
1996	550	128	1031	508	465	429
1997	612	167	1123	521	502	439
1998	672	147	1212	675	529	394
1999	744	149	1300	585	534	381
2000	823	166	1343	519	542	369
2001	943	180	1405	460	569	388
2002	1093	229	1546	441	665	498
2003	1244	166	1639	374	783	650
2004	1388	203	1820	377	894	813
2005	1497	224	1964	436	1000	964
2006	1557	209	1963	458	1137	1114
2007	1609	244	20563	533	1226	1226
2008	1629	169	2125	609	1268	1286
2009	1667	153	2218	855	1377	1350
2010	1727	176	2229	1235	1395	1403
2011	1793	309	2359	1479	1480	1472
2012	1826	207	2208	1626	1379	1461
2013	1824	182	2159	1497	1252	1341
2014	1811	273	2118	1334	1163	1372

资料来源：依据《中国教育统计年鉴》相关年份数据计算。

第三节　体制改革后职普教育结构变化的原因

由于“文革”期间对职业教育的严重破坏，经济体制改革初期，我国高中阶段教育绝大部分是普通高中，结构单一，而同样受到破坏的高等教育也刚开始恢复、发展，招生数量非常有限，增长也缓慢，从 1978 年的 40.15 万人发展到 1990 年才 60.89 万人，大量高中毕业生难以有效就业，发展职业教育就成为必然。通过对高中阶段教育结构的不断调整与优化，普通高中的招生量从 1978 年的 692.81 万人一直减少到 1993 年的 220 多万人，减少了 2.15 倍；普通高中毕业生与普通高等院校招生数比例也由 1980 年的 22:1 下降到 1993 年的 2.5:1，这一比例是一个较为合适的比例。此后的 1994—1998 年间，高等学校招生规模开始了较快的增长，1998 年招生量达到 108.36 万人，普通高中也出现了缓慢增长的趋势，这一阶段普通高中毕业生是高等院校本专科招生数的 2 倍多，说明 1993 年以来普通高中的增长是适应高等教育的增长。而 20 世纪 80 年和 90 年代中期以前，中等职业教育的快速发展，除了受国家对中等职业教育结构调整和国家大力发展职业教育的政策影响外，其快速发展的原因主要有两个方面：一是由于经济体制改革增强了中国经济的活力，国民经济出现了快速增长，而“文化大革命”导致的 10 年专业人才断层，使社会对各类专业技术人才出现了巨大的需求。二是国家招生即招干（招工）的就业政策，1997 年以前，中专学校毕业生与高等院校毕业生一样绝大部分由国家分配，尽管技工学校和职业高中的毕业生不是国家干部身份，但由于人才的短缺，许多毕业生所在地方政府仍然安排工作，极大地刺激了中等职业教育的发展。

而进入 20 世纪 90 年代后期，一方面，我国经济经过多年的高速发展，国民经济运行发生了质的变化，从多年的短缺经济发展为过剩经济，市场由卖方市场转入了买方市场。尤其是 1997 年下半年，受亚洲金融危机等多方面因素的影响，国民经济的增长速度明显放慢，劳动力市场就业需求增长受到抑制。另一方面，随着社会主义市场经济体制的确立和逐步完善，企业成为市场经济的独立主体，为了增强市场竞争能力，国有企业开始减员增效，大量的富余人员从企业释放出来，企业的用人制度也从传统的计划分配走向市场招聘，为适应这一变化，中等职业学校的毕业生就业政策也开始改革，1993 年劳动部颁布了《关于深化技工学校教育改革的决定》，1997 年国家教委、国家计委联合下发了《关于中等专业学校招生并轨改革的意见》，这些文件都明确规定中等职业学校招生工作由指令性计划改为指导性计划，毕业生就业从计划分配改为“自主择业，双向选择”。毕业生就业市场化和就业市场的不太景气，二者的叠加使中等职业教育受到了一定的冲击，出现了中等职业教育数量开始减少，而高中普教学校的数量开始增加的现象。

由于受上述因素的影响，从 1998 年开始我国高中阶段职普教育开始出现了较明显的增减变化，但 1998—1999 年变化幅度不是太大。而从 2000—2003 年高中阶段职普教育数量和结构出现了大幅度的增减变化。普通高中学校数量大幅度增加的原因很简单，主要是高等教育大规模扩招的结果。高等教育大规模扩招，提高了普通高中毕业生的升学率，激发了人们上大学的欲望，调动了人们上普通高中的积极性。此外，1998 年 12 月教育部制定的《面向 21 世纪教育振兴行动计划》中提出了“城市和经济发达地区到 2010 年普及高中阶段教育”的政策，也是一个重要因素。由于文件并没有明确指出普及的是普通高中教育，还是职业教育，而 1999 年高等教育的扩招，使人们误认为普及高中阶段教育就是普及普通高中教育，普通高中的大规模扩张就不难理解。而中等职业学校数量大幅度减少的原因是比较复杂的。除了普通高中大规模扩招导致生源减少的影响外，还有以下几方面的原因：一是为了加速高等教育大众化的进程，各级政府都制定了本地高等教育大众化的目标，为了实现这一目标不得不把一些中等职业学校升格为高职院校或并入高等院校，据教育部粗略估算升格或被兼并的中等职业学校大约有 2000 多所。二是政府机构改革形成了对职业学校管理上的真空。1998年国务院开始了新一轮的机构改革，一些部委被撤销，其直属的中专和技校开始划转地方政府管理，省级政府机构改革，省（自治区、直辖市）业务部门所属学校划转教育行政部门管理或下一级政府管理等。三是中等职业教育1997年以来招收的学生2000年陆续开始毕业面向市场实行“双向选择，自主择业”。四是对中等职业学校布局结构的调整。教育部于1999年下发了《关于调整中等职业学校布局结构的意见》的文件，要求通过合并、共建、联办、划转等多种形式，对职业高中、技工学校、普通中专进行布局结构调整，合并了一些规模小的学校。尽管这一时期也有一些有利于职业教育发展的因素，但多种不利的因素交织在一起，致使中等职业学校数量大幅度减少。当然，主要因素还是高等教育大规模扩招的结果。

2011年中等职业学校学生数较大幅度减少，主要原因是初中毕业生人数大幅度减少。此外，产业结构转型升级，要求提高技术技能人才层次，高职院校加大了五年一贯制招生比例。

第四节　建设性的结论

第一，中等职业教育是高中阶段教育的重要组成部分。我国在新中国成立初期，尽管社会经济条件比较差，仍然重视职业教育的发展，职业教育所占比重还比较大，即使“文化大革命”期间，虽然大部分中等职业学校被取消、停办，但通过半工半读、参加社会劳动等形式在普通教育中仍然渗透了职业教育。说明职业教育是高中阶段教育不可或缺的组成部分。

第二，高中阶段教育规模和数量随社会经济的发展而不断增长。我国高中阶段教育经过20世纪80年代的调整和优化，进入90年代处于良性发展阶段，不仅出现了职普教育共生共长的格局，而且随社会经济快速发展增长速度趋于加快。1991—2000年，10年间高中阶段招生量增长了58.1%，而2001—2005年共5年间却增长了68.2%。普及高中阶段教育是社会经济发展的必然要求。

第三，在普及高中教育的过程中，一方面由于人们对教育的需求是不断增长的，在正常发展情况下，普通教育和职业教育是共生共长的关系；另一方面，由于在一定时期人们对教育的需求又是既定的，如果某一类教育超常规发展，二者就会出现互竞关系，必然影响甚至破坏另一类教育的发展。在普及高中阶段教育的过程中，要保持二者之间的共生关系，尽量避免发生互竞关系。

第四，普通高中受高等教育的影响比较大。高等教育规模越大，对普通高中的拉动越大。无论是 20 世纪 90 年代高等教育的稳定增长，还是 1999 年以来高等教育的超常规扩张，均拉动了普通高中的发展。高等教育的数量和结构直接影响高中教育的数量和结构。

第五，中等职业教育受国民经济发展水平和速度，尤其是受劳动力市场就业状况的影响比较大。1997 年以前国民经济的快速发展，促进了中等职业教育的快速发展，改善了高中阶段教育的结构。1997 年以来国民经济发展速度减慢，职业教育发展速度就受到影响。职业教育必须面向市场办学，必须坚持就业导向的办学方针。

第六，高中阶段的成人教育在历史上曾起到过积极的作用，但近年来受高等教育大众化的影响，其数量和比例不断下降，高中阶段成人教育必须改革传统的学历教育，开展有利于促进成人就业和职业生涯发展的职业教育。

第七章

中等职业教育专业设置与调整

专业是教育与经济社会、学校与企事业单位连接的桥梁和纽带，是学校进行教学行政管理和教学工作的一个基本文件，科学合理地设置专业是学校实现教育目标的重要基础工作。职业学校为了适应不断变化了的外部办学条件，必须根据经济社会条件的发展变化而不断调整专业。专业目录规定专业类别的划分和专业的名称，反映人才培养的业务范围和就业方向，是国家确定职业教育规划、设置和调整专业的重要依据；也是根据经济和社会发展的需要，指导毕业生就业，用人单位考核录用毕业生的重要依据。国家需颁布一定时期内的专业目录，并根据社会经济的发展变化适时更新专业目录。新中国成立以来我国一共颁布了五次专业目录，回顾 60 多年来我国中等职业教育专业设置发展历程，大致经历了两个时期、四个阶段。

我国中等职业教育专业设置大致经历了计划经济体制下的政府主导和市场经济体制下的市场导向、政府有限两个时期。计划经济体制下建立起来的政府主导的专业设置机制，由于在计划经济体制下我国中等职业教育是部门办学，有利于满足各部门按需培养人才，实行供求平衡。但随着我国市场经济体制的逐步建立，将专业作为资源配置、人才培养的实体单位，使专业设置与资源配置、人才培养等联系在一起，增加了专业调整的成本和难度，最终造成专业设置固定和僵化。进入 20 世纪 90 年代后期，随着中等职业教育招生并轨制度的实施，中等职业学校面向市场办学，学生面向市场就业，政府简政放权，职业学校专业设置有了较大的自主权，政府只进行宏观调控，因此，我国中等职业教育专业设置进入了市场导向、政府有限的阶段。

第一节　政府主导的专业设置

我国从 1953 年开始实行计划经济体制，计划经济体制是政府各职能部门作为资源配置的基础，为了有效地完成国家赋予的资源配置职能，实行的是部门办学，按部门需求设置专业，职业学校按部门人才需求数量和结构来培养人才，以便比较好地满足各部门在资源配置过程所需的人才。政府主导的专业设置机制是国家汇总各部门设置的专业后颁布专业目录，各职业学校严格按照专业目录来设置专业，特殊情况需设置目录外专业必须经过政府的严格审批，以体现国家计划的严肃性。这一时期中等专业教育人才培养目标与高等教育一样是培养国家干部，因此国家颁布的专业目录与高等教育一样按学科来分类。这一阶段大致分为三个阶段。

一、学习借鉴阶段（1949—1957 年）

专业设置是学校的办学基础，当时我国没有统一的专业名称和专业标准。此前的职业学校只有科目设置，且各校科目的名称和内容也不统一。为了统一人才培养规格，急需一个统一的专业标准，在尚未建立自己的专业标准之前，我国中等职业教育主要是移植苏联模式："我们所走的道路就是苏联走过的道路，这在我们是一点疑问也没有的。苏联的道路是按照历史发展规律而为人类社会必然要走的道路。要想避开这条路不走是不可能的。"[①]中等专业学校在苏联的专业目录指导下，结合我国社会经济发展对人才的需求设置专业。

---

① 中共中央文献研究室．建国以来毛泽东文稿（第 4 册）[M]．北京：中央文献出版社，1990:548.

旧中国的职业学校，大多培养目标不明确，学校教育与国民经济建设的需要脱节，设科范围过宽，且大多规模小、条件简陋，力量分散。据 1950 年统计，全国中等职业技术学校共有 500 所，其中医药类居首位，占 36.2%，其次是农林类，占 21%，工业类仅占 18%。在工业类学校中，作为现代工业基础的地质、采矿、钢铁、化工、机械制造和电子技术等方面的专业十分薄弱，有的甚至是空白，无论是学校分布，还是科类设置均不适应新中国建设的需要。1951 年 8 月，教育部召开全国中等技术教育会议，确立了中等技术教育采取以调整、整顿为主，有条件发展的方针政策。1952 年 9 月，中南军政委员会教育部向所属省、市文教厅（局）转发苏联中等技术学校专业设置一览表，要求各级教育部门和有关业务部门参照苏联专业设置情况，按照社会各项建设事业对中等技术干部的需要、所属学校的性质和条件，提出各校专业设置的计划。1953 年，高等教育部发布了《中等专业学校专业一览表》。1953 年 7 月，高等教育部颁布了《关于中等专业学校设置专业的原则的通知》，要求“各业务部门在制定中等技术学校（中等专业学校）专业设置计划时，以中央各部门统一计划为原则（地方领导的学校除外），学校之间适当分工，所设专业力求集中单一，这样可以充分发挥教师的力量，并可避免在教学设备方面的困难”；“原有条件比较好的学校所设专业，以不超过 4 个为宜，新办或条件比较差的，最好设一、二个专业，至多不超过 3 个”；“各校所设专业，应以学校附近有专业性质相近的工厂、矿山和其他企业机关为依据”；“关于专业的选定，要考虑到学校的性质与发展方向，要求在较长的时期内不致变动”。

1953 年 4 月，高等教育部、农业部、林业部发布《中等农林技术学校整顿原则》，调整的原则为：办学科类单一的学校，及农业学校、畜牧兽医学校、林业学校，根据学校所在地的需要设置学科领域相近的 2—3 个专业；少数地方农业生产综合发展，教学基础条件较好，或地处偏僻，不易同时举办各类学科配套教学的地区，可办综合性的农业学校。1954 年 9 月 26 日，中央政务院颁布的《关于改进中等专业教育的决定》中指出：“在中央高等教育部统一领导下，各类中等专业学校均归中央各有关业务部门主管。为增强领导工作效率，原则上中央有关业务部门应对所属中等专业学校实行集中统一的直接领导。”“中央各业务部门应以国家计划委员会制定的专业一览表为基础，在本决定颁布后两个月内编制出按专业培养干部的专业目录，以便在其所属学校中合理地设置专业，保证满足本部门所属企业干部的需要。为了进行这项工作，各业务部门成立工作委员会，委员会的成员除本部门所指派的人员外应包括生产岗位上的专家及中央高等教育部的代表。”然后，高等教育部“以国家计划委员会制定的专业一览表为基础，根据中央各有关业务部门的建议，规定各类中等专业学校的专业一览表及各校的科的组成”。对中等专业学校专业目录的制定程序进行了规定。

1955 年 5 月 28 日高等教育部《关于根据苏联新的中等专业学校专业一览表编制专业目录的通知》中指出：“我部 1953 年发布的中等专业学校一览表，是以苏联过去的专业一览表为蓝本制定的，1955 年苏联高等教育部、国家计划委员会及各业务部门根据长期培养干部的经验，编制了新的专业一览表，改变了过去专业划分过细的现象。苏联高等教育部等部门认为这样做对干部的培养计划和分配更加有利，决定自 1955—1956 年开始执行。我部认为苏联的这一经验对于我们培养中等专业干部也是基本适用的。为此，特印发苏联新的专业一览表作为内部参考，希各部考虑以这个新的专业一览表为基础，制定你部需要培养的中等专业干部的专业目录。”①这样，中等专业教育的专业设置又在苏联新的专业目录的指导下开始调整。

我国的技工学校刚解放的几年内主要是培训机构，因此，技工学校的专业设置，要求各产业部门根据国家批准的技工培训计划，设置相应的工种。1953 年开始大规模建设技工学校，1954 年 4 月，《技工学校暂行办法》中规定：各产业主管部门应根据本部门对于技工的需要设置学校，并按照国家批准的技工培训计划，培养其所需的技工，设置相应的工种。1956 年，劳动部参照苏联的经验，规定“每所技

① 刘英杰．中国教育大事典[M]．杭州：浙江教育出版社，1993:1696.

工学校的学生总额以 200—800 人为标准；工种设置以 4 种至 7 种为标准”。

总之，从新中国成立到“一五计划”的完成期间，我国中等职业教育的专业设置在苏联模式的指导下历经两次调整，主要设有农科、工科、林科、医药、财经、体育和艺术等七个科类；其中，工科有 13 类，其余学科目录下没有专业类别直接设置具体专业。在专业数量和招生规模上主要以工科类为主。截至 1957 年，我国中等专业教育在校生共有 48.22 万人，其中工科类学生 25.95 万人，占总人数的 53.8%。[①]这与我国的“一五”期间“建立社会主义工业化的初步基础”的经济发展目标密切相关。从这一时期国家颁布的一系列政策中可以看出，中等职业教育在进行专业设置时要求每个学校以一至两个专业为主，专业集中度比较高；在专业的选取上注重与当地的企业、厂矿相结合，充分体现了工学结合的原则。但是，此时的专业设置主要是模仿借鉴，专业种类没有根据中国社会经济发展的实际需要设置，专业划分过细。此外，这一时期的专业设置指令性很强，是“以中央各部门统一计划为原则”，各校在专业设置上没有什么自主权，严格按国家的专业目录设置。

二、急进与调整阶段（1958—1965 年）

为了充分调动各省、市、自治区举办教育事业的主动性和积极性，并且加强协作区的工作，实行全党、全民办学，加速实行文化革命与技术革命，1958 年 8 月中共中央、国务院发布《关于教育事业管理权力下放问题的规定》，根据中央集权和地方分权的原则，加强了地方对教育的领导管理。提出“改变过去条条为主的管理体制”，“……职业学校、一般的中等专业学校和各级业余学校的设置和发展，无论是公办还是民办，由地方自行决定”。加之，1958 年我国开展了“大跃进”运动，教育领域出现了盲目冒进的混乱状况，全国工厂、公社等各行

① 刘英杰．中国教育大事典[M]．杭州：浙江教育出版社，1993:1691.

各业大办学校，各行其是，没有了统筹规划和质量的要求，致使中等职业教育的专业设置在数量和结构变化上进入了急进发展时期，全国各地的学校专业种类剧增，专业设置种类庞杂，专业设置分散、重复，数量偏多。“大跃进”违背客观规律不切实际的盲目发展，加之 1959 年至 1961 年期间发生了严重的自然灾害，国家进入经济困难时期，1961 年 1 月，中央八届九中全会决定对国民经济实行“调整、巩固、充实、提高”，同年 7 月 3 日和 12 月 17 日，教育部先后两次召开中等学校调整的工作会议，确定“基本上采取毕业多少招多少的方针，保留中等专业学校 1670 所，其余学校均予裁并”。1962 年 5 月 25 日中共中央批转教育部党组《关于进一步调整教育事业和精减学校职工的报告》中提出，大幅度裁并中等专业学校。教育部在 1962 年 12 月召开的第二次学校调整工作会议上提出：根据各项事业的分工（生产、工作的分工）按中等专业人才所应负担的工作及其职责范围，凡是需要人多的，均单独设置专业；凡是不需成批培养如手工业操作的行业所需中等技艺人才，可以采用师傅带徒弟或培训班方式进行培养。为了适应国民经济调整的需要，有效地指导各地调整专业结构，1963 年 5 月，教育部发出了《关于颁发中等专业学校专业目录的通知》，《通知》纠正了前一时期专业设置杂乱、失控的局面，统一了专业名称，颁布了专业目录。新颁布的专业目录把中等专业学校的专业“共分 8 科，包括 348 个专业，其中：工科类 242 个，农科 25 个，林科 11 个，医科 12 个，师范 2 个，财经 34 个，体育 1 个，艺术类 20 个。工科专业由原有 13 类改为 14 类”。[①]同年 10 月 28 日，国务院批转教育部《关于中等专业学校专业的设置和调整问题的规定》，针对中等专业学校在过去两年调整中由于统筹安排不够，存在有些专业过于分散和重复；各类专业配套不够齐全，有薄弱环节和缺门；有些专业划分过细，名称不统一；有些学校专业数量偏多，种类庞杂，变动频繁等问题，《规定》提出了中等专业学校各科各类专业设置的原则是：统筹安排，专业配套、合理布局、稳定提高、统一专业名称，并在总结经验的基础

① 刘英杰．中国教育大事典[M]．杭州：浙江教育出版社，1993:1696.

上，确立了宽窄并存，各部门、各地区学校所有侧重的基本格局，各校设置专业以教育部颁发的《中等专业学校专业目录》为准。[①]随后的两年内，中等职业教育的专业设置参照新颁布的专业目录，在《规定》的指导之下调整，逐渐趋于正常化。这个专业目录也标志着我国专业设置与调整由全盘照搬苏联模式逐渐走向自主探索的道路，也为我国中等专业学校专业设置制度的变迁提供了最初的路径。这个专业目录具有三个特点：第一，把国家建设需要作为学校专业目录制定的根本依据；第二，中等专业学校设置的专业是按照国家建设部门加以分类的，如煤炭部门、建筑部门、运输部门、农业部门；第三，347种专业是以产品和职业为依据设置的，而不是按学科设置的；第四，工科、农林科专业比例较大。

这一时期由于办学部门专业设置的权力大，各部门又缺乏有效沟通，专业设置在数量与结构上出现了大起大落，偏离了教育发展规律，在骤升骤降中徘徊，出现了毕业生供求存在严重矛盾。正如 1964 年 10 月 12 日国务院批转高等教育部《关于中等专业学校招生和毕业生分配统筹规划问题的报告》中所指出的：目前的情况是，中专学校的招生计划，均由各部门根据本部门的需要拟制，国家计划委员会和高等教育部都没有进行统筹安排；毕业生也由各部门自行分配，没有进行必要的余缺调剂。加之近几年来国民经济的调整，这样，就造成了有的部门多了、有的部门又不够的状况，并由此产生了大量的浪费和积压人才的现象。例如，冶金工业部根据自己的需要，在所属学校中设置了冶炼、采矿、地质、机电、建筑、测绘、铁道运输、财经、医科等方面的 45 个专业，战线很长，力量分散。该部对铁道运输专业的毕业生，每年只需要百余人，也不得不专门办一所学校；而铁道部所属中专学校的铁道运输专业毕业生，却有两千余人无法分配工作，下放当了工人。因此，文件指出：各部门和地方所属中专学校的专业设置，应该根据适当分工的原则，进行必要的调整，避免专业设置过于分散和重复。

---

① 中国教育年鉴编辑部编．中国教育年鉴（1949—1981）[Z]．北京：中国大百科全书出版社，1984.9:214.

国家各项事业发展的规模和速度，归根结底取决于社会经济的发展水平，盲目扩大中等职业教育的专业种类，使其超过了经济和社会发展所需要和承受的能力，不但不能发挥中等职业教育促进经济、社会发展的作用，反而会造成较大的损失。调整后的新的专业目录与“一五”时期的专业目录比较，具有新的特点。首先，在专业种类上增加了两个师范类专业，扩大了满足社会需要的范围；工科也从 13 类增至 14 类。其次，专业数量有所增加，工科类专业招生规模大。由于 1961、1962 年间对中等专业学校大批调整、撤销和合并，1962 年的中等专业学校只有 871 所，中等职业教育的在校生数是 39.24 万人，其中，工科类专业招生规模仍位居榜首，其在校生人数 17.76 万人，占在校生总数的 45.3%。[①]医科、财经类招生规模比重有所上升。该专业目录的诞生标志着我国中等职业学校专业目录从被动借鉴到主动创新，是一次创举，注重结合中国的实际情况，要求“统筹安排，专业配套、合理布局”。

三、调整与完善阶段（1978—1999 年）

十年“文革”期间，教育事业惨遭破坏，中等职业教育畸形发展。改革开放以来，国家开始在恢复中大力发展职业教育，专业设置又迈上了正常的轨道。改革开放的 30 多年，中等职业教育的专业设置经历了从计划经济体制向市场经济体制的转变，国家对职业教育的专业设置进行改革和调整，专业目录三次修订，适应国家经济社会发展的需要，数量稳中有进，结构日趋完善，有效地促进了经济社会的发展。

改革开放极大地解放了生产力，国民经济各行各业得到了全面的发展，迫切要求中等职业教育培养各级各类人才。1979 年 6 月 8 日，教育部发出《全日制中等专业学校工作条例》（征求意见稿）指出：“专业设置应根据国家需要，科学技术的发展和学校的条件来决定，一个学校的专业设置，应性质相近，数量不宜过多，划分不宜过窄并力求

① 刘英杰．中国教育大事典[M]．杭州：浙江教育出版社，1993:1692.

稳定。”1980 年 12 月教育部发出《关于修订中等专业学校专业目录的通知》，决定对 1963 年的专业目录进行修订，编制新的全国中等专业教育专业目录。要求各部委根据社会、经济、科技发展新情况，修订中等专业学校专业目录，以适应我国科学技术的发展水平和国家建设需要。并提出专业划分应体现“基础知识厚一些，专业面宽一些，实际技能好一些，适应性强一些”的要求，对原有专业进行通盘修订。1982 年 8 月 25 日，教育部汇总各部委拟定的专业目录方案，修订出《中等专业学校专业目录（征求意见稿）》，相比 1963 年颁发的专业目录有较大的变化，增加了文科、理科和政法三科，专业目录共分为 11 科，其中：工科 274 个、农科 22 个、林科 12 个，医科 25 个，师范 2 个，文科 2 个，理科 16 个，财经 43 个，政法 9 个，体育 1 个，艺术（含艺术类）27 个。工科由 14 类增至 16 类，专业总数由 348 个增至 433 个[①]。1985 年 5 月 27 日，中共中央《关于教育体制改革的决定》中指出：“中等职业技术教育要同经济和社会发展的需要密切结合起来，在城市要适应提高企业的技术、管理水平和发展第三产业的需要，在农村要适应调整产业结构和农民劳动致富的需要。”这是对这一专业目录有效的解释。

我国 1980 年开始恢复发展农业中学和职业中学，职业学校的专业设置，是根据工农业生产和人民生活的实际需要，以及保持工种（专业）相对稳定的要求下开设的，根据 1981 年 11 个省、市、自治区的初步统计，共设置 358 个工种（专业）。其中，工科 220 个、农林 52 个、医科 22 个、财经 39 个、政法 2 个、体育 5 个、文教 13 个、艺术 24 个、旅游服务 8 个。根据 1984 年中国教育统计年鉴“职业中学、农业中学高中阶段分科”统计指标，职业高中专业分为：工科、农科、林科、医药、师范、财经、政法、体育、艺术、修理服务、其他共 11 类。与 1981 年统计调查数相比，农林科分为农科、林科，增加了师范、修理服务和其他，充分体现了农村经济社会发展变化对专业变化的要求。

① 刘英杰．中国教育大事典[M]．杭州：浙江教育出版社，1993:1696.

1992年，邓小平南行讲话和党的十四大召开，正式确立了“建立社会主义市场经济体制”，这是中国经济体制的重大变革。市场经济与我国以往的计划经济有着本质的差别，中等职业教育适应经济体制的改革要面向市场办学，面向市场需求培养人才，专业设置要主动适应市场经济的发展需要，必须做出相应的变革。根据1991年国务院《关于大力发展职业教育的决定》提出的要面向社会实际需要，合理规划职业技术学校的布局和专业设置的要求，国家教委在1992年1月27日印发了《关于修订普通中等专业学校专业目录的通知》，历经1年多的时间，1993年3月国家教委颁布实施了《普通中等专业学校专业目录》（含专业目录、专业简介、新旧专业名称对照表），并发出《关于印发〈关于普通中等专业学校专业设置的管理原则〉的通知》，指出：《中等专业学校专业目录》是中等专业学校进行教学行政管理和学校教学工作的一个基本文件，科学合理地设置专业是学校实现教育目标的重要基础工作，并从1994学年度开始，须按新《目录》所列专业招生。此次国家教委新颁布的《普通中等专业学校专业目录》，专业划分为9科，49类，其中工科289个专业，农科31个专业，林科16个专业，医药卫生科30个专业，财经科37个专业，管理科64个专业，政法科12个专业，艺术科38个专业，体育科1个专业，共计518个专业。

1994年颁布的《普通中等专业学校专业目录》也成为职业高中的专业目录。1994年《中国教育统计年鉴》中的职业高中学生分科统计分为工科、农科、林科、医药卫生科、财经科、管理科、政法、艺术、体育、师范共10类，与中等专业学校的专业目录分科标准一样，说明职业高中设置专业也借鉴中等专业学校专业目录。

1995年以前，国家没有公布技工学校的专业目录，其办学规模和工种（专业）设置，从经济和社会发展需要出发，由办学主管部门核定。工种（专业）设置，以操作技术复杂、技术业务知识要求高的为主；为增强学生就业后的适应能力，要求专业不宜划分过细。

为适应经济建设和技术进步的需要，严格技工学校教学规范化管理，根据1993年9月劳动部《关于深化技工学校教育改革的决定》的有关要求，依据《中华人民共和国工种分类目录》和企业的生产实际，劳动部于 1995 年 7 月和 11 月、1996 年 12 月先后分三批颁布了《技工学校专业目录》，目录共包括 23 个行业、538 个专业。23 个行业（包括的专业个数）分别为印钞造币（3 个）、机械工业（36 个）、航空工业（18 个专业）、纺织工业（27 个）、邮电（10 个）、新闻出版（12 个）、医药（10 个）、石油天然气（13 个）、煤炭（28 个）、核工业（12 个）、有色金属工业（18 个）、化学工业（10 个）、轻工业（69 个）、兵器工业（17 个）、地质矿产（6 个）、民用航空（7 个）、冶金工业（17 个）、交通（26 个）、烟草工业（7 个）、电子工业（20 个）、国内贸易（26 个）、船舶工业（3 个）、建筑材料工业（15 个）、建筑（31 个）、石油化工（18 个）、水利水业（4 个）、电力工业（28 个）、铁道（34 个）。与中等专业学校专业目录比较，一是按行业分类，专业分得比较细，可进一步细分为工种；二是专业主要集中在第二产业，没有第一产业，第三产业只包括了 4 个行业，而第二产业占 24 个行业。

改革开放以来，我国经济建设进入了全新的发展时期，这一阶段的专业设置也呈现出新的特点，中等专业学校在专业种类上，文、理两科经历了从有到无的过程，反映出专业设置是一个不断探索、适应和调整的历程；管理、政法科的出现标志着专业设置从以一、二产业为主开始向第三产业拓展。在专业结构上，第二产业的专业数量稳中发展，第三产业的专业所占比例开始上升。截至 1999 年，我国中等职业教育在校生人数 904.8 万人，其中，工科类 342.45 万人，占总人数的 37.88%。①师范类、医药卫生科类、财经、管理类招生规模上升。在专业数量上，历经两次改革之后，专业目录种类达到历史最高。究其原因：一是由于改革开放前期沿袭苏联模式设置的专业口径过窄；二是计划经济体制下实行部门办学，计划招生计划分配，招生即招干，能够实现“专业对口”，并且随国民经济的快速发展和产业门类的增加，其专业数也处于不断扩张态势。

① http://www.moe.gov.cn/edoas/website18/level2.jsp?tablename=1057［EB/OL］中华人民共和国教育部网站：2000 年中国教育统计数据.

第二节　市场主导、政府有限的专业设置

1992 年我国确立了建立社会主义市场经济体制，中等职业学校积极面向市场设置专业，1998 年我国中等职业教育开始招生并轨制度的改革，毕业生全部面向市场就业，中等职业学校专业设置全面面向市场。伴随着我国市场经济体制的不断深化、产业结构的调整、技术的革新以及职业流动性的增强，原有的专业设置针对性强，专业口径过窄，培养的学生适应市场变化的能力弱。为了适应新情况、新形势，教育部 1998 年开始修订中等职业学校专业目录，2000 年颁布了新的专业目录，新的专业目录不再按学科进行分类，而是按照专业大类进行归类，专业名称与职业分类相适应，专业内涵更加明确，充分体现了职业教育的特色，能更好地适应市场对人才的需求。这一时期，中等职业学校根据经济社会发展要求可以自主设置专业，不再需要政府的审批，但设置的专业在政府主管部门进行备案登记，体现了市场导向、政府有限的特点。

1998 年 7 月 9 日，教育部办公厅印发了《关于制定职业高级中学专业目录的通知》，提出了制定职业高中专业目录的指导思想、制定原则和组织分工，成立“全国职业高级中学专业目录制定工作委员会”，负责组织领导和协调工作。这是我国首次制订我国职业高中专业目录，实际上这次专业目录修订成为职业高中和中等专业学校共同的专业目录。2000 年 9 月教育部制定并颁布了《中等职业学校专业目录》和《关于中等职业学校专业设置管理的原则意见》，此次颁布的新目录可谓“改头换面”，在继承的基础之上进行了较大的改革。较之以往，新专业目录结合中等职业学校专业设置的客观要求，改变以往按照学科划分专业的方法，结合行业、企业以及职业岗位需要，一方面把专业按专业相近性原则归为 13 个大类，另一方面专业设置面拓宽，数量减少。新的专业目录把专业分为 13 大类，其中农林类 19 个专业，资源与环境类 25 个，能源类 20 个，土木水利工程类 19 个，加工制造类 62 个，交通运输类 16 个，医药卫生类 22 个，商贸旅游类 16 个，财经类 8 个，

文化艺术与体育类 24 个，社会公共事务类 22 类和其他类，共计 270 个。与 1993 年专业设置相比，数量减少到 248 个，专业调减幅度达到 48%。从 2001 年开始，中等职业学校在新颁布的专业目录指导下设置专业，进行招生。截至 2007 年，我国中等职业教育在校生人数 1506.87 万人，其中第二产业类 426.59 万人，占在校生总数的 28.31%，[①]第三产业的专业种类和招生规模比例均在提高。

2000 年颁布的中等职业学校专业目录具有以下的特点：在专业名称上，体现了职业教育的特色。在专业结构上，第三产业的专业比例上升，与第二产业并驾齐驱，第一产业专业比例继续减少。在专业设置上，专业数量减少，新专业和复合型专业比例不断增多。

为认真贯彻落实《中共中央国务院关于深化教育改革全面推进素质教育决定》的要求，提高高级技工学校教学质量，强化技能训练，逐步构建高级职业培训与高等职业教育相沟通的课程体系，劳动和社会保障部组织有关专家，在广泛调研的基础上，编制了《高级技工学校专业目录和教学计划（试行）》，以使高级技工学校在设置专业和实施教学中有所遵循。2001 年和 2003 年分两批共颁布了 80 个专业目录，该专业目录是依据《中国职业分类大典》进行分类的，其教学计划按照高级技工学校的办学方向和职业性原则，注重教学内容的科学性、先进性和规范性，突出实践环节和技能训练，以确保中、高级职业学校课程的相互衔接和沟通。该专业目录与以前的技工学校专业目录相比，没有按行业进行分类，以煤炭行业为例，高级技工学校专业目录设置了 6 个专业：综合机械化采煤、煤矿机械维修、综采机械维修、煤矿电气设备维修、综采电气设备维修、选煤，与 1995—1996 年技工学校煤炭类专业比较三个专业与以前相同，三个专业进行了技术综合，在岗位上从操作工的培养为主转向维修工为主。

为贯彻落实《中共中央办公厅国务院办公厅印发〈关于进一步加强高技能人才工作的意见〉的通知》（中办发〔2006〕15 号）精神，进一步深化技工院校教学改革，规范教学管理，加快技能人才培养，

① http://www.moe.gov.cn/edoas/website18/level2.jsp?tablename=1020［EB/OL］中华人民共和国教育部网站：2007 年中国教育统计数据.

人力资源和社会保障部历时2年组织有关专家在充分调研的基础上，对原来的《技工学校专业目录》和《高级技工学校专业》统一进行重新修订，于2009年制订了《全国技工院校专业目录》。新修订的《目录》涵盖了技工院校机械加工制造、电工电子、计算机信息、交通运输、商贸服务、农林等7类120个主体专业，包括中级、高级、预备技师培养层次，是规范技工院校专业设置、教学活动和教学管理的指导性文件。技工学校、高级技工学校、技师学院要依据新修订的《目录》设置和调整专业。

该专业目录与原劳动部1994年、1995年公布的3批技工学校专业目录，原劳动保障部2002年、2003年公布的两批高级技工学校专业目录相比，具有以下特点：一是专业分类大幅度减少，仅有7个；二是从以往的以第二产业为主设置专业向一、二、三产业并进设置专业；三是同一名称专业设置了满足中级、高级二个或包括预备技师三个层次人才培养的需求；四是新的专业目录在内容上做了较大的调整，包括专业编码、专业名称、培养目标、学习年限、职业能力、对应或相关职业工种、职业资格、专业主要教学内容、对应上下级专业编码，实际上把专业设置和教学计划有机地结合起来，克服了以往专业目录与教学计划分别颁布的弊端，使使用单位和学生能更有效地利用专业目录。

2005年国务院《关于大力发展职业教育的决定》中提出大力发展工学结合、校企合作的人才培养模式，为了适应经济社会发展和市场需求变化对中等职业教育人才培养提出的新要求，规范和引导中等职业学校科学设置和调整专业，保证人才培养质量和就业质量，2007年10月教育部职成教司下发《关于做好〈中等职业学校专业目录〉修订相关工作的通知》。开启了新的《中等职业学校专业目录》修订工作，历时两年半的时间，2010年颁布实施。新的专业目录与2000年的相比，修订后的新《目录》在内容体现上做了重大调整，设置了“专业名称”“专业（技能）方向”“对应职业岗位”“职业资格证书举例”“继续学习专业举例”等内容，专业类别由原来的13个增加到19个，专业数由原来的270个增加到321个，专业技能方向（即原“专门化举例”）由原来的470个增加到927个，列出对应岗位（职业）1185个，列举职业资格证书720个，列举继续学习专业方向554个。这些调整旨在通过实现5个对接，即专业与产业、企业、岗位对接，专业课程内容与职业标准对接，职业教育与终身教育对接，促进中等职业教育为支撑产业发展，服务国计民生做出更大贡献。

第三节　专业设置变化的特点

一、专业设置数量呈现出一个橄榄状

从教育部门颁布的《中等专业学校目录》来看，1963年专业设置数量是347种，1982年是433种，再到1993年的518种，2000年270种，2010年321种，中间大，两头小，其发展变化呈现出橄榄形。从劳动部门《全国技工院校专业目录》来看，从20世纪90年代中期的23个行业、538个专业到2009年的7大类、120个主体专业，种类减少，专业数量减少，这些变化主要是由于经济、社会和技术等因素综合作用的结果。新中国成立初期，我国各项事业处于起步阶段，工业化程度低，科学技术水平不高，社会分工相对低，对管理干部和工人的技能要求专业化程度不高，所以专业设置主要以综合为主，专业种类较少。改革开放初期受计划经济体制影响，我国的招生和就业实行一体化，即招生就是招工（招干），中等专业干部强调为部门服务，技术工人强调对口培养，随着技术进步和社会生产力的发展，社会分工不断细化，产业、行业和职业种类不断增加，中职教育的专业数量也就需要不断扩张，专业种类呈上升趋势。随着1992年我国确立建立社会主义市场经济体制，企业用工面向市场，毕业生劳动就业制度采取“自主择业，双向选择”的政策。为了更好地适应市场就业需求，满足学生职业生涯持续发展的需要，要求中等职业教育拓宽专业口径，按照职业岗位群设置专业、培养人才。同时，由于信息技术和生产的自动化，企业对劳动者的技能要求越来越综合化，单一技能已经不能满

足现代生产的需要。在这种情况下，专业种类呈现出减少的趋势。从以上的专业数量的变化规律来看，我国的中等职业教育的专业设置经历了综合—分化—综合的过程，这是一个表面看似循环复归的过程，其实是在螺旋式上升，曲折中前进，是一个动态的发展过程。

二、专业设置结构与三次产业结构的演变相适应

随着我国国民经济的发展和变化，我国一、二、三产业的产值结构从 1952 年的 50.5:20.9:28.6 发展到 1978 年的 27.9:47.9:24.2，再到 2008 年的 11.3:48.6:40.1，与此相对应，三次产业的就业结构从 1952 年的 83.5:7.4:9.1 发展到 1978 年的 70.5:17.3:12.2，再到 2008 年的 40.8:26.8:32.4。纵观新中国成立以来中等职业教育专业设置在三次产业中的比例大体呈现出如下状况：第一产业专业种类及所占比例变化不大，反映了第一产业分工程度低，职业变化不大；在校生人数比例随第一产业比例的下降而下降。第二产业专业种类随着工业化进程加快和现代工业体系的建立而不断增加，在校生比例在下降，当然，加上以第二产业专业为主的技工学校在校生，也在增加。第三产业产值在国民经济的比例在不断增加，专业种类和在校生人数在不断增加。进入新世纪以来，我国进入工业化中期，第二产业在国民经济中的比例变化不大，第二产业的资本有机构成提高，就业比例增长幅度很小，因此，其专业和招生规模比例变化不大；相反，第三产业在国民经济中的比例不断上升，其专业种类和在校生人数比例上升，这与我国近年来大力发展第三产业，导致第三产业的就业空间不断增大有关。随着我国产业结构的升级和优化，预计第三产业专业比例还会进一步提升。据统计，在发达国家，第三产业的产值占国内生产总值的比重已达 60%—70%，而我国第三产业的产业产值占国内生产总值的比例不足 40%，这说明我国的第三产业继续提升发展的空间较大，将吸纳更多的人就业，中等职业教育势必进一步扩大第三产业的专业比例。

表 7-1　我国中等专业学校三次产业的专业设置变化表

单位：个、万人、%

年份	第一产业专业				第二产业专业				第三产业专业			
	专业种类	占比	在校生数	占比	专业种类	占比	在校学生	占比	专业种类	占比	在校生数	占比
1955	—	—	5.33	16.8	—	—	17.76	55.8	—	—	8.9	27.4
1965	36	10.37	5.38	13.7	242	69.74	17.76	45.3	69	19.89	16.1	19.89
1985	44	10.16	80.41	20.62	274	63.28	101.05	25.91	115	26.56	208.54	53.47
1995	47	9.07	58.75	7.18	289	55.79	267.81	32.72	182	35.14	500.97	61.18
2000	47	9.03	64.09	7.09	289	55.79	342.45	37.88	182	35.14	497.54	55.03
2007	19	7.03	48.49	3.22	126	46.67	426.59	28.31	125	46.3	1031.97	68.47

资料来源：根据相关年份的《中国教育统计年鉴》中的有关数据统计和计算。

三、三类中等职业学校的专业分类逐渐走向趋同

2000 年以前中等专业学校专业设置以学科为基础进行专业分类，2000 年的专业目录结合行业、企业和社会职业岗位需求来划分专业门类。这种演变显示出我国中等职业教育的专业设置是一个逐步摆脱学科本位思想，彰显能力本位职业教育特色的过程，是一个不断适应产业分类、职业演变，合理定位人才培养目标的过程。长期以来技工学校一直按行业对专业进行归类，体现了职业教育特色，但随社会经济的发展按行业进行归类会越来越庞大，2009 年人力资源和社会保障部颁布的技工院校专业目录借鉴了教育部门的分类标准，2010 年教育部颁布的《中等职业学校专业目录》也借鉴了 2009 年《全国技工院校专业目录》的一些优点，可见，随着三类中等职业学校培养目标统一为培养技能型人才，专业目录也在逐渐走向趋同。

四、国家政策对专业设置也产生一定的影响

2008 年党的十七届三中全会通过的《中共中央关于推进农村改革发展若干重大问题的决定》中明确提出："加快普及农村高中阶段教

育，重点加快发展农村中等职业教育并逐步实行免费。”《中共中央国务院关于 2009 年促进农业稳定发展农民持续增收的若干意见》进一步明确指出：“加快发展农村中等职业教育，2009 年起对中等职业学校农村家庭经济困难学生和涉农专业学生实行免费。”人力资源和社会保障部 2009 年颁布的《全国技工院校专业目录》新增加了农林类，共包括 19 个专业，与 2009 年国家财政部、发展改革委、教育部、人力资源社会保障部联合发布了《关于中等职业学校农村家庭经济困难学生和涉农专业学生免学费工作的意见》规定的 21 个涉农专业相比，有 18 个专业是一致的，除了没有农村经济管理和农业机械化外，但还增加了一个涉农专业农机使用与维修，与以往的技工院校专业目录相比，涉农专业大幅度增加，这既是技工院校响应国家服务“三农”的重要举措，也可能是怕国家公共阳光政策普照不到技工院校，总的来说，技工院校从以往的服务第二产业向第一产业、第三产业进军。

五、专业名称逐步科学化、规范化

职业教育专业设置是面向职业岗位（职业岗位群）的，专业名称是体现其专业内涵和本质的一个重要方面，专业名称的变化是由于技术进步而导致的职业或岗位内涵发生变化的结果，因此专业名称必须规范化。较以往的专业名称相比，2000 年 9 月教育部制定并颁布的《中等职业学校专业目录》中的专业命名更加准确、科学和规范，充分体现职业教育人才培养目标和职业岗位需求，且具有“时代感”。比如很多专业以“技术”“应用”冠名，如地震监测技术、水利水电工程技术、机电技术应用、计算机及应用等，这与技能应用型人才的岗位工作相得益彰，与学科型的专业名称泾渭分明。2010 年颁布的《中等职业学校专业目录》更加体现了就业导向的原则，突出了与产业、企业、岗位以及职业资格的对接。

纵观我国中等职业学校专业设置 60 多年的改革与发展，有两条线贯穿其间。一条是权力配置制度的变迁，一条是专业划分标准的变迁。权力配置的变迁经历了集权—分权—集权—分权的多次反复，始终没有跳出“一收就死、一放就乱”的循环；专业划分标准经历了按行业部门分类—按学科分类—按社会需要分类的历程。总的来看，适应市场经济体制的要求，我国中等职业学校专业设置已走出了政府主导的模式，向市场导向模式发展，但现实中还存在诸多问题亟待解决。一是专业设置缺乏企业的广泛参与，致使专业设置的适应性不强。二是缺乏专业设置标准，举办新专业没有准入门槛，现实中一些职业学校专业设置随意性大，频繁设置新专业、更换专业名称，办学条件不能满足人才培养的要求，影响人才培养质量。三是政府对专业设置缺乏宏观调控。近年来，一些地方政府放开了中等专业学校专业设置权，从以往的“一管就死”走向了“一放就乱”的局面，由于政府缺乏对职业学校专业设置的监管，专业设置重复、分散的现象较普遍，一哄而起、一哄而散的现象时有发生，培养的人才不能满足社会需求，使有限的教育资源存在浪费现象。为此，需要进一步完善中等职业学校专业设置机制，逐步建立以专业设置标准为基础，市场导向、学校主体、产业参与、政府调控的专业设置动态调整机制。

第八章

中等职业学校布局与专业结构调整

职业教育的发展不仅表现为数量增长，还表现为结构的不断调整和优化，数量增长受人口和社会需求总量等的制约是有限的，而结构调整却是无限的，其作用也是巨大的。从发展趋势来看，我国中等职业教育正从以往的数量增长型向质量、结构、效益协调发展的阶段转移，从外延扩张向内涵发展转化。从学校布局来看，由于我国中等专业学校和技工学校主要分布在地级市及其以上，因此随着经济社会发展对技能型人才需求的不断增加，数量在增加；而职业中学分布在城乡，随着我国工业化和城镇化进程的不断加快，在城乡之间进行调整，逐步向城镇聚集。专业结构随着我国工业化和城市化的发展，第一产业专业比例在下降，第二、三产业的专业比例在不断提高，各专业大类的比例也在不断变化，加工制造类和信息技术类专业占的比例较大，且发展势头强劲。

第一节　学校分布结构变化

新中国成立后，我国农业中学和职业中学在1958—1960年、1963—1965年曾两次取得了较快的发展，在数量上取得了长足的发展，但由于受“左”的思想的影响，过于急于求成，办学规模脱离当时社会经济发展条件，违背了教育规律，再加上十年“文革”的破坏，农业中学和职业中学在“文化大革命”结束后几乎全部消失。总之，在经济体制改革以前，农业中学和职业中学没有成为一种独立的教育形式保留下来，农村教育结构仍为单一的普通教育。农村经济体制改革以来，随着我国社会经济条件的发展变化，尤其是随着工业化和城市化进程的不断加快，农业中学和职业中学在教育结构调整中才取得了长足的发展。

经济体制改革初期，我国中等教育中的职业教育与普通教育类型结构严重失衡，1976 年我国中等职业学校在校生仅为普通高中在校生的 20.72%，极大地影响了国民经济发展对大量实用技术人才的需要。在 1978 年 4 月召开的全国教育工作会议上，中央提出了中等教育结构改革的问题，邓小平同志在会议的讲话中指出：“应该考虑各级各类学校的比例，特别是要扩大农业中学、各种中等职业学校和技工学校的比例。”1980 年 10 月，国务院批转了教育部、国家劳动总局《关于中等教育结构改革的报告》，从此拉开了中等教育结构调整的序幕。1980 年全国出现了 3314 所农业中学及职业中学。从表 1 可以看出，在 3314 所农业中学和职业中学中，农业中学（可视为农村职业中学）为 2924 所，占了 88.23%，而职业中学（可视为城市职业中学）390 所，仅占了 11.77%，此后职业中学数量不断增多，农业中学数量开始下降，5 年后二者的比例从 1980 年的 7.5:1 下降到 1984 年的不足 2:1。

表 8-1　1980—1984 年农业中学、职业中学数量

单位：所、%

年份	合计	农业中学		职业中学	
		数量	比例	数量	比例
1980	3314	2924	88.23	390	11.77
1981	2655	2094	78.87	561	21.13
1982	3014	2253	74.75	851	28.23
1983	5431	4073	75.00	1408	25.93
1984	7002	4622	66.01	2380	33.99

从 1984 年开始中国教育统计年鉴对职业教育开始分初、高中职业学校进行统计，更加准确地反映了农村中等职业学校的发展变化情况。

从职业初中发展变化情况来看，职业初中基本上分布在农村（把县及其以下的职业教育称为农村职业教育，包括县镇和乡村，下同），而且主要分布在乡村，1995 年以前（除 1984—1986 年），乡村职业初中数量在不断增加，比例在缓慢下降，而 1995 年以后，数量和比例均在下降，其中撤乡并镇是一个重要的原因。据统计，我国的乡镇数 1995 年为 47136 个，其中，镇为 17282 个，占乡镇总数的 36.7%；而到 2002 年，我国乡镇数为 39054 个，其中，镇为 19811 个，占乡镇总数的 50.7%。总体来看，随农村乡级政府机构的减少等，乡村职业初中学校数处于数量不断减少、比例不断下降的趋势，从 20 世纪 80 年代所占比例在 90%以上，下降到 90 年代的 80%以上，进入新世纪数量低于 1000 所，比例也开始低于 80%，但仍处于主体地位。需要指出的是城市职业初数量和比例虽也在增长，但其增长幅度缓慢，远低于县镇增长幅度，说明农村职业初中主要适合在乡村兴办。

表 8-2　职业初中学校数发展变化情况

单位：所、%

年份	职业中学	职业初中							
		小计		城市		县镇		乡村	
		数量	比例	数量	比例	数量	比例	数量	比例
1984	7002	1828	26.11	26	1.42	95	5.20	1707	93.38
1986	8187	1396	17.05	18	1.29	92	6.59	1286	92.12
1988	8954	1416	15.81	31	2.19	85	6.00	1300	91.81
1990	9164	1509	16.47	29	1.92	84	5.57	1396	92.51
1992	9860	1593	16.16	39	2.45	115	7.22	1439	90.33
1994	10217	1538	15.05	38	2.47	136	8.84	1364	88.69
1996	10049	1534	15.27	43	2.80	208	13.56	1283	83.64
1998	10074	1472	14.61	46	3.13	186	12.64	1240	84.24
2000	8849	1194	13.49	30	2.51	166	13.90	998	83.58
2002	7402	984	13.29	31	3.15	170	17.28	783	79.57

资料来源：依据《中国教育统计年鉴》相关年份的数据统计和计算。

我国乡村职业高中在 1984 年约占职业高中的比例为 61.36%，与 1984

年农业中学占农业中学和职业中学二者总数比例的 66.01%基本相吻合。说明 20 世纪 80 年代前期乡村职业高中绝大部分是农业高中。从 1986 年开始乡村职业高中所占比例开始低于 50%。从城市与农村职业高中发展变化情况来看，20 世纪 80 年代以来，除个别年份外，城市职业高中所占比例在不断提高，而农村职业高中所占比例在不断下降，二者的比例由 1985 年的 1:3.5 变为 2002 年的 1:1.3。从农村职业高中在县镇与乡村的分布来看，乡村职业高中的数量在不断减少，比例在下降；而县镇职业高中的数量在 1998 年之前不断增多，比例在不断提高，县镇职业高中与乡村职业高中之比由 1985 年的 0.44:1 变为 2002 年的 2.26:1，其中 1992 年是一个转折点。1992 年以前，乡村职业高中数量多于县镇职业高中数量，1992 年以后，县镇职业中学数量超过了乡村职业高中数量。说明随着我国城镇化和工业化的发展，一部分乡村职业中学由“由乡变镇”或“撤乡并镇”而转化为县镇职业中学，一部分是随着我国城镇化、工业化进程加速而在县镇兴办了新的职业高中。

表 8-3　职业高中发展变化情况

单位：所、%

年份	职业中学	职业高中							
		小计		城市		县镇		乡村	
		数量	比例	数量	比例	数量	比例	数量	比例
1984	7002	5174	73.89	957	18.50	1042	20.14	3175	61.36
1986	8187	6791	82.95	1678	24.71	1897	27.93	3216	47.36
1988	8954	7538	84.19	2281	30.26	2281	30.26	3151	41.80
1990	9164	7655	83.53	2484	32.45	2255	29.46	2916	38.09
1992	9860	8267	83.84	2848	34.45	2705	32.72	2714	32.83
1994	10217	8679	84.95	3404	39.22	2958	34.08	2317	26.70
1996	10049	8515	84.73	3503	41.14	3075	36.11	1937	22.75
1998	10074	8602	85.39	3827	44.49	3121	36.28	1654	19.23
2000	8849	7655	86.51	3400	44.42	2862	37.39	1393	18.20
2002	7402	6418	86.71	2800	43.63	2699	42.05	919	14.32

资料来源：依据相关年份的《中国教育统计年鉴》数据统计和计算。由于从 2003 年开始教育统计年鉴对职业高中不再分城乡统计，因此统计数据截至 2002 年，下同。

从乡、镇拥有的职业中学数量来看布局结构调整。1997 年以前，分布在县镇的职业高中数量随着行政镇数量的增加而不断增加，但二者之比变化不大，基本上是 5 个多镇拥有 1 所职业高中。而乡村职业高中是随行政乡数量的减少而减少，二者的减幅也差不多，多年来基本上是十四、五个乡拥有 1 所职业高中。上述分析表明，1998 年以前农村职业高中的变化主要是由乡镇数量的变化引起的。但 1998 年以后，受整个中等职业教育发展不景气等宏观形势的影响，分布在县镇和乡村的职业高中数量均在减少，行政镇的数量与县镇职业高中数量之比、行政乡的数量与乡村职业高中的数量之比均在提高，但前者是在行政镇数量增加的情况下产生的，而后者是在行政乡数量减少的情况下出现的，说明 1998 年以来乡村职业高中减少的速度远远快于县镇减少的速度，乡村职业高中受到的冲击最大，致使行政乡与乡村职业高中的比例大幅度上升。

表 8-4　农村职业高中与乡镇发展对比分析

单位：个、所

年份	乡镇数	镇数	乡数	县镇职高数	乡村职高数	镇/职高	乡/职高
1985	72153	7956	64197	1516	3429	5.2	18.7
1990	55838	11392	44446	2255	2916	5.1	15.2
1992	48250	14135	34115	2705	2714	5.2	12.6
1994	48075	16433	31642	2958	2317	5.6	13.7
1996	45484	17998	27486	3075	1937	5.9	14.2
1998	45462	19060	26402	3121	1654	6.1	16.0
2000	43735	19692	24043	2862	1393	6.9	17.3
2002	39054	19811	19693	2699	919	7.3	21.4

资料来源：依据《中国教育统计年鉴》相关年份的数据统计和计算。

从农林中等专业学校来看，多年来我国农林中专学校数量和在校生数量在整个中等专业学校和在校生中所占的比例变化不大，说明其发展比较平稳。虽然从 1997 年以来农林中专学校数量开始较大幅度减少，比例虽有所下降，但变化不是太大，尤其是在校生数量所占的比例几乎没有多大变化，说明尽管一些规模小的农林中等专业学校被其他学校合并，数量有所减少，但总体来看，农林中等专业学校在整个中等专业学校中的地位和作用并没有被削弱。

表 8-5　普通农林中专学校发展变化情况

年份	普通中专学校数（所）	农林中专学校		普通中专在校生数（人）	农林中专在校生	
		数量（所）	比例（%）		数量（人）	比例（%）
1980	3069	373	12.15	1243388	125988	10.13
1982	3076	387	12.59	1039444	90338	8.70
1986	3782	420	11.11	1757213	148128	8.43
1988	4022	433	10.77	2051713	175551	8.56
1990	3982	427	10.73	2244373	215605	9.61
1992	3903	429	10.99	2408364	246354	10.23
1994	3987	420	10.53	3197851	344837	10.78
1996	4099	420	10.24	4227851	477961	11.31
1998	4109	393	9.56	4980752	541416	10.87
2000	3646	360	9.87	4895159	507151	10.36
2002	2593	278	10.72	4563511	382367	8.38

资料来源：依据《中国教育统计年鉴》相关年份的数据统计和计算。

第二节　专业结构调整与变化

随着社会经济的不断发展，中等职业教育不仅表现在学校布局的变化和调整，而且与社会经济发展变化联系紧密的专业结构的变化更为明显。突出表现在以下几个方面：

一、农林专业比例大幅度下降

从普通中专学校农林科专业毕业生在全部毕业生中所占比例的变

化来看，由新中国成立初的10%以上，下降到20世纪末的不足5%，下降了一半多。从绝对数来看，中专学校毕业生从1985年的42.87万人发展到2000年的150.72万人，增长了2.5倍，而同期农林科毕业生从3.12万人，增加到7.13万人，增长了1.28倍，比平均水平低近一半。进入新世纪，农林类专业毕业生从2001年的9.9万人，下降到2008年的4.2万人，减少了57.6%，比例从6.6%下降到1.9%。

表8-6　中等专业学校毕业生分科情况

单位：万人

	1949—1982年		1949—1965年		1966—1976年		1977—1982年	
	毕业生数	比例%	毕业生数	比例%	毕业生数	比例%	毕业生数	比例%
总计	684.9	100.0	295.9	100.0	167.6	100.0	221.4	100.0
中等技术学校	372.1	54.3	160.0	54.1	93.6	55.8	118.5	53.5
工科	145.6	21.3	73.8	24.9	34.1	20.3	37.7	17.0
农林	69.0	10.1	34.1	11.6	14.4	8.6	21.5	9.3
医药	101.8	14.9	37.0	12.5	39.6	17.7	35.2	15.9
财经	43.3	6.3	12.0	4.1	11.0	6.6	20.3	9.2
体育	1.7	0.2	0.9	0.3	0.3	0.2	0.5	0.2
艺术	4.5	0.6	1.5	0.5	1.6	0.9	1.4	0.6
其他	6.2	0.9	0.7	0.2	2.6	1.5	2.9	1.3
中等师范学校	312.8	45.7	135.9	45.9	74.0	44.2	102.9	46.5

资料来源：1982年中国教育统计年鉴。

表8-7　1985—2000年中等专业学校毕业生分科结构变化　　单位：%

年份	工科	农科	林科	医药卫生	财经	管理	政法	艺术	体育	师范
1985	19.61	6.19	1.09	12.05	16.78	0.16	3.45	0.37	1.23	39.08
1986	21.04	6.65	1.41	12.03	12.03	0.83	4.16	0.34	0.92	35.28
1987	22.47	6.19	1.20	12.18	18.88	1.08	3.56	0.29	0.91	32.70
1988	19.41	5.29	1.10	14.38	19.04	1.52	3.56	0.50	1.05	34.16
1989	16.69	4.76	1.00	14.01	18.47	1.45	3.47	0.77	1.10	38.28
1990	19.48	4.54	0.95	14.22	19.07	1.27	3.07	0.93	1.14	35.34
1991	21.32	5.59	0.96	14.10	18.80	0.79	2.67	1.00	1.25	33.52

续表

年份	工科	农科	林科	医药卫生	财经	管理	政法	艺术	体育	师范
1992	22.60	6.05	1.05	12.62	19.19	0.83	2.81	1.18	1.37	32.30
1993	22.93	5.50	1.04	12.60	19.67	0.95	2.97	1.35	1.38	31.60
1994	23.76	4.82	1.07	11.03	14.74	6.57	3.40	1.55	1.50	31.56
1995	24.43	4.75	1.20	10.83	14.82	7.77	3.42	1.71	1.36	29.72
1996	23.83	4.50	0.96	10.94	15.52	9.38	3.08	2.10	1.41	28.26
1997	25.72	3.66	0.85	10.31	16.65	9.95	3.02	2.49	1.33	26.03
1998	27.54	3.46	0.78	9.77	16.40	10.20	3.28	2.88	1.36	24.32
1999	29.03	3.63	0.84	9.69	15.10	10.96	3.23	3.22	1.36	22.94
2000	30.72	3.89	0.84%	8.62	14.40	11.23	3.15	3.86	1.36	21.93

资料来源：依据 1985—2000 年《中国教育统计年鉴》中等专业学校毕业生分科统计数据计算。

注：1982 年颁布的《中等专业学校目录》中设有文科和理科两个分类，而在 1993 年颁布的专业目录中设有管理科，而不再设置文科、理科，为了便于比较，将文科和理科与管理科统计在一栏。

表 8-8　1984—1993 年职业高中分科毕业生结构变化　　单位：%

年份	工科	农科	林科	医药	财经	文科	政法	艺术	体育	师范	修理服务	其他
1984	25.40	32.98	4.13	1.15	8.38	--	0.25	1.74	0.40	3.62	11.24	10.70
1986	26.61	32.26	5.96	2.22	7.28	3.03	0.12	1.78	0.36	4.70	12.62	3.05
1987	28.17	26.63	5.35	2.83	8.77	3.96	0.15	2.15	0.59	5.60	12.14	3.66
1988	30.28	21.92	4.29	3.05	10.61	4.24	0.25	2.55	0.53	5.36	12.38	4.54
1989	31.13	19.48	4.29	3.98	11.31	4.80	0.18	2.72	0.48	5.51	11.58	4.54
1990	31.49	17.48	4.19	5.54	11.57	4.59	0.16	2.56	0.48	4.80	12.96	4.18
1991	30.91	15.92	3.41	7.02	12.93	3.85	0.31	2.83	0.43	4.05	13.55	4.80
1992	29.09	18.36	3.40	5.92	14.08	4.01	0.23	3.00	0.38	3.79	12.13	5.62
1993	27.95	18.58	3.48	5.59	14.31	4.26	0.27	3.32	0.41	3.73	11.88	6.20

资料来源：依据《中国教育统计年鉴》相关年份数据统计计算。

表 8-9　1994—2000 年职业高中分科毕业生结构变化　　单位：%

年份	工科	农科	林科	医药	财经	管理	政法	艺术	体育	师范
1994	31.28	15.35	3.22	5.98	16.53	4.46	0.56	4.22	0.64	17.76
1995	35.28	11.82	2.46	6.83	19.57	10.39	1.12	5.05	0.94	5.34
1996	34.44	9.25	1.94	7.66	21.81	12.47	1.40	4.61	0.86	5.56
1997	34.33	8.74	1.92	7.66	22.11	11.53	1.98	4.85	0.90	5.98
1998	34.28	8.46	1.75	7.82	21.76	12.07	1.94	4.90	1.09	5.93
1999	34.78	8.52	1.81	7.44	19.13	12.79	2.52	5.30	1.41	6.29
2000	36.72	7.54	1.64	7.40	17.43	13.56	2.58	5.88	1.44	5.81

资料来源：依据《中国教育统计年鉴》相关年份数据统计计算。

表 8-10　2001—2008 年中等专业学校分科毕业生比例　　单位：%

年份	农林类	资源与环境	能源类	工程类	加工制造	交通运输	信息技术	医药卫生	商贸旅游	财经类	文体类	公共事业	师范类	其他
2001	6.57	1.47	1.24	4.94	12.55	1.62	11.13	9.45	6.20	12.85	6.52	6.35	—	19.10
2002	6.32	1.64	1.04	4.98	12.51	1.61	13.69	11.18	6.65	11.46	7.47	5.88	—	15.58
2003	5.13	1.42	0.89	4.86	11.35	1.93	19.14	13.43	7.57	9.36	7.07	4.97	11.16	1.72
2004	4.19	0.88	0.75	3.50	10.14	1.80	20.85	17.65	9.28	7.22	6.80	4.28	10.33	2.31
2005	3.38	0.70	0.90	3.25	12.08	2.44	22.15	15.74	10.26	6.87	6.17	3.59	9.40	3.05
2006	2.71	0.73	0.95	3.28	16.76	2.50	21.87	15.08	9.98	6.97	5.58	3.32	7.41	2.86
2007	2.28	0.94	1.19	3.28	20.46	3.09	21.09	14.51	9.50	6.95	5.15	2.56	6.33	2.67
2008	1.91	1.05	1.35	3.51	22.53	3.38	19.81	15.31	8.94	6.77	4.84	2.32	6.07	2.21

资料来源：依据《中国教育统计年鉴》相关年份数据统计计算。

表 8-11　2001—2008 年职业高中毕业生分科比例　　单位：%

年份	农林类	资源与环境	能源类	工程类	加工制造	交通运输	信息技术	医药卫生	商贸旅游	财经类	文体类	公共事业	师范类	其他
2001	9.25	0.34	0.39	1.89	8.82	3.13	18.41	8.22	8.40	13.00	9.94	4.43	—	13.78
2002	7.61	0.37	0.36	1.59	9.01	2.99	22.94	7.63	8.92	10.81	0.94	3.48	—	14.10
2003	7.79	0.21	0.19	1.31	11.99	2.72	29.95	4.88	10.51	7.84	7.77	4.49	3.01	7.34
2004	6.83	0.27	0.17	1.22	12.80	2.97	31.63	3.98	10.47	6.84	7.26	4.40	2.93	8.24

续表

年份	农林类	资源与环境	能源类	工程类	加工制造	交通运输	信息技术	医药卫生	商贸旅游	财经类	文体类	公共事业	师范类	其他
2005	6.50	0.26	0.23	1.29	15.14	2.57	31.07	2.85	10.47	6.19	7.20	3.89	3.07	9.25
2006	5.96	0.27	0.28	1.46	17.78	2.79	31.13	2.40	9.40	5.99	7.11	3.43	2.82	9.18
2007	5.38	0.36	0.34	1.42	21.88	2.58	30.59	2.24	8.79	5.38	6.49	3.51	2.82	8.21
2008	5.10	0.55	0.35	1.59	23.70	2.71	31.15	2.17	8.64	5.35	6.31	3.11	2.72	6.55

资料来源：依据《中国教育统计年鉴》相关年份数据统计计算。

表 8-12　2001—2008 年中等职业学校毕业生分科比例　　单位：%

年份	农林类	资源与环境	能源类	工程类	加工制造	交通运输	信息技术	医药卫生	商贸旅游	财经类	文体类	公共事业	师范类	其他
2001	7.87	0.92	0.83	3.46	10.74	2.36	14.67	8.85	7.27	12.92	8.18	5.42	--	16.52
2002	6.91	1.06	1.64	3.43	10.91	2.24	17.92	9.55	7.69	11.16	4.48	4.78	--	14.90
2003	6.28	0.90	0.59	3.33	11.62	2.27	23.80	9.74	8.84	8.70	7.37	4.76	7.65	4.15
2004	5.44	0.59	0.48	2.43	11.40	2.35	25.93	11.20	9.84	7.04	7.02	4.34	6.84	5.11
2005	4.92	0.49	0.57	2.28	13.59	2.50	26.56	9.37	10.36	6.54	6.68	3.74	6.27	6.12
2006	4.28	0.51	0.63	2.40	17.25	2.64	26.34	8.96	9.70	6.50	6.32	3.37	5.19	5.91
2007	3.79	0.66	0.78	2.38	21.15	2.84	25.70	8.55	9.15	6.19	5.80	3.02	4.62	5.36
2008	3.47	0.81	0.86	2.57	23.10	3.05	25.36	8.87	8.79	6.07	5.56	2.71	4.43	4.34

资料来源：依据《中国教育统计年鉴》相关年份数据统计计算。

注：上表的中等职业学校包括中等专业学校和职业高中。

从职业高中来看，由于 20 世纪 80 年代初以农业中学为主，因此农科专业的比例较高，从 1980 年到职业高中有分科统计的 1984 年，农林科专业比例虽有所下降，但仍高达 37.11%。此后，受农业比较效益下降、乡村职业高中学校数在全国职业高中学校数所占比例逐渐降低等因素的影响，农林类专业毕业生的比例不断降低，“七五”时期下降了 15.44 个百分点，“八五”时期下降了 7.39 个百分点，“九五”时期下降了 5.1 个百分点，“十五”时期下降了 2.68 个百分点。截至 2004 年，职业高中农林类专业毕业生 8.57 万人，为历年最低，普通中专学校毕业生 6.0 万人，二者合计为 16.39 万人，仅占两类学校毕业生总数 266.14 万人的 5.44%。从 2005 年开始，职业高中农林科毕业生数量在缓慢增加，但幅度不大，从 2004 年的 8.57 万人增加达到 2008 年的 10.78 万人，增长了 26.8%。说明随着社会主义新农村和现代农业的建设，农村对中等农林专业人才的需求在增加。

总体来看，改革开放以来我国中等职业教育取得了长足发展，但农林专业却不断萎缩。2003 年中等职业教育在校生比 1985 年扩大了 2.66 倍，而其农林专业在校生数却减少了 34.21%，致使农林专业学生所在比例从 1985 年的 24.27%下降到 2003 年的 4.40%。2003 年我国中职农科专业在校生数为 46.79 万人，占中职在校生总数 1256.8 万人的 3.72%，高等教育农科专业在校生数为 24.97 万人，占高等教育在校生总数的 2.25%，中等职业教育与高等教育农科专业在校生人数之比为 1.9:1，与农业劳动力和农业科技人员之比极不协调。从数量来看也严重不足，2003 年全国平均每个省仅有中等农林专业在校生 1.5 万人。

为了促进社会主义新农村的建设和发展现代农业，2008 年党的十七届三中全会通过的《中共中央关于推进农村改革发展若干重大问题的决定》中明确提出:“加快普及农村高中阶段教育，重点加快发展农村中等职业教育并逐步实行免费。”《中共中央国务院关于 2009 年促进农业稳定发展农民持续增收的若干意见》进一步明确指出:“加快发展农村中等职业教育，2009 年起对中等职业学校农村家庭经济困难学生和涉农专业学生实行免费。” 2009 年财政部、国家发展和改革委员会、教育部等联合发出了《关于中等职业学校农村家庭经济困难学生和涉农专业学生免学费工作的意见》，从 2009 年下半年开始对农村家庭贫困学生和 21 个涉农专业按照每人每年平均 2000 元标准进行免学费补助。由于这一政策的实施，中等职业学校涉农专业比例明显提高。如河北省邢台农业中专学校，2008 年涉农专业仅有 5 个，2009 年增加到 12 个。对一些省市的专业设置抽样调查也反映了这一情况。如对黑龙江 40 所中等职业学校的抽样调查表明，2010 年黑龙江省的农林牧渔类专业比例高达 10.39%，海南省 30 所中职学校农林牧渔类专业设置比例高达 9.39%。

二、第二产业专业比例不断提高

总的来看，随着我国工业化进程的不断推进，工科专业的比例不断提高。需要指出的是从20世纪80年代职业高中开始恢复发展以来，工科专业的比例就高于中等专业学校，这与中等职业教育服务于地方经济的办学宗旨是不相一致的，普通中专绝大部分坐落在地级市，而主要分布在县及其以下的职业高中，本应职业高中工科专业比例低于普通中专，而事实却相反，一方面说明农村职业学校与城市职业学校专业的同构性，另一方面说明了职业高中许多专业设置面向城市职业，把转移农村剩余劳动力作为重要的办学方向。进入新世纪，加工制造类和信息技术类专业比例不断提高，加工制造类专业充分反映了我国制造业大国对技能型人才需求不断增多，信息技术类专业比例不断提高，说明我国信息化带动工业化和走新型工业化道路的发展战略在不断推进。需要指出的是近年来职业高中加工制造类专业的比例超过了中等专业学校，由于加工制造行业工作环境差、待遇低、劳动强度大，城市学生大多不愿意学，因此，农村职业高中的该类专业比例较高，但农村的办学条件差，尤其是开展工学结合、校企合作的条件不足，可以说农村职业学校办加工制造类专业缺乏优势。职业高中信息技术专业的比例也高于中等专业学校，一方面反映了农村职业学校办学条件差，信息技术类专业投资少，容易办；另一方面，也反映了农村职业学校面向城市办学的一面。从这两个专业来看，我国中等职业教育存在城乡教育资源配置不合理的状况，需要逐步优化和调整。

三、第三产业专业比例不断提高、结构不断优化

总的来看，第三产业专业随着工业化和城镇化的发展比例在不断变大，但从内部结构来看，变化也存在一定的差异。变化最大的是师范教育专业。在20世纪80年代初，中等专业学校师范类专业大约占40%，经过近20年的发展，比例下降了一半，进入新世纪随着我国教师资格制度的实施，师范教育从三级变为两级，中等师范教育专业比

例大幅度下降，而且专业也从普通师范教育转为学前教育专业。其次，从近些年来看，财经类、文体类、公共事业类和师范类专业比例在不断下降；而商贸旅游类专业比例在缓慢增加，医药卫生类专业，中等专业学校的比例在增加，而职业高中的比例在下降，总的趋势是趋稳。

21 世纪以前，我国职业高中一直没有自己的专业目录，专业设置一直依据中等专业学校的专业目录进行设置，因此，导致了职业高中与中等专业学校专业设置的同构性，职业高中的专业设置仿照中等专业学校进行设置。如普通中专财经类专业在“六五”“七五”时期得到充分发展，“八五”“九五”时期稳中有降，“十五”时期开始大幅度下降，而职业高中是在“八五”以前快速增长，“八五”以后开始下降，开始下降的时间比中等专业学校晚五年多。

总体来看，无论是中等专业学校还是职业高中，近些年来，专业结构变化不大，日趋稳定，说明经过多年的发展，我国中等职业学校专业结构能够适应产业结构发展的要求，培养的人才能够满足社会经济发展的要求。从我国职业高中和中等专业学校的专业结构比较来看，除了职业高中的农林类、信息技术类专业比中等专业学校比例高，中等专业学校医药卫生类、工程类、师范类专业高于职业高中外，其他 8 大类专业比例基本接近，说明城乡职业教育专业结构没有反应出城乡经济社会发展的差异性，二者专业设置的特色不明显。

表 8-13　中等职业学校分科毕业生结构变化

单位：%

年份	学校	工科	农林科	医药卫生	财经	管理	师范	其他
1949—1965	普通中专	24.90	11.60	12.50	4.10	--	45.90	1.00
1966—1976	普通中专	20.40	8.60	17.60	6.60	--	44.10	2.70
1977—1980	普通中专	14.60	8.60	16.20	8.50	--	50.30	1.80
1985	普通中专	19.61	7.28	12.05	16.78	0.16	39.08	5.04
	职业高中	25.40	37.11	1.15	8.38	3.03	3.62	21.31
1990	普通中专	19.48	5.49	14.22	19.07	1.27	35.34	5.13
	职业高中	31.49	21.67	5.54	11.57	4.59	4.80	20.34

续表

年份	学校	工科	农林科	医药卫生	财经	管理	师范	其他
1995	普通中专	24.43	5.95	10.83	14.82	7.77	29.72	6.48
	职业高中	35.28	14.28	6.83	19.57	10.39	5.34	8.31
2000	普通中专	30.72	4.73	8.62	14.40	11.23	21.93	8.37
	职业高中	36.72	9.18	7.40	17.43	13.56	5.81	9.90
2003	普通中专	38.17	5.13	13.43	9.36	13.96	11.16	8.79
	职业高中	46.16	7.79	4.88	7.84	15.21	3.01	15.11

资料来源：依据《中国教育统计年鉴》相关年份的数据统计和计算。

第三节　校均规模变化

从教育的角度来看，中等职业学校布局和专业结构调整的重要目的之一在于提高办学效益。办学效益的表现是多方面的，但校均规模是一个重要的衡量指标。从总体上来看，随着学校布局和专业结构的调整，无论是职业高中还是职业初中校均规模均在不断扩大，充分体现了布局结构调整带来的成就。从调整的结果来看，城市职业初中校均规模从 1985 年的 533 人扩大到 2002 年的 1011 人，扩大了 1.9 倍，县镇职业初中从 356 人扩大到 1417 人，扩大了 3.98 倍，乡村职业初中从 270 人扩大到 589 人，扩大了 2.18 倍，可见，职业初中校均规模扩大速度县镇快于乡村，乡村快于城市。城市职业高中的校均规模从 1985 年的 439 人扩大到 2002 年的 711 人，扩大了 1.62 倍，县镇职业高中从 271 人扩大到 2002 年的 679 人，扩大了 2.51 倍，乡村职业高中从 226 人扩大到 497 人，扩大了 2.2 倍，仍然表现出县镇快于乡村，乡村快于城市的特点。这与我国城市化以小城镇为重点的发展战略是分不开的。同时，在此期间，职业初中校均规模平均扩大了 3.05 倍，职业高中校均规模平均扩大了 2.33 倍，可见，无论是职业初中还是职业高中，县镇职业中学调整速度是最快的，职业初中整体调整速度快于职业高中。结合前面学校数量的变化，不难看出，现阶段县镇职业中学是我国农村中等职业教育中最重要、最有效的办学载体。

表 8-14　职业中学校均规模变化与比较

单位：人

年份	职业初中				职业高中			
	平均	城市	县镇	农村	平均	城市	县镇	农村
1984	224	324	274	220	258	540	243	178
1986	299	497	394	289	316	466	294	249
1988	320	441	556	301	311	395	281	253
1990	317	443	693	292	323	395	320	263
1992	354	379	762	321	346	403	346	287
1994	410	442	702	380	395	464	392	297
1996	505	463	652	484	465	536	456	350
1998	589	455	819	559	529	595	520	393
2000	742	919	958	701	542	604	537	398
2002	847	1011	1417	589	667	711	679	497

资料来源：依据《中国教育统计年鉴》相关年份的数据统计和计算。

第四节　建设性的结论

第一，重视乡村职业初中的发展。在农村职业教育布局结构调整中，乡村职业初中虽然数量也在不断减少，但减少的幅度低于乡村职业高中。从数量上来看，乡村职业初中的数量与乡村职业高中的数量接近，充分说明乡村职业初中在现实中仍发挥着重要的作用。

第二，重视县级职教中心在农村职业教育中的作用。随着我国农村城镇化与工业化进程的不断推进，乡村职业高中的数量不断减少，越来越向城镇聚集，虽然县镇职业高中发展速度没有城市职业高中发展快，但县镇职业高中的规模效益提高最快，发挥着城市职业高中难以替代的作用。据教育部统计资料，2008 年我国有县级职教中心 1074 所，占 1948 个县（含县级市、自治县）的 55.1%，说明目前已有一半以上的县建立了职教中心。随着农村职业教育布局结构的进一步调整，县级职教中心的这一比例还会进一步提高，因此，要高度重视县级职教中心的发展。

第三，加强农科类职业教育的发展。当前，我国农民人均纯收入的60%仍来源于农业，增加农民收入必须加强农业职业教育。农业职业教育的发展一方面应重视高效农业、外向型农业、规模化农业方面的职业教育；另一方面，由于农业具有社会效益大、经济效益低的特点，各地在落实好涉农专业免学费制度的基础上，加强对涉农专业基础能力建设。同时，应不断更新农业职业教育的内容，重视新技术、新知识、新方法的传授，并从传统的产中环节逐渐向产前、产后环节延伸。

第四，农村职业学校与城市职业学校专业设置要充分发挥各自的优势。近些年来，随着我国社会主义新农村建设和现代农业的快速发展，尤其是涉农专业免学费制度的实施，农科类专业比例在不断提高，但以农村职业学校为主的职业高中加工制造类专业和信息技术类专业比例高于以分布在城市为主的中等专业学校，是不利于提高人才培养质量的，因此，在今后的职业学校布局和专业结构调整过程中，城乡学校应按照各自的比较优势来设置专业。

第五，中等职业教育进入一个以提高质量为中心的时代。从近几年中等职业学校专业结构比例来看，13大类专业结构比例基本相对稳定，说明当前我国中等专业学校人才培养基本能够满足产业结构调整和劳动市场对人才的需求。因此，中等职业学校依靠设置新专业来谋求发展的空间越来越少，中等职业学校应依托优势专业，加强专业群建设，围绕专业群，加强基础能力建设，不断提高教育教学质量，通过特色、质量谋求更大的发展。

第九章

中等职业教育学制

学校教育制度简称学制，它是指一个国家各级各类学校的组织体系和规则体系所组成的基本框架方面的规定。[①]《中华人民共和国教育法》指出："国家建立科学的学制系统。学校系统内的学校和其他教育机构的设置、教育形式、修业年限、招生对象、培养目标等，由国务院或国务院授权教育行政部门规定。"[②]可见，中等职业教育的学制除了明确学校类型、性质与任务外，重要的是规定培养目标、教育对象、入学年龄和学习年限。其中培养目标是最根本的，它对受教育对象提出文化素质和学习年限的要求。纵观60多年我国中等职业学校的学制，发生了较大的变化，培养目标从以往的三类目标发展到目前的培养技能型人才，教育对象从学龄青少年到目前的面向人人，学习年限从学年制发展到现在的弹性学制。

第一节　培养目标变迁

新中国成立以来，中等职业教育培养目标随着社会需求和人们对其认识的不断深化而改变。纵观历史，大致可以分为多目标阶段、中

① 杨明，应试与素质——中国中等教育60年[M]. 杭州：浙江大学出版社，2009:56.

② 中华人民共和国教育部. 中华人民共和国教育法律集[M]. 北京：外文出版社，1999:120.

等专门人才阶段和技能型人才阶段三个时期。

一、突出政治的中级管理和技术人才培养目标(1949—1977年)

中等职业教育主要包括中等专业学校、技工学校和职业中学，此阶段三类学校的培养目标定位各有侧重。新中国成立初期国民经济百废待兴，新中国建设的各行各业都需要具有一定领导能力的管理人员和技术人才等。1949年12月召开的第一次全国教育工作会议，明确了新中国教育工作的目的，即“为人民服务，首先为工农服务，为当前的革命斗争与建设服务”。并指出：“为了培养大批中初级建设干部，中等职业学校今后若干年内应着重向中等技术学校发展。”1950年教育部部长在向政务院的报告中提出：“中等教育重点是整顿和发展中等技术学校，大量培养中级技术干部。”1951年6月，教育部召开了全国中等技术教育会议，会议把中等技术教育的基本任务定为培养大批具有一般文化科学的基本知识，掌握现代技术，体格健康，全心全意地为人民服务的初中级技术人才①。同年10月，政务院公布的《关于改革学制的规定》规定了中等技术学校的任务是培养工业、农业、交通、运输等方面的中级和初级技术人才。1952年3月政务院发出《关于整顿和发展中等技术教育的指示》，指出：“培养技术人才是国家经济建设的必要条件，而大量地训练和培养中级和初级人才尤为当务之急。”“积极整顿与发展中等技术教育以解决国家建设所迫切需要的中级和初级技术干部问题。”同年8月教育部颁布《中等技术学校暂行实施办法》，规定了中等技术学校的培养目标是：以理论和实际一致的教育方法，培养具备必要的文化科学的基本知识，掌握一定的现代技术，身体健康，全心全意为人民服务的初级和中级技术人才。1953年我国开始实行第一个五年计划，国民经济开始实行计划经济体制，国家作为社会资源配置的基础，整个社会资源由国民经济各部门进行配置。1954年9月26日政务院

① 方展画，刘辉，傅雪凌．知识和技能——中国职业教育60年[M]．杭州：浙江大学出版社，2009:47.

发布的《关于改进中等专业教育的决定》中指出“根据国家在过渡时期的总任务和第一个五年计划的基本任务，中等专业教育的任务在于有计划地培养中等专业干部，以保证国家经济发展的需要”。同年11月教育部制定《中等专业学校章程》进一步明确规定“中等专业学校的任务，在于培养具有马克思列宁主义基本知识，普通教育的文化水平和基础技术知识，并能掌握一定专业、身体健康、全心全意为社会主义建设服务的中等专业干部”取代了新中国成立初提出的培养初、中级技术人才的培养目标。并规定学生毕业后由主管业务部门统一分配工作。1955年7月，一届人大二次会议通过的《发展国民经济第一个五年计划》中指出：“中等专业教育的重点是培养工业的技术干部和管理干部，同时，适应农业合作化运动的迅速发展，注意培养农业的技术干部和管理干部。”指出了培养去向是以工业为主兼顾农业的技术和管理干部。

1956年，我国生产资料所有制的社会主义改造基本完成后，全面转入大规模的社会主义建设时期。为了使教育事业适应大规模社会主义建设对人才的急需，需要重新构建社会主义教育的蓝图，明确我国社会主义教育方针。1957年2月，毛泽东在《关于正确处理人民内部矛盾的问题》中提出：“我们的教育方针，应该使受教育者在德育、智育、体育几方面都得到发展，成为有社会主义觉悟的有文化的劳动者。”为了加强教育与政治经济的联系，中共中央、国务院于1958年9月发出的《关于教育工作的指示》中明确提出：“党的教育工作方针，是教育为无产阶级政治服务，教育与生产劳动相结合。”①在以后的人才培养目标中充分体现了党的新时期教育方针。1963年6月教育部印发了《关于制定全日制中等专业学校教学计划的规定（草案）》，指出中等专业学校的培养目标是：“具有爱国主义和国际主义精神，具有共产主义道德品质，拥护社会主义，愿意为社会主义服务；逐步培养学生的工人阶级的阶级观点、群众观点、辩证唯物主义观点，具有相当高中程度和中等专业人才必需的文化基础知识，掌握本专业的基本理论、专

① 后来概括为“教育必须为无产阶级政治服务，必须同生产劳动相结合”，也就是人们通常所说的“两个必须”。

业知识和实际技能，获得从事本专业工作，解决实际问题初步能力。工科、农科、林科专业要求学生具有组织管理生产的初步知识，具有健康的体质。”

1958 年教育部第四次全国教育行政会议上提出大力举办各类职业中学，招生对象为高小毕业生（小学 6 年级），各地大力举办农业中学和职业中学。1964 年 4 月 15 日，教育部上报国务院《关于举办职业学校若干问题的意见》中强调“职业学校最大多数要面向农村，为发展农业生产特别是为农业四化培养劳动、技术后备力量”，并“有计划地培养各种初级技术工人和各类初级业务人员”。由于其培养对象是高小毕业生，其培养目标定位在“初级”。

我国的技工学校始建于 1949 年的东北地区，当时的名称是工人技术学校。1953 年开始执行的《发展国民经济的第一个五年计划》中规定：“工人技术学校是培养熟练工人的主要方式之一。”1954 年《技工学校暂行办法（草案）》规定：“技工学校以培养四、五级技工为主。”1956 年劳动部颁发《工人技术学校标准章程（草案）》进一步规定“工人技术学校的任务是：培养能掌握一定专业的现代技术操作技能和基础技术理论知识的、身体健康的、全心全意为社会主义服务的中级技术工人”，“工人技术学校培养的目标为四级和五级技术工人”。1958 年 3 月全国技工学校工作会议提出技工学校的培训目标是：具有社会主义觉悟、必要的技术理论知识、全面的专业操作技能和身体健康的新的熟练技术工人。“根据这一任务，为了便于技工学校制定教学内容与要求和检查教学质量，今后仍应以四级工人的技术标准，作为学校的培养目标”。[①]1959 年 4 月全国技工学校工作会议提出技工学校的培养目标：具有社会主义觉悟、较系统的文化与技术理论知识、较全面的专业操作技能和身体健康的熟练技术工人。在思想政治方面，要培养学生的工人阶级的阶级观点、群众观点和集体观点、劳动观点即脑力劳动与体力劳动结合的观点，辩证唯物主义的观点。具体来说，在文化方面，为了适应文化革命

① 袁耀华. 力争技工学校工作全面大跃进[J]. 中国劳动，1958（8）:4-9.

和十五年左右普及高等教育的要求，招收的高小毕业学生，在主要文化课程上（语文、数学、理化），毕业时应该基本达到初中毕业程度；招收的初中毕业学生，在主要文化课程上（数学、理化）毕业时应该接近高中毕业程度。在技术理论知识方面，首先要与学生所学的专业技能相适应，并且要有助于技术水平的进一步提高。在操作技能方面，要培养学生能够掌握本专业的全面操作技能，达到中级技术工人的熟练程度，并根据精一兼数的多面手的要求，熟悉同本专业直接有关的几种其他专业操作技术。①

1961 年 3 月劳动部下文："为了便于工作和便于分别学校的性质起见，凡以培养技术工人为主的学校，均称为技工学校。"此后，全国工人技术学校统称为技工学校。同年 5 月劳动部颁发《技工学校通则》规定："技工学校是培养具有社会主义觉悟、中级技术水平和中等文化程度的技术工人的学校。"不仅规定了培养的技术工人是中等技术水平，还对文化程度提出了要求。

20 世纪五六十年代我国三类教育的培养目标初步得以明确。从中等职业教育三类学校培养目标的异同来看。三类学校都体现了职业教育的特点，注重操作技能的培养，不同的地方主要体现在文化目标。技工学校和职业学校对操作技能以外的文化要求较低，尤其是技工学校。正如劳动部马文瑞部长所说，技工学校"是专门培养技工的场所"，其最初对普通文化知识并不做要求，培养目标简化成对工种级别的要求（如前所述）。后来加上了对操作技能的学习有帮助的"主要文化课"（数学、理化），也只要求高小和初中毕业生两类招生对象分别"'基本达到'初中毕业程度"和"'接近'高中毕业程度"②，字里行间都流露出技工学校对文化课的"低要求"。1963 年教育部发布《关于制定全日制中等专业学校教学计划的规定（草案）》要求中专学校培养目标要"具有相当高中程度和中等专业人才所必需的文化基础知识"，可见，要求比技工学校高；相反，它在技能操作方面没有技工学校的要求高，而更注重知识的全面性和通用性，这跟其培养目标的定位不无关系。

① 袁耀华. 关于技工学校工作中几个主要问题的意见[J]. 中国劳动，1959（10）: 14-20.
② 同上。

职业中学要求所培养的劳动者要“有文化”，但也仅仅是“有文化”而已，未以文件或政策等的正式形式将此要求具体化，仅 1959 年陆定一在给江苏省委宣传部的庆祝农业中学创办一周年的复信中说道:“文化课程应当是初中的最基本课程。”这种说法在力度上要较中等专业学校弱了一些。

1966 年开始的“文化大革命”使我国政治、经济、文化各领域遭受严重挫折和损失，职业教育也难逃厄运，这期间政治以及意识形态对教育的干扰尤为严重。“文革”前期，大量的职业学校被撤销，职业教育的教育目标更无从谈起。后期为整顿教育，国务院批准《国家计委和国务院科教组关于中等专业学校、技工学校办学中几个问题的意见》提出“中等专业学校和技工学校必须以批林整风为纲，……努力为社会主义各民族和社会主义建设培养更多又红又专的人才”，打上了深深的政治烙印。

这一时期，中等职业教育的人才培养目标有以下几个特点：坚持为无产阶级政治服务；坚持教育与生产劳动相结合；重视实践技能培养；要求德智体全面发展。

二、突出多重要求的中等专门人才目标阶段（1978—1999 年）

十一届三中全会确立了以经济建设为中心，实行经济体制改革和对外开放的方针政策，我国经济社会充满了无限活力。与经济联系最为紧密的职业教育由此受到了前所未有的重视，中等职业教育培养目标转向为社会主义经济建设服务。

1979 年 2 月，国家劳动总局颁发的《技工学校工作条例（试行）》规定:“技工学校是培养技术工人的学校，是国家教育事业的重要组成部分”，“它的基本任务，是为实现社会主义的四个现代化培养有社会主义觉悟的能够掌握现代生产技能的四级技术工人（指实行八级技术等级标准的工种）。”《条例（试行）》对培养目标的具体要求是：“思想政治方面：使学生具有爱国主义、国际主义精神和共产主义道德品质，热爱中国共产党，热爱社会主义，树立无产阶级的阶级观点、群众观点、劳动观点和辩证唯物主义观点，全心全意为人民服务。技术操作方面：使学生熟练地掌握本工种、专业的基本操作技能，能完成本工种中等复杂程度的作业，养成遵守操作规程和文明生产的习惯。技术理论方面：使学生能够掌握本工种、专业所要需的技术理论基础知识。文化知识方面：使学生掌握本工种、专业所需要的文化知识，并且在原有基础上进一步提高文化水平，招收初中毕业生的，主要文化课程要提高到高中水平。身体方面：使学生具有健康的体格。”1979 年 6 月 18 日教育部为规范、管理中等专业学校，拟订了《全日制中等专业学校工作条例（征求意见稿)》，广泛听取意见。《条例》（征求意见稿）中提出，中等专业学校的基本任务“是培养社会主义革命和社会主义建设所需要的各种中等专业人才”，中专学生的培养目标是“具有相当高中文化程度，并在此基础上掌握本专业现代化生产所需要的基础理论、专业知识和实际技能，培养分析和解决问题的能力，具有健全的体魄”。

1980 年《国务院批转教育部全国中等专业教育工作会议纪要的通知》中指出:“我国的四化建设不仅需要大量高级专业人才，也需要数量更多的中等专业人才，以提高职工队伍中技术、管理人才的比重，使中等和高级专业人才保持合理的比例”，“新时期中专教育的任务就是多办和办好中等专业学校，培养德智体全面发展、又红又专的中等专业人才。必须坚持中专学生的培养目标，用现代化生产所需的基础理论、专业知识和实际技能武装他们，使他们的基础知识厚一些，专业面宽一些，实际技能好一些，适应性强一些”，《纪要》中指出，“中等专业学校在相当高中文化程度的基础上进行专业技术教育”，“是介于高中与大学之间的一种学校”。

1980 年 7 月，教育部转发北京市文教办公室《关于当前中等教育结构改革的几点意见》中提出，职业高中是“培养有社会主义觉悟的，具有相当普通高中文化水平，并掌握一定专业基础知识和生产技能的，有体力的劳动后备和技术后备力量”。

1985 年《中共中央关于教育体制改革的决定》将调整中等教育结构、大力发展职业技术教育作为我国教育体制改革的一个重点。为了落实《中共中央关于教育体制改革的决定》的精神。各类中等职业学校对其培养目标几经修改并在这一阶段形成了较稳定的和更加详细的表述。1986 年 4 月 12 日，国家教委颁发了《关于制定和修订全日制普通中等专业学校（四年制）教学计划的意见》，提出中等专业学校的培养目标是："德智体美全面发展，牢固掌握必需的文化科学基础知识和专业知识，有较强实践能力的中等专门人才。""应该在相当高中以及中等专门人才必备的文化知识的基础上掌握本专业必须的基础知识、基本理论和基本技能，具有运用所学知识分析和解决问题的能力、一定的自学能力、获取信息的能力，具有初步的经营管理和组织管理的能力，了解电子计算机在本专业的实际运用并有初步的应用能力，学好一门外语，为毕业后应用打下基础……"

1986 年 6 月颁布试行的《关于制定职业高级中学（三年制）教学计划的意见》，指出："根据国家的教育方针和社会主义现代化建设的需要，职业高级中学的任务是培养中级技术人员和管理人员、中级技术工人和从业人员。职业高级中学学生的培养目标是：有理想、有道德、有文化、有纪律、热爱社会主义祖国和社会主义事业，具有为国家富强和人民富裕而艰苦奋斗的献身精神，具有实事求是、独立思考、勇于创造的科学精神；具有能直接从事某一职业（工种）的技术理论、专业知识和操作技能，与本专业有关的主要文化课，要具有相当于普通高中的水平；有健康的体格。"

1986 年 11 月 11 日，劳动人事部、国家教委联合颁发《技工学校工作条例》，从三个方面规定了技工学校培养目标。思想政治方面：培养学生爱祖国、爱人民、爱劳动、爱科学、爱社会主义，讲文明、懂礼貌、守纪律，有良好的职业道德。操作技术方面：培养学生熟练地掌握本工种（专业）的基本操作技能，完成本工种（专业）中等技术水平的作业，养成遵守操作规范和安全生产、文明生产的习惯。文化技术知识方面：培养学生扎实地掌握理论基础知识，具有一定的分析和解决问题的能力。

1990 年 12 月 31 日，国家教委颁发《关于制订职业高级中学（三年制）教学计划的意见》规定职业高级中学的培养目标是"具有实事求是、勤于思考、勇于创造的科学精神；具有良好的职业道德、职业意识、职业纪律、职业习惯、忠于职守的敬业精神；掌握直接从事某一专业、工种必须的文化基础知识和素养、专业技术知识和操作技能；有健康的体魄”。当然，四有（有理想、有文化、有道德、有纪律）、两热爱（热爱社会主义祖国、热爱社会主义事业）、一精神（为社会主义四化建设和国家富强而奋斗的献身精神）是都要求的。此外，技工学校和职业高中对文化目标进行了调整，分别要求“主要文化课程要提高到高中水平”[①]和“与本专业有关的文化课，要具有相当于普通高中的水平”[②]。

对以上培养目标进行分析可以看出，这一时期中等职业教育人才培养目标体现出三个特点：首先，强调专业能力的培养。职业教育发展到此阶段，除专业知识本身外，也要求相应的纪律、合作、敬业等基本的职业操守；其二，在基本文化素质方面，三类学校都要求文化或主要文化课程到高中水平；其三，培养规格上达到中级专门人才，即培养“中等专业人才”或“中等技术人才”；其四，在能力上要求“具有一定的分析和解决问题的能力”。

三、突出综合职业能力的技能型人才培养目标（2000年至今）

世纪之交，我国处在建立和完善社会主义市场经济体制和实现现代化建设战略目标的关键时期。1998年2月，国家教委发布《面向21世纪职业教育教学改革的原则意见》，提出：“职业教育要培养同21世纪我国社会主义现代化建设要求相适应的，具备综合职业能力和全面素质的，直接在生产、服务、技术和管理第一线工作的应用型人才。”首次提出培养学生的综合职业能力。1999年6月《中共中央国务院关于深化教育改革 全面推进素质教育的决定》中指出：“职业教育和成人教育要使学生在掌握必需的文化知识的同时，具有熟练的职业技能和适应职业变化的能力。”为了落实国务院的精神，2000年教育部印

① 1979年2月20日，国家劳动总局颁发《技工学校工作条例》。
② 1986年6月5日，国家教委《关于制订职业高级中学（三年制）教学计划的意见》。

发了《关于制定中等职业学校教学计划的原则意见》,《意见》中指出：中等职业学校培养与我国社会主义现代化建设要求相适应，德智体美等方面全面发展，具有综合职业能力，在生产、服务、技术和管理第一线工作的高素质劳动者和中初级专门人才。他们应当具有科学的世界观、人生观和爱国主义、集体主义、社会主义思想以及良好的职业道德和行为规范；具有基本的科学文化素养，掌握必需的文化基础知识、专业知识和比较熟练的职业技能，具有继续学习的能力和适应职业变化的能力；具有创新精神和实践能力、立业创业能力；具有健康的身体和心理；具有基本的欣赏美和创造美的能力。一方面，对文化知识提出“够用”的原则，比以前的标准更加实际；另一方面，在强调综合职业能力培养的同时，注意学生职业可持续能力的培养，体现了以人为本的思想。

2003 年 12 月教育部等六部委下发了《关于实施职业院校制造业和现代服务业技能型紧缺人才培养培训工程的通知》中指出：进一步引导职业院校从劳动力市场的实际需要出发，坚持正确的办学指导思想，坚持以就业为导向，以全面素质为基础，以能力为本位，帮助学生形成健康的劳动态度、良好的职业道德和正确的价值观，要把提高学生的职业能力放在突出的位置，加强实践教学，努力造就制造业和现代服务业一线迫切需要的高素质技能型人才。2004 年 2 月教育部《2003—2007 年教育振兴行动计划》中指出：大力发展职业教育，大量培养高素质的技能型人才特别是高技能人才。把中等职业教育人才培养目标定位于技能型人才。

2005 年国务院颁布了《关于大力发展职业教育的决定》中指出：“以服务社会主义现代化建设为宗旨，培养数以亿计的高素质劳动者和数以千万计的高技能专门人才。”为了落实国务院的《决定》精神，2009 年，教育部在印发的《关于制定中等职业学校教学计划的原则意见》中指出：中等职业学校培养与我国社会主义现代化建设要求相适应，德、智、体、美全面发展，具有综合职业能力，在生产、服务一线工作的高素质劳动者和技能型人才。他们应当热爱社会主义祖国，能够将实现自身价值与服务祖国人民结合起来；具有基本的科学文化素养、继续学习的能力和创新精神；具有良好的职业道德，掌握必要的文化基础知识、专业知识和比较熟练的职业技能，具有较强的就业能力和一定的创业能力；具有健康的身体和心理；具有基本的欣赏美和创造美的能力。对综合职业能力进行了说明，提出了要具有"较强的就业能力和一定的创业能力"。

这一阶段中等职业教育培养目标有四个特点：一是明确提出培养的学生具有综合职业能力。二是从中初级专门人才发展为技能型人才。三是掌握必要的文化基础知识。四是注重学生的全面和可持续发展能力的培养。中等职业教育人才培养目标更加有限、具体、明确，即文化教育的有限性，能力培养的综合性，人才规格为技能型。

第二节　招生对象与学习年限变迁

我国中等职业教育学制在新中国成立初期进行了全面改革，以后虽经过多次调整，但变化不大，目前基本形成了与培养目标相一致的学制。但招生对象从计划经济体制下严格的年龄限制和城乡居民身份限制，发展到目前人人可以接受职业教育，不能不说我国职业教育取得了长足的发展。

一、新中国成立初期（1949—1966 年）

1949 年 12 月教育部在北京召开第一次全国教育工作会议，会议明确了教育工作的方针任务是：提高人民文化水平，培养国家建设人才……建设新教育首先要为工农兵服务，为当前的革命斗争和建设服务。多年来我国职业教育一直坚持面向工农的办学方向。在学制上随着招生对象等的变化而不断变化。

中等专业学校。1951 年 10 月 1 日政务院《关于改革学制的决定》奠定了新中国学制的基础。其中规定了中等技术学校修业年限为二年至四年，招收初级中学毕业生或具有同等学力者。初级技术学校，修业年限为二年至四年，招收小学毕业生或具有同等学力者。入学年龄皆未做统一规定。医药及其他中等专业学校参照技术学校之规定。1952年10月教育部颁发的《中等技术学校暂行实施办法》中进一步重申了中等和初等技术学校招生对象和修业年限外，规定“技术学校并得招收小学毕业生或具有同等学力者，其修业年限可延长为四年、五年或六年”。1952年9月教育部规定工、农、医科中等专业学校招收初中毕业生学习三年，财经类为两年半。1954年9月26日，政务院公布《关于改进中等专业教育的决定》中，特别明确规定了学习年限，对各类中等专业学校的修业年限都做了规定：工业性质中等专业学校的学习年限为3～4年；农、林、医及其他中等专业学校的学习年限为3年；计划、经济及会计中等专业学校的学习年限为2年半至3年。1954年11月24日高教部发布《中等专业学校章程》规定中等专业学校自此不再实行初等技术教育，只招收初级中学毕业生或具有同等学力者，且限15到25周岁的中国公民。工农干部、产业工人和少数民族的入学年龄可放宽至30周岁。凡烈属、军属子女、革命工作干部、青年农民、工农子女、少数民族、其投考成绩与其他学生同等者，应优先录取。学生毕业后，有主管业务部门统一分配工作。服务满三年后，经服务机关批准后报考高等学校。

1958年4月中共中央、国务院在《关于教育工作的指示》中提出：“现行的学制是需要积极地和妥当地加以改革的，各省、市、自治区的党委政府有权对学制积极进行典型试验，并报告中央教育部。经过典型试验取得充分的经验之后，应当规定全国通行的新学制。”学制改革试验以缩短现行学制年限为原则，一般与课程内容和教学方法的改革配套进行。但由于各地学制改革试验是在“大跃进”年代突发性进行的，缺乏思想上的准备，目标也不很集中，显得比较零乱。鉴于1958年各地有不少学校进行学制改革试验，为使此项工作有组织有领导地进行，1959年5月，中共中央、国务院颁发《关于试验改革学制的规定》指出：“学制试验必须有组织、有领导地进行。”“高等学校和中等专业学校如改变修业年限，须经中央教育部等中央有关部门和省、市、自治区批准。凡未经批准的都不许改变修业年限。”1958 年以后，大部分中等专业学校的学制根据高等教育部的规定又改为4年。

1963年7月5日，教育部发出《关于在中等专业学校中试办招收高中毕业生班的通知》，确定本年在交通部等四个中央部门所属的五所学校试办，共招收高中毕业生390名。学制工科两年半，财经两年。自此，中等专业学校的招生对象确定为初中毕业生或具有同等学力者和高中毕业生或具有同等学力者，一直到1965年。

技工学校。1953年发展技工学校时，招生高小毕业生，学制两年（有的一年半）。1954年4月，中央财经委员会批准颁发的《技工学校暂行办法（草案）》规定技工学校的招生对象为“具有高小以上文化程度及身体健康、政治纯洁的青年”“学习年限一般为二年”，部分学校开始招收初中毕业生，修业二年。1955年劳动部召开第一次全国工人技术学校校长会议，确定技工学校招收初中毕业生，学制二年。1956年劳动部颁发的《工人技术学校标准章程草案》限定招生对象年龄为16至23周岁。1958年5月21日，教育部、劳动部《关于技工学校招收新生问题的联合通知》中规定：技工学校新生的文化程度应该根据工种、专业的不同，分别招收初中毕业生和高小毕业生。1959年全国技工学校工作会议指出技工学校学制“应由主管部门根据不同的工种、专业的技术要求、新生的文化程度等情况分别规定。”1961年劳动部颁布的《技工学校通则》中规定“招收初中毕业学生的不少于二年；招收高小毕业学生（小学6年级）的不少于三年。”1962年12月，劳动部在武汉召开的全国技工学校校长会议上确定：今后技工学校招收初中毕业生，学制一般为三年。至此，技工学校招生对象从高小毕业上移到初中毕业，学制定为三年。1953年实行大区统考时，录取的办法是，由招生委员会协调、组织，学校对政治、健康及考试成绩合格的考生，参照所填志愿进行录取。

职业中学。我国农业中学、职业中学起步晚，1958年开始兴办农业中学和职业中学，为农村各行业各业培养初中级生产服务和经营管理人员，包括农业中学、工业中学及手工业中学，学制三年。

此阶段由于我国中小学处于调整起步阶段，人们受教育的年限普遍较低，因此中等职业学校生源比较复杂，形成了三种学生来源、九种学制，即招收初中毕业生的有两年、三年和四年的三种学制，招收高中毕业生的有两年、两年半和三年的三种学制。招收高小毕业生的学制两年、三年和四年的三种学制。较多的学制适应了多种人群的学习。

二、“文革”期间（1966—1976年）

此阶段教育事业遭到严重破坏。早在1964年春节座谈会上，毛泽东就提出“学制可以缩短”的要求[①]。1966年5月7日，他又提出；“学制要缩短，教育要革命。”[②]1968年7月21日毛泽东再次强调这种观点。这些谈话成为“文革”时期我国大中小学学制改革的指导思想。1971年8月13日全国教育工作会议召开，在国务院有关部委和省市代表强烈要求下，国务院有关部委和地方纷纷着手恢复举办技工学校和中等专业学校。1972年起中专恢复招生，招收有两年以上实践经验的优秀知识青年（包括插队青年和回乡知识青年），文化程度不分高中、初中，年龄为20岁左右，未婚。1973年7月3日，国务院批转国家计委和国务院科教组《关于中等专业学校、技工学校办学中几个问题的意见》，规定招生对象“中等专业学校一般招收有两年以上实践经验，相当于初中毕业文化程度的工农知识青年，学制暂定为2至3年；技工学校招收相当于初中文化程度的经过1至2年劳动锻炼的知识青年或应届初中毕业生，学制暂定为2年。年龄规定23岁以下，对青年工人放宽到30岁”。1977年，中等专业学校恢复统一招生考试制度，招生对象规定为应届和符合留城条件的往届初中毕业生及具有初中毕业文化的农村插队和回乡知识青年，高中毕业生志愿报考者亦可，年龄在20—22周岁未婚者，报考青年向所在学校或机关、厂矿、企事业单位、乡（公社）、街道办事处申请，经所在单位审查，符合条件的报县区招生办公室审核，批准后发给准考证。

① 《中华人民共和国教育大事纪》（1949—1982），教育科学出版社，1984:399.
② 《中华人民共和国教育大事纪》（1949—1982），教育科学出版社，1984:419.

同时，“文革”期间，城市中等教育结构日趋单一化，许多城市出现大批高中毕业学生不能继续升学，迫切要求就业，一些技工学校在招收初中毕业学生的同时，招收了一批高中毕业学生。

三、改革开放以来（1978—2000 年）

“文革”结束，经济体制全面改革，各行各业迫切需要人才，知识青年上山下乡被叫停，升学就业问题凸显，教育与社会、个人需求之间的矛盾激化，1978 年邓小平率先提出要进行中等教育结构改革，并以发展中等职业教育为重点。此后，中等职业教育学制在继承的基础上，根据实际状况做出了一些调整。

中等专业学校。1977 年开始，恢复统一招生考试制度。1978 年 6 月 6 日，国务院批转教育部《关于 1978 年高等和中等专业学校招生工作的意见》中规定，中等专业学校部分招收应届初中毕业和具有初中毕业文化程度的工人、农民、上山下乡及回乡知识青年，年龄在 18 岁左右；部分招收具有高中毕业文化程度的工、农知识青年（包括按政策留城尚未分配工作的），年龄在 22 周岁以内，对农业科技知识分子、赤脚医生、民办教师等报考对口专业，年龄可适当放宽，但不超过 25 周岁，限未婚。1979 年 5 月 3 日，国务院批转教育部《关于 1979 年高等学校招生工作会议的报告》指出：鉴于目前高中毕业生数量很大，需要安排，因此，中专除了招收初中毕业生以外，也可以招收高中毕业生。今后要随着中等教育的结构改革逐步改变这种状况。随《报告》一并批转下发的《关于 1979 年中等专业学校招生工作意见》规定，招收初中和高中毕业生，年龄分别为 15 至 18 周岁和不超过 22 周岁，学习年限分别为三至四年和二年。1980 年 4 月 24 日，国务院批转教育部《关于 1980 年中等专业学校招生工作的意见》增加学制的内容，在原先基础上对招收初中毕业生的个别专业可为 5 年，招收高中毕业生的医科和工科等可为二年半或三年。且“从今年起，同一学校应招收一种对象”。同年 10 月 8 日，国务院批转教育部《全国中等专业教育工作会议纪要》进一步明确指出："根据我国经济文化发展不平衡和中专专业门类多、要求不一的情况，中专学制可以多样化：招收初中毕业生，一般为四年，个别五年，有的专业仍保持三年；招收高中毕业生，一般为二年，医科和工科等有些专业可为二年半或三年。少数民族地区可以从实际出发，提出不同的招生对象和学制。"1982 年 4 月 15 日，教育部《关于 1982 年中等专业学校招生工作的意见》提出："今后应按专业的不同特点确定招生对象，逐步增加初中毕业生的比重。"1983 年 3 月 23 日，教育部《关于 1983 年全日制中等专业学校招考新生的规定》在上一年的基础上增加"原来招收初中毕业生的学校，不要改招高中毕业生。新办学校除特殊专业外，应招收初中毕业生"。1984 年 4 月，教育部发出通知，又规定中等专业学校（不含中师）的招生对象，要逐步过渡到招收初中毕业生为主，报考青年必须拥护四项基本原则，国家和集体企事业单位的职工，年龄不超过 25 周岁。1985 年 5 月 2 日，国家教委《关于 1985 年普通中等专业学校招生规定》将招收初中毕业生的年龄底线确定为不超过 18 岁。1986 年，国家教委发出招生通知规定中专校招收初中毕业生，学制 3 年、4 年，招收高中毕业生，学制两年。1988 年 3 月 14 日，国家教委发布《普通中等专业学校招生暂行规定》进一步确定了招生对象：初中毕业或具有同等学力，身体健康；年龄不超 18 周岁，特殊情况经省、自治区、直辖市招生委员会批准，可以放宽。招收高中毕业生的中等专业学校，考生的文化程度应是高中毕业或具有同等学力，年龄不超过 22 周岁，未婚。考试办法，由省、自治区、直辖市根据情况自行确定。其他各项要求参照本规定办理。

可见，此阶段中等专业学校的学制变化比较频繁。而自 1979 年起，都是修业年限和招生对象年龄等细节处的变动；再就是逐渐形成了以初中毕业生为主体的中等专业学校招生对象；修业年限即招收初中毕业生的学制有两年、三年、四年和部分五年，招收高中毕业生的学制两年、两年半和三年。

表 9-1 中等专业学校（不含中师）招收初中、高中毕业生统计表

单位：万人、%

年份	招生总数	其中： 招高中毕业生	百分比	招初中毕业生	百分比
1978	26.79	……	……	……	……
1979	36.53	21.91	82.58	4.62	17.42
1980	25.29	14.68	58.0	10.61	42.0
1981	23.81	20.27	85.13	3.54	14.87
1982	24.08	19.84	82.39	4.24	17.61
1983	28.64	21.83	76.22	6.81	23.78
1984	35.00	23.75	67.85	11.25	32.15
1985	45.19	25.59	56.62	19.6	43.38
1986	44.95	19.03	42.33	25.92	57.67
1987	48.05	16.82	34.68	31.32	65.32
1988	54.05	17.56	32.48	36.49	67.52
1989	50.77	15.97	31.45	34.8	68.55
1990	50.22	15.08	30.02	35.14	69.98

资料来源：依据相关年份《中国教育统计年鉴》数据统计和计算。

注：1979 年中专、中师共招收初中生 92317 人，缺乏分别统计数据，按各占一半估计。

技工学校。1979 年国家劳动局颁发的《技工学校工作条例(试行)》正式规定：技工学校“根据工种、专业性质不同，招收对象分别为具有初中毕业或高中毕业文化程度的未婚青年，年龄一般为 15 至 22 周岁”。学制分别为三年和二年。1984 年 3 月劳动人事部《关于一九八四年技工学校招生工作的意见》规定：技工学校的招生对象是有城镇户口、具有初中或高中毕业文化水平、年龄在 15 至 20 周岁（初中毕业生最大不得超过十八周岁）的未婚青年。1986 年劳动人事部、国家教委联合颁发《技工学校工作条例》，进一步提出技工学校的学制应根据培养目标、招收对象的不同分别确定。培养中级技术工人，主要招收初中毕业生，学制为三年，个别工种（专业）确有需要的，可以招收高中毕业生，经省、自治区、直辖市劳动人事部门批准，学制为一

至二年。

职业高中。“职业高中是改革开放后职业教育兴起的具体标志，它利用原中学的基础，投入小、见效快，促成了中等教育结构改革，有效地实现了初中毕业生分流，缓解了高校升学压力，而且培养了一大批有一技之长的劳动者。也促进了就业体制的改革。”①

1980 年 7 月，教育部转发北京市批转市文教办公室《关于当前中等教育结构改革的几点意见》及其附件《关于举办职业高中（职业班）的几项试行办法》，在附件中提出招生对象是：具有本市正式户口的应届初中毕业生（限城市户口）。招生范围限于本区、县，举办的学校可留适当比例。1981 年 1 月，教育部转发辽宁省人民政府批转省计委等 6 单位《关于中等教育结构改革情况和今后意见的报告》中提到：职业（技术）学校、职业中学、农业中学从自愿报名的应届初中毕业生中择优录取新生。1985 年《关于教育体制改革决定》中规定我国广大青少年一般应从初中阶段开始分流，“初中毕业生一部分升入普通高中，一部分接受高中阶段的职业技术教育；高中毕业生一部分升入普通大学，一部分接受高等职业技术教育”。明确了中等职业学校主要招收初中毕业生。职业高中是具有普通高中性质的中等职业学校，修业年限一般为三年。

1990 年国家教委关于印发《全国农村教育综合改革实验区工作指导纲要（试行）》的通知中指出：“农村的中等职业技术学校招收初中毕业生（及同等学力，适当放宽年龄），学制可二至三年。既可招收应届毕业生，也可招收已从业的工人农民。短期培训应按需要更加灵活多样。”1996 年国家教育委员会、农业部《关于进一步办好农村中等职业学校农业类专业的意见》中指出：“各地对招收农、林、牧专业的考生应实行宽进严出的管理办法。在有条件、不限制入学人数的地方，对自愿报考这类专业的学生，可以免试入学，凭初中毕业证书办理入学手续。”提出了免试入学的制度。

成人中专。1981 年 2 月 20 日，中共中央国务院颁布的《关于加

① 顾明远．改革开放 30 年中国教育纪实[M]．北京：人民出版社，2008:633.

强职工教育工作的决定》确立了成人中等专业教育制度。1982 年 6 月 9 日教育部颁布了《县办农民技术学校暂行规定》，规定招生对象为 30 岁以下的具有初中毕业以上文化程度的社队管理干部、技术员、有一定生产经验的农村青年和农民教育的教师，学习年限 2—3 年。1982 年 9 月 9 日，国务院批转了教育部《关于举办职工中等专业学校的试行办法》，规定了职工中专的招生对象是具有初中毕业实际文化程度并具有两年工龄的正式职工。职工中专的学制，脱产学习的一般 3 年。1987 年 4 月 17 日国家教委发布了《成人中专学校暂行条例》，《条例》第十八条规定：全日制的成人中等专业学校的学习年限，招生对象为初中毕业文化程度的，工科、医科为三年，文科、农科、林科某些专业一般为两年半。招生对象为高中毕业文化程度的学习年限，文科、农科、林科一般为一年半，工科、医科为两年。业余学习的学习年限应适当延长。1990 年 4 月 21 日国家教委印发了《关于制定成人中等专业学校教学计划的原则意见（试行）》，对学习年限的规定是：工科、医科业余学习一般为四年，脱产学习一般为两年半至三年；文科、农科、林科业余学习年限一般为三年至三年半，脱产学习一般为两年至两年半。

此阶段由于我国中小学教育有了长足的发展，人们受教育的年限普遍提高，因此普通中等职业学校生源相对来说比较整齐，形成了二种学生来源、八种学制，即招收初中毕业生或同等学力的学制有两年、三年、四年，甚至五年，招收高中毕业生或同等学力的学制有一年、两年、两年半、三年。

四、21 世纪以来（1999 年至今）

自 1999 年我国高等学校大规模扩招以来，拉动了普通高中教育，中等职业学校的生源受到了极大的影响，因而扩大了中等职业教育招生范围。2002 年以来我国中等职业教育又进入了快速发展阶段，2005 年以来中等职业教育开始大规模扩招，几年扩招过后却面临着学龄人口不断减少等问题的挑战，使得中等职业学校的招生对象和学制逐渐趋于多样化。

为了贯彻落实《中共中央国务院关于深化教育改革，全面推进素质教育的决定》的精神，2000 年 3 月教育部《关于制定中等职业学校教学计划的原则意见》的通知规定："全日制中等职业学校学历教育一般招收初中毕业生或具有同等学力者，基本学制为 3 至 4 年，以 3 年为主。学校可根据需要与可能，积极探索学分制等弹性学习制度，允许成年学员和有实际需要的学生工学交替，适当延长学习期限或分阶段完成学业。"弹性学制的建立，使得学制和学习年限不再是同一用语。学习年限可以高于学制。

2000 年 5 月劳动和社会保障部《关于加快技工学校改革工作的通知》中规定："逐步改革技工学校招生办法，适当放宽年龄、身份等限制条件，在继续招收初中毕业生的同时，面向社会，多种形式招生。可以实行统一登记招生，学习一段时间后根据学生的个人愿望和条件以及就业需要确定培养方向。""经各省、自治区、直辖市劳动保障部门核准，技工学校可根据培养目标调整学制。招收初中毕业生的主体专业，应坚持全日制集中授课，培训期限可实行二年或三年学制。国家实行就业准入控制和技术含量高的专业，继续坚持三年学制，对部分三产专业，学制可结合实际由三年改为二年。技工学校和其他培训机构面向社会开展职业资格培训，可采取灵活的教学形式，实行弹性学制，培训期限按照有关规定执行。"

2001 年教育部《关于做好 2001 年中等职业学校招生工作的通知》中指出："中等职业学校要积极接纳愿意转入职业学校学习的普通高中各年级在校学生，要尽可能地创造条件为愿意接受职业教育的人员提供入学机会。"2001 年教育部专门制定的《关于中等职业学校面向农村进城务工人员开展职业教育与培训的通知》中指出：对于已经取得了普通高中毕业证书且要求接受中等职业学历教育的人员，应主要对他们进行专业教育，学习时间以一至一年半年为宜，在补学专业课程并成绩合格后，可发给中等职业学校毕业证书。2002 年 2 月教育部《关于做好 2002 年中等职业学校招生工作的通知》中进一步指出：中等职业学校可以招收高中毕业生（包括往届生和进城务工在职人员），应主要对他们进行专业教育，根据专业需要学习时间以一至一年半为宜，并可采取灵活多样的弹性学习制度，学生完成规定的专业课程并成绩合格者，发给中等职业学校毕业证书。

为贯彻落实 2005 年国务院《关于大力发展职业教育的决定》的精神，深化职业教育教学改革，全面提高职业教育质量，2009 年教育部印发的《关于制定中等职业学校教学计划的原则意见》中进一步明确："招收普通高中毕业生或同等学力者，基本学制以 1 年为主。"并提出更具体的实行弹性学制的办法，如"建立'学分银行'，允许学生采用半工半读、工学交替等方式，分阶段完成学业"。可见，进入新世纪，中等职业学校的招生对象不再受年龄的限制，"招收普通高中毕业生或同等学力者，基本学制以 1 年为主"的规定，实际上建立了国际教育分类体系中的 4B 层次的职业教育，使更多的人通过这一补充教育，可以接受中等职业教育。这一举措彻底改写了我国教育体系没有第 4 级教育的历史，对于建立更加开放的现代教育体系具有深远的意义。

进入新世纪，职业教育被赋予"加快人力资源开发，落实科教兴国战略和人才强国战略，推进我国走新型工业化道路、解决'三农'问题、促进就业再就业的重大举措"等社会功能，越来越成为面向人人的教育，职业教育正在走向全民性和终身性。凡是有职业教育需求的各类人员都将成为职业教育的受教育对象，教育对象越来越大众化。因此，建立弹性的学习制度，构建灵活的学制成为中等职业教育发展的必然趋势。

第十章

中等职业教育教学改革

改革创新是教育发展的永恒主题。只有解放思想，转变教育观念，改革现行的、相对滞后的教育体系、人才培养模式、教育内容和教学方法，才能真正促进教育事业健康快速的发展。职业教育与经济社会联系最为紧密，人才培养主要服务区域经济社会发展，而经济社会的不断发展变化必然要求职业教育进行教育教学改革。新中国成立以来，我国中等职业教育所走过的路程就是不断深化教育教学改革的过程。教学改革是一项复杂的系统工程，涉及多方面的内容，本部分内容主要以教学计划为主线来探讨我国中等职业教育教学改革的历程。

第一节　改革开放前的教学改革

1949 年，新中国成立，人民翻身当家作主。在新中国诞生的近 30 年里，中国的职业教育经历了社会主义改造、“大跃进”“文化大革命”几次大的运动，实现了“除旧布新”的转变，这段时间我国主要处在计划经济时期，中等职业教育的教学具有较强的计划经济色彩。

一、中等专业学校教育

中等专业学校教育是以1952年3月21日，由政务院总理周恩来签署颁布的《关于整顿和发展中等技术教育的指示》为确立标志的新中国中等专业教育的基本制度，文件对教学做出了部分规定："中等技术学校除给学生以专门的技术训练外，必须实施政治教育和基本的文化与科学知识教育。因此，各类各级中等技术学校的课程应包括普通课、技术课及实验实习，纠正与防止单学技术忽视政治、文化学习的偏向，普通课的科目以及普通课与技术课所占的比重，应根据学校的性质、学生学习程度和修业年限分别规定。学校必须与有关的工厂、矿山、农场等建立密切联系，重视校内和校外的实验与实习，实验实习的时间应与技术课的讲授时数大体相等，各地现有的中等技术学校，均应按照上述原则，适当进行科别的调整和教学内容与方法的改进，使切合国家建设的需要。"可见，新中国成立初期我国对中等专业学校教育的认识是比较符合职业教育特点的。

同年10月，中央人民政府教育部颁发的《中等技术学校暂行实施办法》中提出"中等技术学校的课程，包括普通课（公共必修普通课和分类必修普通课）、技术课（基础技术课和专业技术课）与实验、实习（校内教学实习和校外生产实习）"，并指出了普通课与技术课的关系，即"中等技术学校的普通课，应有重点地配合技术课的需要，同时也应照顾本课的科学系统性以及各课相互间的必要联系，并适当照顾学生进修的需要"。指出了理论课为实践课服务的要求。同时，规定了普通课所占的比例，即"中等技术学校的普通课授课时数占授课总时数（不包括校内教学实习和校外生产实习）的百分比一般应以不少于百分之二十五，不多于百分之四十五为原则。各校应根据学校的具体情况和修业年限分别规定，并报上级教育部门和业务部门批准"。

新中国成立前，东北解放区的各级学校已经开始学习苏联经验，初步进行了一些教学改革。1952年11月，国家成立高等教育部，并将中专教育划归高等教育部统筹，使中专学校学习苏联经验，按苏联中专教学模式修订专业教学计划和教学大纲。

在教学计划制定方面，1952 年 10 月 7 日，教育部发布了《关于工业、农业、财政性质中等技术学校的普通课和基础技术课试行教学计划》，参照苏联的经验，教育部确定了工业、农业、财经类中等技术学校普通课、基础课和技术课的课程名称及其在教学计划中的课时分配。同时，翻译了苏联中等技术学校的普通课和基础技术课的教学大纲，均印发各校。1953 年 5 月 11 日，高等教育部发出《关于制定工业性质中等技术学校普通课和基础技术课标准时数的通知》。同年 7 月 31 日，高等教育部又发出《修订中等财经专业学校普通课和基础专业课教学计划的指示》，印发了《苏联中等技术学校章程》。随后，高等教育部结合我国学生水平，以苏联教学大纲为蓝本，经过精简，改编出 5 种普通课和 6 种基础技术课的教学大纲，要求各中专学校参照这些大纲逐步编写各课教学大纲，制定出新的教学计划 212 种。为了加强生产实习工作，1953 年政务院第 180 次会议专门通过了《关于加强高等学校与中等技术学校学生生产实习工作的决定》，对实习单位、学校和学生的权利及义务做出了规定。

1954 年 9 月 26 日，政务院《关于改进中等专业教育的决定》中提出了制订和修订中等专业学校教学计划及教学大纲的几项原则：为了保证理论课程、实验作业、教学实习与生产实习之间最密切联系，教学计划应包括完整的教学过程；在教学计划中应包括足以决定该专业培养目标的重点课程，并应规定出每门课程的学习时数及其学习年限；教学计划所列课程不得再细分为若干其他课程，以致造成学科繁多的现象等。为了规范教学管理，同年 10 月 19 日高等教育部颁布了《关于颁布中等专业学校十五种教学表格式样的通知》，指出：为了使中等专业学校能够按照统一的表格进行教学工作的计划和统计，及建立学生个人材料，高等教育部制订了教学进程表、课程表、教学日志、教师学期授课计划、听课意见簿、考试成绩报告表、学生缺席情况与平时成绩考核日报表、学生缺席时数月报表、学生登记表、学生卡片、学生名册、教学工作时数年度统计表、教学实习总结统计卡片、学生实习作业统计卡片共 15 种教学表格（后两种教学表格不适用于农林、财经、医药、艺术、体育等类学校）。为培养学生运用已获得的理论知识解决具体生产技术问题的独立工作能力，1955 年 3 月 14 日，高等教育部发出《关于发布中等技术学校课程设计规程的指示》，同年 10 月 21 日，高等教育部发出《关于中等技术学校毕业设计工作的指示》。1956 年 3 月 14 日高教部印发了《普通课和基础技术课及社会经济课标准时数》《关于拟定中等专业学校四年制教学计划的规定》，至此，经过一系列的学习、借鉴和实践，我国中等技术学校有了统一的教学计划和一套规范的教学管理文件。

1954 年 9 月 26 日中央人民政府、政务院《关于改进中等专业教育的决定》中规定："中等专业学校必须十分重视生产教学（包括教学实习与生产实习）以加强教学中理论与实际的联系。在制定教学计划与教学大纲时应将理论学习与生产教学联系成为一个整体的教学过程，并使生产实习的每一个阶段服从于理论课程有关部分的学习。中等专业学校教学实习与生产实习的时间应占理论教学时间的百分之二十五至三十五。""生产实习应在与学校固定联系的企业中进行。在厂矿企业中进行生产实习，应由中央业务部门负责筹划，学校的教师负责教学，由厂矿企业指派专家负责生产技术的指导。为了进行生产教学，农业学校应附设教学实习农场，中央人民政府卫生部应保证其所属学校在当地条件较好的医院进行实习。"同年 7 月，高等教育部分别制定了《高等学校与中等技术学校学生生产实习暂行规程》《中等工业学校在教学实习工厂内进行教学实习的办法的通知》和《发布中等农业、林业学校教学实习条例的通知》等。指出：工科类学校教学实习必须在教学实习工厂或具备条件的企业中进行；农、林学校教学实习必须在农场、牧场、林场（森林苗圃）、实习工厂、附属兽医院中进行；毕业设计（论文）要选择好对象和材料。中央各有关业务部门都对生产实习、教学实习和毕业实习采取相应措施，指定一些企业作为学校的协作厂，规定和安排厂与校的协作任务。可见，当时国家和学校非常重视校内外实践教学，但实践教学是为理论学习服务的。1953—1956 年贯彻"整顿巩固、重点发展、提高质量、稳步前进"的办学方针，教育质量不断提高。

1956 年 3 月 14 日高教部进一步规定了理论教学与实习的时间比

例，在出台的《关于拟定中等专业学校四年制教学计划的规定》中进一步明确：“教学实习和生产实习的时间应占理论教学时间的 25%～35%。”1958 年 1 月 31 日，毛泽东在《工作方针（草案）》中提出：“一切中等技术学校凡是有可能的，一律试办工厂或农场，进行生产，做到自给或半自给。学生实行半工半读。一切农业学校除了在自办农场进行生产，还可同当地农业合作社订立参加劳动的合同，并且派教师住到合作社去，使理论联系实际。”为了贯彻教育与生产劳动相结合的方针政策，1958 年 4 月 19 日，曾印发《关于制定教学计划工作的通知》，提出中专工科一律定为四年制，安排一年半参加生产劳动，两年半用于理论课程，进一步提高了实践教学的比例。1959 年，国务院《关于全日制学校的教学、劳动、生活安排的规定》指出：“中等专业学校学生参加生产劳动，应该有一部分与所学的专业结合。为了便于结合教学安排生产劳动，学校应该在可能的条件下举办一些农场或工厂。学生除了在校内参加工农业生产劳动外，还应有一定的时间下厂下乡参加生产劳动。”因此，中等职业学校把生产劳动列入正式课程，每个师生都按照规定参加一定时间的生产劳动。学校中兴办了工厂农场，工厂企业和农场中也兴办了技术学校。

1958 年 5 月，中共中央八大二次会议通过“鼓足干劲，力争上游，多快好省地建设社会主义”总路线，“大跃进”由此拉开序幕。各校开展了大炼钢铁运动，对学校教育计划产生了冲击，课时被侵占，不得不压缩教学计划，轻则削减部分课程，取消实验、实习、设计等实践性教学环节，重则整门课程甚至几门课和一些重要的环节被肆意取消。教学受到了严重的冲击，学生很难安心学些政治、文化和技术，大量的时间用于搞运动和参加劳动，降低了教学质量。1960 年以后，教学计划修订纠正了“左”的错误，贯彻以教学为主、少而精、劳逸结合等原则，划分课程的主次，明确各门课程的基本要求，增加基础理论课程教学和基本技能的训练，纠正了大跃进犯下的错误。

1963 年 6 月 5 日教育部颁布的《关于制定全日制中等专业学校教学计划的规定（草案）》中教学计划时间安排是：学制 3 年。全程总周数 150～151 周，其中，理论教学 83—84 周，约占总周数 55%，生产劳动和实习 36 周，约占总周数 24%，考试 7～9 周，毕业考试 3～4 周，毕业鉴定 1 周，假期为 18～19 周；理论教学课为 2600～2900 学时，其中，政治课与文化课为 1300～1330 学时，约占总学时数的 45%～50%，专业课和专业基础为 1300～1600 学时，约占总学时数的 50%～55%，一般不设外语课。并规定："理论教学周数与生产劳动和实习周数之比：工科三年学制为 73%:27%，四年制为 71%:29%；农林三年制为 70%:30%；医科三年制为 74%:26%，四年制为 69%:31%；财经三年制为 81%:19%。"由此可见，进一步缩减了实践教学，理论教学的比例进一步提高。

1966 年"文化大革命"爆发，教学秩序遭到了严重的破坏，办学以"生产劳动为中心"，教学计划频繁变动，课程正常的衔接安排常被打乱，文化课学习也没有严格要求，有些课程时上时停，教学秩序很不稳定。1976 年 10 月 18 日，我国掀起了揭批"四人帮"的运动，"文化大革命"彻底结束。1977 年恢复高考以后，教学计划主要是恢复性计划，中专学校的教学计划恢复到"文化大革命"前的状态。招收初中毕业生的专业教学计划中的课程设置，与"文化大革命"前的教学计划基本一致，增设了一些新的内容和新技术；招收高中毕业生的专业教学计划中的课程设置，除取消了语文、物理、化学等课程外，其他课程与"文化大革命"前专业教学计划的课程基本相同。

二、职业中学教育

新中国成立后，我国从 1958 年开始大规模创办职业中学。1958 年 3 月 24 日，教育部第四次全国教育行政会议提出：大力举办农业中学、工业中学和手工业中学，把高小毕业生培养成为有社会主义觉悟、有文化、又有一定生产技能的劳动者。职业中学强调的是理论与实践并重。1959 年 3 月 23 日中共中央宣传部部长陆定一在给江苏省委宣传部的庆祝农业中学创办一年的贺信中明确指出："文化课应当是初中的最基础课程。技术课程应当是以培养初级的农业技术干部为目标。"1964 年 4 月 15 日，教育部上报国务院《关于举办职业学校若干问题的意见》中提出:“各类职业学校应由主管部门根据招生对象、修业年限和具体的培养目标，制定实行教学计划。制定教学计划的原则，由教育部另行规定。”各地和学校主管部门在拟定教学计划时，一般都注意了以下几个原则：一是在教学计划中明确规定了本工种（专业）的具体培养目标、业务范围，以及学生在理论知识和实际操作技能方面应达到的水平。二是争取处理政治和业务的关系，坚持又红又专的方向。既重视学生的思想政治教育，又保证学生把大部分时间用于学好业务。三是贯彻理论和实践相结合的原则。既重视理论知识教学，又重视实验、实习、生产劳动等实践性环节，使学生巩固所学知识，并掌握必需的实践操作技能。四是统一性和灵活性相结合的原则。既有统一要求，又允许不同学校、不同工种在具体安排上可以适当灵活。

三、技工学校教育

与中等专业学校和职业中学相比，技工学校更加强调实践教学，实践教学的比例较大。1954 年中央财经委批准颁发的《劳动部技工学校暂行办法（草案）》中提出:“技工学校是培养理论与技术兼备的技工。其各类课程的一般比例应是：技术实习占 50%～60%，技术理论、政治、文化、体育等课程共占 40%～50%。各校应根据具体情况适当安排。”“技工学校，一般应有专用实习设备，凡属培养机械制造技工者，必须设有较为完善的实习工场，实习工场由教导科（处）领导。”随着技工学校教育教学改革的不断深化，进一步认识到实践教学对技术工人培养的重要性。1955 年 4 月 7 日，劳动部和工业、交通、运输各部联合召开了第一次全国工人技术学校校长会议，通过了《关于提高教学工作质量的决议》。会议明确了技工学校的教学工作以生产实习教学为主的方针，以区别于中专和普通学校偏重于文化教学。为了保证这一方针的贯彻落实，在课时分配上又进一步规定，生产实习和理论教学的课时比例一般为 6:4，即生产实习占 60％，政治、文化和技术理论占 40％。

1957 年前，我国技工学校主要使用的是国家劳动部编译的苏联技工学校有关工种的教学计划和教学大纲，有些教材也是选用苏联的。同时，各技工学校也根据本校的具体情况，编写自己的教学计划和大纲，并逐步应用到教学工作中。各专业设置的课程大致分为文化课、技术基础课、专业课以及专业基本操作技能和专业操作技能的生产实习课。1957 年以后，我国自行编写教学计划陆续投入使用，课程结构形式没有大的变动，教学内容更加切合我国的实际情况。

1958 年 3 月 20 日劳动部在北京召开全国技工学校工作会议，会议提出："技工学校必须贯彻执行勤工俭学的方针，达到自给自足。"会后，技工学校既进行生产，也进行教学，在生产中培养熟练技术工人，但为了达到经费自给自足，不少学校只顾了生产，忽视了文化和技术理论教育，出现了以生产劳动代替教学的倾向。1959 年 4 月劳动部在上海召开全国技工学校工作会议，研究提高技工学校教学质量，会议认为一般的技工学校学制为二到三年为主，每学年中生产劳动时间和技术理论教学时间应在 6:4 和 7:3 之间，进一步加大了实践教学（实际上是生产劳动）的比例。为了完成生产和教学的双重任务，教学中提出了几个"统一"：教学组织形式和生产组织形式相统一，教学计划和生产计划必须统一安排，理论课教学（专门工艺学教师）与生产实习课教学统一由一人讲授。

为了完成生产任务，上海市技工学校掀起了一个以机械化、半机械化、自动化、半自动化为中心的技术革新、技术革命运动，使学校的生产技术面貌、教学工作面貌以及人们的思想面貌都发生了深刻的变化。1960 年 7 月劳动部在上海召开"全国技工学校技术革新、技术革命和教学改革观摩会议"，会议强调：技工学校教学改革的重点应放在适当提高程度和适当控制学时两个方面，学制年限一般不求缩短。在提高程度方面，除了必须进一步加强对学生进行共产主义思想教育，不断地提高学生的共产主义道德品质以外，要求培养的学生，在技术操作上向一专多能的多面手的方向发展；在技术理论知识上，要求向更广、更深的方向发展，培养的学生要能独立进行较简单的技术设计和懂得生产技术管理方面的知识；在文化基础课方面，也要求向更高、更深的方向发展。[①]为了促使技工学校教学改革的顺利开展，辽宁、山东、河南、沈阳等省、市劳动部门都积极组织力量，进行教学计划、教学大纲的修订和教材的编写等工作。有些技工学校，根据教学和生产的要求积极地调整工种设置，合并了分工过细的工种。有些技工学校调整了课程设置，精简或充实了教学内容，等等。[②]

1960 年 3 月劳动部在郑州召开全国技工培训工作现场会议，总结交流了河南省大办技工学校的经验，提出全党全民来办技工学校，不仅国家投资办，公社也办；不仅省办，专、县也办，技工学校遍地开花结果，导致了技工学校不切实际的扩张，在师资、设备以及基本建设等方面都满足不了人才培养的需要，教学秩序出现混乱。因此，从 1961 年开始国家劳动部着手对技工学校进行整顿，并根据理论教学和生产实习各占一半的原则，重新修改了教学计划与教学大纲。纠正了生产、实习、劳动和社会活动过多的倾向，保证了教师有六分之五的时间用于教学，学生有自由支配的课外活动时间，加强了基础知识的教学和基本操作技能的训练。同年 5 月劳动部《关于颁发技工学校通则等三个文件的通知》中指出："技工学校贯彻执行教育为无产阶级的政治服务、教育与生产劳动结合的方针，实行半工半读。""技工学校学生进行生产实习时，劳动的时间：第一学期每天不得超过七小时，以后各学期每天不得超过八小时；未满十六周岁的学生，第一学年每天不得超过六小时，第二学年每天不得超过七小时，第三学年每天不得超过八小时。如果是夜班劳动，劳动的时间按照上述规定各减少一小时；未满十六周岁的学生不参加夜班劳动。"1962 年 12 月 12 日至 24 日，劳动部在武昌召开了全国技工学校工作会议，劳动部做了"关于一九五八年以来技工学校工作的总结"，提出了对技工学校进行调整工作，主要是学校内部的调整，如调整学制、规模、专业设置、机构、教学大纲和教学计划等。进一步提高教学质量，加强基础知识和基本技能的培养训练。学校工作必须以教学为主，教学工作必须以生产实

① 本刊记者. 技工学校要大闹技术革命和教学改革——上海技工学校技术革新、技术革命和教学改革观摩会议报导[J]. 中国劳动，1960（16）：6-7.

② 关裕泰. 河南等地技工学校掀起教学改革热潮[J]. 中国劳动. 1960（21）：24-25.

习教学为主。改变那些偏重生产、忽视教学和理论脱离实际的情况。

经过调整整顿，1964 年国民经济全面好转，半工半读又被提上议事议程。1964 年 10 月，为了贯彻刘少奇提出的“两种劳动制度和两种教育制度（全日制和半工半读制度）”的精神，规定学生每周三天学工三天读书或半天学工半天读书，低年级读多于工，寒暑假停学不停工。进厂劳动的学生享受同工种师傅的劳保待遇，劳动报酬主要用作学生的生活补贴。同年 11 月 17 日，中共中央作出《关于发展半工（农）半读教育制度问题的批示》，选定一部分学校进行试办半工半读学校，半工半读班总课时比全日制减少 655 学时，即减少 19%；半工半读的教学与劳动共计 184 周，其中劳动 80 周，占 43.5%。这一阶段技工学校的教学大多采取半工半读的教学形式。

根据最早创办半工半读学校的天津市第二教育局的介绍，半工半读中等技术学校的学制，一般以四年为宜，少数行业也可以三年。在四年（或三年）当中，用一半时间学习，一半时间劳动。基本上可以学完中等专业学校的所设课程，保证了教学质量。“每个学工每年劳动二十六周。绝大多数学校是一周劳动一周学习，少数学校是两周劳动两周学习，个别学校正在试验半天劳动半天学习的制度。”半工半读又有“六二制”的半工半读、“四四制”的半工半读。“四年当中，每年实际授课 20 周，每周最多 30 学时，总学时约 2200 左右。经过几年的实践，在保证必要的文化知识和基础理论知识，适当突出专业知识的前提下，对不必要的课程进行精简、合并。一般设十五门到十七门课。课时分配：政治课占 10%～15%；文化课占 35%～40%；技术基础课和专业课占 50%左右。”“教学方法贯彻启发式。以课堂教学为主，加强实物教学和直观教学。同时，根据课程内容，实行现场教学，在课堂上讲理论，在车间讲设备、讲操作，使学工既获得理论知识，又获得实际技能，理解得深，学习得快。现场教学还可以采取教师、工程技术人员、老工人相结合的办法，教师讲理论，工程技术人员讲解理论在生产中的应用，老工人表演实际操作。”①

---

① 天津市第二教育局. 天津市试办半工半读学校工作总结[J]. 人民教育，1965（12）:5-8.

从1966年开始的十年“文革”对中等职业学校教学形成了严重的破坏。“文化大革命”前技工学校大多改为半工半读学校，“文化大革命”开始后，技工学校大部分停办，改为工厂，从1971年，才陆续以技工学校的名义恢复。

这一阶段，由于我国中等职业教育先后经历了社会主义改造、大跃进、“文化大革命”几次大浪潮，教育教学改革变化较大。新中国成立初期主要是学习苏联经验，后来逐渐本土化，形成了自己的教学大纲和课程。在课程结构上采用文化课、专业基础课、专业课三段式，致使学生较晚地接触职业环境，不利于职业能力的形成。在课程设置上，则以学科课程为主，强调的是学生知识体系的建构，倾向于知识体系的完整性与系统性，缺乏职业真实性和实用性，缺乏与实际工作环境相联系，不利于学以致用，阻碍了学生对技术知识和工作过程知识的学习。在教学计划上，中等专业学校强调理论教学，职业中学要求理论与实践教学并重，技工学校突出实践教学。

第二节　改革开放后的教学改革

到“文革”后期，即1971年，有关部委和省市代表在全国教育工作会议上强烈要求恢复和办好中专和技校，并得到周恩来同志的肯定。因此，会议明确强调“中等专业学校和技工学校是我国普及科学技术、文化教育的一支重要力量。必须认真办好”。1973年7月3日，国务院批转国家计委、国务院科教组下发的《关于中等专业学校、技工学校办学几个问题的意见》中提出对中等专业学校和技工学校要抓紧调整、规划、布局等工作，根据需要和可能适当发展。中专和技工学校逐步恢复发展。1978年，十一届三中全会的召开，从根本上冲破了长期“左”倾错误的严重束缚，党和国家做出了把工作的重点转移到社会主义现代化建设上来和实行改革开放的重大战略决策。它标志着中国进入了改革开放和社会主义现代化建设新的历史时期，计划经济体制逐步削弱，市场经济体制逐渐崛起，为适应市场经济发展的需要，中等职业教育逐步加大了教育教学改革的力度。

一、中等专业学校教育

经济体制改革以来，我国职业教育也迎来了春天。1985 年中共中央颁布的《关于教育体制改革的决定》中提出：调整中等教育结构，大力发展职业技术教育，培养千百万受过良好职业技术教育的中、初级技术人员、管理人员、技工和其他受过良好职业培训的城乡劳动者。

1980 年 10 月国务院批转教育部《全国中等专业教育工作会议纪要的通知》中指出：教学总时数，四年制一般为 3500 左右课时，三年制约为 2600 课时，二年制（招收高中生）约 2000 课时。工科学校设有实习工厂，农科学校设有农场，有的医科卫生学校设有医院。学生一部分实习时间在校内实习工厂或农场劳动；部分时间到校外工厂、人民公社、医院等单位进行实习和劳动。

1986 年 4 月 12 日，国家教委制定了《关于制定和修订全日制普通中等专业学校（四年制）教学计划的意见（试行）》，该教学计划中规定：理论课与实践课教学时数之比，工、农、林、医及应用理科等科分别为 77%：23%或 71%：29%。应用文科、财经、政法等科为 83%：17%。另外，对于那些实验占重要地位的课程，其实验时数一般应不少于该门课程理论教学时数的 20%。可见，这一时期，由于中专人才培养目标与高等教育一致，仍是国家干部，中等专业学校教育与普通高等教育一样，突出理论教学，中专的实践教学比例大约占总学时数的 20%。1987 年 1 月 3 日国务院办公厅转发国家教育委员会等部门《关于全国职业技术教育工作会议情况报告的通知》提到，各类职业技术学校和培训机构要正确处理文化基础和专业教育、理论知识和技能训练的关系。要重视必要的文化基础和理论知识的教育，但不应脱离培养目标，盲目追求知识的系统性和理论的深度。培养技术工人的，应侧重操作技能的训练。职业技能训练必须严格要求，坚决克服和防止重理论轻实践的偏向。

1995 年 4 月 1 日国家教育委员会印发《关于普通中等专业教育（不

含中师）改革与发展的意见》的通知中指出："深化中等专业学校教学领域的改革，要以经济建设、社会发展和市场需要为导向，遵循中等专业教育的规律，着重提高学生思想道德和业务素质，全面提高教育质量。""要坚持规格，按需培养，进一步贯彻教育与生产劳动相结合的方针，实行教学、技术服务、生产实践三结合。"

二、职业高中教育

1980 年我国开始调整中等教育结构，在结构调整中职业高中开始恢复性发展。1986 年 6 月 5 日国家教育颁发了《关于制订职业高级中学（三年制）教学计划的意见》中指出：职业高级中学着重技能的训练，文化基础教育适当配合。政治课、文化课与专业、实习的课时比例，工科类一般为 4:6，文科类一般为 5:5，根据专业、工种性质和培养目标的不同，具体比例可适当灵活，而某些要求文化基础知识更多一些的专业，其文化课所占比重，可以再提高一些，但专业课（含实习）的课时不得低于 30%。随着职业高中教育的发展，进一步明确了文化课、专业课和实习课的比例。1990 年 12 月 31 日，国家教委发出了《关于颁发〈关于制订职业高级中学（三年制）教学计划的意见〉的通知》中规定："政治课和文化课、专业课、实习的课时比例，工农医类一般为 3:3:4，文科类一般为 4:3:3，某些要求技能较强的专业、工种一般为 2.5:2.5:5。根据专业、工种性质和培养目标的不同，具体比例可适当灵活。"可见，与 1986 年的教学计划相比，加大了专业课和实践教学的比例。此后，到 1999 年一直按这一标准执行。

关于农村职业教育，1983 年 5 月《中共中央、国务院关于加强和改革农村学校教育若干问题的通知》中指出：农村各类职业学校要以教学为主，对文化科学基础知识、专业知识和技能都要认真教好，还要讲授农村经济政策和科学管理知识。要把教学、生产劳动与科学技术的推广应用等活动密切结合起来。农业高中和各类职业学校，办学应当不拘一格。学习期限长短结合，一般为二、三年，也可以为一年。职业技术课的比重不少于 30%，也可以更大一些。

三、技工学校教育

受半工半读教育思想的影响，1979 年 2 月 20 日，国家劳动总局颁发的《技工学校工作条例（试行）》指出：学校的教学，应该理论联系实际，以生产实习教学为主。并规定："文化、技术理论课程要切实注意加强基本知识、基础理论和基本技能的教学。生产实习和文化、技术理论教学的比重，原则上各占一半为宜。但有的工种、专业需要的文化和科学技术理论知识较多，可以适当扩大文化、技术理论课在总授课时数中的比重。"1982 年，国家经济委员会会同国家劳动总局颁发《关于加强技工学校生产实习教育工作的几点意见》指出，国务院的有关部门要尽快制定出本系统有关工种专业的生产实习教学计划和教学大纲，应当切实保证有足够的生产实习教学时间，其授课课时与文化技术理论课的比例一般以各占一半为宜，最低不得少于 40%。可见，改革开放初期，技工学校实践教学和理论教学仍维持在 1:1。

1985 年 2 月 5 日，劳动人事部颁发的机械类通用工种（招初中毕业学生、学制三年）教学计划，生产实习教学为 2580 学时，达到总学时的 58%；政治文化技术理论课为 1760 学时，占总学时的 42%。重新又加大了实践教学的比例。1986 年劳动人事部、国家教育委员会《关于颁发技工学校工作条例的通知》指出，技工学校的教学，必须着重操作技能的训练；并紧密围绕培养目标，安排必要的文化与技术理论基础课程。技工学校的生产（业务）实习教学，是培养学生掌握操作技能的主要手段。学生的生产（业务）实习，应尽可能结合生产（业务工作）进行。可以在校办工厂实习，也可以下厂（车间、工地、店堂）实习。生产（业务）实习教学的内容，应包括基本功训练和综合课题训练。1989 年 5 月劳动部《关于技工学校深化改革的意见》指出："各地区、各部门都要进一步搞好技工学校的教学改革。要加强生产实习教学，坚持突出操作技能训练的原则。实习教学条件比较完善的学校，可根据生产发展的需要和工种（专业）不同的要求，适当增加生产实习课时的比重。提高学生操作技能的熟练程度，或者拓宽学生操作技能训练面，实行一专多能。”“必须建立实习工厂（场）的学校，已经建立的进一步充实和完善办学条件；尚未建立的要限期建立起来，并争取在一九九五年达到每个学生在上生产实习课时都有一个工位。难以建立实习工厂（场）的学校要有必要的实验和模拟设施，结合现场教学（如承包工程、承包工位、顶岗轮训等），加强对学生操作技能的训练。各学校都要采取一切有效措施，强化生产实习教学，提高培训质量，在完成生产实习教学任务的同时，因地制宜开展勤工俭学活动，搞好生产经营，增强学校自我完善能力。”

1992 年我国提出建立社会主义市场经济体制，我国企业逐渐走向市场。为了有效地适应人才市场需求的变化，技工学校开始加大了教育教学改革的力度。1993 年劳动部颁发的《关于深化技工学校教育改革的决定》中指出：“提高教学质量是技工学校教学改革的核心，学校要逐步建立适应社会主义市场经济体制，符合技能培训特点和教学规律，具有竞争活力的教学制度。”“生产实习课要突出基本技能训练，实行每生一岗或轮流在模拟装置上操作。要把学生基本的生产技能训练同直接参加产品生产密切结合起来，不断提高学生的实际操作技能。”重新强调理论课为实践课服务的思想，更加突出了实践技能的培养，并强调在生产岗位上培养学生的操作能力。

四、成人中专教育

为了适应大批返城知青和在职青年职工、干部等学习文化科学知识和技术，满足就业、转岗、成才需要，1987 年 4 月国家教委颁布了《成人中等专业学校暂行条例》，《条例》规定成人中专“根据按需施教、学用结合的原则，对从业人员进行成人中等专业教育，培养适应经济和社会发展需要的德智体全面发展的应用型中级专门人才”。关于成人中专的教学，1990 年 4 月国家教委下发的《关于制订成人中等专业学校教学计划的原则意见（试行）》中指出：“普通课中主要课程应达到中等专业人才的文化知识含量，要重视基础课程的教育，使学员掌握必备的基础理论、基本知识和基本技能，专业课要从我国经济建设、技术设备更新改造和科学技术发展需要出发，更新教学内容，拓宽知识面，加强针对性和适用性，满足在职学员定向学习的需要。”“课程可分必修课和选修课。必修课占总学时 90%左右。普通课、基础课和专业课三类课程的比重，一般按 30:40:30 的比例安排，不同专业根据需要可适当调整比例。”“理论联系实际，注重能力培养。加强社会、生产实践教学环节，保证实践教学时间，提高实践教学质量。引导学员把所学知识应用到生产、工作实践中，提高分析问题、解决问题的能力。脱产学习的工、农、医类专业，实践教学时间不少于 18 周，文科不少于 8 周。学员已掌握的生产实践技能，经考核，成绩合格者，可予免修。专业不对口的学员，除完成理论学习任务外，需按所学专业，进行实践技能训练，考核合格后，方能颁发毕业证书。”

这一阶段，我国经济社会发展速度快，毕业生就业大多按计划落实，中等职业教育稳步发展，人才培养目标明确，职业教育教学改革稳步推进。由于中等职业教育四类学校的人才培养目标不同，致使它们的教育教学改革存在一定的差异。从教学计划上看，中等专业学校主要培养后备干部，教学仍然突出理论教学；职业高中培养应用技术人才，则逐渐加大了实践教学比例；技工学校培养技术工人，教学仍然突出实践教学。在课程上，它们仍然沿袭三段式的课程模式。

第三节　进入新世纪的教学改革

1998 年国家教委关于印发《面向 21 世纪深化职业教育教学改革的原则意见》的通知中指出：职业教育应确立以能力为本位的教学指导思想。专业设置、课程开发须以社会和经济需求为导向，从劳动力市场分析和职业岗位分析入手，科学合理地进行。要建立健全课程标准，优化课程结构。教材内容要密切联系实际，反映新知识、新技术、新工艺和新方法。从此在世纪之交拉开了新一轮职业教育教学改革的序幕。此阶段教学改革大体经历了两个阶段：一是 1999 年第三次全国教育工作会议以来，中共中央国务院做出了《关于深化教育改革，全面推进素质教育的决定》，教育部以全面推进素质教育和实施《面向21世纪行动计划》提出的"面向21世纪职业教育课程改革和教材建设规划"为契机，加大了课程改革力度和建立弹性学习制度；[①]二是2005年国务院《大力发展职业教育的决定》提出以就业为导向，把职业教育教学改革推上一个新的台阶。这一阶段三类学校培养目标日趋一致，均突出实践教学，在此一并叙述。

1999年6月中共中央国务院《关于深化教育改革，全面推进素质教育的决定》（简称《决定》，下同）中指出："转变教育观念，改革人才培养模式，积极实行启发式和讨论式教学，激发学生独立思考和创新的意识，切实提高教学质量。""职业教育和成人教育要使学生在掌握必需的文化知识的同时，具有熟练的职业技能和适应职业变化的能力。""高等学校和中等职业学校要创造条件实行弹性的学习制度，放宽招生和入学的年龄限制，允许分阶段完成学业。""职业教育要增强专业的适用性，开发和编写体现新知识、新技术、新工艺和新方法的具有职业教育特色的课程及教材。"

为了贯彻全国教育工作会议精神和中共中央国务院《决定》，进一步落实《面向21世纪教育振兴行动计划》中提出的"职业教育课程改革和教材建设规划"，加强对全国中等职业教育教学工作的指导，1999年4月7、8日劳动和社会保障部就业培训司、中国就业培训指导中心在北京召开了全国职业培训教学工作指导委员会成立会暨职业培训教学工作，7月27日教育部成立了全国中等职业教育教学指导委员会。11月8日，教育部职业教育与成人教育司在北京召开行业职业教育教学指导委员会成立大会。行指委的主要职责是接受全国中等职业教育教学指导委员会和教育部职业教育与成人教育司的委托，就本行业中等职业教育教学领域的重要问题，向教育部职业教育与成人教育司提供咨询，并根据需要，承担有关方面的具体工作。在行指委指导下，教育部组织专家开发了中等职业学校重点专业建设的教学指导方案（包括专业课程设置、部分主干专业课程教学基本要求以及专业设置标

① 教育部职业教育与成人教育司，教育部职业技术教育中心研究所．中等职业教育教学改革理论与实践研究[M]．北京：高等教育出版社，2008.

准等），开发和编写1000种体现新知识、新技术、新工艺、新方法的具有职业教育特色的课程和教材，制作100种多媒体教学课件。同年，11月17日至18日，教育部职业教育与成人教育司在浙江省杭州市召开中等职业教育文化基础课程教学指导委员会成立暨首批文化基础课程教学大纲研讨会议。文指委委员和顾问50多人参加了会议。会议研究讨论了中等职业学校30种文化基础课程教学大纲，规划部署了面向21世纪中等职业教育文化基础课程教学改革工作。

为落实《决定》的精神，2000年3月21日教育部颁布了《关于全面推进素质教育深化中等职业教育教学改革的意见》，《意见》中指出："改革开放以来，我国中等职业教育的改革和发展取得了很大成就。但是随着市场经济体制的建立、科技进步和产业结构的调整以及劳动力市场的变化，中等职业教育的现状不能适应培养高素质劳动者和中初级专门人才的需要，也满足不了人民群众日益增长的多样化职业教育需求。""在教育教学领域，职业教育的观念和培养模式相对滞后，教学工作存在片面强调学科体系和知识灌输，与生产和生活联系不紧密，对知识应用、创新精神和实践能力培养重视不够、实践和专业技能训练比较薄弱等问题，难以使学生形成熟练的职业技能和适应职业变化的能力。这些问题制约了中等职业教育的健康发展，影响了高素质劳动者的培养。"

2000年3月21日年教育部《关于印发〈关于制定中等职业学校教学计划的原则意见〉的通知》中在"课程设置及其要求"部分提出："中等职业学校的教学承担着实施高中阶段文化基础教育和培养职业能力的任务，其课程设置分为文化基础课程和专业课程两类。""文化基础课程的必修内容应达到国家规定的基本标准。德育课、语文、数学、外语、计算机运用和体育一般应列为必修课；其他自然科学和人文科学类课程，可列为必修课和选修课，可单独设置或开设综合课。""专业课程（包括专业基础课、专业课、教学实习和综合实习）的任务是向学生传授从业所必需的专业基础知识和专业技能，强化职业技能训练，培养他们爱岗敬业的职业品质、熟练的职业技能和适应职业变化的能力。""文化基础课程与专业课程的课时比例一般为 4:6，专业课程中的实践教学比例一般为50%，综合实习一般安排一学期。对文化基础要求较高或对职业技能要求较强的专业，可根据需要对课时比例做适当的调整。”2001年8月17日教育部办公厅颁布的《关于在职业学校进行学分制试点工作的意见》中指出：课程类型可以分为必修课、限定选修课和任意选修课。必修课是指为保证专业人才培养的基本规格和质量，学生必须修习的课程，包括文化基础课程、主干专业课程；限定选修课是指学生在专业业务范围内，按照规定要求选修的深化、拓宽与专业相关的知识和技能的课程；任意选修课是指学生根据个人兴趣和实际需要选择的扩大知识面、提高适应能力的课程。各试点学校应根据实际需要合理确定这几类课程的比例。2001年8月10日教育部办公厅下发了《关于在部分有条件的中等职业学校做好综合课程教育试验工作的意见》，来进一步指导现实中一些职业学校开展综合课程教育试验工作，推动中等职业学校的课程改革。

2002年国务院召开了第四次全国职业教育工作会议，出台了《关于大力推进职业教育改革与发展的决定》，提出了“深化教育教学改革，适应社会和企业需求。……加强实践教学，提高受教育者的职业能力”。针对国内劳动力市场技能型人才紧缺，严重制约产业结构的优化和升级，影响制造业和现代服务业快速发展的状况，2003年教育部等六部委下发了《关于实施职业院校制造业和现代服务业技能型紧缺人才培养培训工程的通知》，教育部制订了《职业院校技能型紧缺人才培养培训指导方案》，提出了强化职业能力培养目标、推广行动导向的教学方法，强调学生在教学活动中的中心地位。2004年2月教育部《2003—2007年教育振兴行动计划》全面启动，其中的“职业教育与培训创新工程”对中等职业教育教学提出了同样的要求。至此，我国职业教育从“以学科为中心”“以知识为本位”为主要特征的传统学科教育开始向“以能力为本位”为主要特征的方向转变，职业教育教学改革从以往的量变向质变转化。

为了贯彻党的十六大和全国人才工作会议精神，进一步落实《国务院关于大力推进职业教育改革与发展的决定》，认真实施国务院批转的《2003—2007年教育振兴行动计划》，经国务院同意，2004年教育部等七个有关部委联合召开了第五次全国职业教育工作会议，并做出了《关于进一步加强职业教育工作的若干意见》，明确提出：“要积极推动职业教育和培训从计划培养向市场驱动转变、从政府直接管理向宏观引导转变，从专业学科本位向职业岗位和就业本位转变。职业院校要坚持以服务为宗旨，以就业为导向，面向社会面向市场办学，深化办学模式和人才培养模式的改革，努力提高职业教育的质量和效益。”“推动产教结合，加强校企合作，积极开展‘订单式’培养。坚持以能力为本位，优化教学与训练环节，强化职业能力培养，高等职业教育专业实训时间不少于半年，中等职业教育应为半年至一年。”从服务面向、人才培养模式等多个方面指出了新世纪我国中等职业教育教学改革的方向。

2005年国务院《关于大力发展职业教育的决定》出台以来，进一步明确要以就业为导向，深化教育教学改革，指明了新时期我国职业教育教学改革的方向，文件指出：大力推行工学结合、校企合作的培养模式。与企业紧密联系，加强学生的生产实习和社会实践，改革以学校和课堂为中心的传统人才培养模式。中等职业学校在校学生最后一年要到企业等用人单位顶岗实习。

为了贯彻和落实《国务院关于大力发展职业教育的决定》的精神，2008年教育部发布《关于进一步深化中等职业教育教学改革的若干意见》，全面启动了新一轮中等职业教育教学改革，《意见》指出：工学结合、校企合作、顶岗实习，是具有中国特色的职业教育人才培养模式和中等职业学校基本的教学制度。深化课程改革，努力形成就业导向的课程体系。加强学生职业技能培养。要高度重视实践和实训教学环节，突出“做中学、做中教”的职业教育教学特色。加大专业技能课程的比重，专业技能课程（含顶岗实习）的学时一般占总学时的三分之二。要按照相应职业岗位（群）的能力要求，采用基础平台加专门化方向的专业课程结构，设置专业技能课程。课程内容要紧密联系生产劳动实际和社会实践，突出应用性和实践性。进一步推进学生在取得学历证书的同时获取职业资格证书工作。2008年12月，教育部印发了《关于中等职业学校德育课课程设置与教学安排的意见》和新修订的中等职业学校德育课课程教学大纲，新一轮中等职业学校德育课课程改革方案进入实施阶段。

为了配合工学结合、校企合作人才培养模式的改革，2009 年教育部《关于制定中等职业学校教学计划的原则意见》中规定：中等职业学校课程分为公共基础课与专业技能课。公共基础课程学时一般占总学时的三分之一，累计总学时约为一学年。专业技能课程学时一般占总学时的三分之二，其中顶岗实习累计总学时约为一学年。对文化基础要求较高或对职业技能要求较高的专业，可根据需要对课时比例做适当的调整。同时，在认真总结以往课程教学改革经验的基础上，教育部重新修订中等职业学校德育课程及语文、数学、英语、体育与健康、计算机应用基础、物理、化学 7 门公共基础课程教学大纲。[①]

2009 年人力资源和社会保障部办公厅下发了《关于印发技工院校一体化课程教学改革试点工作方案的通知》,决定在全国部分技工院校中开展一体化课程教学改革试点工作。旨在通过两年努力，开发完成技工院校若干主体专业一体化课程体系,探索建立适应经济社会发展、符合企业生产需要的现代技工教育新教学体系。

为了加大职业教育教学改革的创新力度，2010 年 3 月 18 日全国中等职业教育教学改革创新指导委员会成立。全指委是教育部领导下对全国中等职业教育教学工作进行研究、咨询、指导、服务和质量监控的专家组织，旨在发挥有关政府部门、行业协会、企事业单位等的积极性，加强对中等职业教育人才培养和教学工作的宏观指导，推进内涵建设，突出办学特色，促进人才培养质量的全面提升，不断适应经济社会发展的需求。

这一阶段，经过多年的学习、借鉴和实践，我国对职业教育的本质有了充分的认识，同时，我国综合国力的显著增强，职业教育的办学条件也有了很大的改善，三类中等职业学校的人才培养目标趋同，在此基础上，我国连续出台了一系列促进职业教育发展和深化教育教学改革的政策文件，提出“以就业为导向，以服务为宗旨”的办学方

① 孙琳．对中等职业教育教学改革的思考[J]．职业技术教育，2010（2）:28.

针，改革以学校和课堂为中心的传统人才培养模式，大力推行校企合作、工学结合培养模式，强化实践教学环节，加强学生实践能力和职业技能的培养，各专业的文化基础课和德育课、专业理论课、专业实践课三类课学时之比平均是 3.3:3.3:3.3，与 2000 年 1 月教育部颁发的教学文件（教高〔2000〕2 号）中规定的 4:3:3 相比，文化基础课时有所减少，实践环节得到加强，反映了近年来我国中等职业学校正从传统的“以升学为导向”“以学科为中心”“以知识为本位”为主要特征的学科教育逐步向“以就业为导向”“以全面素质为基础”“以能力为本位”为主要特征的现代职业教育方向转变。教学中按照工作过程系统化的思路，突出“做中学”“做中教”，积极探索理实一体化的课程和教学方法。此外，大力推进素质教育，将德育纳入了课程改革中，加强以敬业和诚信为重点的职业道德教育，也是职业教育教学改革的重要方向。

第十一章

中等职业教育课程改革

课程改革是教育教学改革的核心任务。课程改革就是在全面贯彻党的教育方针的基础上，按照一定的课程理念和人才培养目标以及办学条件，调整和改革课程体系、结构、内容，构建符合一定目标的新的课程体系。课程理念、人才培养目标和办学条件是影响课程改革的重要因素。纵观我国中等职业学校课程改革历程，从新中国成立以来，我国中职教育课程改革经历了学习苏联和固化阶段、学习欧美和自我探索阶段、创新与发展三个阶段。新中国成立后全方位向苏联学习，将课程用教学计划来代替，按照苏联模式对我国的中职课程进行了改造。随着改革开放的推进，20 世纪八九十年代，引入德国双元制、CBE 和 MES 等国外先进经验，我国职业教育课程向综合化和模块化方向迈进，并形成了“宽基础、活模块”等课程改革成果。进入 21 世纪，随着工学结合、校企合作培养模式的确立，确立了以理论和实践一体化课程和项目教学为主的课程改革方向。同时，由于我国职业教育管理体制和中等职业学校类型多样，多年来，我国劳动部门主管的技工学校教学改革偏向英美国家，突出可操作的技能培养，而教育部主管的职业学校突出综合职业能力的培养。

第一节　借鉴与固化时期

新中国成立伊始，我国面临帝国主义包围，而且缺乏社会主义建设经验，只有第一个社会主义国家苏联的经验可借鉴，为此，中共中央提出要学习苏联的先进经验。1960 年中苏关系恶化，由于闭关锁国，加之政治运动频繁，停止了向国外的学习和借鉴，所以中等职业学校课程与教学虽不断进行改革与完善，但总的来看仍沿用苏联的做法。由于当时苏联教育学界所持的是大教学小课程的教学课程观，关于课程方面的内容许多都是以教学的形式呈现的。所以这一阶段课程改革主要侧重教学计划、教学大纲和教材的编写，很少涉及课程改革的内容。

一、全面借鉴苏联阶段（1949—1960 年）

为了有效地学习苏联的先进经验，从 1950 年开始，我国陆续聘请了苏联专家、学者来华，翻译了苏联的教学计划、教学大纲、教材和各种相关的资料，并参考了苏联的中等专业学校专业设置的经验，建立了一些规章制度，改进了教学和管理方法。在学习和借鉴的基础上，结合我国国情出台了一系列教育教学的文件，来指导职业教育的发展。1954 年 9 月政务院发出了《关于改进中等专业教育的决定》，同年 11 月政务院批准《中等专业学校章程》。这些文件有效地规范了教育教学秩序，提高了教学质量。但是，在学习苏联经验时，也曾出现过与中国实际情况结合不太紧密的情况，存在生搬硬套的倾向。新中国成立后我国建立了培养技术干部的中等专业学校和培养技术工人的技工学校两种中等职业教育制度。由于两类学校人才培养目标的不一致，其课程和教学也存在一定的差异。

（一）中专学校

按照苏联的分法，中等专业学校一般分为 3 类：（1）中等技术学校，包括工业、运输、农业等学校，学制为4年，培养工业、建筑、运输、电信和农业等部门的中等程度的技术专家；（2）中等师范学校、中等音乐学校，学制也是4年，主要培养小学师资；（3）中等卫生学校和法律学校，这类学校学制3～4年，培养护士、助产士等中等医务人员和中等司法人员。我国从1949年把解放前的职业学校改称为技术学校，在接管旧的职业学校的基础上，进行调整，全面参照苏联中专学校的专业设置、教学计划、教学大纲、教材、教学方法、规章制度和学校组织体制。在1950年至1957年，我国学习苏联，由主管部门参照苏联中专教学计划制定我国有关专业的教学计划，规范教学管理，使杂乱无章的教学秩序得以理顺。

1952年3月21日政务院《关于整顿和发展中等技术教育的指示》中确立了各级各类中等技术学校的课程包括普通课、技术课及实验实习三类，普通课的科目以及普通课与技术课所占的比重，应根据学校的性质、学生程度和修业年限分别规定。同年10月28日，中央人民政府教育部颁发的《中等技术学校暂行实施办法》中进一步明确了三类课程的主要内容及相互之间的关系和建设重点。普通课包括公共必修普通课和分类必修普通课，普通课授课时数占授课总时数的百分比一般应在25%～45%；技术课包括基础技术课和专业技术课；实验、实习包括校内教学实习和校外生产实习。并指出：“中等技术学校的普通课，应有重点地配合技术课的需要，同时也应照顾本课的科学系统性以及各课相互间的必要联系，并适当照顾学生进修的需要。”“中等技术学校的分科及各科技术课的规定，应密切结合业务部门的需要，按照适当的专业化、单一化的原则，加强重点课，同时也必须注意基础技术课与专业技术课相互间的联系和衔接。”并明确规定实习也是重要的教学环节，即：“中等技术学校学生的实习，应列入教学计划中。除校内教学实习外，并应按照教学计划使学生到工厂、农场（或农村）等处进行生产实习。生产实习的计划，按学校的性质、生产的实际情况及生产的季节性，由学校分别拟定，报请主管业务部门批准施行。”

（二）技工学校

技工学校是按产业管理部门设置的，各产业管理部门应根据各部门对于技工的需要设立技工学校，并按照国家批准的技工培养计划，培养其所需工种的技术工人。技工学校的课程分为文化技术理论和技术实习两类课程。1954 年 4 月 25 日劳动部《关于技工学校暂行办法草案》中指出，技工学校是培养理论与技术兼备的技工。其各类课程的一般比例应是：技术实习占 50%～60%，技术理论、政治、文化、体育等课程共占 40%～50%。各校应根据具体情况适当安排。

1955 年 9 月 15 日，国务院批转的《第一次全国技工学校校长会议关于提高教学工作质量的决议》中指出，技工学校工作中存在着的缺点和问题，“主要是对于培养技术工人必须以生产实习教学为主的观点不够明确，教学工作多仿照中等技术学校的办法，偏重理论教学，忽视了生产实习，使理论教学脱离了生产实际的要求”。因此《决议》确定了技工学校的技术课以生产实习为主的教学方针。规定：“生产实习教学是技工学校教学工作的最主要部分，是培养学生掌握生产技能的基础，学校必须根据教学计划教学大纲规定，组织学生在有生产价值的劳动中进行实习。”同时指出：“理论课在提高学生文化水平和帮助学生自觉地掌握先进的生产技能上起着重要的作用。”

1958 年我国开始“大跃进”，社会主义建设新高潮到来。1958 年 3 月 20 日劳动部在北京召开全国技工学校工作会议，会议提出：“技工学校必须贯彻执行勤工俭学的方针，达到自给自足。”并提出了技工学校既是学校又是工厂，既要完成教学任务，又要完成生产任务；既能培养出合格的技术工人来，又能够为国家创造财富，做到自给自足。加强了生产技术管理工作，加大了生产实习课的比例，提出：“生产实习课的课时比例，应提高到不得小于三个学年总时数的 70%；技术理论课与普通文化课的课时比例，一般约占总时数的 25%；政治课的课时比例，应提高到三个学年总时数的 5%以上。”①但在实际教学过程中，一些学校片面强调完成生产任务，而忽视教学工作。1959 年 4 月劳动部在上海召开全国技工学校工作会议，会议报告第三部分“进一步改进教学工作”中指出：今后技工学校的课程，必须按照工种、专

① 袁耀华. 力争技工学校工作全面大跃进[J]. 中国劳动，1958（8）:4-9.

业和学生文化程度的不同情况设置。一般地应该包括政治课、生产实习与专门工艺学、基础技术课（材料学、制图学等）、文化课（语文、数学、理化和史地）以及体育课。课程的内容，应该注意课程之间相互衔接，避免重叠，并注意结合专业技术要求和照顾各门课程的学科系统性。今后技工学校的生产实习和理论教学的课时分配，一般应为6:4，即生产实习占60%，政治、文化和技术理论占40%。由于工种、专业和学制的不同，政治、文化和技术理论课的时数可以进行适当的调整，但是最高不应超过总时数的50%，最低不应少于总时数的30%。各门课程的具体时数，以及生产实习与政治、文化、技术理论整个教学过程的安排，由于学校情况复杂，尚不宜做出统一的规定，可以由各校根据教育与生产劳动相结合的原则，按照实际情况进行。①同时，针对技工学校高小毕业生比例大的情况，提出了加强文化课学习的要求，会议指出：技工学校中文化课程的设置，要根据培训的目标来确定。为了提高学生的文化程度，多设置几门文化课程是必要的。但是，必须结合学生所学的专业和他们的文化程度分别不同情况去规定。一般说来，对于高小毕业程度的学生应该设置语文、数学、物理、化学、历史和地理（史地只讲一些普通常识）；对于初中毕业程度的学生，可以不设史地课，语文课是否设置，可以由各校根据学制长短酌情确定。②

二、调整和改进时期（1961—1965年）

1958年5月中共中央八大二次会议通过“鼓足干劲，力争上游，多快好省地建设社会主义”总路线，树立了“总路线”“大跃进”“人民公社”三面红旗。同年8月，中共中央和国务院又发布了《关于教育事业管理权下放问题的意见》，调整中央与地方的管理权限，加强地方对教育事业的领导管理。9月中共中央国务院发布《关于教育工作的指示》，提出“教育为无产阶级政治服务，教育与生产劳动相结合的

① 袁耀华. 关于技工学校工作中几个主要问题的意见[J]. 中国劳动，1959（10）: 14-20.
② 邢予洪. 全国技工学校工作会议总结报告[J]. 中国劳动，1959（10）: 10-13.

方针”，“今后的方向，是学校办工厂和农场，工厂和农业合作社办学校。学校办工厂和农场，可以自己办，也可以协助工厂和农业合作社办。学生可以在学校自办的工厂和农场中劳动，也可以到校外的工厂和农业合作社去参加劳动。学校办工厂和农场，要尽可能注意同教学结合。学校也要协助工厂和农业合作社开办学校”。“全国将有三类主要的学校：第一类是全日制的学校，第二类是半工半读的学校，第三类是各种形式的业余学习的学校。”中等职业教育开始跃进式发展，各行各业大办职业学校和半工半读学校，办学出现了混乱。正如 1961 年 3 月，中共中央宣传部和教育部党组起草了《教育部直属高校学校暂行工作条例（草案）》（简称“高教十六条”）指出：“大跃进”时期大中专学校在教育大革命和教学改革方面，未能以教学为主，政治活动过多，生产劳动过多，社会活动过多，科技活动过多，它们随意冲击教学，教学时间被任意侵占，甚至停课。“以生产代教学”，打乱了正常的教学秩序，违背教学规律。为此，1959 年 5 月 24 日，国务院对学校教学、生产劳动和假期做出规定，其中对中专学校规定：全日制工农业中等技术学校可参照高等学校办法执行，即每年教学时间为 7 个半月至 8 个月，学生生产劳动时间一般为 2 个月至 3 个月，假期为 1 个半月。师范、艺术、财经、卫生、体育等中专学校，可参照高中办法执行。

（一）中专学校

为了正确处理生产劳动和教学的关系，进一步提高教学质量，在总结学习苏联和“大跃进”经验教训的基础上，1963 年 6 月 5 日，教育部《关于制定全日制中等专业学校教学计划的规定（草案）》，对理论教学、生产劳动、实习、假期时间做了调整，进行了较为合理的安排。《规定》对课程设置进行了规定，中等专业学校开设政治课、普通课、专业基础课、专业课。政治课是进行政治理论教育和思想政治教育的重要组成部分，是各专业的必修课程。普通课的任务是为了提高学生的文化水平，并为专业学习打好基础。工科专业的技术基础课和其他各科专业的基础课，按照各科专业的不同设置，其任务是为各科专业的学习打下理论基础，同时提高学生的科学知识水平。专业课应该使学生获得从事生产和工作所必需的专业知识和技能。农科、林科专业，为了照顾地区特点，可以设置“专业补充课”。各专业的专业课的课程设置及时数，由中央各主管部门规定。同一学期，每周授课门数一般不超过 8 门，一门课程每周授课时数一般不超过 8 学时。学生每周上课和自习时间一般按 48 小时计算（上课 1 学时按 1 小时计），最多不超过 52 小时。中等专业学校的生产劳动和实习（生产实习和教学实习）是教学计划的重要组成部分。工科、农科、林科专业的生产劳动和实习，除社会公益劳动外，应尽量与专业结合，力求减少与专业无关的一般性劳动。保证大部分时间固定在与本专业有关的 1—2 个有关的工种上，使学生比较熟练地掌握操作技能；同时，进行一般工种的轮换，使学生对之有所了解。医科、财经、体育专业的生产劳动，主要参加一般性的工农业生产劳动和其他体力劳动，时间单独计算，实习列入教学计划。该《规定》的出台极大地规范了中等专业学校的教学秩序。

（二）技工学校

从 1961 年开始国家劳动部着手对技工学校进行整顿，并根据理论教学和生产实习各占一半的原则，重新修改了教学计划与教学大纲。1962 年 12 月 12 日至 24 日，劳动部在武昌召开的全国技工学校工作会议上，提出了“学校各项工作应该以教学工作为主”。

关于农业中学课程。1959 年 3 月在农业中学创办一周年之际，中央宣传部陆定一同志给中共江苏省委宣传部的复信《农业中学的发展前途和办学原则》中指出：文化课程应当是初中的最基本的课程，包括政治、语文、数学、理化等。技术课程应当是以培养初级的农业技术干部为目标。随着经济的发展，要逐步增加关于农业机械化和电气化的课程，和农村工业的课程。规定农业中学的技术课程的时候，要因地制宜，因时制宜。关于职业学校的课程，1964 年 4 月教育部上报国务院《关于举办职业学校若干问题的意见》中提出：职业学校一般设有政治、文化、业务、生产劳动和实习 4 类课程。4 类课程的比重和要求，根据学校类别和年级的不同而有所区别。

第二节 泛化实践时期

1966年5月“文化大革命”全面发动。“文革”期间，中等专业学校和技工学校遭到了极大的破坏，师资流失，校舍被侵占，学校被撤销停办。到1969年技工教育已经名存实亡，中等专业学校也所剩无几。“文化大革命”后期，按照毛泽东主席提出的“走上海机床厂从工人中培养技术人员的道路”办学方针，一些普通高等院校加入职业教育行业，招收工农兵学员，培养技术工人，在实践中探索出具有现代意义的职业教育课程。下面是驻清华大学工人、解放军毛泽东思想宣传队1970年7月22日发表在《人民日报》的题为《为创办社会主义理工科大学而奋斗》一文有关课程和教学的部分内容。

遵循毛主席关于“理论和实际统一”“实践的观点是辩证唯物论之第一的和基本的观点”和“实践、认识、再实践、再认识”的教导，根据工农兵学员的特点，我们实行了结合生产、科研任务中的典型工程、典型产品、典型工艺、技术革新等，进行有步骤的由浅入深的教学方法，正确处理突出重点、急用先学、边干边学与系统教学的关系，特殊与一般的关系，基础课与专业课的关系。

边干边学与系统教学结合起来，就打破了过去从理论到理论、烦琐庞杂的教学体系，同时又适应了自然科学的系统性和连贯性的特点。我们把整个教学过程按照完成不同类型的几个典型任务划分阶段，本着由浅入深、由易到难的原则，把理论课程有计划地安排在各个阶段内，进行系统学习。根据不同情况，采用“穿插学”和“集中学”等灵活机动的方式。某一时期以完成生产、科研任务为主，有计划地边学边干，典型深入，举一反三；某一时期以理论教学为主，在丰富的感性认识基础上，提高理论水平，密切联系实际，学以致用。在教学过程中，要进行必要的考核。注意加强自学和培养科学研究的能力，重视在理论指导下的再实践。

结合典型任务进行教学的目的，是通过解剖麻雀，掌握一般规律。

事实上每一个典型任务，总是既有其普遍性，又有其特殊性，普遍性寓于特殊性之中。因此，我们一方面注意使典型选得恰当，另一方面注意在解剖麻雀的基础上进行总结提高，从特殊上升到一般，从实践提高到理论。根据教改实践经验，我们认为应当力求按照以下原则选择典型：突出无产阶级政治，面向三大革命运动的实践，体现当前我国科研生产中的关键和技术发展方向；能带动专业教学的主要内容，能够说明一般规律；符合由浅入深的认识过程。通过完成由简单到复杂的几个典型任务，达到专业的培养要求。

结合典型任务进行教学，打破了过去把基础课与专业课截然分开的界限。基础课要紧密结合实际，加强针对性。有的可以和专业课一起，按照需要组成新的课程。对那些后续课程用得较多，前面不学后面就不懂的基础课，还要单独设课。

实行这种有步骤地结合典型任务进行教学的方法，是解决生产的综合性与教学的分科性、典型任务的局限性与教学要求的全面性之间的矛盾的一个比较好的方法，它把读书和使用结合起来，把实践和创造结合起来，把点和面结合起来，把学文和学工结合起来，做到了少而精，大大精减了课程，缩短了学制。

从以上内容可以看出，当时提出的典型任务（典型工程、典型产品、典型工艺、技术革新等）、理论和实践一体化课程、边干边学的教学方法等与德国的学习领域课程具有很大的相似性。

第三节 学习与改革并存时期

20 世纪 70 年代末期，我国开始实行经济体制改革和对外开放的政策，由此开始了中华民族伟大复兴之路。教育系统也应改革开放的社会大背景，开始了新的征程。这一时期，我国教育发展的重点是调整中等教育结构，大力发展职业教育，因此，许多普通高中改办为农业中学和职业高中，并产生了许多新的中等职业学校。但这一时期，一方面，我国经济体制处于从计划经济逐渐向市场经济过渡时期，计划经济仍处于主导地位，加之，十年“文革”导致的人才断层与国民经济快速发展需要大量的专业技术人才之间的矛盾突出，社会需求旺盛；人才培养目标是中等专门人才，毕业生分配主体仍是计划分配，实行招生即招工（招干），中专毕业生仍然充实到国民经济的管理部门，即当干部；技工学校毕业生充当企业的技术人员。因此，人才培养仍难以突破传统的计划经济体制模式。另一方面，随着市场经济的不断发展，我国加大了计划外招生的比例，学生毕业后面向市场就业的比例不断加大，客观上要求我们不断探索适应市场经济条件下的人才培养模式和教学方法。在这样的背景下，一方面随着对外开放的发展，学习市场经济国家发展职业教育的经验和模式；另一方面加大了自身的改革，形成了学习与改革并重的一个时期。在学习的对象上，从计划经济体制下学习苏联转而学习市场经济欧美等国家。从课程开发方法来看仍采用传统的学科课程开发方法，针对教材偏深，内容编排不尽合理等问题，本着删繁就简，削蔓强干的原则进行编写。即从学科知识中选择“合适”的内容，并按照教育对象的实际情况进行“教学简化”的过程，其结果就是我国传统的学科式课程模式（又称单科分段式或三段式等），即将各类课程按（知识内容）顺序分阶段排列，组成各门课程相互衔接又各自为政的结构庞大的体系。①

一、不断改革职业教育课程与教学

如上所述，这一阶段人才去向和人才培养目标变化不大，因此，改革是渐进式的，因三类中等职业学校人才培养目标和毕业生去向不同，改革的重点各有侧重，但总的来看，逐渐重视和加强实践教学和学生实践能力的培养。1987 年 1 月 3 日国务院办公厅转发国家教育委员会等部门《关于全国职业技术教育工作会议情况报告的通知》集中反映了这一时期课程和教学改革的总体思路，即：“各类职业技术学校和培训机构要正确处理文化基础和专业教育、理论知识和技能训练的

① 赵丹丹，赵志群．我国职业教育课程改革综述[J]．中国职业技术教育，2005:25.

关系。要重视必要的文化基础和理论知识的教育，但不应脱离培养目标，盲目追求知识的系统性和理论的深度。培养技术工人的，应侧重操作技能的训练。职业技能训练必须严格要求，坚决克服和防止重理论轻实践的偏向。”

（一）技工学校

作为培养中级技术工人的技工学校，为了克服20世纪六七十年代片面突出生产劳动，以生产代教学带来的教学质量下降的弊端，1979年2月20日国家劳动总局颁发的《技工学校工作条例（试行）》中提出：学校的教学，应该理论联系实际，以生产实习教学为主。但同时指出，文化、技术理论课程要切实注意加强基本知识、基础理论和基本技能的教学。生产实习教学和文化、技术理论教学的比重，原则上各占一半为宜。但有的工种、专业需要的文化和科学技术理论知识较多，可以适当扩大文化、技术理论课在总授课时数中的比重。《条例（试行）》强调了理论教学，但没有说明“生产实习教学”的目的，可见，当时技工学校仍处于既是一个学校，也是一个工厂，学生既是学生，也是一个创造价值的生产者的现状。而在1986年劳动人事部、国家教育委员会《关于颁发技工学校工作条例的通知》中指出：“技工学校的教学，必须着重操作技能的训练；并紧密围绕培养目标，安排必要的文化与技术理论基础课程。技工学校的生产（业务）实习教学，是培养学生掌握操作技能的主要手段。”指出了生产实习是培养学生的操作技能，而非创造价值，教学的目标是培养学生的操作技能。1989年5月劳动部《关于技工学校深化改革的意见》指出：坚持文化、技术理论课为专业课服务，专业课与生产实习教学密切结合的原则，适当调整课程设置和各课的教学时数，删除现有教材中冗繁和陈旧的部分，合理地增添新技术、新工艺等教学内容。

1993年劳动部颁发的《关于深化技工学校教育改革的决定》中指出：“以《国家职业技能标准》或《工人技术等级标准》为基本依据，积极进行课程设置、教学内容、教学方法的改革，促进教学质量的提高。理论课课程设置要适应操作技能培训的需要。教学内容以应用技术为主。注重启发式和直观教学，培养学生独立思考和解决实际问题的能力。”一方面进一步强调理论课为实践课服务的思想，另一方面提出教学内容以“应用技术为主”，凸显了现代职业教育的课程特点。

（二）中等专业学校

这一时期，中等专业学校人才培养目标是国家干部和社会急需专业人才，因此，人才培养仍重视理论教学，重视对学生基本文化和技术知识的培养。1980 年 10 月国务院批转教育部《全国中等专业教育工作会议纪要的通知》中指出：必须坚持中专学生的培养目标，用现代化生产所需的基础理论、专业知识和实际技能武装他们，使他们的基础知识厚一些、专业面宽一些、实际技能好一些、适应性强一些。课程设置分为四类：政治课、普通文化课、技术基础课、专业课。前三类课约占总授课时数的 75%，专业课约占 25%。工、农、林、医各科设课程 20 门。理论课和实习课的时间安排，工、农、林、医科为 7:3，财经政法为 8:2。假期每年 2 个月。1986 年 4 月，国家教委下发《印发〈关于制定和修订全日制普通中等专业学校（四年制）教学计划的意见（试行）的通知》指出，普通中等专业学校课程设置分普通课、基础课、专业课 3 类。普通课包括政治、体育、语文、数学、物理、化学、外语 7 门。3 类课程的比重，工科专业一般可参照 45:35:20 的比例来安排。与 1963 年教育部印发的《关于制定全日制中等专业学校教学计划的规定（草案）》中三类课程教学时数比例没有多大变化。同时不断加强教学改革，1995 年 4 月 1 日国家教育委员会《关于印发〈关于普通中等专业教育（不含中师）改革与发展的意见〉的通知》中指出：“要通过试点，总结经验，逐步实现教学模式的多样化，如：试行学分制、分段制、工学交替制、选修制、模块式教学等。”

（三）职业高中

国务院批转教育部、国家劳动总局关于中等教育结构改革的报告中指出：“农业中学、职业中学是普通教育与职业技术教育相结合的中等学校。”“职业（技术）学校主要进行职业（技术）教育，同时开设有关普通文化课。”这体现了普通教育与职业教育并重的精神，强调了既要完成专业教育的任务，又要完成普通教育及综合技术教育的任务。1986 年 6 月 5 日国家教育委员会《关于制订职业高级中学（三年制）

教学计划的意见》中指出："职业高级中学着重技能的训练，文化基础教育适当配合。政治课、文化课与专业、实习的课时比例，工科类一般为 4:6，文科类一般为 5:5，根据专业、工种性质和培养目标的不同，具体比例可适当灵活，而某些要求文化基础知识更多一些的专业，其文化课所占比重，可以再提高一些，但专业课（含实习）的课时不得低于 30%。""职业高级中学的课程设置，必须保证合乎本专业、工种培养目标的要求。其课程分为政治课、文化课、专业课和实习四类。"政治课是职业高级中学的必修课，是学校思想政治教育的中心环节。文化课是学生必须学习的主要基础课，是学习专业课和提高文化素养的基础。各类学校均应开设的文化课有：语文、数学和体育。其他课程，如物理、化学、生物、外语、地理、历史、音乐、美术等，可根据专业、工种的需要开设，其讲授内容着重按专业、工种的需要决定取舍，也要照顾学科的系统性。专业课是为学生打下必要的技术理论基础和获得从事生产、工作所必需的知识和技能。专业知识面不要太窄，以适应长期广泛就业和进行技术革新的需要。实习是培养学生职业技能的基本环节，也是对学生进行劳动教育的重要手段。从严训练，认真考核，以保证达到技术、管理人员需要掌握的基础训练要求和技术工人应有的工种级别要求。

1990 年 12 月 31 日，国家教委发出了《关于颁发〈关于制订职业高级中学（三年制）教学计划的意见〉的通知》中规定："政治课和文化课、专业课、实习的课时比例，工农医类一般为 3:3:4，文科类一般为 4:3:3，某些要求技能较强的专业、工种一般为 2.5:2.5:5。根据专业、工种性质和培养目标的不同，具体比例可适当灵活。"可见，与 1986 年的教学计划相比，加大了专业课和实践教学的比例。

根据以上文件，我们可以发现从改革开放以来到 20 世纪八九十年代，关于中等职业教育课程中理论课与实践课的分配比例在不断的探索中，尝试着打破原有的学科体系为主体的课程模式，实践课、学生的实际工作能力开始受到关注，但始终没有找到突破口，只是量的变化，没有质的变化，因而没有取得显著的成效。

二、引进学习国外职业教育课程

从20世纪80年代开始，我国相继引进德国的双元制、国际劳工组织的MES课程和北美的CBE等课程模式。

（一）德国的双元制模式

1983年，由原教育部牵头，南京市教育局与德国汉斯·赛德尔基金会合作建立了南京建筑职业技术教育中心，这是中德的第一次职业教育合作项目，由此拉开了中德职业教育合作的序幕。该项目和这一时期其他中德合作项目（如1985年的上海电子工业学校）一样，都是由德方全套提供经费、设备、教学文件等，基本照搬了德国的双元制。1988年，原国家教委在苏州、无锡、常州、沈阳、沙市、芜湖等6个城市更大规模地开展了具有实验性质的“双元制”试点工作。1989年开始，苏州、无锡、常州、沙市、芜湖和沈阳6城市进行双元制改革实验。当时德国中等职业教育“双元制”模式采用核心阶段课程。

（二） MES课程模式

MES（模块式技能培训）课程在我国的引入始于1987年。由于劳动部的管辖范围主要在行业，我国对MES模式的引入，范围也主要在各行业部门和部分归属行业的技工学校。1985年1月国际劳工组织在北京设立分支机构——国际劳工组织北京局，负责与中国有关政府机关、工行组织、企业团体、学术单位等进行联系，并实施技术合作计划，协助中国发展职业技术培训。在此背景下，劳动部在行业范围内，大力推广MES。1987年，劳动部分别在天津和上海举办了MES的研修班。1989年，劳动部在《关于开展工人岗位培训工作的意见》中明确指出：“工人岗位培训要突出技能训练，着力于提高学员的动手能力和解决生产实际问题的能力，要深入进行教学改革，突破传统学校教育模式，逐步推行‘职业技能模块’教学法。”在劳动部以及天津高级职业技术培训中心的大力宣传与推广下，20世纪90年代初，我国众多行业部门（如机械、冶金、邮电、煤炭、石油、铁路、电力、汽车、石化、军工、商业等）都不同程度地推广应用了 MES。据不完全统计，至 1996 年，全国各地各行业共开发出 MES 模块 2250 个以上，学习单元 12851 个，发行单元教材 500 万册，受训人员在 50 人以上。[①]

（三）CBE 课程模式

从 1989 年开始，加拿大国际开发署（CIDA）资助设立了“中加高中后职业技术教育项目”（Canada-China College Linkage Program，简称 CCCLP)，旨在建立中加两国高中后的职业学校间的合作。CCCLP 项目带动了国内许多职业学校对 CBE/DACUM 模式的探索与尝试。引发了我国学校职业教育对课程结构的重新调整，文化和专业理论课以“必须、够用”为尺度，实践教学比例增加。如上海市 1996 年启动至 2004 年完成的中等职业教育课程改革与教材建设（简称 10181 工程）就是一项在“能力本位”理念下，以广义能力本位课程改革为主要内容的全市范围的改革项目，大大推动了该市职业学校的教育教学改革。

无论是德国的核心阶梯课程，还是北美的 CBE 课程和国际劳工组织的 MES 课程，均属于职业分析导向课程开发模式，职业分析导向课程是建立在职业分析和工作分析基础之上的课程开发模式，它是利用 DACUM 等课程开发方法，通过市场调研、职业分析、工作分析和工作任务分析等步骤，能有效地分析出所从事职业（岗位）所需的职业（岗位）操作能力，这些课程本身非常具有职业教育特色，但在我国却推而不广。究其原因是多方面的，主要集中在以下几个方面：一是缺乏开发和实施的条件，这些课程模式是在工学结合、校企合作培养模式下的产物，我国多年来对学生操作能力的培养突出建立校办工厂，与企业缺乏联系，无论是课程开发还是实施都缺乏企业参与，这是最根本的。二是缺乏全面认识。由于对这些课程的引入只看到了对人才培养的长处，而没有认识到它的实施条件和成本，包括实训条件、教师的教学能力、教学管理与我国传统的人才培养目标和社会的认可程度等都存在很大差距，所以在现实中除了个别典型外，没有在我国

① 黄昕．MES 引进中国十年硕果累累[J]．职业技能培训教学，1997（2）:35.

推广开来。但是通过学习试验，为以后我国建立能力本位的职业教育奠定了基础。如通过学习 MSE，我们认识了模块化课程；通过对 CBE 的学习，掌握了 DACUM 课程开发方法，通过对德国双元制的学习，认识了职业教育必须实行校企合作、工学结合培养模式，等等。

第四节　创新与发展时期

一、确立能力本位的职业教育，加大课程改革力度

这一时期，促使我国职业教育课程改革有四种力量：一是随着 1998 年我国中等职业教育招生并轨制度的全面实施，中等职业教育毕业生全部面向市场就业，职业教育需要按照“以服务为宗旨，以就业为导向”的要求重新确定人才培养目标。二是 1999 年高等教育大规模扩招，拉动了普通教育，致使中等职业学校生源减少，改革招生制度，扩大招生对象，实行注册入学，生源质量明显下降，因此，按照传统的课程和教学方法进行教学的难度越来越大。三是随着我国综合实力的增强，职业学校的办学条件在逐步改善，尤其是 2005 年全国职业教育工作会议和国务院颁布《关于大力发展职业教育的决定》以来，加大了对职业教育的投入和基础能力的建设，大力推行工学结合、校企合作的人才培养模式的条件逐步形成。四是经过多年的学习和实践，对职业教育的本质有了深刻的认识等，正如 1998 年 2 月 16 日国家教委关于印发《面向 21 世纪深化职业教育教学改革的原则意见》的通知中指出的，职业教育应确立以能力为本位的教学指导思想。专业设置，课程开发须以社会和经济需求为导向，从劳动力市场分析和职业岗位分析入手，科学合理地进行。要建立健全课程标准，优化课程结构。结合专业建设进行课程改革和教材建设。按照专业建设的要求，建立新的课程体系和与之相配套的教材系列。因此，这一阶段我国职业教育教学改革进入了一个前所未有的新的历史时期，在课程论和教学论的关系上，一改以往教学论的主体地位，课程论占据了主导地位，教

学改革突出课程开发。

1997 年 9 月 30 日，机械工业部教育司印发的《关于机械工业中等专业学校深化教育教学改革的意见》中指出：“中专教育要克服传统的以‘学科本位’课程论为主导的课程体系的弊端，建立以培养生产第一线中等技术、技艺型人才为出发点，以其职业岗位能力为基础，理论和实践相结合的课程体系。”“新的课程体系，以能力为主线，克服以往过分强调以学科分类为本的单科独立分段式课程模式，从岗位职业能力和技术要素出发来开设课程，重视学科间的联系和沟通，逐步使课程综合化、模块化。”1999 年 6 月 13 日中共中央国务院《关于深化教育改革，全面推进素质教育的决定》中指出，职业教育和成人教育要使学生在掌握必需的文化知识的同时，具有熟练的职业技能和适应职业变化的能力。职业教育要增强专业的适用性，开发和编写体现新知识、新技术、新工艺和新方法的具有职业教育特色的课程及教材。此后，中等职业教育逐渐树立了“以全面素质为基础，以能力为本位”的教学指导思想。

这次课程改革与以往相比具有以下特点：

（1）在制定的《中等职业学校重点建设专业教学指导方案》中，课程目标用职业活动描述；课程内容是职业活动需要的知识、技能和态度；课程组织开始关注职业活动逻辑顺序；课程结构采用文化基础课程、核心课程、专业方向课程和选修课程等方式；课程评价注重学生职业活动能力水平和职业活动的结果。

（2）课程综合化与模块化。本次课程改革，专业基础课采用了综合化的课程模式，实践课程采用模块化的形式。2000 年 3 月 21 日教育部《关于全面推进素质教育，深化中等职业教育教学改革》文件充分体现了这一改革精神。文件指出，要深化中等职业教育课程改革，积极开展现代课程模式，特别是适应于学分制的模块式课程和综合化课程的探索和实验，把知识传授和能力培养紧密结合起来，增强课程的灵活性、适应性和实践性，构建适应经济建设、社会进步和个人发展需要的课程体系。

（3）进一步加大实践教学的比例。2000 年 3 月 21 日教育部发出关于印发《关于制定中等职业学校教学计划的原则意见》的通知，中等职业学校的教学承担着实施高中阶段文化基础教育和培养职业能力的任务，其课程设置分为文化基础课程和专业课程两类。学校应根据需要，开设关于美育、现代科学技术以及人口、资源、环境、法制、管理等方面的选修课程或举办专题讲座（活动）。文化基础课程与专业课程的课时比例一般为4:6，专业课程中的实践教学比例一般为50%，综合实习一般安排一学期。对文化基础要求较高或对职业技能要求较强的专业，可根据需要对课时比例做适当的调整。教学计划的课程设置中应设立选修课程，其教学时数占总学时的比例应不少于10%。实践教学分为实习（实训）、课程实验、顶岗实习。

（4）加强文化基础课的改革。2000年8月1日教育部关于颁发《中等职业学校语文、数学、计算机应用基础等23门文化基础课程教学大纲（试行）》的通知中指出，各地、各行业要按照《关于制定中等职业学校教学计划的原则意见》（教职成〔2000〕2号）的要求安排中等职业学校文化基础课程教学工作，并结合制定中等职业学校相关专业的教学计划，统筹安排技术基础课程的教学工作，充分发挥这些课程在提高学生全面素质和综合职业能力中的作用。

二、开发本土化课程

随着对国外职业教育的学习和了解，人们开始探索我国现代职业教育课程，实践中形成了诸如“多元整合”课程开发模式、五阶段职教课程开发模式等，其中“宽基础、活模块”在国内产生了较大的影响。“宽基础、活模块”（简称KH模式）课程模式是在借鉴双元制、CBE、MES等发达国家职业教育经验的基础上，结合我国国情和职业教育实际研发的具有中国特色的职业教育课程模式。[①]KH模式明确了两段式的模块结构和按职业对从业者素质要求、个人发展需要开发课程的基本理念。“宽基础、活模块”课程将全部专业课程分为两个阶

① 徐涵．我国职业教育课程改革的发展历程与典型模式评价[J]．中国职业技术教育，2008（33）:52—55．

段，第一阶段为宽基础阶段，即教学内容不针对具体职业岗位，而是集合了相关专业所需知识和技能，以期为今后转岗和继续学习奠定基础；第二阶段称为活模块阶段，其功能是学生在选定好模块后，针对相对确定的一个或几个就业岗位进行训练，为就业做技能方面的准备。这一课程理念在继承单科分段式课程优点的基础上，既通过“宽基础”体现职业群集课程的特点，又通过“活模块”发挥单位行业训练课程优势；既强调继续学习基础的奠定和终生教育思想的落实，强调职业转换、职业发展能力的培养和择业面的拓宽，又注重在毕业前按职业资格标准强化训练；不仅重视专业能力训练，而且强调方法能力、社会能力的形成。这种理念通过分布于 21 个省、市、自治区的职业学校，在几十个专业中得以落实和验证，其课程目标体现了“全面素质和综合职业能力”与胜任“在生产、服务、技术和管理第一线工作”之间的辩证关系，受到了教育行政部门重视和众多职业学校的欢迎。[①]“宽基础”“活模块”两阶式的课程结构在一定程度上解决了传统职业教育专业覆盖面窄、适应性差的问题，但仍按照学习理论确定课程结构，很少考虑职业教育与实际的企业生产经营过程之间的联系，是学习理论导向的课程开发模式。

三、开发理论和实践一体化的课程

2003 年 12 月教育部等六部门下发的《关于实施职业院校制造业和现代服务业技能型紧缺人才培养培训工程的通知》中提出：坚持以就业为导向，以全面素质为基础，以能力为本位，帮助学生形成健康的劳动态度、良好的职业道德和正确的价值观，要把提高学生的职业能力放在突出的位置，加强实践教学，努力造就制造业和现代服务业一线迫切需要的高素质技能型人才。2004 年，教育部颁发《职业院校技能型紧缺人才培养培训指导方案》，把劳动力市场的需求作为专业建设和课程开发的出发点，根据现代制造业和服务业要求不断提高的现

① 蒋乃平．课程模式选择的重要性[J]．职业技术教育，2001（34）：5—8.

实，打破了传统职业教育学科课程，代之以与企业实践密切联系的、理论学习与技能训练高度统一的、按照工作过程顺序设置的综合性和案例性教学项目，即“将原有若干科目教学内容按照职业活动的特点和要求进行整合”，特别强调理论和实践一体化教学法或项目教学方法的推广和应用。从此启动了我国新一轮的课程改革。

这次课程改革与20世纪90年代推行的职业分析导向的课程不同，而是在加强专业技能培养的同时，重视综合职业能力（关键能力）的培养，学习和借鉴的主要是德国的工作过程系统化课程。

这次课程改革是自下而上的一次课程改革。2004 年上海市教委制订了《上海市中等职业教育深化课程教材改革行动计划 2004—2007》，2006 年 4 月课程教材改革办公室组织开发了《上海市中等职业教育专业教学标准开发指导手册》。2005 年 11 月江苏省教育厅印发了《江苏省职业教育课程改革行动计划》。江苏省中等职业教育课程改革推行的是项目课程。即按大类专业或专门化方向开展课程指导方案（或实施计划）的研究和制定。在对大类专业相应行业进行分析的基础上，运用工作分析和教学分析的方法，遵循技术型、技能型人才职业能力形成的规律，着眼于学习者知识、技能和情感态度的培养以及专业能力、方法能力、社会能力的形成，按照职业实践的逻辑顺序，建立适应职业岗位（群）所需要的学习领域和以项目课程（包括任务中心课程、综合实践课程等）为主体的模块化课程群，构建“以能力为本位、以职业实践为主线、以项目课程为主体的模块化（简称‘三以一化’）”专业课程体系，实现中、高等职业教育专业课程体系的衔接，逐步实行学历证书、职业资格证书的“双证”融通。

2008 年 12 月浙江省教育厅下发了《关于印发全面推进中等职业教育课程改革指导意见的通知》，开始了新一轮的课程改革。浙江省提出，要加快构建以“公共课程+核心课程+教学项目”类型为主的中等职业教育课程新模式，确立以核心技能培养为课程改革主旨、以核心课程开发为专业教材建设主体、以教学项目的设计为专业课程改革重点的改革思路。公共课程着眼于基础性、应用性和发展性，为后继专业课程教学服务，为学生终身发展服务；核心课程突出实践能力和动手能力的培养，原则上每个专业确定 5 种左右核心技能，设置 5 至 8 门核心课程;教学项目努力为专业教学与岗位工作任务有效衔接服务，根据不同专业，每个专业设计 70 至 100 个左右的“教学项目”。

北京市教委于 2008 年启动了“以工作过程为导向”的课程改革实验项目，同时开始 17 个专业的课程开发工作。2009 年 3 月北京市教育委员会下发了《关于进一步深化中等职业教育课程改革的意见》来指导课程改革。目前，已完成 17 个专业人才培养教学指导方案和近 200 门专业核心课程的课程标准。

2008 年 12 月 13 日教育部下发的《关于进一步深化中等职业教育教学改革》中指出：深化课程改革，努力形成就业导向的课程体系。加强学生职业技能培养。要高度重视实践和实训教学环节，突出“做中学、做中教”的职业教育教学特色。加大专业技能课程的比重，专业技能课程（含顶岗实习）的学时一般占总学时的三分之二。要按照相应职业岗位（群）的能力要求，采用基础平台加专门化方向的专业课程结构，设置专业技能课程。课程内容要紧密联系生产劳动实际和社会实践，突出应用性和实践性。

2009 年人力资源和社会保障部办公厅印发了《关于印发技工院校一体化课程教学改革试点工作方案的通知》来指导技工学校的课程改革，文件指出：开展技工院校一体化课程教学改革以综合职业能力培养为目标，以典型工作任务为载体，要围绕典型工作任务确定课程目标，选择课程内容，制订专业教学计划，构建工学结合的课程体系，改革教学内容和教学方法，更加注重课程的实用性和针对性。

我国各地经济社会发展存在着不平衡，各行各业技术进步的程度也存在较大差距，课程实施的条件不尽相同，因此，在课程改革中要考虑差异，一定要因地区、因条件而异，绝不能搞一刀切。同时，课程改革应体现“以人为本”的思想，在重视满足企业对人的需要的同时，促进人的全面发展。

第十二章

中等职业教育教材开发与建设

教材，顾名思义是指为教学需要而编写的材料，是教师和学生据以进行教与学活动的主要媒体。教材是教学质量的基本保证，是提高教育水平的重要手段。新中国成立后，我国全面借鉴和学习苏联的中等职业教育模式，过分突出教学，而很少强调课程，同时，把课本等同于教材，所以在教学中强调教学计划、教学大纲、教材，而不提倡课程方案、课程标准和课程。直到20世纪90年代中后期，随着对德国双元制、加拿大CBE、国际劳工组织MES的学习不断深入理解，才逐渐开始重视课程，并日趋处于主导地位，把课程开发看作是教材建设的基础，所以教材开发与建设在新中国职业教育发展历程中具有特殊地位。依据我国教育管理体制的变化，我们把我国中等职业教育教材开发与建设分成国家教育管理机构和各业务部门分工负责、“两级规划”与“两级审定”和加强宏观管理的课程开发与教材建设的三个阶段，以政策演变为依据，对这三个阶段的教材开发主要做法和特点进行了阐述，来充分反映新中国中等职业教育教材建设工作的经历和所取得的主要成效。

第一节　分工负责时期

新中国成立后，在全面学习苏联办学经验的基础上，采取借鉴、翻译、自编等形式开始探索新中国中等技术教育的教材。1952 年 9 月 24 日《人民日报》的社论指出："苏联各种专业的教学计划和教材，基本上对我们是适用的。它是真正科学的和密切联系实际的"。直接借用苏联的成套教材和配套的教学大纲，在当时教育界是一个普遍的现象。1960 年中苏关系恶化，中国开始探索本土化教材，经过几年建设基本上有了自己的教材。

一、中等专业学校教材开发与建设

新中国刚成立，各类中等职业技术学校教材，大都由各有关部门或学校自行解决，采取自编、借用或翻译等办法。1952 年 3 月 31 日政务院下发的《关于整顿和发展中等技术教育的指示》中指出："中等技术学校普通课和技术课的教材，中央人民政府教育部及有关业务部门应着手进行编审工作。教育部门应主要负责普通课教材的编审工作，各有关业务部门应主要负责技术课教材的编审工作，但应在工作上互相取得联系。"1953 年 6 月 5 日，高等教育部发出《高等教育部与中央各有关业务部门翻译苏联高等学校与中等技术学校教材的分工原则的暂行办法》，开始组织翻译苏联中等专业学校的教材。由高等教育部统一提供苏联的原版教材，并负责翻译出版普通课和普通技术课的教材；由中央各业务部门负责翻译出版专业课的教材。仅在 1954 年高等教育出版社和其他专业出版社就出版了苏联中等专业学校的教材 130 种。1954 年 11 月 24 日高等教育部颁布的《中等专业学校章程》等文件都对教材的编审工作进行了明确的安排：中等技术学校普通课和基础技术课的教学大纲，由中央高教部制定和批准；专业课的教学大纲，由主管业务部门制定和批准。几年的教学实践表明，我国全盘借鉴的苏联教材，许多教学内容不符合我国的实际，迫切需要开发符合我国实际的教材。根据中共中央书记处1961年2月10日对教材建设要“先解决有无，再逐步提高”的指示，教育部成立了高等学校及中等专业学校理工农医各科教材工作领导小组，制订了教材建设工作计划，并进行了具体分工。对中专教材分工规定：政治、语文、外语及工业类专业适用的数学、物理、化学等课教材，由教育部负责；农业、林业、医药类专业适用的数学、物理、化学、生物等课教材，分别由农业、林业、卫生部负责；工业专业的技术基础课教材，分别由一机、建工、化工、冶金、邮电、地质部负责；专业课教材由主管部门负责。从此，中专教材从借用、翻译、分散解决为主，进入了统一规划，分工负责的新阶段。1961年全国理工农医中专学校340多个专业，有300个专业统一编了教材。1962年又进一步加强了教材的编写和出版工作。到1963年，基本上有了一套初步适用的中等专业学校教材。1964年3月，教育部、文化部联合发出通知，规定各类职业学校，在正式教材未出版之前，可以根据学校的具体培养目标，暂时选用同级学校比较适用的教材；也可以另行选用试用教材。并要求做到：课前到手，人手一册，印刷清楚。1964年7月31日，高等教育部党组发出的《关于进一步开展高等学校及中等专业学校理工农医各科教材建设工作的报告》中指出采用通用教材和学校自编讲义两条渠道，解决各学校教材供应问题。

按照教育部和各业务部门分工负责的原则，我国逐步制定了职业高中教材分工负责的制度。1958年农业中学、职业中学所需的教材，有省编的，有学校教师自编的，也有的是借用有关学校的教材。1964年4月教育部上报国务院《关于举办职业学校若干问题的意见》中指出：职业学校的教材，应该由教育行政部门与有关业务部门分工协作，组织力量逐步编写适用的教材。各类职业学校通用的政治课、文化课和业务课教材，由教育行政部门组织力量解决；专用的业务课程教材和政治、文化课的补充教材，由主管部门负责解决。

二、技工学校教材开发与建设

1959 年 4 月劳动部召开全国技工学校工作会议，在会议总结报告中专门提出了“关于编写教材的问题”，该报告指出：“在前几年，因为我们还缺乏经验，要编写出系统的教材是困难的。但是现在，一些老的技工学校已有了七、八年的历史，特别是去年‘大跃进’中经过教学改革，工作上取得了比较丰富的经验，在现有经验的基础上着手系统地编写教材，已经基本上具备了条件。目前学校中使用的各种讲义，有不少是比较好的，只要将这些讲义进一步整理与提高，就可以写成很好的系统的教材。因此现在着手进行系统地编写教材的工作，不仅必要，同时也能够办到。”并对今后的教材编写提出了指导性的意见：“编写技工学校的教材主要应该依靠各个学校组织教师进行，各地区各部门主管技工学校的单位分工协作，由劳动部门提出一个分工协作计划，各地区、各部门根据规划的分工，经过二、三年的努力，编写出一整套技工学校教材。在一定时期内，同一工种、专业不妨暂时有几种教材，经过一段时期的试行以后，再进一步改编为全国通用的教材。”

根据中央关于抓紧教材编审工作的指示，1961 年 3 月由劳动部和一机等十七个部，以及中国工业出版社等出版社联合组成了全国技工学校教材编审委员会，统一领导和规划全国技工学校的教材编审工作。在编审委员会的领导下，中央各有关部门还成立了技工学校教材编审小组，分别组织领导所属技工学校的教材编审工作。经过三个半月的努力，199 种技工学校教材经审查后即将出版。这次技工学校教材编审工作，是采取“编、选、借”相结合的方法进行的。在现用的教材中有一些较好的课本或讲义，经过选择、审查、修改以后，确定为通用教材，不能选用的就统一组织编写；暂时不能组织编写的，就借用某些学校自编的课本、讲义或者有关方面的教材。除了通用的机械工程的专业课教材和普通金属工艺学（材料学）、制图学等基础技术课教材，以及数学、物理、化学等普通文化课教材是由劳动部统一组织编写和审定的以外，其他专业课教材，则是由各部分别组织审查和指定有关技工学校负责编写的。这次编审的教材具有以下优点：一是注意了同实际情况相结合，克服了过去教材中某些脱离实际、脱离生产，内容过深和生搬硬套的现象，同时还反映了目前生产上的新技术、新工艺知识；二是注意了同生产劳动相结合，贯彻了理论联系实际、教学结合生产的要求，避免了过去教材中某些互不衔接和彼此重复的现象；三是注意了同学生的实际水平相结合，既照顾了学生的原有文化基础，又便于学生掌握和系统提高，做到了通俗易懂、文字简练、重点突出；四是注意了一专多能的要求，既保持了各种教材理论上的系统性，又加强了各门课程之间的相互联系，并且增加了与本专业、本课程有关的各种知识。①

1962 年为了适应招收初中毕业生，学制三年的教学需要，又重新编写了车、钳、铣、磨、铸、锻、木模工等工种的技术理论课和数学、物理等教材，进一步提高了教材质量。②

第二节“两级规划”“两级审定”时期

“文革”期间，中等职业教育遭受到严重破坏，教材编写工作无从谈起。十一届三中全会以来，中等职业教育得以快速恢复发展，教材建设也提上议事日程。1985 年中共中央《关于教育体制改革的决定》中明确提出中等职业教育主要由地方负责，中等职业教育教材建设工作因此也逐渐进入了两级管理的阶段。

一、中等职业学校教材开发与建设

1977 年中等专业学校恢复全国统一招生考试以后，着手对教材进行建设，通过自编、借用等途径，初步解决了中专教材的有无问题，

① 和致纯．编审教材，满足教学需要——全国技工学校教材编审工作已基本完成[J]．中国劳动，1961（15）．

② 国家教委职业技术教育司组织编写．中国职业技术教育简史[M]．北京：北京师范大学出版社，1994.

对稳定教学秩序起到了重要作用。1983 年 5 月 9 日，教育部、劳动人事部、财政部、国家计委联合颁发的《关于改革城市中等教育结构，发展职业技术教育的意见》提出:“现各地已编写出版了专业课教材几百种，在此基础上，教育部门要会同或委托有关部门，统筹安排好专业设置，制定出教学大纲，组织编审和推荐教材。争取在一九八五年前，大部分专业都有一套适用的教材。文化课教材，由教育部组织或委托各地编写。”从 1978 年至 1983 年底，中专类教材共出版 826 种。1985 年人民教育出版社组织编审出版一套文化课教材，计有：语文、职业道德、化学、生物、中国历史、世界历史、地理、英语，以及供文史类专业使用的数学和物理，供理工类专业使用的数学和物理，共 12 门，19 册。

（一）职业高中

从 20 世纪 80 年代初，为了适应职业高中发展的需要，教育部门与各行业合作，出版多种专业教材，使职业高中专业教材数量上不断增加，质量上不断提高。由于各行业的参与，专业课教材更加贴近社会生产实践，逐步走出学科式的教材套路。1984 年 8 月，教育部职业技术教育司与林业部教育司在河北省承德市联合召开了林业职业教育教材会议，修订了“林业专业教学计划”和“林业建筑工程专业教学计划”，同时确定组织编写这两个专业的 20 种专业教材。1985 年 4 月，教育部职业技术教育司与城市建设环境保护部教育局在浙江省杭州市召开了职业高中教材编审会议，修订了职业高中“建筑施工”和“城镇建设”两个专业的教学计划以及教材编审大纲，并确定编写出 21 种专业教材。同年 8 月 13 日，城乡建设环境保护部将上述两个教学计划印发各地试行。[①]1986 年，国家教委职业技术教育司又会同国家旅游局教育司组织编审出版职业高中使用的饭店服务和烹饪两个专业的 16 门专业课教材，委托高等教育出版社组织编审出版职业高中使用的电子电器和服装两个专业的 17 门专业课教材。由于职业中学的专业、工种近千个，需要教材的门类很多，除中央有关部门组织编写一部分

① 中国教育年鉴编辑部. 中国教育年鉴（1949—1981）[M]. 北京：中国大百科全书出版社，1985:98.

教材外，不少地方也积极组织编写工作。

到 1993 年，国家教委职教司“七五”规划教材的编写与出版工作基本结束。通过多年的建设，职业高中教材已有 5 千多种，已制定农业类的种植和养殖、服装类的服装制作、商业类的商品营销、建筑类的建筑施工、电子类的电子电器、旅游类的饭店服务和中餐烹饪、文秘类的文秘档案等 7 个大类 9 个专业教学计划和教材建设规划；组建了以北京、上海、江苏、四川等省市牵头的建筑、服装、旅游、电子、商业 5 大类的全国性专业教研组；初步摸索能切实解决发行工作的发行信息网络；从 1993 年秋起尝试做好教材信息服务工作，初步缓解了职高教材的供求问题。[①]

1995 年 12 月 5 日至 8 日，由国家教委职教司组织的全国职业高中教材使用座谈会在广西南宁召开。会议指出：国家教委职教司组织制订并落实的全国职业高中“八五”教材建设规划，对于全国通用性较强、覆盖面较广、专业相对稳定的几个主要专业的主干教材，基本解决了有无问题，而且具有一定质量，这对于推动职教事业的发展起到重要作用，这是职教教材建设的奠基工作，是我国职业高中教材建设的重要里程碑。这些教材，基本符合教学计划和教学大纲要求，体现了职业教育的特点，“浅、用、新”特点突出，总体质量较好；许多专业教材采用“模块式”或“积木式”结构，利于专业的拓宽和专业的调整，既实用又具有可操作性。“九五”教材建设规划工作，要适应职业教育事业大力发展的需要，开辟一些新专业，在原有模块的基础上拓宽一些专业，要积极抓好教材配套工作，要认真做好教材修订工作，要重视电子出版物的规划，无论是文化课或是专业课的教材建设，都应该深入研究职业教育的特点，加强教学与教材研究，要研究课程的综合化，注重能力的培养，要重视实践和技能方面的教材建设，要注意引进一些国外的优秀教材，要面向 21 世纪，进一步提高教材质量。

1996 年 4 月 29 日国家教育委员会、农业部印发的《关于进一步办好农村中等职业学校农业类专业的意见》中指出：加强教材建设，

---

① 蒋鉴．积极搞好职业教育“九五”规划教材建设规划[J]．职教通讯，1995（2）．

不断提高教材质量，要组织好教材编写工作。除了国家教委组织编审、出版的教材外，各地农业部门要积极配合教育部门，组织农业院校、科研单位的专家、教授编写当地需要的、内容新颖的、质量较高、实用性较强的专业课教材和补充教材，以保证教育质量。

（二）中等专业学校

随着中等教育结构调整而快速发展的中等专业教育，其教材建设逐渐被提上重要日程。1981 年 6 月 27 日，教育部发出《关于确定和实施中等专业学校通用教材五年规划的几点意见》，提出：①教材规划的范围只包括适应面较广的工科类、财经类普通课，其他教材仍由有关部、委及其所属出版社负责组织编审、出版。②规划的目标是至 1985 年争取做到通用的工科类、财经类普通课及工科类技术基础课教材（含大纲，下同）基本配套，并配合教材的使用，编写出版必要的习题集和实习、实验、课程设计指导书以及教学参考书和挂图等。规划所列教材项目由教育部委托国务院有关部、委和部分省、市、自治区高教（教育）厅（局）承编，人民教育出版社负责通用教材的出版。[①]为了贯彻《中共中央关于教育体制改革的决定》精神，1985 年 8 月，全国中专教材工作会议在大连举行，这是新中国成立以来第一次专门讨论中专教材工作的全国性会议。会议制定了“七五”期间教材选题规划，讨论了《关于制定和修订中专教学计划的原则意见》和《中等专业学校课程组暂行条例》等文件草案。会议重新定位中等专业培养目标是德智体全面发展的中级专业人才，因此，教材建设要突出思想性、科学性、启发性、先进性和实用性五个方面。1986 年 1 月 28 日，国家教委下发了《关于成立全国中等职业学校十二门学科课程组的通知》，成立全国性中等专业学校课程组，是新中国以来的第一次。课程组是在国家教委职业技术教育教材管理机构领导下开展工作，是全国中专教学和教材建设的业务指导和咨询组织。课程组负责组织研究各科教材选题与编审工作，拟订教材规划；组织起草（修订）各门课程的教学大纲；评选并推荐优秀教材，审查新编教材；开展教材研究与评介。

① 中国教育年鉴编辑部. 中国教育年鉴（1949—1981）[M]. 北京：中国大百科全书出版社，1985:98

课程组任期三年。各课程组按全国中专教材规划会议精神和《全国中等专业学校课程组暂行工作条例（试行）》的要求开展工作，各课程组首先进行了中专部分学科第三轮教学大纲的制定和修订工作，重点抓了全国中专 1986—1990 年规划中教学大纲和教材建设任务。到 1993 年国家教委职教司“七五”规划教材出版工作基本结束。通过多年的建设，中专教材基本上形成比较完整的系列。

1993 年 5 月，国家教委下发了《关于职业技术教育教材规划工作的意见》《关于建立两级职业技术教育教材审定组织的意见》以及《关于职业技术学校教材选用工作的意见》等文件，从以往中央牵头、地方配合，教育部门和各业务部门分工负责制变为“两级规划”“两级审定”的管理体制。形成了国家教委统筹协调，各省、市、自治区、直辖市以及中央业务部门负责做好各自分工部分的工作机制。并逐步加大了地方和行业规划教材的比重。文件指出：“在两级规划的基础上，地、县两级还要因地制宜编写必要的适合地方职教需要的乡土教材及补充教材，并切实落实出版规划。”“职业技术教育教材品种繁多，主要任务都在地方和部门。我委对少部分教材制定出‘八五’（1991—1995 年）选题规划，分职业高中和中专两个部分。这部分教材约占职业技术教育教材总数的 5%左右，这将有利于加强宏观管理，为各地提供服务，同时也有利于发挥各地方、各行业部门在职教教材建设方面的积极性。”1994 年 12 月 14 日至 16 日，国家教委职教司与高等教育出版社在北京召开了部分省、市职业教育“九五”教材规划座谈会。会议指出：无论是中专教材，还是职高教材，今后都需要提高质量，教材建设与教学研究、教材研究紧密结合。加强审定工作，健全审定组织机构，严格把好审定关，保证教材质量；要强调用书管理，加强教材信息服务工作，杜绝劣质教材进校门；要解放思想，积极探索，千方百计创出一条具有职业教育特色的教材建设的路子；要加强与国内外的教学与教材信息交流；要按照 1993 年国家教委职字 13 号文件精神，明确分工和要求，认真做好国家教委和省市两级的“九五”教材建设规划。到 1995 年中专教材已基本上形成了比较完善的系列。

二、技工学校教材开发与建设

技工学校教材，由于劳动部门担负着职业标准制定和职业资格鉴定的职责，除了建立了“统筹指导，两级规划”和“用户评估、专家评审、行政认定、向社会发布”的教材开发与认定制度外，还建立了更加严格的管理制度。

1996 年 11 月，劳动和社会保障部制定的《技工学校“九五”时期改革与发展实施计划》中指出：加强教材建设管理。健全和完善教材编审组织，逐步形成一支由管理人员和专家组织的教材建设工作队伍；制定教材建设发展规划，依据国家职业技能标准和职业内容，开发针对性强的技工学校教材；建立教材认定、推荐、评估制度和加强教材出版管理，保证教材质量。1998 年 12 月 24 日，劳动和社会保障部办公厅印发了《关于加强职业培训教材建设工作的通知》，明确了技工学校教材开发分工负责的机制：劳动保障部对教材建设的行政管理主要是根据培训就业工作的总体要求，重点抓好教材建设的统筹规划，建立工作制度，认定推荐合格教材，实施监督检查。技工学校公共课及机械、电工、电子、计算机等专业课教材和实行职业技能鉴定社会化管理试点工种的职业技能培训教材，由劳动保障部组织修订与开发。在劳动保障部的统筹协调下，有关行业部门主要负责组织开发行业特有工种职业培训教材；各地劳动保障部门和有关行业部门要参与和承担通用性职业培训教材开发，积极进行教学改革，指导技工学校和职业培训机构运用好教材。为保证教材质量，实行“用户评估、专家评审、行政认定、向社会发布”的制度。同时，提出要建立教材定期修订制度。合格教材自认定之日起原则上 3 至 5 年应修订一次，逾期不修订的，劳动保障部及有关行业部门不再予以评审认定，停止继续使用。在教材开发程序上，劳动保障部根据技工学校改革发展和建立职业资格证书制度的要求，加强职业技能标准和技工学校教学计划、组织大纲的制定与修订，实行标准、大纲、教材和鉴定题库“一条龙”开发。总之，经过几年的努力，到 20 世纪末，初步形成政府统筹规划指导下，以市场需求为导向、以保证质量为基础、以评估推荐为手段的教材开发机制，使教材建设逐步走上科学化、现代化、规范化轨道。

第三节　加强宏观管理时期

1992年，我国确立了建立社会主义市场经济体制，计划经济体制下人才培养目标、模式与市场经济体制之间的矛盾越来越突出，因此，学习和借鉴市场经济国家职业教育人才培养模式、课程和教材就成为必然。通过对国外先进国家职业教育的学习，我国开始逐步探讨与市场经济发展相适应的技能型人才培养所需的课程，并在此基础上加强教材建设。

1995年3月，上海市教委就明确提出“开展职业教育课程教材改革”“改革学科本位的课程结构，实行能力本位的课程结构，增强对经济建设和社会发展的适应性”，为此，全面启动了职业教育课程改革与教材建设的“1018工程”。即选择10门公共课，18个专业、工种进行课程改革与教材建设，形成1个体系。5年左右初显成果，10年左右基本完成体系建设。[①]此次改革历时8年，其基本价值取向是打破传统的学科课程模式，推广北美的CBE课程模式，虽然没有达到预期的目标，但通过“10181工程”，CBE的课程思想在上海职教界得到了传播。

1997年9月30日，机械工业部教育司印发的《关于机械工业中等专业学校深化教育教学改革的意见》中关于课程体系的改革指出：“中专教育要克服传统的以‘学科本位’课程论为主导的课程体系的弊端，建立以培养生产第一线中等技术、技艺型人才为出发点，以其职业岗位能力为基础，理论和实践相结合的课程体系。”“新的课程体系，应突出课程的职业定向性，使学生所学到的知识和技能能够真正满足职业岗位的实际需要；要解决课程理论脱离生产实际的

① 费爱伦，戴小芙．面向二十一世纪，启动职业教育课程改革与教材建设工程[J]．中国职业技术教育，1997（1）．

弊端，增强学生综合运用所学知识和技能解决实际问题的能力，缩短毕业生就业后上岗的过渡期和适应期。”“新的课程体系，以能力为主线，克服以往过分强调以学科分类为本的单科独立分段式课程模式，从岗位职业能力和技术要素出发来开设课程，重视学科间的联系和沟通，逐步使课程综合化，模块化。”“在建立具有较强职业技术教育课程体系的基础上，以职业岗位能力所需的知识结构、能力结构为依据，进行课程内容的改革，努力摆脱完整性、系统性、基础性的课程思想的束缚，要精简过分强调逻辑有序的内容，强化课程的针对性和实用性。”

1998 年 2 月 16 日国家教委关于印发《面向 21 世纪深化职业教育教学改革的原则意见》中指出：结合专业建设进行课程改革和教材建设。按照专业建设的要求，建立新的课程体系和与之相配套的教材系列。课程和教材门类繁多，更新要求快，改革和建设必须调动和充分发挥中央和地方、行业和企业以及学校各方面的积极性。国家教委要研究制定课程改革和教材建设规划。各地方、各部门和各行业应根据专业建设分工，组织专家，下大力气做好相应的课程改革和教材建设工作。教材内容要密切联系实际，反映新知识、新技术、新工艺和新方法。

一、中等职业学校课程开发与教材建设

1999 年 6 月 13 日，中共中央国务院《关于深化教育改革，全面推进素质教育的决定》中指出，职业教育要增强专业的适用性，开发和编写体现新知识、新技术、新工艺和新方法的具有职业教育特色的课程及教材。调整和改革课程体系、结构、内容，建立新的基础教育课程体系，试行国家课程、地方课程和学校课程。改变课程过分强调学科体系、脱离时代和社会发展以及学生实际的状况。

1999 年，国务院颁布《面向 21 世纪教育振兴行动计划》，提出实施《面向 21 世纪职业教育课程改革和教材建设规划》项目，要求教育部组织有关出版单位，以 82 个重点建设专业确定的培养目标和主干专

业课程基本要求为依据，开发编写了1000种具有中等职业教育特点，反映新知识、新技术、新工艺和新方法的国家规划教材和100种多媒体课件。2000年3月21日，教育部《关于全面推进素质教育，深化中等职业教育教学改革》的意见指出，加强课程改革和教材建设。课程改革是教育教学改革的核心任务。要深化中等职业教育课程改革，积极开展现代课程模式，特别是适应于学分制的模块式课程和综合化课程的探索和实验，把知识传授和能力培养紧密结合起来，增强课程的灵活性、适应性和实践性，构建适应经济建设、社会进步和个人发展需要的课程体系。

为贯彻《中共中央国务院关于深化教育改革全面推进素质教育的决定》，落实《面向21世纪教育振兴行动计划》中提出的“职业教育课程改革和教材建设规划”，从2000年起，教育部陆续制订与颁发了中等职业教育德育课程、文化基础课程教学大纲及82个重点专业教学指导方案，同时以此为依据组织开发了国家规划教材。2001年教育部成立全国中等职业教育教材审定委员会，审定国家规划教材。国家规划教材建设历时3年，通过公开招标确立了26家出版单位，编辑出版了1100余种公共文化课、重点建设专业主干课程教材，同时组织开发了120余种多媒体课件。教材在结构上推广了模块化，在专业课程中突出了职业岗位（群）的知识和能力的结构设置；在内容上体现课程综合化，突出其综合性和实践性应用，既有通用性，又有灵活性；在管理上，由职教教材信息服务网络统一组织宣传、征订。[①]许多新教材不仅必修的知识与内容有较大幅度更新，而且通过“选学模块”“阅读材料”为学生“开窗口，装接口”；从学生整个职业生涯考虑，以适应更换工种、扩大就业面的需求；突出职业教育特点，加大实训教材编写力度，以职业任务与职业案例充实教学内容；在教材编写中，还特别注意了与劳动部门、行业部门颁发的中级技术工人技能鉴定标准

① 教育部专项研究课题组．中等职业教育教材建设问题与对策分析[J]．中国职业技术教育，2008（25）．

接口。[①]国家规划教材的选用，对规范教学内容、促进教育教学质量的不断提高发挥了重要作用。

2003 年 12 月，教育部等六部委联合启动了“职业院校制造业和现代服务业技能型紧缺人才培养培训工程”。此项工程把提高学生的职业能力放在突出的位置，以加强实践教学、努力培养制造业和现代服务业一线迫切需要的高素质技能型人才为目标。为配合此项工程的开展，52 家出版社组织开发了 660 余种技能型紧缺人才专业教材及其配套教学用书，报教育部批准列为教育部推荐教材，以满足技能型紧缺人才培养培训需求。

二、技工学校教材建设

进入 21 世纪，技工学校加大了教材建设力度，把教学研究、试验与教材建设有机地结合起来。2002 年 1 月 22 日，劳动和社会保障部教材办公室在部门推荐、专家评审的基础上，确定了 14 个省、直辖市、自治区的 25 所技工学校为 2002—2004 年教材实验基地，开展包括语文等 6 门公共课和数控等专业共 14 个项目、80 种教材的试验工作。在总结实验工作的基础上，2005 年 4 月，新一轮技工学校、高级技工学校教材实验工作启动，北京市工贸技师学院等 30 所学校被确定为 2005—2007 年教材实验基地。2005—2007 年技工学校、高级技工学校教材实验共设 18 个项目，涉及 195 种实验教材。教材实验的目的在于通过实验教学和深入的分析研究，对教材体系结构和内容方面的适应性、科学性、实用性、先进性，以及教材的制作质量等进行评价，做出实验评价报告，为教材改革提供依据。

为贯彻《国务院关于大力推进职业教育改革与发展的决定》精神，落实劳动和社会保障部《加强职业培训提高就业能力计划》，加快职业培训教材建设步伐，2003 年 4 月 16 日，劳动和社会保障部印发了《关于印发三年三千种职业培训教材开发计划的通知》。该《通

① 刘志鹏．精品·规模·服务——高等教育出版社中等职业教育国家规划教材简介[N]．中国教育报，2002-6-24.

知》从多个方面对培训教材进行要求。第一，进一步完善“统筹指导、两级规划、分工实施”的教材开发长效机制。劳动保障部规划和组织开发编写国家级教材，包括技工学校、高级技工学校公共课教材，跨地区、跨行业使用的专业课教材，以及实行就业准入职业的各类培训教材和涉及面广的新职业培训教材。各省、自治区、直辖市和行业部门根据区域经济和行业发展的实际需要，组织开发编写具有地方和行业特色的教材。第二，完善“用户评估、专家评审、行政认定、向社会推荐”的教材评审推荐制度。第三，建立和完善面向全体劳动者的职业培训教材体系。教材体系包括再就业培训教材、创业培训教材；职业培训教材、劳动预备制培训教材、在职培训教材；高级技工学校教材和高级工、技师、高级技师等培训教材；技工学校教材；职业资格培训教材等。

2006 年 11 月，劳动和社会保障部下发了《关于印发 2006—2010 年职业培训教材建设规划的通知》，该《通知》指出要建立和完善教材开发流程，即从教材研究、教材开发、教材使用、教材检查和教材反馈评价五大环节入手，加快推进职业培训教材建设工作，不断提高教材建设水平。明确了“十一五”期间职业培训教材建设的主要目标是，以高技能人才培训教材建设为重点，加快技工学校教育、职业技能培训、创业培训、职业资格培训鉴定教材开发，加强新兴教学媒体教材建设，力争 5 年内组织开发 3000 种国家级职业培训教材，全面提升教材品质，精品教材数量达到国家级教材的 30%。2007 年 4 月，劳动和社会保障部培训就业司《关于进一步加强技工学校教材开发和使用管理工作的通知》中对教材开发提出了明确的指导：以国家职业标准和职业活动为依据，以职业能力为核心，不断创新教材体系、结构与内容，积极研究开发“一体化”教材来适应新的教学模式，并形成灵活多样的教材组合，提供多样化的教材选择，以适应不同地区、学校对教材的需求，初步构建了培训教材开发的三大原则，即“以职业标准为依据，以企业需求为导向，以职业能力为核心”。2008 年，劳动和社会保障部启动了教材建设“四大工程”，进一步推进国家级教材开发，即利用 3 年左右的时间，实施技工学校精品教材、高技能人才培训教材、农民工培训教材和师资培训教材建设“四大工程”。“技工学校精品教材建设工程”主要配合技工学校“一体化”教学改革，进一步做好“一体化”教材建设工作，开发“一体化”教材、校企结合教材、行动导向型教材、任务驱动型教材500种。

总的来说，我国中等职业教育教材经过多年的建设，取得了丰硕的成果，在种类和数量上基本能够满足职业教育发展的需要，形成了中央与地方教育主管部门和出版社共同参与、相互竞争的一个格局，职业学校有了较大的教材选择空间。但也存在教材修订不及时，盲目、无序进行教材开发，教材编写质量不高，缺乏有效准入、评价和选择机制，教材发行服务网络建设滞后，优质教材得不到有效推广等问题。为了局部利益，地方保护主义严重，甚至有些学校使用盗版、盗印教材等。为了规范中等职业学校教材市场秩序，国家职业教育主管部门进一步明确了“两级规划”的分工。2006年12月，教育部下发了《关于进一步加强对中等职业教育教材管理工作的通知》，明确了中央和地方各类教材开发范围：德育课教材，教育部根据大纲统一组织编写、审定。任何单位不得编写、出版德育课教材及教辅读物，杜绝自编德育课教材及教辅读物的现象。文化课教材，凡国家规划、编写、审定和出版的文化基础课教材，原则上地方不再另行规划、编写和出版。各地教育行政部门必须加强对国家规划文化基础课教材的使用指导，并要求学校使用国家规划教材出版单位编写的相关课程的教辅读物。专业课教材的规划、编写与审定，仍实行“两级规划、两级审定”的原则。各地如果规划了与国家规划专业课相同的教材选题，需将教材选题报至职业技术教育与成人教育司，经同意后方可进行编写，并由省级职业教育教材审定委员会审定，通过后可在本省内使用。

2007年4月劳动和社会保障部培训就业司也印发了《关于进一步加强技工学校教材开发和使用管理工作的通知》，加大了对教材的管理，明确提出了教材使用管理意见：德育课教学统一使用由劳动和社会保障部组织编写、审定的德育课国家级教材，未经我部允许，严禁自编德育课教材及教辅读物，维护德育工作的严肃性；文化课教学要按照部颁教学大纲，使用劳动和社会保障部推荐的国家级教材；专业课教学要按照部颁教学计划、大纲，根据教材目录优先选用劳动和社会保障部推荐的国家级教材。对于目录中没有的专业教材，地方、学校可结合实际，开发地方特色专业教材、校本专业教材，报教材办备案。

总的来看，新中国中等职业教育教材开发的历程，从最初的全部照搬苏联的教材，到20世纪60年代初，各类中等职业学校初步形成了一套基本上能满足教学需要的教材体系；由于十年“文革”的破坏，在经济体制改革初期，我国中等职业学校主要通过自编、借用教材等途径，满足教学急需。1985年《中共中央关于教育体制改革的决定》出台以后，教育主管部门加强了对教材建设的五年规划工作，成立专门组织加强对教材编写的指导和审定工作，到1990年前后各类中等职业学校基本上形成了各具特色的教材，以后教材开发主要是针对变化的情况积极进行修订工作。20世纪末，职业教育是能力本位的教育逐渐形成了共识，从以往的重视教材开发转向了重视课程开发，把课程开发与教材建设放在同等重要的地位，加强了课程开发，把教材看作是课程的载体，在课程开发的基础上编写教材。同时，对教材的认识也不断深化，从最初的教材即课本，致使学生面对“一本书”，逐步走向教材即教学材料，逐步开发包括文字教材（含教科书、讲义、讲授提纲、图表及教学参考书等）、视听教材及计算机辅助教材等多种形式，极大丰富了教学内容。为了适应多方面的需求，教材提倡“一纲多本”，提倡因时因地编选补充教材。

第十三章

中等职业教育招生就业制度改革

招生就业是职业教育工作的起点和终点，是职业教育的晴雨表。招生就业制度既影响职业教育自身的发展，又受制于国家的就业政策和教育方针政策等外部因素。新中国成立以来，我国中等职业教育招生就业体制受经济体制变革影响，从高度统一的配给模式逐渐向以市场为主导的供需模式转变，招生就业制度大体可以分为四个阶段：统招统配、双轨制、市场导向、市场主导。在每个时期，中等职业教育招生就业都突出反映了当时的社会、经济特点并受其制约。在新中国成立初期的一段时间里，受配给制度影响，招生就业主要体现在“统招统配”；“文革”之后，国民经济体现计划经济与市场调节相结合的特点，招生就业体现了“双轨制”特点；随着社会主义市场经济体制的提出和逐步建立，市场导向的就业模式显现；随着市场经济体制的不断完善，“双轨制”的招生就业模式逐渐解体，中等职业学校招生就业完全面向市场，开始实行政府引导、市场主导的招生就业体制。

第一节　“统招统配”的招生就业制度

一、“统招统配”模式的形成

新中国成立之初，由于物资资源的相对紧张加之对苏联模式的仿效，国家经济制度实行的是高度统一的计划经济体制。1951 年，中央人民政府政务院财经委员会发出《关于编制 1952 年国民经济计划程序的通知》，不久又发出改进与加强基本建设计划工作的指示。1952 年，政务院财经委员会下发《关于加强计划工作的大纲》，颁发了《国民经济计划编制暂行办法》。1953—1957 年，我国实行第一个五年计划，开始建立计划经济体制框架。1953 年 2 月，中共中央发出《关于建立计划机构的通知》。1955 年，国务院批准《国家计划委员会暂行工作条例》。1956 年，国务院批准《地方各级计划委员会暂行组织规则》。1957 年 1 月，国务院发布《关于各部负责综合平衡和编制各该管生产、事业、基建和劳动计划的规定》①，至此，我国基本上建构起了计划经济体制框架，国民经济全面实行计划经济管理体制。

与国家经济体制相适应，1952 年以前各校单独招生时，考试和录取工作由学校自行组织。为保证各类中等学校招生计划的实现，1952 年 7 月 5 日，教育部《关于全国高级中学、技术学校、师范学校统一招生的指示》指出：“以省（市）为单位进行统一招生，各省（市）建立统一招生委员会，统一计划指导各省（市）的招生工作。”1953 年改由大区统一招生，1955 年大区撤销后，由中央统一负责劳动力调配，职工人数计划由国家逐年批准下达并且必须经主管单位审批，停止从社会上招工，逐步扩大中职生统一分配的范围。1955 年 5 月 17 日，高等教育部发出《关于 1955 年中等专业学校招生工作的通知》，指出：为了保证录取合格的新生，更好地照顾考生志愿，今后中等技术学校招生工作，确定采取由学校自行单独招生的办法（同一地区或同性质

① 赵凌云．1949—2008 年间中国传统计划经济体制产生演变与转变的内生逻辑[J]．中国经济史研究，2009（3）．

的中等专业学校也可以组织联合招生)。省内农业学校、卫生学校分别由省农林厅、卫生厅组织统一招生，其他系统基本是各校单独招生，1959 年改成以省为单位进行招生，直到 1966 年“文化大革命”开始后停止。其间，从 1958 年“大跃进”开始到 1961 年，教育进行调整和 1964 年推行半工（农）半读制度时，中等技术学校招生工作先后采取统招、学校自招、单位推荐、地区调剂、学校之间调剂等多种方式。经过多年的探索，中等职业学校的招生就业工作逐步建立了由各省、市、自治区等地方政府统一领导，具体的工作由各学校负责实施，初步形成“统招统配”模式。

二、招生制度的开放与调整

1958 年我国掀起了“大跃进”运动。为了推进“大跃进”，1958 年国家连续制定和实施了一系列改革措施，扩大了地方和企业自主权，下放了包括教育管理权在内的多项权利。1958 年 2 月 3 日，在第一届全国人民代表大会第五次会议上薄一波同志在《关于一九五八年度国民经济计划草案的报告》中提出：“中等专业学校主要是培养有文化有技术的工人和农民，学生在毕业以后一律参加工业和农业的生产。今后国家所需要的技术干部和管理干部，应当尽可能从适合条件的工人和农民中提拔。”1958 年 5 月，教育部规定：中等专业学校招收新生，应进一步贯彻阶级路线，尽量招收合乎条件的工农干部和工人、农民入学。由于教育权限的下放，我国开始出现了中央部门、地方产业部门、教育部门、劳动部门、厂矿事业单位等多种渠道办学的局面，各类学校无限制地扩大招生规模。在 1958 年一年内，中等专业学校（不含中等师范学校）招收人数从 1957 年的 5.99 万猛增到 69.36 万，技工学校的招生人数从 1.14 万猛增到 11.4 万，而各种“半工半读”学校和农业中学招生总人数达到了 220 万。

但是，违背规律片面强调数量的扩张不但没有促进职业教育良性发展，反而带来诸多问题。为扩大招生规模，城市里新增的中职学校大量招收农村学生，不仅使农村的劳动力减少，而且增加了城市人口负担并造成供给困难；由于学校基础设施不足，教育质量不能保障，同时社会对技术人员吸纳能力也有限，毕业生安置出现了困难。为纠正这些问题，教育部根据中央制定的“调整、巩固、充实、提高”的方针，开始压缩教育规模，1960 年 11 月 24 日，中央文教小组召开全国文教工作会议，会后向中共中央提交了《关于 1961 年和今后一个时期文化教育工作安排的计划》，确立了“调整、巩固、充实、提高”的教育发展方针，1962 年 5 月 25 日，中共中央批转教育部党组《关于进一步调整教育事业和精减学校教职工的报告》中指出：“教育事业发展过快、规模过大，超过了国民经济的负担能力，特别是超过了教育事业本身的发展条件，影响了教育事业的提高。”要求大幅度缩减各类学校的招生规模。具体措施包括：中等专业学校一年级学生家在农村的，动员回农村参加生产劳动；家在城市的，分配到厂矿企业，顶换从农村招来的青年工人和学徒工；二年级以上学生能够提前毕业的，提前分配工作，能转学的转学；家在城镇的一、二年级学生，凡是合乎参军条件的，动员参军。1961 年，中等专业学校在本城市就近招生，不得再从农村招生。

通过调整，各种中职学校的招生数量大规模缩减，到 1962 年中专学校招生人数降低到 2.6 万，技工学校减少到 1.93 万，农业中学和职业中学招生人数仅为 14.9 万，职业学校的招生就业体制又恢复到正常的发展轨道上来。

经过三年调整时期，1963 年后国民经济运行恢复正常，由于经济的发展，社会对人才的需求量增加，一些学校开始招收外地学生和来自公社或工厂的学生。1963 年 3 月 14 日，教育部发出的《关于改进中等专业学校招生工作和毕业生分配工作的意见》中提出：“一般学校主要招收初中毕业生，农、林、医学校，除招收初中毕业生外，还可以采取公社保送和考试相结合的办法，从公社招收经过生产劳动锻炼的初中毕业生和具有同等学力的青年，为公社培养人才，各类学校根据需要和可能，可以招收一部分在职职工，并列入国家计划。”“为全国或大区培养人才的某些外地招生，毕业后仍返还原地区分配或安置。”“在城市的学校，根据专业性质，可以适当招收一些家在农村的学生。”1964 年 5 月教育部又规定“各主管业务部门应当有计划地选送具有初中毕业程度的优秀青年职工，经过考试，进入所属中等专业学校学习，毕业后回原单位工作”，即所谓的“委托培养”。初步形成了考试与保送相结合，“哪来哪去”的招生就业制度。

从招生对象层次来看，中等专业学校试办招收高中毕业生班。1963 年 3 月，国务院文教办曾同意：中专学校可以个别试办招收高中毕业生的班次。教育部在上报这个办法时提出：中专有些专业如船舶驾驶、轮机管理等，在技术和行政领导管理能力上要求高，招收初中生不合适；有些产业部急需人才，招收高中毕业生可以加速培养；今后升不上高等学校的高中毕业生多，中专招收高中毕业生，可以提高质量，有利于高中毕业生的安排。至此，中等专业学校开始招收初中毕业生和高中毕业生两类生源。

在招生对象上，贯彻阶级路线，坚持向工农开门的方针。1958 年教育部对中专招生规定：尽量吸收合乎条件的工农干部和工人、农民入学；招收初中毕业生的，应优先吸收工农子女和参加过劳动锻炼的优秀者。1964 年对技工学校招生规定：对于工人及贫下中农出身的学生，特别是老工人的子女，应在同等条件下，优先录取。

从招生范围来看，就地招生为主，跨地区招生为辅。1963 年教育部规定：中专学校一般就地招生，有些为全国或大区培养人才的中专学校，必要时可以在大区范围内招生或跨省招生。1964 年进一步规定：国务院各业务主管部门所属中等专业学校的跨省招生计划，由教育部综合平衡，征求地方意见后下达。同年教育部对技工学校规定：原则上应在所在城市招生，如不能满足，也可以在省（自治区）辖地区内其他城市中统一安排招生。为了解决毕业生余缺问题，1964 年，国务院批转高等教育部《关于中等专业学校招生和毕业生分配统筹问题的报告》，以加强招生的统筹规划，实行毕业生的余缺调剂，各部门对毕业生调剂有困难的，由内务部协调。

1966 年“文化大革命”开始，中等职业学校逐渐停止招生。1970 年国家计划委员会研制《第四个五年国民经济计划纲要》，推动了高等学校和职业技术学校恢复招生。1971 年部分中等专业学校和技工学校开始恢复招生，1973 年 7 月 3 日国务院批转国家计委和国务院科教组《关于中等专业学校、技工学校办学中几个问题的意见》中规定：招生方式是由省、市、自治区统一组织，实行“自愿报名，群众推荐，领导批准，学校复审”的招生办法。由于生源主要是来自生产一线的工人和农民，人们将这一期间的学员称为工农兵学员。

三、毕业生就业制度

新中国成立之初，毕业生由办学单位自行分配。1953 年开始中专学校毕业生在国家人事部门统一指导下，由主管业务部门分配工作。1953 年，政务院规定，中央各业务部门领导的中等专业学校毕业生，原则上由中央各业务部门负责分配；地方设立和管理的学校，原则上由地方政府的业务部门分配。1958 年以后各类学校招生数量远远超过国民经济的实际需要，导致毕业生就业出现了困难。1963 年 3 月，教育部发出通知，“今后国家对中专学校毕业生将根据需要的情况进行分配”“对不能分配工作的毕业生可以安置做工人或者推荐给集体单位录用；凡安置做工人的，国家需要时，再择优提拔做技术工作；原公社保送的并为公社培养的各科毕业生，仍由原公社安排从事基层工作，或参加生产。内招职工毕业后，由有关部门分配工作或返回原单位”。为了加强招生统筹规划和毕业生的余缺调剂，1964 年 10 月，国务院批转高等教育部《关于中等专业学校招生和毕业生分配统筹规划问题的报告》，该报告指出，每年从各部门和地方所属的中专学校毕业生中，抽调不超过 15%的名额，由国家统一掌握，调剂余缺（“文化大革命”中废止），用以解决各部和地方的临时需要。“文化大革命”开始后，按“面向农村、面向边疆、面向工矿、面向基层”的“四个面向”方针，毕业生全部分到农村或工矿，当普通农民或普通工人。1980 年，“文化大革命”后恢复统一考试招收的第一届中等技术学校学生毕业时，国务院再次恢复了“实行毕业生余缺调剂的办法”。规定毕业生原则上仍由各部门和各省自行分配，必要时国家进行少量调剂。调剂比例方面，中央所属部门办的学校不超过 5%，地方办的学校由有关部门与地方协商。

在实行“统招统配”时期，各类中等职业学校招生就业的范围和规模主要由国家按计划计划进行调控，保证了各个学校的招生人数和毕业生的就业安置协调一致，但是“大跃进”和“文革”时期受“左”的思想的影响，盲目扩大或缩减规模，毕业生就业困难和取消招生工作造成的教训也是惨痛的。

第二节　“双轨制”下的招生就业制度

十一届三中全会以后，我国经济体制开始实行有计划的商品经济，非国有经济开始逐步发展。1984 年中共中央《关于经济体制改革的决定》提出要实行“有计划的商品经济”，传统的政府计划配给体制向政府计划配给和市场机制配给相结合的体制过渡，出现了双重经济体制并存的格局。在这种经济体制的影响下，我国中等职业学校逐渐形成了“双轨制”的招生就业制度。

一、招生的优先政策

1978 年 6 月，国务院批转教育部《关于 1978 年高等学校和中等专业学校招生工作的意见》，对招生原则、招生对象和学习年限、考试与政审及体检、录取办法、跨省招生和毕业分配与组织领导等进行了明确规定。以后，每年由教育部印发《关于全日制中等专业学校招生工作的意见》，1985 年成立国家教委，则由国家教委印发《普通中等专业学校招生暂行规定》，来指导中等职业学校招生就业工作。

由于我国中等职业教育很多是部门办学，为了稳定一些艰苦行业职工队伍和安置职工子女就业，对一些艰苦行业学校的本部门职工子女招生给予同等条件下的优先录取权。例如，1979 年中等专业学校的招生工作规定：煤炭、石油、地质、林业、农垦、水产、盐业学校优先录取该系统所属厂矿、企业职工和矿区、林区、垦区、渔区、盐区的中学毕业生。卫生学校优先录取赤脚医生，农业学校主要招收农村学生并优先录取农业科技积极分子和农业中学毕业生以及上山下乡、回乡知青。还规定：除有特殊要求的专业外，原则上不划男女比例。随着中等职业教育办学的社会化，这一政策不再局限于本部门职工子女，凡是报考艰苦行业的学生均给予优惠政策。

二、计划经济体制外“不包分配”制度的产生

由于多年来我国计划经济体制下就业实行的“高就业、低失业”的政策，同时，“文革”期间大批“上山下乡”的知识青年，落实政策需要回城安置工作，经济体制改革面临着巨大的就业压力，因此发展职业教育不能增加国家计划经济体制内就业的压力。1980 年 8 月，中共中央国务院《关于进一步做好城镇劳动就业工作的意见》（中发〔1980〕64 号）指出：“必须对我国经济体制包括劳动体制进行全面改革，在国家统筹规划和指导下，实行劳动部门介绍就业、自愿组织起来就业和自谋职业相结合的方针。”这就是著名的“三结合”就业方针。1981 年 10 月，中共中央国务院颁布了《关于广开门路、搞活经济、解决城镇就业问题的若干决定》，1981 年 12 月，国务院颁发了《严格控制农村劳动力进城做工和农业人口转为非农业人口的通知》。可见，当时城市就业形势非常严峻。基于当时的就业形势，1980 年 8 月，中共中央《关于转发全国劳动就业会议文件的通知》中指出：“新办的职业技术学校，毕业生不采取统一分配的办法，由劳动部门（或劳动服务公司）推荐，经用人单位考核，择优录用，也可以自主选择职业。今后企业单位增人，应以经过职业训练的毕业生为重点。”同年 10 月，国务院批转教育部、国家劳动总局《关于中等教育结构改革的报告》要求“增加职业教育的比例，将一部分普通高中改为职业高中”，并且规定“职业高中毕业生国家‘不包分配’”。1981 年 10 月，中共中央、国务院《关于广开门路，搞活经济，解决城镇就业问题的若干决定》指出：“职业学校和各种训练班，要积极为集体经济和个体经济培训人才。学员学习期满后，经过考核合格，发给证书，不包分配，由用人

单位公开招考、择优录取；也可以帮助他们组织起来就业或自谋职业。”

经过几年的快速发展，职业高中已经和中专学校、技工学校形成中等职业教育三足鼎立的格局。究其原因，主要是1978年以来我国农村实行家庭联产承包责任制，极大地解放了农村生产力，加之城镇集体经济和个体经济的快速发展，所以在中等教育结构调整的过程中不包分配的农业中学、职业中学取得了长足的发展。职业中学“不包分配”的政策取得了成功，在经济快速发展对技能型人才需求的拉动下，技工学校、中等专业学校也开始了毕业生分配制度改革。

1983年4月26日，劳动人事部《关于改革技工学校毕业生分配制度等问题的意见》中指出：“1983年以后招收的学生，毕业时根据需要和‘三结合’的就业方针，统筹安排，择优分配，不合格的不分配。”1986年11月，劳动人事部和国家教委根据教育体制改革的精神联合做出规定：“技工学校毕业生的分配办法，必须进一步改革，改革的方向是把国家统包统配改革为‘三结合’的方针就业。当前要实行在国家计划指导下，由学校推荐，用人单位择优录用的制度，既应面向全民所有制单位，也应面向集体所有制单位。”同年5月6日，中共中央、国务院《关于加强和改革农村学校教育若干问题的通知》规定：“改革高等学校的招生和毕业生分配制度，打开人才通向农村的路子。在不影响国家计划的前提下，实行计划外的合同制招生。经省、自治区、直辖市和中央有关部委的主管部门批准，由集体企事业单位、专业户同有关院校签定合同，采取推荐与统考相结合的办法，招收由集体负担学费和自缴学费的学生，毕业后回原地区、原单位工作。”“中等专业学校的招生和毕业生分配制度，也要参照上述精神加以改革。今年可在少数学校或专业试行招收一部分农村学生，不包分配，毕业后仍回农村从事生产劳动及各项工作。中等专业学校增加这类招生任务所需的经费，可由当地政府酌情补贴。”同年5月9日，教育部、劳动人事部、财政部和国家计委联合发布的《关于改革城市中等教育结构，发展职业技术教育的意见》进一步指出，对职业中学、职业（技术）学校的学生，国家不包分配，毕业时实行“三结合”的就业方针，或由劳动部门介绍就业，用人单位自由录用，或由劳动服务公司帮助他们组织起来就业，或鼓励学生自谋职业，鼓励学生到农村为农民服务。

总的来看，由于我国农业、农村经济的快速发展对专业人才需求量大，农业中专不包分配制度取得的成效比较大。1988 年 4 月，农牧渔业部、国家教委等 8 个部门发出《关于农业中等专业学校招收农村青年不包分配班的若干规定》，专门对不包分配中专班的招生方法、内容以及毕业生的去向和优惠政策均做了详细的说明。到 1989 年，全国 26 个省、自治区、直辖市的三分之二以上的农业中专先后开展了此项试点工作，不包分配班的在校生达 3 万人，占同期在校生总数的 15.7%，这项改革不仅为农村输送了大批中专人才，而且使中专改革了办学方向。[①]

三、“双轨制”下招生就业制度的形成

1983 年以来中等职业教育开始改革招生制度，实行定向招生，把招生与毕业分配紧密结合起来，使职业教育更加主动适应社会经济发展需要。1983 年 2 月 10 日，农牧渔业部、教育部联合发出了《关于 1983 年全国高、中等农业院校招生工作的通知》，要求开创农业中专办学的新路子，实行多种形式办学、“两条腿走路”的招生分配办法，即一种是国家统招，指标到县，定向招生，定向分配。另一种是招收农、牧、渔业系统企事业单位具有初中以上文化程度的在职职工，举办职工中专班；也可以招收具有初中毕业以上文化程度的集体所有制单位、专业户的农村优秀青年，单独招生，择优录取，毕业后不包分配，回原单位工作。同年 3 月 3 日，教育部印发了《关于一九八三年全日制中等专业学校招考新生的规定》的通知，开始试行定向招生，定向分配。同年 6 月 8 日，教育部、国家计委联合下发了《关于完成和扩大一九八三年中等专业学校招生计划等问题的通知》。该《通知》指出：“在完成国家招生计划的同时，对社会需要、学校又有能力多培

① 国家教委职业技术教育司组织编写．中等职业技术教育简史[M]．北京：北京师范大学出版社，1994.

养的专业，可以接受委托培养、实行计划外合同制招生、试行招收一部分不包分配的农村学生等办法扩大招生。”“如有潜力，可以举办少量的职工中专。”1984 年 5 月 15 日，教育部、国家计委、财政部印发了《高等学校举办干部专修科、中等专业学校举办干部、职工中专班的试行办法》，规定干部、职工中专班招生对象为年龄 35 岁以下，具有初中文化程度，工作三年以上的科级以下干部和优秀工人。毕业后，一律回原单位工作。1985 年 5 月 2 日，教育部下发的《关于一九八五年普通中等专业学校招生规定》指出：学校在完成国家下达招生计划的前提下，经主管部门批准，可与用人单位签订委托培养人才的合同，作为国家计划的补充，列入学生招生计划。

1984 年以前，供销合作社人员由技工学校培养，招生对象是城镇户口生源。1984 年 5 月，国家出台文件规定，从 7 月 1 日起供销合作社恢复为集体所有的合作商业。为此，1984 年 7 月，商业部、劳动人事部联合下发的《关于供销合作社系统技工学校招生问题的通知》中规定：“从一九八四年起（或从一九八五年起，由各地自定），供销合作社系统技工学校主要面向农村招生，不论吃商品粮和农村粮的，都同等对待，从农村招收的学生不转户口，不转粮食关系，可实行定向招生，哪来哪去，供销合作社择优录用，实行合同制。学生毕业后国家不包分配，也可以自谋职业。同时提倡供销技工学校接受农村专业户、重点户、经济联合体和生产队的委托，代培学生，收取合理的代培费用。”这样就打破了技工学校招生对象历年来只招收城镇户口的限制，使招生来源与毕业生分配适当结合起来。1985 年 5 月，教育部《关于 1985 年普通中等专业学校招生规定》决定：农业、林业、商业、卫生、煤炭、地质、石油等中等专业学校以及国防科工委系统所属某些中专学校，实行部分定向招生。即规定一定比例，面向文化基础比较薄弱的农村、林区、牧区、矿区等招生，适当降低分数要求，择优录取，学生毕业后回本地区、本部门工作，从而打开人才通往艰苦地区的路子。

定向招生制度是不包分配制度的萌芽。1985 年中共中央《关于教育体制改革决定》的出台，技工学校和中等专业学校开始逐渐增大招收自费生的比例。该决定中要求全国各高校的招生向“双轨制”方向发展，招收一定数量的调节性计划的学生，根据这一精神，1987 年 1 月，国务院办公厅转发《国家教育委员会等部门关于全国职业技术教育工作会议情况报告的通知》，要求改革中等专业学校和技工学校毕业生的分配制度，逐步将包分配改为不包分配，由用人部门择优录用的方式。国家教委于 1987 年 12 月 31 和 1988 年 3 月 14 日先后印发了《编制普通中等专业学校跨省招生计划的试行办法》和《普通中等专业学校招生暂行规定》两个文件，明确提出普通中等专业学校招生计划分为国家任务、委托培养、自费生三种。国家任务学生毕业时，由国家负责安置工作。委托培养的学生，毕业时应按照学校制订招生计划时与用人单位签订的合同，毕业后应到委托单位工作，户口可以办理“农转非”。自费生主要以自谋职业为主。一般情况下把“统招统配”形式的学生称“国家任务计划”，把“定向生”“委托培养生”“自费生”称为“调节性计划”，形成了“计划招生”和“调节招生”并行的“双轨制”招生就业体制，并在较长时间内实行。

四、劳动准入制度推动毕业生就业制度改革

中等职业学校就业制度的改革与我国逐步建立先培训、后就业的就业准入制度也有很大的关系。1978 年 4 月，全国教育工作会议上，邓小平提出了改革招工办法的问题。他说：“不仅大中学校招生要德智体全面考核，择优录用，而且各部门招工也要逐步实行德智体全面考核的办法，择优录用。”1981 年 10 月 17 日，中共中央、国务院发布的《关于广开门路，搞活经济，解决城镇就业问题的若干决定》中指出：“要普遍开展对城市待业青年就业前的培训，逐步做到一切需要进行培训的人员，先经过培训以后再就业。”“对于关键性的技术岗位，要逐步实行未经考核合格不准上岗的制度。”“招工用人要坚持实行全面考核，择优录用。”1985 年 5 月 27 日，中共中央《关于教育体制改革决定》中规定：“在改革教育体制的同时改革有关的劳动人事制度，实行‘先培训，后就业’的原则。今后各单位招工，必须首先从各种

职业技术学校毕业生中择优录取。”为了落实中央的精神，国务院各有关部门和地方都积极采取措施加以落实。1986 年 7 月，由国家教委等四部委联合召开的全国职业技术教育工作会议强调：对实行“先培训，后就业”的原则必须坚定不移，不能有任何动摇，对于那些具备条件又不实行的单位，劳动部门和经济主管部门要给予行政干预。会议确定：在 1990 年以前，全国大部分地区对技术性强的岗位实行不经培训不得走向工作岗位的制度。同年 7 月，国家经济委员会全国职工教育管理委员会提出：“七五”期间，新增劳动力后备力量实行“先培训，后就业”，在职职工实行“先培训，后上岗”的要求等。

第三节　市场导向的招生就业制度

1992 年 10 月，党的“十四大”明确提出建立社会主义市场经济体制，1993 年 11 月，《中共中央关于建立社会主义市场经济体制若干问题的决定》，确立了继续深化改革、建立社会主义市场经济体制的总体目标，由于市场经济体制改革的深入使劳动人事制度相应地做出了调整，国家负责安置就业的比例越来越少，中职学校毕业生市场化进程加快，“双轨制”体系开始解体。

1991 年 7 月，国家教委等委部联合印发了《中等职业技术学校收取学费的暂行规定》的通知，提出中等职业技术教育属非义务教育，自 1991 学年起，对中等专业学校（不含中师，下同）、技工学校和职业高中新入学的学生适当收取学费，为中等职业学校招生就业市场化改革创造了条件。1993 年 9 月 29 日，劳动部《关于深化技工学校教育改革的决定》中强调：“技工学校招生计划由指令性改为指导性，尽量扩大委托培训和定向招生的比例，努力与劳动市场紧密结合。实行学校自主招生，毕业生自主择业的制度。”1994 年 3 月，国家教委下发了《关于普通中等专业学校招生与毕业生就业制度改革的意见》的通知。从 1994 年开始，国家只下达分省、分部门所属普通中等专业学校招生计划总数，不再下达分学校招生计划。普通中等专业学校招生计划的制订，由学校、办学主管部门及地方教育行政部门会同计划部门根据本地区、本部门经济和社会发展的客观需要以及学校所具备的办学条件编制，按照隶属关系，由省、自治区、直辖市教委、高教、教育厅（局）和国务院有关部委教育司（局）审核确定，并将本地区、本部门招生计划总数上报国家教委、国家计委，经审核后列入全国普通中等专业学校招生计划下达，扩大了地方或部门招生自主权。1995年，国家教育委员会《关于印发〈关于普通中等专业教育（不含中师）改革与发展的意见〉的通知》中指出："中等专业学校的招生，现在实行的是国家任务计划与调节性计划相结合的体制。要逐步过渡到全面实行上学缴费制度。""改革毕业生就业制度。要采取有力措施，拓宽人才通向农村、通向艰苦行业和边远地区的渠道。要努力扩大为农村服务不包分配班，并利用各种招生形式为农村培养合格适用的人才。改变'统包统配'包当干部的做法，根据招生计划形式，实行不同方式的就业。国家任务招生实行按需培养，供需见面，双向选择，择优录用；委托培养生按合同就业；自费生自主择业。"虽然国家出台了这些制度，但是在实际工作中的进度是比较缓慢的。根据《中国劳动统计年鉴（1996）》的数据计算，1995 年全国技工学校计划外招生人数占招生总人数的 6.2%，计划内毕业生的就业去向：国有单位占 87.4%；城镇集体单位占 6.4%；乡镇企业、三资企业或自谋职业的占 6.2%，国有单位就业人数占绝大部分。即使是计划外毕业生，其就业去向分别为：国有单位占 69%；城镇集体单位占 12.8%；乡镇企业、三资企业或自谋职业的占 18.2%，可见，国有企业仍然是就业主渠道。

1996 年 12 月，国家教育委员会、国家计划委员会、财政部下发的《中等职业学校收费管理暂行办法》中指出："中等职业教育属于非义务教育阶段，学校依据国家有关规定，向学生收取学费。学费标准根据年生均教育培养成本的一定比例确定。不同地区、不同专业的学校应有所区别。"进一步为招生并轨创造了条件，1997 年底，国家教委、国家计委联合签发了《关于普通中等专业学校招生并轨改革的意见》，开始实施招生并轨工作，1998 年 2 月，国家教委办公厅下发的《关于做好 1998 年普通中等专业学校招生工作的通知》中指出："在普通中等专业学校招生并轨改革过渡阶段，1998 年普通中等专业学校招生计划仍包括并轨计划和非并轨计划两部分。已实行招生并轨改革的省、自治区、直辖市原则上不再安排非并轨招生计划。并轨收费问题要实行新生新办法，老生老办法”。1998 年 3 月，国家教委、国家经贸委、劳动部关于印发《关于实施〈职业教育法〉加快发展职业教育的若干意见》的通知中指出：进一步加快职业学校招生和毕业生就业制度的改革。要积极推进中等专业学校招生、收费并轨改革，实行缴费上学，1998 年绝大多数省、自治区、直辖市要实行并轨，2000 年基本完成新旧体制转轨。招生并轨改革，改变以往普通中专由政府包学生上学、包毕业生就业的制度为学生缴纳部分培养费用、大多数毕业生自主择业的制度，实行了统一招生计划、统一录取标准、学生缴费上学，结束了多年来招生就业统招统配的历史。

在招生双轨制逐渐解体的过程中，中等职业学校招生对象也在发生变化。如技工学校历来招收城市户籍学生，1993 年，劳动部批转山东省劳动局《关于技工学校招收农业户口学生问题的复函》中指出：“同意你们在技工学校的高空、高温、井下、野外等苦、脏、累、险或在城镇招生困难的工种（专业）中进行招收农村青年的试点工作。具体办理在城镇落户手续，请你们与省公安部门协商处理。”1996 年，吉林省人民政府办公厅下发的《关于全省技工学校招收农业户口学生有关问题意见的通知》中指出：“技工学校面向农村招收的学生，毕业前其户籍仍保留在农村，在校期间按暂住人口进行登记、管理。学生毕业后，凡与用工单位签定了 5 年以上劳动合同的，允许将户口迁往用工单位所在地的城镇落户。”“技工学校面向农村招生所需‘农转非’指标，列入全省‘农转非’计划。所需指标由省劳动厅汇总核实后，报有关部门。”从上述文件中不难发现，1993 年以前技工学校主要招收城镇户口学生，根据《中国劳动统计年鉴》的数据计算，到 1996 年技工学校招生人数中农业户口学生的比例达到 27.4%，到 2004 年技工学校招生人数中农业户口学生所占比例达到 59.2%。

第四节　市场主导的招生就业体制

“并轨”之后中职学校虽然可以根据市场和自身实际情况确定招生对象和规模，但实行全面收费和不包分配的制度使学校的招生吸引力下降；与此同时，企业大规模“减员增效”影响了中职生就业空间；而1999年后的高校大量扩招又导致大量生源流入普通高中，中职学校出现了生源危机。从1999年到2002年，中职的招生人数锐减，为扭转职业教育招生不断下滑的局面，2002年《国务院关于大力推进职业教育改革与发展的决定》提出“以服务为宗旨、就业为导向”的发展方针，千方百计扩大中职学校招生数量。为应对职业教育招生就业不理想的状况，职业学校不断加强与市场的联系，扩大学校招生自主权，实施多种招生就业手段、加强职业指导，使中等职业学校毕业生更好地适应市场化就业的需要。

一、适应生源的变化，改革考试招生制度

2001年3月，教育部《关于做好2001年中等职业学校招生工作的通知》中指出：“中等职业学校招生规模，由学校根据社会需求和学校培养能力自主确定，报教育行政部门、计划部门汇总，并以指导性招生计划形式下达。”“从2001年起，各省（区、市）教育行政部门和招生部门应不再单独组织中等职业学校的招生考试。中等职业学校招生按照初中毕业生统一升学考试成绩录取学生。部分中等职业学校可实行免试入学。省级以上重点学校可试行提前招生。有条件的省（区、市）可以试行由中等职业学校自主招生，一年多次招生，其招生办法由各地教育行政部门和招生部门制定。”中等职业学校有了充分的招生自主权，上中等职业学校不需要单独进行考试，结束了上中职必须考试的历史。

二、扩大招生自主权，实施多种招生手段

为了扩大中等职业学校招生数量，教育部连续几年发布关于中等职业学校招生就业的指导性意见，扩大中职招生自主权，实行灵活多样的招生录取办法，鼓励学校实施多种招生手段增加招生数量。2001年5月，教育部下发了《关于中等职业学校面向农村进城务工人员开展职业教育与培训的通知》，2001年3月，教育部下发的《关于做好2001年中等职业学校招生工作的通知》中要求，从2001年起，各省（区、市）教育行政部门和招生部门应不再单独组织中等职业学校的招生考试。2002年的招生工作通知中进一步强调，各类中职招生学校可根据各自的办学特点采取提前招生、自主招生、推荐注册入学、集中录取、多次录取等招生形式，实行灵活多样的招生录取办法。2004年7月，《教育部关于贯彻落实全国职业教育工作会议精神进一步扩大中等职业学校招生规模的意见》中提出："允许中等职业学校招收应、往届初中和高中毕业生及具有同等学力的人员入学；允许中等职业学校根据市场需求和自身办学条件自行确定招生专业和规模；允许中等职业学校根据用工单位的需求，调整教学内容、学习方式和学习时间。各地可根据实际情况，进一步改进和完善提前招生、推荐入学、注册入学、自主招生、集中录取、多次录取、春秋两季招生等制度和办法。同时，积极探索符合省（自治区、直辖市）情、市（地）情的招生工作体制、机制和办法。"2005年3月，教育部印发《关于统筹管理高中阶段教育学校招生工作的通知》中要求，要理顺高中阶段教育学校招生管理体制，实行统筹管理。建立高中阶段教育学校招生工作领导小组，确定招生专门机构，统一制定高中阶段教育学校招生政策和措施，统一组织生源，统筹协调、统筹规划、统一安排和利用高中阶段各类学校教育资源，打破学校归属部门和类别的界限，统一组织实施招生工作。2010年教育部《关于做好2010年中等职业学校招生工作的通知》中指出：各地要在认真做好招收应届初中毕业生工作的同时，继续把往届初中毕业生、未升学普通高中毕业生、退役士兵、农村青年、农民工、下岗失业人员等其他群体纳入招生范围，引导他们接受

中等职业教育。这些政策措施的实行进一步拓宽了职业学校招生渠道，增强了职业教育的适应性，促使中等职业学校的招生就业制度更加灵活开放，推动中等职业教育真正成为面向社会全体成员的教育。

经过改革之后，应往届初中、高中毕业生和结业生、农村剩余劳动力、进城务工人员、城市下岗失业人员、在职人员及其他社会成员均已成为中等职业学校的招收对象，在国家一系列的政策支持下，中等职业教育越来越成为面向人人的教育，招生就业取得了良好的效果，招生数量连年上升，到2009年我国中等职业学校的招生数达到868.52万人，超过了普通高中的招生人数。

三、加强就业指导，完善毕业生就业服务体系

随着中等职业学校教育改革的要求，各地、各职业学校对职业指导与毕业生就业工作给予了高度重视。2002年8月24日《国务院关于大力推进职业教育改革与发展的决定》指出："加强职业指导和就业服务，拓宽毕业生就业渠道。"2002年10月教育部《关于加强职业技术学校职业指导工作的意见》和2004年4月教育部《关于做好中等职业学校毕业生就业服务工作的通知》要求："把毕业生就业服务工作作为一件大事来抓。各地教育行政部门要把中等职业学校毕业生就业服务工作放在与高等学校毕业生就业工作同等重要的位置，指定专人负责统筹、协调和指导，建立健全职业指导和就业服务工作体系和工作制度。"2004年7月教育部印发的《关于贯彻落实全国职业教育工作会议精神进一步扩大中等职业学校招生规模的意见》中指出："积极与劳动和人事部门合作，建立中等职业学校毕业生就业服务网络平台，加强与企业和人才、劳务市场的紧密联系，广泛收集人才和劳动力市场需求信息，为毕业生提供准确、快捷的就业信息服务和就业指导。"

经过一系列政策的推进，中职学校普遍开展了就业创业教育和就业服务工作，毕业生就业率和就业质量明显提高。据教育部统计数据显示，自2002年以来，中等职业学校毕业生的就业率均保持在90%以上，2005—2009年，全国中等职业学校毕业生平均就业率一直保持

在95%以上，呈现出良好的发展态势。

四、加强城乡统筹、东西合作，扩大面向农村和西部地区的招生规模

随着“三农”问题被广泛关注，以及农村劳动力转移等问题的凸显，农村职业教育的重要性被提到一个空前的高度。为了进一步完善农村职业教育的招生就业体系，增加招生规模，国家多次出台相应政策促进其发展。2003 年 11 月，教育部、财政部、劳动保障部印发了《关于开展东部对西部、城市对农村中等职业学校联合招生合作办学工作意见》；2004 年 7 月，教育部下发了《关于贯彻落实全国职业教育工作会议精神进一步扩大中等职业学校招生规模的意见》；2005 年 2 月，教育部《关于加快发展中等职业教育意见》等，均对城市与农村、东部与西部的联合招生、合作办学问题提出了指导性意见。2005 年《国务院关于大力发展职业教育的决定》明确提出：“积极开展城市对农村、东部对西部职业教育对口支援工作。要把发展职业教育作为城市与农村、东部与西部对口支援工作的重要内容。各地区要加强统筹协调，把职业教育对口支援工作与农村劳动力转移、教育扶贫、促进就业紧密结合起来。要充分利用东部地区和城市优质职业教育资源和就业市场，进一步推进东西部之间、城乡之间职业院校的联合招生、合作办学。鼓励东部和城市对西部和农村的学生跨地区学习，减免学费，并提供就业帮助。在各方面的协同努力下招生形式逐渐多元，就业范围更加广泛，农村职业教育得到了快速的发展。”

由于我国幅员辽阔，职业学校之间还没有建立起联合招生、合作办学的信息平台，在运行的过程中存在着搜寻、沟通等交易成本高的弊端。为了有效地降低运行成本，提高联合的效率和成功率，2009 年 3 月，在陕西西安成立了“全国中等职业学校联合招生合作办学协作会”，每年定期举行全国中等职业学校联合招生合作办学洽谈会。2009 年，在陕西和云南召开的两次“东西部联合招生合作办学洽谈会”上

有20多个省（区、市）、1000多所职业学校参加了洽谈会，签订了13万人的合作办学招生计划。[①]

五、积极开展“订单培养”，实现供需对接

邓小平同志曾指出，社会主义也有市场，资本主义也有计划，计划与市场不是姓社、姓资的根本区别。中等职业学校实行完全市场化就业后，虽然加大了毕业生就业的自主权和主动性，但是由于我国行业组织不发达，就业信息化建设滞后，给毕业生就业带来一定的难度。因此，必须加强毕业生就业的计划性，为此各地积极推行“订单培养”，实行集团化办学，增强毕业生就业的预见性和计划性。今后应进一步加大探索的力度，促进毕业生就业的针对性和有效性。

随着市场经济体制的不断发展，计划经济体制下的招生就业制度已不复存在，但我们还没有完全建立起适应市场经济体制的有效运行机制，在计划经济体制下有效解决的问题（如艰苦行业人才的培养、弱势群体的就业问题），在新的情况下又凸显，招生就业工作中仍存在诸多问题。招生秩序混乱，招生大战愈演愈烈，招生成本居高不下，毕业生的就业信息不畅，就业渠道单一，对毕业生就业指导和跟踪服务不到位，毕业生就业稳定率低，专业对口率和就业质量不高等，严重影响了职业教育持续健康发展。中等职业学校迫切需要建立政府引导、市场主导、社会参与、学生自主、学校服务的招生就业机制。

① 曹晔. 我国职业教育区域统筹发展的七大举措[J]. 教育发展研究，2010（19）.

第十四章

中等职业教育管理体制改革

教育管理体制是一个国家在一定的政治、经济和文化制度基础上建立起来的对教育事业进行组织管理的各项制度的总和。教育管理体制是整个教育体制得以构成和运行的保障，它对学校教育管理体制改革和发展的方向、速度、规模有直接的影响。它涉及教育系统的机构设置、职责范围、隶属关系、权力划分和运行机制等方面，其外延包括以教育领导体制、办学体制和投资体制为核心的一系列教育制度。新中国成立60多年来，我国经济体制经历了高度集中的计划经济、有计划的商品经济和社会主义市场经济三次变革，我国中等职业教育管理体制随之也进行了变革与调整。我国中等职业教育管理体制的改革发展大致可以分为三个发展时期：在1949—1976年的计划经济体制下，形成了“条块结合，以块为主”的计划管理格局；在1978—1992年计划经济和市场经济两种经济体制并存的条件下，管理体制体现了“双轨制”的特点；1992年以来，随着我国社会主义市场经济体制的确立，中等职业教育管理体制逐步形成了国家、部门、地方三级管理的格局，并逐渐转向地方为主的管理体制。

第一节　计划经济体制下的管理体制

一、初步探索阶段

新中国成立初期，百废待兴，国民经济处于恢复时期，教育事业面临着整顿和提高，通过对旧学校进行接收、接管和改造，制定相应的职业教育发展政策，建立健全各项管理制度，新中国的社会主义教育管理体制也逐渐得以初步确立。

1949 年 10 月，《中国人民政治协商会议共同纲领》颁布，并被确定为新中国中央政府的施政方针。《共同纲领》对新中国教育事业的性质和任务做出了明确的规定，并把职业教育改为技术教育，提出了中等技术学校改归业务部门领导的原则。以此为指导，我国教育事业很快得到整顿、恢复和发展。新中国成立后至 1957 年，我国职业教育行政管理体制的特点为高度集中与统一。在中央与地方的关系方面，主要以中央集中且直接管理为主；在政府与学校的关系上，主要是以行政管理手段为主。这种权力高度集中的管理体制有利于教育的宏观规划和调控，便于有计划地发展适应社会经济发展需要的教育事业。1954 年 9 月，政务院《关于改进中等专业学校决定》第四项规定："在中央高等教育部统一领导下，各类中等专业学校均归中央各有关业务部门主管，地方所属中专校仍由各省、市有关部门领导。"中央高等教育部负责统一指导全国中等专业教育工作，职责包括审查事业发展问题、综合招生计划、毕业办法、教学计划、教学大纲、教科书、各项规章制度等。关于党的工作，不论中央部属中等专业学校还是省、市所属中等专业学校，均由地方党组织统一领导。

1950 年起，我国陆续新建了一批中等专业学校，领导体制大致分为两类，一类为中央各部委领导，一类为省、市领导。1951 年 6 月，教育部在北京召开第一次全国中等技术教育会议。确定了中等技术教育的基本方针、任务和目前中等技术教育采取"以调整、整顿为主，有条件地发展"的方针。1951 年 8 月 10 日，周恩来在政务院第九十七次会议上讨论新学制时，明确肯定了中等专业教育制度。为配合工业化建设和计划经济体制的要求，1952 年 3 月 31 日，政务院颁布了《关于整顿和发展中等技术教育的指示》，规定中等技术教育必须由各级人民政府的教育部门和有关业务部门，以及各主要厂矿、企业和农场分工合作，要求中央和地方、教育和有关部门实行分级分工管理。1952 年，我国开始编制的第一个五年计划是以工业，尤其是重工业的建设为重点。配合国家的工业化建设，中等技术教育的调整以工业性质的学校和专业为重点，强化工业性质的学校在管理体制上的集中和全国布局的统一，实行高度集中管理。原由地方主办的工业性质中等技术学校调整中大都改为中央直接主办，特别是与重工业相关的专业和学校。[①]1954 年 9 月，政务院发布的《关于改进中等专业教育的决定》，规定在中央高等教育部统一领导下，中央各部直接领导其所属的中等专业学校的工作，不再转托给下层机构。同年，高等教育部颁布的《中等专业学校章程》，将中等技术学校与中等师范学校统称为中等专业学校。与此同时，劳动部门根据生产发展需要培养技术工人的要求，对原有训练失业人员就业为主的技工培训班、技工学校进行调整，积极发展以培养中等技术工人为目标的技工学校。至此，我国形成了一直延续至今的中专、技校教育制度。中等专业教育制度和技工教育制度的建立，标志着我国以中等职业教育为主的职业教育格局基本形成，成为新中国成立以来我国中等技术人才的重要培养基地。

中共八大以后，开始调整中央与地方的关系。在中央统一领导下适当扩大地方权力，调动地方积极性，成为党和国家领导政治、经济、行政管理等方面的指导思想之一，并且也贯彻到职业教育管理领域。1958 年 4 月，中共中央颁布了《关于高等学校和中等技术学校下放问题的意见》，当年省内中央各部所属中专校，下放给各省领导。同年 8 月，中共中央和国务院又发布了《关于教育事业管理权下放问题的意见》，规定中提出今后的教育事业必须改变过去条条为主的管理体制，调整中央与地方的管理权限，加强地方对教育事业的领导管理；规定

① 杨上游. 我国创建中等专业教育的实践[J]. 武汉电力职业技术学院学报，2006（2）:34—39.

职业中学、一般中等专业学校和各类学校的设置和发展，无论是公办还是民办学校，由地方自行决定。这两个文件的基本精神就是中等职业学校包括技工学校要下放给地方管理，中央教育部门和各业务部门主要负责研究和贯彻党的教育方针，综合平衡国家教育发展规划，加强业务指导。同年 9 月，中共中央和国务院颁发的《关于教育工作的指示》又进一步重申了这一精神，指出：为了在教育工作中既能发挥中央人民政府各部门的积极性，又能发挥地方的积极性，全部的小学、中学和大部分的高等学校、中等专业学校、技工学校，已经下放给省、市、自治区管理；仍属中央各部的中等专业学校和技工学校，也应当由各部下放给各部所直接领导的厂矿、企业、农场管理。据统计，1961 年我国中等专业学校共计 1670 所，其中，中央部属 269 所，地方 1401 所，中央部委所属的比例占 16.1%。

同时，此文件还提出“两条腿走路”的办学方针，加速培养各行各业急需的人才。全国各地陆续办起了农业中学和职业中学。实践证明，农业中学和职业中学的创办是我国农村教育制度改革的重大成就，可惜，在“文革”时期几乎全部停办。至此，我国中等职业教育的管理体制演变为管理权限下放的分级管理形式。

1964 年初，根据国务院《关于技工学校综合管理工作由劳动部门划归教育部门的通知》精神，技工学校的综合管理工作移交给教育部门负责，技工学校逐步改为半工（农）半读学校，促进了半工（农）半读学校的迅速增长。这一阶段，国家贯彻普通教育与职业教育并举的方针，但是管理体制并没有理顺，农业中学、职业中学与半工（农）半读学校都是由市、县教育部门直接管理，在原有“条条”管理的基础上又加大了“块块”管理，条块分割的局面由此形成。

总的来看，“文化大革命”前，随着教育管理权限的下放，我国的中等职业教育管理体制形成了“条块结合，以块为主”的管理格局，这种管理体制模式在计划经济时代的中等职业教育发展中发挥了重要作用，为我国社会主义现代化建设培养了大批较高素质的管理人才和技术人才。

二、曲折发展阶段

1966—1976 年期间，我国掀起了一场“文化大革命”的浪潮。这一时期，中等职业教育受害严重，包括中等职业学校在内的各类学校纷纷停课投入“文化大革命”，多数中等职业学校被撤销、停办、合并、改厂。在学校撤销、停办和合并的过程中，大批校舍被占，大量图书、仪器设备等被毁坏或散失，大批教学人员流散或受到迫害。学校的隶属关系也发生了转变，开始下放，隶属于国务院的中等专业学校大部分被下放到了省（市、自治区）的相关厅（局、企业）。

1972 年底，全国教育工作会议召开之后，部分职业学校被恢复，但是办学的指导思想是要以阶级斗争为主课，从生产第一线招收工农兵学员，以工农兵、革命技术人员和原有教师三结合建立教师队伍，以三大革命实践为教材，实行开门办学。1974 年，全国大、中专院校又掀起学习辽宁农学院朝阳分院的运动，学校专业课以典型任务代替教学，文科以“大批判”“批林批孔”代教学，进而发展到“工农兵学员上讲台、管学校”，大批师道尊严。1975 年，邓小平主持中央日常工作，在提高教育质量方面进行整顿，如加强课堂教学、严格考试制度、注重智力培养等。但为时不久，在极“左”思潮影响下，教育领域大批“右倾回潮”“智育第一”“三项指示为纲”，致使学校工作又处于全面混乱之中。

这一时期，我国各类职业学校正常的教育教学秩序被打乱，教学工作混乱，职业教育及其管理体制在整体上处于瘫痪状态。

三、行政管理机构的变革

1949 年，《中国人民政治协商会议共同纲领》提出改革旧的教育制度，包括改革教育行政制度。1949 年 10 月 19 日，中央人民政府政务院文化教育委员会成立（1954 年改为国务院第二办公室），其职责是“指导文化部、教育部、卫生部、科学院、新闻总署和出版总署的工作”。中共中央负责教育管理的机构是宣传部。1949 年 11 月 1 日，中央人民政府教育部宣告成立，教育部设立中等教育司。由此形成了中共中央宣传部直接指导，教育部具体管理教育工作的新中国初期的中央教育行政体制。

1952 年 3 月 31 日，政务院发布的《关于整顿和发展中等技术教育的指示》中提出：为加强对中等技术学校的领导，应由中央、大行政区及省（市）人民政府教育部门与各级有关业务部门指定人员分别组织各级中等技术教育委员会，负责研讨和解决各项有关中等技术教育的重大问题。1952 年 8 月 30 日，教育部颁布了《各级中等技术教育委员会暂行组织条例》，规定全国中等技术教育委员会由教育部会同重工业部等 24 个部、署、行、总社等有关单位代表组成。大行政区和省、直辖市和自治区也成立由人民政府教育部门与同级有关业务部门指定人员组成的中等技术教育委员会，各级中等技术教育委员会负责研讨和解决各项有关中等技术教育的重大问题。同年 11 月，中央人民政策委员会第 19 次会议通过决议：成立高等教育部。高等教育部设立了中等技术教育司专管职业教育工作，地方各级各类中等专业学校由各级人民政府教育部门与各有关业务部门分工领导。中央各类中等专业学校均归中央各级有关业务部门主管。为了加强对技工教育的统一管理，加速技工学校的发展，1953 年政务院决定由劳动部门对全国技工学校进行综合管理。其职责是：制定有关技工学校的方针、政策和规章制度；组织编写教材，审定教学计划、教学大纲；培训师资；组织交流工作经验等。

1958 年 2 月 11 日，一届人大五次会议通过《关于调整国务院所属组织机构的决定》，将高等教育部和教育部合并为教育部。教育部设有中等专业教育司和师范司，分别综合管理全国的全日制中等专业学校和中等师范教育工作。全国技工学校的综合管理工作与学徒制工作仍由劳动部负责。1958 年 6 月 10 日，中共中央决定成立文教小组，直属中央政治局和书记处。1963 年 6 月，经国务院批准，教育部设职业教育司，负责综合管理全国城市、乡村职业学校的教育工作。1963 年 12 月 6 日，周恩来总理在国务院第 137 次全体会议上宣布，将教育部分为高等教育部和教育部。职业教育司撤销，其一部分干部组建教育部半工半读办公室，并准备以此为基础成立第二教育部；另一部分人则并入高等教育部中等专业教育司，管理全日制的中等专业学校和职业学校。

1964 年，党中央提出试行两种教育制度后，4 月 2 日，国务院决定将技工学校的综合管理工作由劳动部划归教育部主管，为了统一与加强对半工半读学校的领导，加速建立两种教育制度，减少部门工作上的不必要重复，1964 年 10 月 16 日，经国务院文教办批准，将设在高等教育部的中等专业教育司的工作和机构连同干部统一划归教育部管理，并与教育部职业教育司合并，仍称为中等专业司，一直延续至 1982 年，此后教育部改中等专业教育司为职业技术教育司。同年秋，教育部成立半工半读教育办公室。至此，我国中等职业教育形成了统一领导、分级管理的教育行政管理体制。

1966 年 7 月 23 日，中央同意中央宣传部建议，又将高等教育部和教育部合并成立教育部。1968 年 7 月 27 日和 1969 年 4 月 3 日，先后实行了军管，工宣队进驻教育部。1969 年 10 月，教育部机关干部下放安徽五七干校。1970 年 6 月 22 日教育部撤销。实际上教育部从 1966 年 7 月成立起，就完全停顿了教育行政领导工作。国务院有关部委和地方各级行政机构，有的撤销，有的陷于瘫痪。全国教育行政领导系统，基本上解体，到 1970 年 7 月，国务院教科组成立，全国教育行政工作受“中央文革小组”指导，由国务院科教组管理。1975 年 1 月，全国人大四届一次会议决定撤销国务院科教组，恢复教育部。

与此同时，我国也建立了地方各级教育行政管理机构，且随着国家机构的调整，地方各级教育行政机构也在不断调整。1985 年，中共中央《关于教育体制改革的决定》颁发后，省、市、县教育行政部门相继改为教育委员会。有的地方县级仍设教育局或文教局，但权限有所扩大。乡级教育行政机构设置不一，有的设专职教育助理，有的设文教干事，有的设教育委员会，大多数设文教办公室。

新中国成立以来，我国教育行政制度经历了分设、合并、撤销、恢复等多次调整和改革，逐步形成了中央教育部—省（自治区、直辖市）教育厅（或局、处）—县（市、市辖区）教育局（文教局或教育科、股）—乡（镇）文教办公室的四级管理体制，在教育改革和发展中发挥着重要作用。

第二节　双轨制经济体制下的教育管理体制

“文化大革命”时期，中专校大部分停办，少数保留的中专校基本上由所在地、市领导。“文化大革命”结束后，我国又开始对中等职业教育进行恢复和调整，特别是党的十一届三中全会以来，随着党和国家工作重点的转移和改革开放政策的实施，我国中等职业教育及其管理体制跨入了一个新的历史阶段。

一、全面恢复与调整阶段

1977 年 12 月 15 日，教育部、国家劳动总局上报国务院《关于全国技工学校计划、管理工作划归国家劳动总局的请示报告》，国务院领导做出批示，后经国家计委、教育部、国家劳动总局研究，一致同意将技工学校的计划、管理工作由教育部划归国家劳动总局和地方劳动部门领导。1978 年 2 月 11 日，教育部、国家劳动总局发出《全国技工学校综合管理工作由教育部划归国家劳动总局的通知》。时隔仅 14 年，技工学校的综合管理工作，又归国家劳动总局主管，教育部给予协助。1978 年 4 月，全国教育工作会议召开，邓小平提出了调整中等教育结构的思路，指出：“教育事业必须同国民经济发展的要求相适应”，要“扩大农业中学、各种中等专业学校、技工学校的比例”。同年 11 月，教育部转发了国务院批准的《关于改变部分中等专业学校领导体制的报告》，报告中规定国务院的各部委要陆续从地方收回一些中等专业学校。这就加强了中央各部委对中等职业教育的领导。1979 年，中央部属学校都收归各部管理。统计资料表明，1984 年中央部门所属中等专业学校 260 所，地方所属学校 3041 所，中央部委所属学校数占

7.9%，中央部委学校在校生数所占比例为 11%。

1980 年 11 月，教育部颁布的《关于全日制中等专业学校领导管理体制的暂行规定》中规定："在党中央和国务院的统一领导下，发挥中央和地方、业务部门和教育部门的积极性，对中等专业学校实行分工分级，按系统归口的管理制度。""中等专业学校按照领导关系，分为国务院部属学校和地方学校。国务院部委所属中等专业学校，由有关部委直接领导；或由有关部委和省、市、自治区双重领导，以部委为主；或由部委与直属一级企业、事业单位分工管理。省、市、自治区所属中等专业学校，由省、市、自治区领导，有关业务部门主管；面向地（市）的中等专业学校，实行省和地（市）两级业务主管部门分工管理。"1982 年 8 月 12 日，教育部将原来的中等专业教育司改设为职业技术教育司，从而对全国的中等专业学校（其中不包含中师）、职业中学和农业中学开始进行综合管理，全国职业教育事业又走向了统一管理和全面指导的道路。因此，在这一时期全国的教育系统呈现出逐步恢复中央统一领导，中央和地方两级管理的管理体制。

二、改革与发展阶段

1984 年 10 月 20 日，中国共产党十二届三中全会通过了《中共中央关于经济体制改革的决定》，第一次明确提出：社会主义经济"是在公有制基础上的有计划的商品经济"。社会主义有计划商品经济的发展，国家逐步形成计划经济与市场调节有机结合的调控模式，运用计划调节和市场调节的双重功能，对社会经济运行进行调控。经济领域的变革对职业教育的影响是不可避免的，与经济发展紧密相连的职业教育管理体制改革逐渐摆到了议事日程。在 1985 年后，我国出台了相应的政策，召开了相关的教育会议，完成了职业教育发展初期阶段的法制建设任务，营造了大力发展职业教育良好的政策环境，促进了中等职业教育的发展。从 20 世纪 80 年代开始，中央与各地方纷纷进行多种管理体制的改革探索，到 90 年代末加快进程，初步成形。

1985 年 5 月，改革开放后第一次全国教育工作会议召开，并且讨论了教育体制改革的问题。5 月 27 日中共中央发布了《关于教育体制改革的决定》，该《决定》认为：“在宏观管理改革方面，要简政放权，扩大学校的自主权；中等职业教育主要由地方来负责。”“为了加强党和政府对教育工作的领导，成立国家教育委员会。”同年 6 月，六届全国人大常委会十一次会议决定成立国家教育委员会，同时撤销教育部。5 月 30 日，国家教育委员会印发了《关于建立职业技术教育委员会的通知》，职业技术教育委员会由国家教委、国家计委等 10 个部委指派有关司局级负责人组成。该委员会作为国家的教育行政部门的一个协商、咨询机构，负责协调各部委、各有关部门和省、市、自治区、直辖市的职业技术教育工作，并对涉及部门之间的有关职业教育工作的重大问题进行磋商或提出建议、意见、方案。

1986 年 7 月，第一次全国职业教育工作会议召开，会上提出了职业教育逐步形成既便于地方统筹又能调动各业务部门的积极性，使学校拥有较大自主权的管理体制。这一思路虽然正确，但是，地方统筹，究竟由哪一级统筹，如何统筹，统筹的内容是什么，却没有提出明确的意见，尤其是对于如何保证地方统筹才能使学校拥有较大自主权，也未能提出切实可行的有效措施。因此，职业教育管理体制改革仍然跟不上经济体制改革的步伐，在实际管理工作中依然维持着条块分割的职业教育管理体制。

1987 年 1 月，国务院办公厅转发国家教育委员会等部门《关于全国职业技术教育工作会议情况报告》，该《报告》中指出：为了加强统筹规划，减少盲目性，提高投资效益，必须大力改革对职业技术教育的领导和管理，逐步形成一个既便于进行地方统筹协调，也能调动各业务部门的积极性，学校又有较大自主权限的管理体制。国家教委在国务院领导下，从宏观上统筹管理全国职业技术教育事业，并协同计划、经济、财政、劳动人事各部门分工管理有关职业技术教育的各项工作。技工学校、就业培训中心和学徒培训工作，在国家教委的统筹指导下，仍由劳动人事部门管理。在地方，除必须实行垂直管理的行业以外，职业技术教育的规划、计划、布局、学校设置、人才合理使用等，应以地方政府为主进行统筹领导。面向城市的，一般实行省和中心城市两级统筹；面向农村的，在省、自治区、直辖市和地（市）领导下，由县负责统筹。中央和地方各有关部门应当尊重各级政府的统筹，支持地方进行有关的改革试验，同时按照专业对口的原则，从业务上给地方以指导和服务。地方政府在实行统筹时，要尊重学校主管部门的权限，充分考虑主管部门的指导性建议，照顾各部门的需要。该《报告》明确了各级地方政府统筹的范围，也指明了地方政府与各业务部门的关系。

1988年4月，七届全国人大一次会议通过了国务院机构改革方案。此次改革首次提出了“转变政府职能是机构改革的关键”这一命题。政府的经济管理部门要从直接管理为主转变为间接管理为主，强化宏观管理职能，淡化微观管理职能。1991年，国务院《关于大力发展职业教育的决定》提出，“各级政府及中央有关部门要对职业技术教育分工负责”，宏观管理由国家教委负责，并进一步明确：“发展职业技术教育主要责任在地方，关键在市、县。”这一决定实质上已经确立了市地政府在职业教育管理体系中的重心地位，提出了在中央统一方针政策指导下建立市地统筹的职业教育管理体制的大体框架，并对市地统筹的内容范围、上级各有关部门与市地统筹的关系做了原则性的规定。

三、双轨制经济体制下的教育管理体制

这一时期，我国中等职业教育管理体制形成了中央、省、市、县四级管理，以地方为主，分工负责，职责明确的管理体制。中等专业学校在教育部门综合管理下，按系统由各业务部门分级归口举办；技工学校由劳动部门综合管理，分由国家行业部门、地方各级劳动部门、厂矿企业举办；职业高中由地方各级教育部门直接管理与举办。中等以下职业技术教育的主体以地方为主进行管理。这种管理格局一直沿袭到20世纪90年代末。

第三节 市场经济体制下的管理体制

1992年10月，中共十四大明确提出我国经济体制改革的目标是“建立和完善社会主义市场经济体制”。1993年11月，中共十四届三中全会通过《中共中央关于建立社会主义市场经济体制若干问题的决定》，确定了建立社会主义市场经济体制的框架。中等职业教育管理体制适应社会主义市场经济体制的要求，进一步完善职业教育行政管理体制的同时，教育主管部门简政放权，逐步加大地方教育主管部门行政管理权和学校的办学自主权。

1993—1994年期间，中共中央、国务院颁发《中国教育改革和发展纲要》及其实施意见，提出：“改变政府包揽办学的格局，逐步建立以政府办学为主体、社会各界共同办学的体制。”“中等及中等以下教育，由地方政府在中央大政方针的指导下，实行统筹和管理。国家颁发基本学制、课程设置和课程标准、学校人员编制标准、教师资格和教职工基本工资标准等规定，省、自治区、直辖市政府有权确定本地区的学制、年度招生规模，确定教学计划，选用教材和审定省编教材，确定教师职务限额和工资水平等。省以下各级政府的权限，由省、自治区、直辖市政府确定。”进一步明确了我国中等职业教育的管理体制和管理权限。

为了适应建立社会主义市场经济体制的要求，1995年国家教委《关于普通中等专业教育（不含中师）改革与发展的意见》中指出：“中等专业学校的管理体制改革，由对学校的直接行政管理，逐步转变为运用立法、政策导向和必要的行政手段来进行宏观调控，从而逐步建立起政府从宏观方面进行管理、社会力量广泛参与及学校自主办学的新体制和运行机制。”进一步明确：“中等专业教育实行分级管理，分工负责，条块结合、地方统筹的管理体制。地方政府对中等专业教育的改革与发展负有主要责任，教育行政部门要加强对中等专业学校的统筹管理。”“改革中等专业学校的办学体制，分别实行：地方为主、部门（行业）为辅；部门（行业）为主、地方为辅；企业为主，政府支持等多种办学体制。在主要依靠部门（行业）、企业办学的同时，积极推动部门（行业）与地方，部门（行业）间、企业间、学校间的联合办学。”1996 年，我国颁布的《职业教育法》中指出：“国务院教育行政部门、劳动行政部门和其他有关部门在国务院规定的职责范围内，分别负责有关的职业教育工作。”“县级以上地方各级人民政府应当加强对本行政区域内职业教育工作的领导、统筹协调和督导评估。”1999 年，中共中央国务院《关于深化教育改革，全面推进素质教育的决定》中指出：进一步解放思想、转变观念，积极鼓励和支持社会力量以多种形式办学，满足人民群众日益增长的教育需求，形成以政府办学为主体、公办学校和民办学校共同发展的格局。

一、宏观管理体制改革与转型

1998 年 3 月 10 日，九届全国人大一次会议审议通过了关于国务院机构改革方案的决定。不再保留的部委有 15 个，新组建 4 个部委，3 个部委更名。改革后除国务院办公厅外，国务院组成部门由原有的 40 个减少到 29 个。在此次机构改革国中，务院将国家教育委员会又更名为教育部。教育部实施了部门整合与人员调整，集合原有的职业技术教育司、成人教育司和城市与农村教育综合改革办公室，组建职业教育与成人教育司，主管全国普通及成人中等职业学历教育、成人文化技术教育事业和农村、城市及企业教育综合改革工作。同年，将成人中等专业学校纳入中等职业教育范畴，这样中等职业教育由职业高中、技工学校、中等专业学校、成人中等专业学校四类组成。

国务院机构改革中，原机械工业部、煤炭工业部、冶金工业部、化学工业部、国内贸易部、中国轻工总会、中国纺织总会、国家建筑材料工业局、中国有色金属工业总公司九个部门改组或组建为国家经贸委管理的九个国家局。1998 年 7 月 1 日，国务院印发了《关于调整撤并部门所属学校管理体制的决定》，国务院决定对这些部门所属的中等专业学校和技工学校管理体制进行调整，划转地方管理。同年 7 月

3 日，国务院办公厅批转了教育部、国家经贸委、国家计划委员会、财政部《关于调整撤并部门所属学校管理体制的实施意见》，7 月 24 日，劳动和社会保障部下发了《关于做好原机械工业部九部门所属技工学校管理体制调整工作的通知》，调整的技工学校共 172 所。

1999 年，国务院颁发了《关于调整五个军工总公司所属技工学校管理体制的决定》，对原中国船舶工业总公司、中国兵器工业总公司、中国航空工业总公司、中国航天工业总公司、中国核工业总公司五个军工总公司（以下简称五公司）所属的 98 所中等专业学校、232 所技工学校的管理体制进行调整。2 月 10 日，国务院办公厅转发教育部等部门《关于调整五个军工总公司所属学校管理体制实施意见的通知》。5 月 14 日，劳动和社会保障部下发了《关于做好五个军工总公司所属技工学校管理体制调整工作的通知》等来落实调整工作。

为深化教育管理体制改革，提高教育质量和办学效益，推动国务院部门进一步转变职能，促进教育更好地为经济和社会发展服务，1999 年，国务院做出了《关于进一步调整国务院部门（单位）所属学校管理体制和布局结构的决定》，该《决定》指出：在近几年调整一些部门所属学校管理体制取得明显成效的基础上，进一步调整国务院部委、直属机构、办事机构、直属事业单位、国有银行以及中央管理的企业等单位（以下简称部门和单位）所属学校管理体制和布局结构。规定："除教育部以及外交部、国防科工委、国家民委、公安部、安全部、海关总署、民航总局、体育总局、侨办、中科院、地震局等部门和单位继续管理其所属学校外，国务院部门和单位不再直接管理学校。""除继续管理学校的部门和单位外，国务院其他部门和单位所属成人高等学校、中等专业学校和技工学校等划归地方管理。其中，原属于下属企业或事业单位举办的，可由这些单位继续举办，但其教育行政管理职能移交地方。"2000 年 2 月 12 日，国务院办公厅转发教育部等部门《关于调整国务院部门（单位）所属学校管理体制和布局结构实施意见的通知》，同年 2 月 23 日，教育部、劳动和社会保障部发出《关于在调整国务院部门（单位）所属学校管理体制工作中做好技工学校划转工作的通知》来加以落实，将 49 个国务院部门（单位）所属的 198

所中等专业学校、193 所技工学校转为地方管理。

为了落实好国务院调整国务院部门（单位）所属学校工作，1999 年 9 月 9 日，教育部颁布了《关于调整中等职业学校布局结构的意见》，提出“改变条块分割的中等职业学校布局结构，建立起在当地政府统筹规划下，适应区域经济和社会发展需要的中等职业学校布局结构”，并指出“改变分散办学、重复办学、资源配置不合理，办学效益低的状况，通过合并、共建、联办、划转等调整形式，进行资源重组，建设好一批规模大水平高，有特色的骨干示范性学校”。这次中等职业学校布局的调整，要求打破行业与地方、行业与行业之间的界限，淡化隶属关系，加强了地方政府对职业教育的统筹。

各地按照教育部布局结构调整的总体规划要求，积极进行调整，但在调整过程中也出现了一些问题。2000 年，教育部下发了《关于中等专业学校管理体制调整工作中防止中等职业教育资源流失问题的意见》的通知，此通知是针对 1998 年以来，国务院对其所管的部门（单位）所属中等专业学校，对并入国家经贸委的 9 个部委、5 个军工总公司、49 个国务院部门（单位）所属中等专业学校管理体制进行调整时所出现的一些地方缺乏科学论证和统筹规划，把中等专业学校层层下放或改做他用，造成中等专业教育资源的流失，以及一些地方没有及时明确划转学校的归属问题而提出的。通知中提到“国务院有关部门（单位）划转到地方的中等专业学校，在省级人民政府的统筹下，其隶属关系原则上划归省级教育行政部门或其他有关部门（单位），原则上不再继续下放。国务院有关部门（单位）已下放而地方尚未明确具体归属的，省级人民政府要尽快明确其具体归属。在地方机构改革过程中，部分省级业务厅局已经撤并或准备撤并，其举办的中等专业学校，应经省级人民政府统筹，划归省级教育行政部门或其他有关部门（单位），对少数确实需要划转到地市的，必须由省级人民政府明确其具体的归属，并办理相应的划转交接手续”。

经过国务院部门（单位）所属学校管理体制和布局结构的调整，我国传统的条块分割的管理体制得以改变，中等职业学校绝大部分归地方管理。统计资料表明，中等专业学校 1997 年中央部委所属 398

所，地方所属 3745 所，学校数中央部委所属占 9.6%；而到 2002 年中央部委所属 88 所，地方所属 2865 所，学校数中央部委所属占 3.0%。国务院《关于大力推进职业教育改革与发展的决定》中指出：“推进职业教育管理体制改革，建立并逐步完善在国务院领导下，分级管理、地方为主、政府统筹、社会参与的职业教育管理体制。”确立了新世纪我国职业教育的管理体制。明确了各级政府和主管部门的分工与职责：“在国务院领导下，建立职业教育工作部际联席会议制度，研究解决职业教育工作中的重大问题。国务院教育行政部门负责职业教育工作的统筹规划、综合协调、宏观管理，劳动保障部门和其他有关部门在各自职责范围内，负责职业教育的有关工作。”“发展职业教育的主要责任在地方。”“强化市（地）级人民政府在统筹职业教育发展方面的责任。”至此，我国初步建立起分级管理，分工负责，条块结合、地方为主的职业教育宏观管理体制。

二、深化中微观管理体制改革

随着社会主义市场经济体制改革的不断深化，迫切要求加大职业教育中微观层面管理体制改革的力度。2004 年，教育部等七部委下发的《进一步加强职业教育工作意见》中指出：要深化公办职业院校体制改革，积极推进公办职业院校运行机制创新，真正形成面向社会、面向市场自主办学的实体。鼓励公办职业院校大胆引进竞争机制，推动公办职业院校重组和整合，探索与企事业单位、社会团体、民办职业学校及个人合作方式，实行多元投资并举的办学体制。2005 年，《国务院关于大力发展职业教育的决定》中指出，“十一五”期间，继续完善“政府主导、依靠企业、充分发挥行业作用、社会力量积极参与，公办与民办共同发展”的多元办学格局和“在国务院领导下，分级管理、地方为主、政府统筹、社会参与”的管理体制。《国家中长期教育改革与发展规划纲要（2010—2020）》指出：“以转变政府职能和简政放权为重点，深化教育管理体制改革，提高公共教育服务水平。明确各级政府责任，规范学校办学行为，促进管办评分离，形成政事分开、权责明确、统筹协调、规范有序的教育管理体制。”“建立健全政府主导、行业指导、企业参与的办学机制，制定促进校企合作办学法规，推进校企合作制度化。鼓励行业组织、企业举办职业学校，鼓励委托职业学校进行职工培训。”

为了有效协调中等职业教育和高等职业教育的管理工作，建立现代职业教育体系，2011 年教育部把原隶属于高教司的高职高专处划归职业教育与成人教育司，理顺了中、高等职业教育管理体制。一些地方政府也加大了职业教育管理体制改革的力度，积极探索新形势下的管理体制。2009 年，新乡市被河南省委、省政府确定为全省职业教育体制机制改革试验点。为加快推进全市职业教育体制改革，新乡市在全省率先进行了职业教育资源整合和职业教育园区建设，于 2011 年成立职业教育局，统筹规划全市职业教育工作。山东省建立了市级统筹管理本行政区域内职业教育的管理体制，各市统筹管理市属和县（市、区）属的中等职业教育、中等成人教育和高等职业教育、高等成人教育以及辖区内民办高等教育，确保职业教育经费的稳定来源和各类教育的健康发展。为强化市级统筹管理职业教育的力度，省教育厅除学生转学外，将学校设置、招生计划安排和招生、学籍管理、专业设置等审核、审批权限下发到各市教育主管部门，省教育厅对职业教育主要是制定有关政策，进行宏观指导和检查督导。

三、管理体制改革趋势

多年来，我国职业教育积极构建与社会主义市场经济体制相适应的管理体制，但总的来看，目前仍有许多不适应市场经济体制和自身发展要求的问题，必须加大进一步改革的力度。

首先，调整教育部门和人力资源与社会保障部门的业务范围，将人保部门的技能型人才培养的业务归并为教育部门统一管理。我国职业教育的管理体制还需要进一步理顺，国家教育部与人力资源和社会保障部各管一摊，存在着职业教育资源缺乏与资源分散并存，政策缺位与政出多门并存，投入不足与多头领导并存的不良局面。国外许多国家将教育部和技能部（劳动部）合并，来加强技能型人才的培养。

其次，建立国家职业技术教育管理委员会。职业教育具有广泛的社会性，工学结合、校企合作培养模式已成为职业教育的基本教学制度，因此需要构建广泛吸收社会各界，尤其是行业企业人士共同组成的管理委员会，才能构建起良好的职业教育发展环境。国家层面应由全国各类产业的行业协会、中央企业和知名企业代表、知名职业教育机构的代表以及中央职业教育的研究机构和知名专家组成，作为全国职业教育行政管理部门的补充，统一来研究全国职教的重大问题。各地也应仿照国家的模式，建立各地的职业教育管理委员会。

最后，加强职业教育行业协会等第三方力量的建设。发展市场经济需要在政府和经济主体之间建立起中介组织，在职业教育领域需要建立和完善职业教育行业协会等，把政府的一些职能转交给行业协会，使其在行业人才需求、用人标准、职业资格鉴定、加强校企合作中发挥积极的作用。

纵观 60 多年来我国职业教育管理体制改革的历程，我们不难发现，它基本上是沿着三个走向展开的。第一，从高重心向低重心的转移。通过权限下放，改变过去整个国家的教育活动的管理权都高度集中于中央政府和中央教育行政管理部门的状况，给予地方政府和学校自身更多的管理权和自主权。地方政府无论是在学校的建设、专业的设置和调整，还是课程、教材、教学大纲与教学计划的审定，以及各种教育经费的拨付与使用等，都有了较大的管理权限。第二，从原有体制内向体制外转移。改变了过去政府包揽办学的格局，逐步建立以政府办学为主体，社会各界共同参与办学的体制。第三，教育供给与需求之间基本重合向相对分离转变。职业教育从计划经济体制下政府既是供给者也是需求者，走向了政府主导，行业、企业和民办力量共同参与的多元化供给主体，教育需求在满足国家经济社会发展和多种经济成分需要的同时，越来越考虑受教育者个人的需求，也形成了多元化的需求主体。经过多年的改革发展，我国初步建立了适应社会主义市场经济体制的管理体制，但仍存在一些亟待解决的问题。如在教育管理权限下放的同时，如何加强中央政府对职业教育的宏观调控和建立有效的宏观调控机制；如何使政府办学和非政府办学这两类具有不同资源基础的学校协调起来，并使社会主义的教育方针和各种原则、政策得以全面贯彻等，都需要在今后的改革与发展中加以解决。

第十五章

中等职业教育师资培养培训体系建设

教育事业发展的关键在于教师。中等职业教育培养的是技能型人才，中等职业学校教师要求具有双师素质和双师结构，需要专门化的培养培训机构和建立独立的培养培训体系。新中国成立后，我国中等职业教育在国民教育体系中的定位并不明确，中等职业教育师资队伍建设并没有引起重视，中等职业学校教师主要依托学校自身的培养培训和从行业企业聘请兼职教师来解决。经济体制改革以来，随着我国职业教育在教育体系中地位的确立，职业教育教师培养培训体系逐渐形成。20 世纪 70 年代末和 80 年代主要是建立培养机构和制度，90 年代主要是建立培训机构和制度；进入新世纪，国家提出大力发展职业教育，加强了职业教育基础能力建设，各级政府加大了对中等职业学校教师培训力度,“十一五”期间实施了中等职业学校教师素质提高计划。当前，我国中等职业教育进入了以提高质量为重点的大力发展时期，加强职业教育师资队伍建设，提高职业教育教师素质，成为当前推动职业教育改革与发展的一项重大而紧迫的任务。

第一节　职业教育师资培养

一、职教师资培养机构

新中国成立后，按照社会主义改造的总体要求，国家对旧有的教育体制进行改造。针对专业课教师短缺的现状，1952 年 8 月 29 日，教育部发出的《中等技术学校暂行实施办法》中规定："中等技术学校为培养技术课师资，需配备成绩优良的毕业生为技术课助理教师。"依靠自己培养来解决师资问题。由于当时中等技术学校实行部门办学，"中等技术学校为有计划地培养技术课专任教师，增强中等技术学校技术课教师的技术能力及提高企业或业务单位技术人员的科学理论水平，需与企业或业务单位试行建立定期交流技术课教师和技术人员的制度"。建立了职业学校教师与企事业单位专业技术人员互用与沟通的机制。1955 年 3 月，劳动部召开的第一次全国技工学校校长会议上提出有计划地培养新师资，指出："新教师的培养，目前主要应从技工学校的毕业生中选择优秀者，留校或送工厂在实际工作中有系统地培养。"1959 年 4 月，全国技工学校工作会议总结报告中提出："为了满足技工学校不断提高与发展的需要，必须大力培养新教师和提高现有教师水平。在技工学校较多的地区，应争取选择条件较好的技工学校附设师资培训班，招收技工学校优秀毕业生，在经过二年或三年的培养，使他们成为一批新成长的教师。"[①]1960 年，劳动部刘亚雄副部长在郑州举行的全国技工培训工作现场会议上总结发言中指出：去年技工学校大发展，今年是更大的发展，来年还要继续发展，所以要为来年的发展做好准备。主要的准备工作是培养师资和制造机器。凡是已经有技工学校 50 所以上和今年计划发展到 50 所以上的省、市、自治区，应该筹办一、二所师资学校或训练班，积极培养教师；同时，也

① 邢予洪. 全国技工学校工作会议上的总结报告[J]. 中国劳动，1959（10）:10—13.

要重视由现有的学校培养输送[①]。当时，一些技工学校较多的省劳动部门建立了技工师范学校，例如，1959年，国家批准建立天津技工师范学校，由国家劳动部主管。旅大市劳动局为了帮助本市技工学校解决师资问题，在大连机车车辆厂的协助下，办起了一所技工师范学校，培养具有社会主义觉悟，掌握系统的技术理论知识和四级工以上操作技能的技工学校教师[②]。1960年，经国务院批准，劳动部曾在上海、天津、辽宁、河南筹建四所技工师范学院。但在1962年贯彻中央关于“缩短工业、文教战线、压缩城市人口”中均已停招[③]。

1978年，十一届三中全会以来，全党工作的重心转移到经济建设上来，中等职业教育得以健康发展。1979年1月，国家计委、教育部向国务院提交《关于增设四所技工教育师范学院的请示报告》（计劳〔1979〕09号），报告认为：“目前，技工学校的师资不足、质量不高的问题相当突出。解决师资问题是办好技工学校，提高办学质量的重要条件之一。”报告提出的拟增设的四所学校是：天津技工师范学院（院址在天津市）、吉林技工师范学院（院址在长春市）、河南技工师范学院（院址在郑州市）和山东技工师范学院（院址在济南市）。1982年经过调整，并报国务院批准，停建河南、山东两所，最终只建立了两所。一所是吉林技工师范学院，该校于1979年招生，1983年划归吉林省教育部门管理，更名为吉林职业师范学院；另一所是天津技工师范学院，继续由劳动人事部主办，该校于1980年招生，1983年更名为天津职业技术师范学院，主要任务是培养职业技术教育方面的师资、管理人员和理论研究人员。

为了培养和轮训师资，1979年以来，许多地区，如浙江、黑龙江、北京等省、市，建立培养、轮训教师的基地。我国有了专门培养职业教育师资的高等院校。针对中等教育结构单一，不能满足经济社会发展对人才的需求，1980年10月7日，国务院批转教育部、国家劳动总

---

① 刘亚雄. 积极发展和办好技工学校——劳动部刘亚雄副部长在全国技工培训工作现场会议上的总结发言[J]. 中国劳动，1960（7）：5

② 李德亨. 旅大市技工师范学校开学[J]. 中国劳动，1960（16）：7.

③ 刘英杰. 中国教育大事典（1949—1990）[M]. 杭州：浙江教育出版社，1993.

局《关于中等教育结构改革的报告》中指出："教育部门、劳动部门和有关业务部门要有计划地为发展职业技术教育培养师资。省、市、自治区应积极筹办职业技术师范学院。各地师范院校和各级教育学院（教师进修学校）应开办专业课教师培训班。今后分配大专院校、中专毕业生时，要照顾到职业（技术）学校、技工学校、职业中学、农业中学的需要。"至此，国家明确提出要建立职业技术师范学院。1985 年 5 月 27 日，《中共中央关于教育体制改革的决定》中指出："师资严重不足，是当前发展中等职业技术教育的突出矛盾。各单位和部门办的学校，要首先依靠自身力量解决专业技术师资问题，同时可以聘请外单位的教师、科学技术人员兼任教师，还可以请专业技师、能工巧匠来传授技艺。要建立若干职业技术师范院校，有关大专院校、研究机构都要担负培训职业技术教育师资的任务，使专业师资有一个稳定的来源。"一方面确立了职业教育吸纳社会上的技术人员和能工巧匠作为兼职教师的地位，另一方面提出了构建以职业技术师范院校为主体的职教师资培养体系。

为了落实国务院的精神，1982 年 5 月 11 日，教育部发出了《关于编报 1983—1985 年培养职业学校专业课教师计划的通知》，要求各省、市、自治区教育厅（局）"必须从现在起，通过各种途径，对专业课教师进行有计划的培养""应抓紧与高等院校协商，提出 1983—1985 年培养专业课教师的计划，分别报学校主管部门审批，并报教育部、国家计委，纳入高等学校统一招生计划，向社会统一招生，毕业后分配到职业学校任教"。各地按照教育部的要求，采取多种措施开展职业技术师范教育。

一是在高等院校和高等师范院校开设职业技术师范班、专业。例如，1982 年以来，江苏省在华东工程学院、华东水利学院、苏州蚕桑专科学校、扬州工业专科学校等大专院校和部分条件较好的老中专学校设立了农业中学、职业中学师资班，列入高校招生计划，实行定向招生、定向培养专业课师资。这些院校在 1983 年招生 500 多人，1984 年招生 680 多人，1985 年招生 800 多人。职教师资培养学制分两年、三年、四年不等。从 1982 年开始，山东省先后在山东工业大学、山东农业大学、山东师范大学、莱阳农学院、山东海洋学院、山东建筑工程学院及部分专科学校，设置了电气工程师范、机械工程师范、农业教育、农村经济管理、农村机电、水产养殖、畜牧兽医、林果园艺、农产品加工、果品储藏加工、城乡建设师范、学前教育等专业，努力满足职业学校相关专业课师资的培养培训的需求，累计招生 1645 人。[①]截至 1987 年，河北省已在 12 所高校的 25 个专业开办了职业技术教育师资班。[②]

二是举办独立设置的职业技术师范学院。1984—1987 年，全国各地相继建立过 15 所高等职业技术师范院校。1984 年，湖北省政府批准把华中农学院孝感分院改办为湖北职业技术师范专科学校，主要为农业中学培养合格的专业课师资。此后，相继建立了河北职业技术师范学院、北京职业技术师范学院等。

三是在普通高等院校设立职业技术师范系（部）或学院。如 1985 年 7 月，原浙江工学院（现浙江工业大学）创建技术师范系。如 1986 年，原湖南农学院（现湖南农业大学）根据湖南省人民政府“关于在湖南农学院建立农村职业中学专业课师资培养基地”的指示，筹建并成立了职业技术师范部。据国家教委师范司职业师范教育处初步统计，截止到 1992 年，全国已独立设置高等职业技术师范院校 12 所；在农业大学等普通高校设职业技术学院 5 所，设职业技术教育系或部的近 30 所，开办师资班的近 120 所。一些普通教师在培养文化课师资的同时，通过多种办学形式参与了专业课师资的培养和培训工作。许多地方大学也积极参加了专业课师资的培养工作。近几年职教师资类的在校生为 2 万人左右。[③]

1979—2001 年我国部分职业技术师范院校建立时间统计表如表 15.1 所示。

---

① 中国教育年鉴编辑部. 中国教育年鉴（1982—1984）[M]. 北京：中国大百科全书出版社，1985:98.

② 翟海魂. 高等师范教育要主动适应发展职业技术教育的需要[J]. 河北农业技术师范学院学报，1988（2）:5—9.

③ 乔玉全. 加强和改革高等职业技术师范教育[J].中国高教研究，1992（6）:50—54.

表 15-1　1979—2001 年我国部分职业技术师范院校建立时间统计表

建立年份	建立所数	学校名称
1979	2	天津技工师范学院、吉林技工师范学院
1984	4	河北职业技术师范学院、常州职业技术师范学院、湖北孝感学院、上海职业技术师范学院
1985	5	河北农业技术师范学院、安徽农业技术师范学院、北京职业技术师范学院、浙江工业学院职业技术教育学院、内蒙古农牧学院职业技术学院
1986	1	湖南农学院职业技术教育学院
1987	5	浙江农业技术师范专科学校、南昌职业技术师范学院、河南农业技术师范学院、山西职业技术师范专科学校、长沙职业技术师范专科学校
1988	3	西安交通大学职业技术及继续教育学院、吉林农业大学职业技术师范学院、贵州大学职业技术学院
1989	2	天津大学职业技术教育学院 湖南师范大学职业技术教育学院
1991	2	四川农业人学职业技术教育学院 江西农业大学职业技术师范学院
1992	2	宁波大学职业技术教育学院 湖北农学院农业技术师范系
1993	1	湖北工学院职业技术教育学院
1994	4	东南大学职业技术教育学院、同济大学职业技术教育学院、扬州大学继续教育学院、四川大学职业技术学院
1995	1	浙江师范大学职业技术学院
1996	1	甘肃农业大学职业技术学院
1997	2	西北轻工业学院职业技术学院 哈尔滨工业大学职业技术学院
1998	3	重庆师范学院职业技术学院、苏州大学职业技术学院、云南大学职业技术学院
1999	2	徐州师范大学工学院、广东职业技术师范学院
2000	1	西北农林科技大学职业教育和成人教育学院
2001	1	贵州工业大学职业师范学院

20 世纪 80 年代末，国家开始在普通高等院校建立二级职业技术教育学院，开展职业教育师资培训和培养工作。1989 年后，原国家教委先后批准天津大学等 8 所高等院校设立职业技术教育学院或农村职教培训中心，作为国家教委直接抓的职教师资培养培训基地。全国绝大多数省市和有关行业部门也根据本地、本行业部门的实际需要，依托高等学校或中等职业学校，相应建立了 300 多个职教师资培养培训基地①。

从 1995 年到现在，国家级师资基地举办职教师资本科班的专业多达十余个，主要有：机电一体化、计算机及应用、电子信息工程、农艺、兽医、畜牧、水产、园艺、经贸，农机化、食品加工、企业管理、会计、生物技术、环境保护、电子技术等；共培养专业教师近 4500 人（河北农业技术师范学院因学院本身就是培养职教师资的，没计算在内）。1986 年以来，湖南农业大学职业技术教育学院共培养专业教师 2640 人，从 1990 年开始至今，已为湖南省农村职业学校输送教师 1308 人。据调查统计，这些毕业生在中等职业学校任教的到岗率为 81.9%，至今仍坚守岗位的占 86%。毕业生周伯芳被评为全国优秀教师，还有 30 余位毕业生被评为省地一级的优秀教师，20 多名毕业生走上了校领导岗位②。

截至 20 世纪 90 年代中期，我国职业教师师资培养体系初见端倪，初步形成了独立设置的职业技术师范学院和普通高校的职业技术教育学院（系）为主体的职业教育师资培养体系。此后，这一体系逐步加强，例如，1995 年，根据原国家教委《关于同意浙江大学、天津大学一九九五年招收职业技术学校师资的通知》（教学司〔1995〕20 号），浙江大学、天津大学等院校开始招收职教师资班，招收师资计划纳入学校年度招生计划，1998 年，原广东民族学院改为广东职业技术师范学院。当然，在发展过程中也产生了一些不利的方面，如有 7 所独立设置的职业技术师范院校被合并到其他高等院校，分别是上海职业技

① 王继平．总结经验不断开拓扎扎实实地做好职业教育师资基地建设工作[J]．中国职业技术教育，2002（8）:8—11.

② 吴继宸．部属职教师资培训基地成果概览[J]．中国职业技术教育，1998（9）:16—17.

术师范学院1994年被合并到上海师范大学，成为现在的上海师范大学奉贤校区；北京职业技术师范学院1986年合并到北京联合大学；河北职业技术师范学院1996年合并到河北师大，现成为河北师大职业技术学院；山西职业技术师范专科学校1999年合并到山西师范大学；浙江农村技术师范专科学校1999年与其他学校合并，现更名为浙江万里学院；湖北职业技术师范专科学校合并其他学校，现更名为湖北工程学院；长沙职业技术师范专科学校合并其他学校现改为长沙学院。这些学校除河北师大职业技术教育学院和北京联大师范学院外，其他的不再专门从事职业教育师资培养工作。2001年，原职业技术师范教育委员会秘书处在教育部师范司的支持下，对我国31个省、自治区、直辖市教委、教育厅和新疆生产建设兵团教委和教育部直属71所高校及全国中等职教师资培训基地中的有关院校进行了问卷调查。调查结果表明，截止到2001年7月31日，全国共有32所普通高校建立了职业技术教育（或师范）学院或职业教育系承担职教师资的培养工作。目前，这32所已有部分不再培养职教师资，独立设置的职业技术师范院校只剩下8所。①

二、职教师资培养制度

20世纪70年代末，我国开始了中等教育结构调整，统计资料表明，1980年，职业中学达到3314所，短期内改建或新建大量职业中学，需要采取切实可行的办法来解决师资问题，当时主要采取了五种措施来解决。（1）改：即由某项专业或近似专业的文化课教师改上专业课，边学边教；（2）调：即从教育部门及有关部门调剂；（3）借：即从有关部门借用；（4）兼：即从有关部门聘请兼课教师；（5）聘：即从社会上聘请有一技之长的离退休教师、职工和能工巧匠到学校讲课。与此同时，在1982年5月11日，教育部发出了《关于编报1983—1985 年培养职业学校专业课教师计划的通知》，全国各省、市、自治

① 张炳耀．我国职业技术师范教育情况调查与分析[J]．职业技术教育（教科版），2003（1）：44—47.

区教育主管部门加大师资培养力度，首先在普通高等院校等学校设立师资班或专业。通过在普通高校办职教师资班的形式培训专业师资，这对缓解专业师资短缺的矛盾发挥了重要作用。但实践也表明，在普通高校办师资班，存在着不受重视，不稳定，难以按师资的培养目标和规格要求组织管理教学活动，难于培养学生的专业思想，知识和技能结构不合理，不适合职业中学的要求，而且下不去的问题也较为严重。为此，1985 年 5 月 27 日，《中共中央关于教育体制改革的决定》中再次指出：要建立若干职业技术师范院校，有关大专院校、研究机构都要担负培训职业技术教育师资的任务，使专业师资有一个稳定的来源。

1986 年 6 月 26 日，国家教委颁发的《关于加强职业技术学校师资队伍建设的几点意见》中进一步指出："理论课教师主要依靠现有各类普通高等院校解决。有关大专院校有计划地设置职业技术师资班、专业或系，纳入高校招生计划，为职业技术学校培养师资。高等师范院校，应根据学校师资、设备等条件增设相关或相近专业的职业技术师范系、科、班，担负起培养部分专业课、专业基础课师资的任务。各地职业技术师范院校或师资培训中心负担培养空白、短线专业及需要量大的通用专业教师。""为了尽快解决职业中学的专业课师资问题，当前高等专科学校（含现有职业大学）要用主要力量来担负专业课师资的培养、培训任务。"初步建立了职业教育师资培养机构的分工与协作体系。

1987 年 1 月 3 日，国务院办公厅转发国家教委等部门《关于全国职业技术教育工作会议情况的报告》中进一步明确："现有的职业技术师范学院和高等职业技术学校要为中等职业技术学校和培训机构培养专业课师资，高等师范学校和其他有条件的高等学校也要承担为各类职业技术学校和培训机构培养师资的任务，并列入国家计划。可以从四年制中专和技工学校中选留优秀毕业生，经过进修和提高，担任中等职业技术学校或培训机构的实习指导教师，还要从企事业单位和社会上选调有实践经验和一定文化程度的能工巧匠担任这类教师；可以选派一些教师出国进修，学习国外职业技术教育的经验，以加强短缺薄弱的专业。”进一步完善和构建了开放式的职业教育教师培养体系，同时，提出了实习指导教师的培养对象和培养途径。

同年3月24日，国家教委印发了《普通高等学校招收少数职业技术学校应届毕业生的暂行规定》的通知中指出：“为适应职业技术教育迅速发展的需要，加速培养中等职业技术学校专业课和实习指导教师，在国家核定培养职业技术师资的招生计划中，安排从中等职业技术学校招收少数优秀应届毕业生升入普通高等学校学习，毕业后分配到中等职业技术学校任教。”“普通高等学校举办的中等专业学校专业课师资班，招收中等专业学校应届毕业生，采取中专校保送、招生学校复审的办法。”这一政策，不仅改变了职业教育师资培养生源结构，而且在局部探索了中等职业教育与高等教育有效沟通机制。

1989年1月5日，劳动部颁发了《关于加强职业技术培训师资队伍建设的意见》，单独制定了职业技术培训师资培养培训的文件，该《意见》指出：“各地区、各部门要积极创造条件，建立师资培训基地，单独办或联合办职业技术师范院校、专科学校、进修院校或培训中心，也可以委托普通高等院校开办师资班，培养职业技术后备师资。”“各地区、各部门可以从高级技工或技师培训班、技工学校优秀毕业生中选择一部分人，经过教育理论、生产实习教学法以及有关企业管理知识培训后，充实生产实习指导教师队伍。”明确了我国职业技术培训师资的培养机构、培养对象、培训内容和毕业去向等。1993年1月10日，国家教委等三部委联合印发了《关于加强农村、林区中等职业技术学校和农民中专、林类专业师资队伍建设的几点意见》，提出了加强农、林类专业师资队伍建设的四条措施，一是各省选择一两所条件较好的本科高等农林院校设置职业技术教育师范系、专业或班来培养；二是从社会上聘请专兼职教师；三是计划分配时安排一定比例的高校毕业生到职业学校任教；四是加强在职教师的培训进修。这四条措施构建了我国职业教育师资队伍建设的四大主渠道。

1994年7月16日，国家教委办公厅关于印发《全国骨干职业技术学校（中心）建设工作研讨会纪要》的通知中指出：“目前，职业高中教师特别是专业课教师和实习指导教师素质有待提高，文化课教师、专业课教师、实习指导教师结构不合理，教学骨干偏少，且流失较多，影响了教学质量的提高。”“教育部门和学校要制订优化教师结构，加强教师进修培训，提高教师队伍整体水平的规划和措施。要通过选配高校毕业生，聘请社会上的工程技术人员和能工巧匠，在职教师进修培训等多种途径和办法，尽快使骨干学校教师队伍得到充实和提高，建成一支结构合理、专兼结合、相对稳定的高水平的教师队伍。”提出了“教学骨干”和“建立一支结构合理、专兼结合、相对稳定的师资队伍”的说法，职业教育师资队伍建设从重视教师个体的培养发展到优化教师队伍结构和体系建设。

1994 年和 1995 年，我国分别颁布和实施了《教师法》和《教师资格制度》，要求中等专业学校、技工学校、职业高中文化课、专业课教师资格，应当具备本科及其以上学历。据 1994 年的统计，全国职业高中的专任教师中具有本科学历的只占 27.5%。这与《中国教育改革和发展纲要》及其《实施意见》确定的到 20 世纪末，职业中学专任教师中，要有 60%以上达到任职资格标准的目标尚有较大的差距。因此，职业教育在职教师的学历达标问题，已成为 20 世纪 90 年代一项极其重要而又紧迫的任务。为此，1995 年 11 月 24 日，国家教委发布了《关于制定并落实职业教育师资培养计划的通知》中要求在成人专科起点本科班中安排一定指标用于中职教师的学历进修提高，考虑到中等职业学校教师的实际情况和职业教育的特点，1996 年，国家教委发布《关于一九九五年各类中等专业学校专业课教师专科起点升本科考试科目的通知》，规定 1995 年各类中等职业学校专业课教师（属教师类）专科起点升本科考试科目将英语改为教育学。各地以此为契机，加大了对中等职业学校教师学历达标的培养工作。

为了加强职业技术师范教育，1995 年 12 月 15 日，国家教委、财政部下发的《关于职教师资班学生享受师范生待遇的通知》中指出：这类师资班的学生，属于职业技术教育师范生。根据《中华人民共和国教师法》及《国家教育委员会关于〈中华人民共和国教师法〉若干问题的实施意见》（教人〔1995〕81 号）的规定：“国家对师范生免收学费，并实行专业奖学金制度。”一方面明确了职教师资班培养的是师范生，另一方面它是职业技术教育的师范生，进一步明确了职业技术师范教育的社会地位。为了进一步加强农业技术教育，保证农业中专和农村职业学校有稳定的师资来源，1996 年，农业部、国家教委发布了《关于印发〈高等农业院校对口招收农业职业高中、农业中专、农业广播学校应届优秀毕业生暂行办法〉的通知》。

1997 年 9 月 24 日，国家教委《关于加强中等职业学校教师队伍建设的意见》指出："加强对现有独立设置的职业技术师范学院的建设。要努力增加对职业技术师范学院的投入，争取到 20 世纪末使这些学校的办学条件（包括校舍设施、教学仪器设备、图书资料等）达到国家有关规定的基本标准；使学校所开设专业的办学水准普遍达到本科水平（培养实习指导教师的专业除外）；使学校的办学规模和效益得到进一步扩大和提高。""职业技术师范生在校期间，原则上免交学费，并享受专业奖（助）学金。毕业后实行五年任教服务期制度。在一定范围内试行职教师范毕业生在教育系统内双向选择的就业办法。急需职教师资的地区、部门或企业可设立职教师范专业奖学金，享受定向奖学金的毕业生按合同就业。各地要制定相应的政策，鼓励职教师范生到边远、贫困和少数民族地区任教。"无论是增加对职业技术师范院校的投资，还是免费师范生教育制度，在现实中都没有得到很好的贯彻和落实。

至此，我国从政策层面上初步构建了职业技术师资培养体系。可见，我国职业技术师范教育从一开始就是一个开放的体系，而普通师范教育从 1999 年才开始构建开放性师范教育体系。1999 年，中共中央、国务院《关于深化教育改革全面推进素质教育的决定》明确指出："鼓励综合性高等学校和非师范类高等学校参与培养、培训中小学教师工作，探索在有条件的综合性高等学校中试办师范学院。"2002 年的全国教师教育工作会议也提出，"十五"期间教师教育事业改革与发展的主要任务是初步形成以现有师范院校为主体，其他高等学校共同参与，培养和培训相衔接的开放的教师教育体系，基本形成适应全面推进素质教育需要的基础教育教师队伍。在今后五年内，要依据国家有关规定，确定合理的师范院校培养规模、结构，优化教师资源配置，基本完成教师教育的结构调整，以现有师范院校为主体，调动其他高等学校参与教师教育的积极性。在《教育部2003年工作要点》中，再次强调要“加快建立开放灵活的教师教育体系，提高办学层次，推进师范院校改革，鼓励综合性大学开展教师教育”。2010年《国家中长期教育改革和发展规划纲要（2010-2020年）》提出依托相关高等学校和大中型企业，共建“双师型”教师培养培训基地。2011年教育部印发了《关于进一步完善职业教育教师培养培训制度的意见》，这是我国关于职业教育教师培养培训制度的专门性文件，推进了我国职业教育师资培养培训制度进一步完善。2012年《国务院关于加强教师队伍建设的意见》中指出：探索建立招收职业学校毕业生和企业技术人员专门培养职业教育师资制度。创新教师培养模式，建立高等学校与地方政府、中等职业学校联合培养教师的新机制，发挥好行业企业在培养“双师型”教师中的作用。落实国务院的决定，2014年8月，教育部印发了《关于实施卓越教师培养计划的意见》，指出：面向现代职业教育发展需要，建立健全高校与行业企业、中等职业学校的协同培养机制，探索高层次“双师型”教师培养模式，培养一批素质全面、基础扎实、技能娴熟，能够胜任理论和实践一体化教学的卓越中等职业学校教师。2015年有9所职业技术师范院校和10个项目开展了卓越教师培养计划改革项目试点工作。

总体来看，进入新世纪以来，虽然国家在相关的文件中提到了职教师资培养的问题，但都没有相关的保障制度予以落实，而更多是强调职业教育师资培训等问题。

第二节　职业教育师资培训

新中国成立后，随着中等职业教育调整、整顿工作的开展，开始重视对中等职业学校教师的培训工作。1955年3月，劳动部召开的第一次全国技工学校校长会议对有计划地提高现有师资水平提出：“学校应组织现有教师学习马克思列宁主义理论，加强对教师的思想政治教育，提高其政治觉悟；并经常采用观摩教学、研究教育学的基础知识、组织教学成绩展览会和交流教学工作经验等方法，不断提高教师的业务能力。对实习教师应按不同情况，分别加以训练提高。”1959 年 4 月，全国技工学校工作会议总结报告中提出：“提高现有教师水平的方法，主要依靠学校组织教师进行业余进修，学校多的省、市还可以组织短期轮训。”学校应采取措施加强教师业务能力的提高。1955 年 5 月 28 日，高等教育部、教育部发出《关于中等专业学校不及专科毕业程度的普通课教师去高等师范学校进修问题的联合通知》，该文件对进修教师的条件、程序和时间做出明确规定，并指出要采取多种措施来培养和提高普通课教师水平。首次提出对普通课教师进行进修提高。此后，由于 1958 年开始的三年“大跃进”，中等职业学校数量超乎想象的扩张，已不可能、也无能力对教师进行培训，其后三年的“调整、巩固、充实、提高”，教育工作的重点是如何压缩学校数和精简教师人数。“文革”期间，知识分子是被改造对象，教师主要是在实践中通过参加劳动来改造思想。

十一届三中全会以来，随着我国中等职业教育的大力发展，中等职业学校教师培训工作越来越受到重视。1980 年 10 月 8 日，国务院批转的教育部《全国中等专业教育工作会议纪要》要求各地采取多种形式培训和提高师资水平，要使尚未达到大学本科水平的中专学校教师努力达到大学本科毕业的水平。有些部委举办师资培训班、师资进修班、师资短训班等。中等专业学校开始大规模的学历达标活动，有效地提高了学历层次。1983 年 3 月 31 日，教育部《关于 1983—1984 学年度全国中等专业学校选派教师到全国高等学校进修的通知》，对进修名额、进修教师条件、进修教学计划做出了详细的规定。这是改革开放以来首次提出对专业课教师进行进修的文件。1984 年 4 月 21 日，教育部、国家计委和财政部联合发出的《关于普通高等学校举办中等学校教师本科班和专科班的通知》中指出：“为了尽快改变目前各类中等学校教师质量偏低的状况，决定从 1984 年起，在一部分普通高等学校举办中等学校教师本科班或专科班，培训、提高普通中学、中等专业学校和职业学校（以上均含同类成人学校）中需要继续加以培养的教师。”可见，在20世纪80年代中期以前，中等职业学校的教师培训除了校本培训外，主要依托普通高等院校来进行，没有自己独立的培训机构，更没有形成培训体系。

为了扩大国内外职业技术教育的经验交流，培训提高职业教育管理干部的业务水平，1983年6月至7月，在联合国教科文组织亚太地区教育办事处的组织下，教育部职业技术教育司与中央教育科学研究所举办了培训班，对来自全国28各省、市、自治区主管职业教育的负责人，部分职业中学负责人等共47人进行了短期培训。在培训班上，除了邀请日本和澳大利亚的两位职业技术教育专家介绍了国外职业教育外，还邀请了国内有关专家做报告，对各地经验进行了交流。[①]这是我国改革开放后较早举办的具有国际性质的职业教育管理干部培训班。1986年6月26日，国家教委颁发的《关于加强职业技术学校师资队伍建设的几点意见》中指出：“各类职业技术学校文化课教师的培训提高，由高等师范院校、教育学院和综合大学以及有条件的其他高等学校承担。专业课、专业基础课和实习指导教师的业务进修、技能培训，由职业技术师范院校、师范院校、教育学院、师资培训中心及有关高等院校、科研、企事业单位负责。”“为解决某些国内难以培养的空白、短线专业的师资来源可吸收国外职业技术教育经验提高师资水平，还应该有计划地派遣一些教师出国留学、进修。”1986年9月7日，国家教委职业技术教育司专门制定了《关于选派职业技术学校教师出国进修问题的通知》，明确了中等职业学校文化课、专业课及实习课教师的培训机构，指出了出国进修培训的途径。从此，职业教育师资培训从“请进来”发展为“走出去”，从被动接受走向主动获取。

1990年，国家教育委员会制定的《全国农村教育综合改革实验区工作指导纲要（试行）》中指出：“实验县从开始就要抓紧文化课、专业课、劳动技术课等各类师资的培养、培训工作。”“要认真做好职业技术教育专业课师资的培养、选聘工作；要特别重视技能教师的培养，要就地选聘一些能工巧匠，担任技艺指导，并经过多种形式的培训或

① 中国教育年鉴编辑部．中国教育年鉴（1982—1984）[M]．北京：中国大百科全书出版社，1985：98.

实践，使各类教育的文化课师资也能掌握一定的专业技术知识和技能。”针对农村职业教育的需要，提出了“技能教师”和“文化课教师也要掌握一定的专业知识和技能”的说法。1993 年 1 月 10 日，国家教委等三部委联合专门印发了《关于加强农村、林区中等职业技术学校和农民中专、林类专业师资队伍建设的几点意见》。

针对当时许多新建的中等职业学校管理水平不高的现状，1989 年，国家教委依托天津大学、浙江大学、河北农业技术师范学院（现为河北科技师范学院）和湖南农学院（现为湖南农业大学）职教学院开展职业学校管理干部和校长培训工作，引导全国的职教管理干部培训工作。河北农业技术师范学院和湖南农学院职教学院分别负责北方（15 省）、南方（15 省）农村职业学校管理干部和校长培训工作。1993 年 12 月 28 日国家教委《关于加强全国职业中学校长岗位培训工作意见》中指出：“各省、自治区、直辖市先行试点，有计划、有步骤地开展该项培训工作，逐步使岗位培训规范化。”“各省、自治区、直辖市可依托有条件的普通高校、教育学院等建立 1 至 2 个培训机构，培训机构要经省级教育部门审批，报我委备案。”

1995 年 6 月，国家教委在北京召开职业技术教育师资培训基地工作会议。会议指出，在新形势下，全国各培训基地的工作任务必须实行重点转移，由原来的培训职教干部为主，转移到培训和培养中等职业学校的专业课教师为主，兼顾职教管理干部培训。自 1989 年 10 月起，原国家教委在 6 所部委直属高校和 2 所地方高校相继建立了职教师资培训基地或培训中心。它们是：天津大学职业技术教育学院（1989）、浙江大学职业技术教育学院（1989）、河北农业技术师范学院农村职教师资培训中心（1993）、湖南农学院农村职教师资培训中心（1993）、同济大学职业技术教育学院（1994）、西安交通大学职业技术教育学院（1995）、东南大学职业技术教育学院（1997）、四川大学职业技术教育学院（1997）。

各基地建立后，与各省教育部门配合首先举办了职业中学校长培训班，顺利完成了职业中学校长岗位培训的任务。湖南农业大学职教学院举办了职中校长培训班（共 16 期）及中专校长培训班等，共培训了 1152 人。东南大学在三年多的时间里举办了职业学校校长、干部培训班 14 期，培训职业学校校长及管理干部 416 人。天津大学职教学院举办职业中学、中专校长及管理干部培训班 27 期，培训了 1034 人次。基地在培训实践中探索出“学习理论—交流经验—研究问题—实地考察”四结合的教学模式，培训班学员把这种培训比作自己事业上的“加油站”。近十年来，河北农业技术师范学院举办职业中学校长及管理干部培训班 35 期，受训者达 1678 人；培训乡村党政干部、县乡农业技术员共 901 人。几年来，各基地共培训职教管理干部近 5000 人[①]。

1997 年 9 月 24 日，国家教委《关于加强中等职业学校教师队伍建设的意见》中指出：“要选择并确定若干所能够满足职教师资培养要求的理、工、农、医、师等类高等学校作为职教师资的培养和培训基地，可在这些基地建立职业技术师范学院（二级学院），或设立职业教育师范系，或者举办职业教育师范班。各地方选作为基地的高等学校可以是省属院校，也可以是部委直属院校。各有关部委应积极支持所属院校承担职教师资培养和培训任务，基地建设可采取共建的形式。”提出了要大范围建立职业教育师资培养培训基地。1999 年国务院批转教育部《面向 21 世纪教育振兴行动计划》提出：“实施跨世纪园丁工程，大力提高教师队伍素质。”“依托普通高等学校和高等职业技术学院，重点建设 50 个职业教育专业教师和实习指导教师培养培训基地，地方也要加强职业教育师资培训基地建设。”

1999 年 11 月，教育部下发了《关于公布首批全国重点建设职业教育师资培训基地名单的通知》，批准天津大学等 20 所学校为首批全国重点建设职业教育师资培训基地；2000 年 5 月教育部批准哈尔滨工业大学等 24 所学校为第二批全国重点建设职业教育师资培训基地；2001 年 3 月教育部批准北京师范大学等 8 所院校为第三批全国重点建设职教师资培训基地。2001 年 3 月，教育部下发了《关于调整部分全国重点建设职业教育师资培训基地的通知》，决定对部分全国重点建设职教师资培训基地进行调整，吸收青岛海洋大学、中德无锡高级职业

① 吴继宸．部属职教师资培训基地成果概览[J]．中国职业技术教育，1998（9）：16—17.

技术学校、山东—巴伐利亚职教师资培训中心、湖北啤酒学校，分别与平度职教中心、常州技术师范学院、山东工程学院、湖北工学院四个基地学校联合，组建为青岛海洋大学—平度职教中心、常州技术师范学院—中德无锡高级职业技术学校、山东工程学院—山东—巴伐利亚职教师资培训中心、湖北工学院—湖北啤酒学校4个基地。2003年，教育部批准华中科技大学、集美大学为全国重点建设职业教育师资培养培训基地；2007年10月，教育部批准清华大学、北京理工大学作为全国重点建设职业教育师资培养培训基地。至此，全国建立了56个重点建设职业教育师资培养培训基地。同时，为了建立和完善职业教育师资培养培训体系，充分发挥企业在培训职教师资中的作用，鼓励企业参与职教师资培训，加强专业课和实习指导教师的技能训练，探索职教师资培训工作的新路子，2001年3月，教育部下发了《关于公布首批全国职业教育师资专业技能培训示范单位的通知》，确定了上海宝钢集团公司、海尔集团、四川长虹电子集团有限公司、中国第一汽车集团公司、东风汽车公司、苏州工业园区职业技术学院6个单位为全国职业教育师资专业技能培训示范单位，此后，又确立了北京首都旅游集团有限责任公司和武汉华中数控股份有限公司。

《面向21世纪教育振兴行动计划》指出："重点加强中小学骨干教师队伍建设。1999年、2000年，在全国选派10万名中小学及职业学校骨干教师（其中1万名由教育部组织重点培训）。"开始了国家级骨干教师培训工作。1999年，教育部《关于实施"中小学教师继续教育工程"的意见》中明确指出："必须加大对骨干教师培训步伐，集中一批教育资源，设立骨干教师专项资金，对骨干教师给予重点培养和扶植。全国市（地）遴选100万名中小学及职业学校骨干教师；今明两年，省（区、市）遴选10万名中小学及职业学校骨干教师，教育部遴选1万名中小学及职业学校骨干教师，分别进行市（地）级、省级、国家级培训。通过三级培训，培养一大批有较高教育教学水平的骨干教师。""中小学是教师继续教育的重要基地……各中小学都要制定本校教师培训计划，建立教师培训档案，组织多种形式的校本培训。"提出了校本培训的概念，从此构建了国家、省级、市（地）级、校本培训四级培训体系。

《面向 21 世纪教育振兴行动计划》中指出：2010 年前后，经济发达地区高中专任教师和校长中获硕士学位者应达到一定比例。为此，2000 年教育部、国务院学位委员会下发了《关于开展中等职业学校教师在职攻读硕士学位工作的通知》，拓展了中等职业学校教师继续教育的空间和层次。2000 年，教育部下发的《关于进一步加强中等职业教育师资培养培训基地建设的意见》中指出：全国初步建立起布局合理、功能完备的，与中等职业教育事业发展的规模和要求相适应的职教师资培养培训基地网络，为建立职教师资培养培训体系打下良好的基础。为贯彻落实 1999 年《中共中央国务院关于深化教育改革全面推进素质教育的决定》精神，2000 年劳动和社会保障部下发的《关于加快技工学校改革工作的通知》中指出："各省、自治区、直辖市劳动保障部门要依托高级技工学校和国家重点技工学校，经劳动保障部认定，建立 1—2 所师资培训基地，有计划地开展师资和管理人员培训。"

2002 年，《国务院关于大力推进职业教育改革与发展的决定》中指出："加强职业教育教师队伍建设。要积极开展以骨干教师为重点的全员培训，提高教师的职业道德、实践能力和教学水平，培养一批高水平的骨干教师和专业带头人。鼓励职业学校教师在职攻读相关专业学位、提高学历层次。要有计划地安排教师到企事业单位进行专业实践和考察，提高教师的专业水平。""加强职业教育师资培养培训基地建设，逐步完善职业教育师资培养培训网络。"2004 年，教育部等七部委联合颁布的《关于进一步加强职业教育工作的若干意见》中指出：要建立符合职业教育特点的教师继续教育进修和企业实践制度。职业院校专业教师每年脱产接受继续教育的时间应不少于规定的学时数，每两年必须有两个月以上时间到企业或生产服务一线进行实践，并作为教师提职、晋级的必要条件，其他教师和管理人员也应定期到企业或生产服务一线进行实践和调研。要加强职业教育师资培养培训基地建设，扩大专业教师培训和在职攻读硕士和博士学位的规模。各级教育行政部门要会同相关部门制定本地区职业教育师资队伍建设的整体规划和相关配套措施。

2005年，国务院《关于大力发展职业教育的决定》提出：实施职业院校教师素质提高计划。为了贯彻国务院该文件的精神，2006年9月28日，教育部制定了《关于建立中等职业学校教师到企业实践制度的意见》；2006年12月26日，教育部、财政部联合下发了《关于实施中等职业学校教师素质提高计划的意见》，文件指出到2010年，培训15万名中等职业学校（含办学特色鲜明、成绩突出的技工类学校）专业骨干教师，其中中央财政重点支持培训3万名，省级培训12万名；支持全国重点建设职教师资培养培训基地和全国职教师资专业技能培训示范单位开发80个专业的师资培养培训方案、课程和教材，适应职教教师培养培训的需要；支持中等职业学校面向社会聘请专业技术人员、高技能人才兼职任教，促进教师队伍结构的优化，推动教师队伍建设的制度创新。整个计划中央财政投资5亿元。“十二五”期间，教育部、财政部继续实施了“职业院校教师素质提高计划”，加强对中等职业学校专业骨干教师的培训和青年教师到企业实践，并投资开发了100个职教师资培养资源开发项目，建立了300个专业点。

2004年9月，劳动和社会保障部《关于加快技工学校改革工作的通知》指出，各省、自治区、直辖市劳动保障部门要依托高级技工学校和国家重点技工学校，经劳动保障部认定，建立1—2所师资培训基地，有计划地开展师资和管理人员培训。在此基础上，2009年人力资源和社会保障部办公厅下发了《关于公布首批全国技工院校师资培训基地的通知》，确定西安技师学院等21所技工院校为首批全国技工院校师资培训基地。

第三节　师资建设发展规划

1980年10月8日，国务院批转的教育部《全国中等专业教育工作会议纪要》指出：“加强师资队伍建设，壮大和提高师资队伍，是当前需要大力解决的一个重要问题。各有关领导部门和学校都要拟订师资队伍建设规划”。提出了进行师资队伍建设规划的要求。“七五”期间，为落实《中共中央关于教育体制改革的决定》提出的奋斗目标，1986 年 6 月 26 日，国家教委首次下发指导中等职业学校师资队伍建设的五年发展规划，即《关于加强职业技术学校师资队伍建设的几点意见》，对各类职业学校的师资从培养、培训和编制、学历要求和待遇等各个方面提出了具体的要求。1989 年 1 月 5 日，劳动部制定了《关于加强职业技术培训师资队伍建设的意见》，对职业技术培训师资队伍建设进行了五年规划，并要求“各地区、各部门要统筹安排，制定出本地区、本部门培养师资的规划”。“八五”期间，虽然国家教委没有对职业教育师资队伍制定总体建设规划，但 1991 年 8 月 26 日，商业部制定了《关于加强商业职业技术学校师资队伍建设的意见》，1993 年 1 月 10 日，国家教委、农业部、林业部联合制定了《关于加强农村、林区中等职业技术学校和农民中专农、林类专业师资队伍建设的几点意见》，对农村职业教育师资队伍建设进行了规划。从“九五”开始，教育部每一个“五年计划”都制定师资建设规划。1997 年 9 月 24 日国家教委制定了《关于加强中等职业学校教师队伍建设的意见》，2001 年，教育部下发的《关于“十五”期间加强中等职业学校教师队伍建设的意见》；2007 年，教育部颁发的《关于“十一五”期间加强中等职业学校教师队伍建设的意见》；2011 年教育部《关于“十二五”期间加强中等职业学校教师队伍建设的意见》，对中等职业学校师资队伍建设进行规划。此后教育部职业教育与成人教育司下设的师资处，与师范司等合并组建了教师工作司，在“十三五”期间，教师工作司没有单独对中等职业学校教师队伍建设进行规划。

1996 年 9 月 3 日，劳动部印发了《关于加强技工学校及就业训练中心等培训机构师资队伍建设的通知》，2002 年 1 月 19 日，劳动和社会保障部印发了《关于加强职业培训师资队伍建设的意见》。这些规划全面系统，既对现状和问题进行了分析，也对未来进行了规划，指出了努力的方向，提出发展的主要措施，有效地指导了职业教育师资队伍建设。2014 年 12 月，人力资源社会保障部《关于推进技工院校改革创新的若干意见》中指出：要将技工院校教师纳入专业技术人员继续教育范围，举办技工院校师资高级研修班。支持建设一批全国技工院校师资研修中心，承担全国技工院校师资研修交流等任务。依托全国技工院校一体化师资培训基地和一体化课程教学改革教学资源网，大规模开展一体化师资培训。落实教师企业实践制度。

纵观 60 多年来我国中等职业教育教师队伍建设历程，基本上是沿着六大方向展开的：第一，由重视培养培训网络建设转向基地内涵发展和制度建设；第二，由重视职前培养继而重视职后培训转向职前职后一体化方向发展；第三，由注重学历达标、专业知识向重视专业实践能力和实践教学能力转变；第四，由重视基地和校本培养培训转向重视校企合作培养培训；第五，由国家政策引导、地方开展工作转为国家和地方合力开展培养培训工作；第六，由重视管理干部和骨干教师培训转向全员培训。经过多年的建设，虽然初步建立起中等职业教育师资培养培训的网络，但培养培训体系内涵建设滞后，培训的内容和方式与教师的需求有一定的差距，培训质量和效益有待提高；教师继续教育制度不完善，教师培训仍处于外在的要求与外力的推动，而非教师内在的需求与内在的动力；社会尤其是企事业单位参与师资培养培训的主动性和积极性有待提高等。需要落实好 2013 年 9 月教育部《中等职业学校教师专业标准（试行）》等文件的要求，进一步丰富培训形式和内容，按照教师专业化发展的要求，加强师资培养培训工作力度。

第十六章 中等职业学校教师编制与生师比

学校教职员工编制标准是学校人事管理的基础性文件，是建设科学合理的师资队伍的重要依据。新中国成立以来，为了适应职业教育改革与发展的需要，我国先后四次制订或修订了中等职业学校人员编制标准，从编制标准执行情况来看，除20世纪80年代制订的编制标准与实际执行情况相符外，其他三次与实际执行情况均有较大差异。进入21世纪，我国中等职业教育生师比持续走高，既有近年来职业教育快速发展的原因，也与缺乏有效的教职员工编制标准有关。同时，目前我国职业教育人才培养模式与以往有了很大的不同，客观上要求重新制订中等职业学校人员编制标准。

第一节　新中国成立后学校教师编制

一、20世纪五六十年代中职学校教师编制标准

（一）中等专业学校人员编制标准

关于中等技术学校（包括专业学校）编制标准，1952年3月11日，原政务院发出《关于整顿和发展中等技术教育的指示》，为了贯彻

和落实政务院的精神，1952 年 10 月，国家教育部颁发的《中等技术学校（包括专业学校）试行组织编制》中规定：中等技术学校每班 50 人左右，教员（包括助理教员）每班按 2.5～3 人配备，不同科类的学校，教职员工人数与学生人数的比例不尽一致。例如，工业学校设有实习工厂者最高不超过 1:6.5，未设实习工厂者最高不得超过 1:7；农林学校，最高不得超过 1:7.5；卫生学校，最高不得超过 1:8；财经类学校，最高不得超过 1:9。而 1952 年 3 月，教育部颁布的《中学暂行规程（草案）》，规定每班学生人数，高中以 40 人为原则，教员人数每班以 2～3 人为原则①。

由于 1958 年的教育“大跃进”，不切实际地增加招生人数和扩大教师队伍，因此，1961 年国家对教育事业进行调整，并重新制定了中等专业学校教职工编制标准。1962 年，中共中央批转了教育部党组《关于进一步调整教育事业和精简学校职工的报告》，修订了中等技术学校的编制标准②，如表 16-1 所示。

表 16-1　全日制中等专业学校教职工编制标准修订表（1962 年）

学校类别	1961 年 4 月规定的编制标准		1961 年 7 月调整会议规定的教师编制标准	1962 年修订意见	
	教职工与学生比	其中：教师与学生比		教职工与学生比	其中：教师与学生比
中等技术学校	1:8.2～1:9.0	1:15.3～1:16.1	1:14～1:14.5	1:6.0～1:7.0	1:12
中等师范学校	1:11.4	1:20	1:18	1:9.5	1:12

同时，还对中等技术学校工科专业的实习工厂编制进行了修订，如表 16-2 所示。

① 刘英杰. 中国教育大事典（1949—1990）[M]. 杭州：浙江教育出版社，1993.
② 同上。

表 16-2　中等技术学校（工科）实习工厂编制标准修订表（1962 年）

	原编制标准（占学生数%）	修订意见（占学生数%）
机械、动力、冶金类	5.5	5
轻工、化工等类	2	2
地质、建筑、水利、运输类	1	1

（二）技工学校教师编制的制定

我国技工学校是随着民族工业的发展而产生的。新中国成立后，为了振兴民族工业，国家非常重视技工教育，为了有效地规范技工学校办学，有计划地培养技工，1954 年，国家劳动部颁布了《关于技工学校暂行办法草案》，该草案从多个方面对技工学校做出了规定，对教师编制也做了明确规定:“技工学校,应根据实际情况制订编制定员表,定员表应经主管产业部的批准。教职员工与学生配备的比例，一般为一比五至一比八（培养新的师资，不在此限）；其中教员与其他人员的比例，由各产业主管部自行编订”[①]。与中等专业学校同样的原因，1961 年劳动部又单独制定了《技工学校人员编制标准（草案）》，具体编制标准如表 16-3 所示。

表 16-3　技工学校教职工、教师编制表（1961 年）

学校规模（学生总数）	教职工人数和学生人数的比例		实习工厂工作人员占学生总数（%）
	教职工:学生	其中教师:学生	
200～500 人	1:6～1:6.8	1:13～1:14	5～10
500～1000 人	1:6.8～1:7.8	1:14～ 1 :15	5～10
1000～1500 人	1:7.8～1:8.8	1:14.5～1:15.5	5～10

同时，编制对“教职工”“教师”和“实习工厂工作人员”的内涵进行了说明，其中，教师包括政治、文化、技术理论课教师和生产实习教师。其中政治、文化、技术理论课教师按每人每周平均授课约十

① 刘英杰．中国教育大事典（1949—1990）[M]．杭州：浙江教育出版社，1993.

五课时配备；实习教师按学生名额的百分之四左右配备①。

二、20世纪80年代中职学校教师编制标准

（一）中等专业学校人员编制标准

关于中等专业学校人员编制标准，1985年，原国家教委、劳动人事部联合颁布了《全日制普通中等专业学校人员编制标准（试行）》，编制一方面把教职员工、专任教师与学生的比例和学校的规模（在校生）相结合来制定，并明确了具体的计算办法；另一方面根据专业特性将学校划分为工、农林、医药和财经两大类。标准如表16-4所示。

表16-4　中等技术学校教职工与教师编制表（1985年）

类型	学校规模	教职工合计		专任教师	
	在校生人数	与学生比	人数	与学生比	人数
工、农、林、医药	640	1:4	160	1:8	80
	960	1:4.25	226	1:8.5	113
	1280	1:4.5	284	1:9	142
	1600	1:4.8	333	1:9.5	168
财经	640	1:4.5	142	1:9	71
	960	1:4.8	200	1:9.5	101
	1280	1:5.2	246	1:10	128
	1600	1:5.5	291	1:10.5	152

另外，文件规定："行政人员和工勤人员应严格掌握，两类人员之和不得超过教职工总数的35%。""列为全国重点的中等专业学校以及专业设置在6个以上的中等专业学校，可另外增加编制10%左右。所增人员中的60%以上用于充实专任教师和实验技术人员、图书资料人员。""中等专业学校的附属机构（如校办实习工厂、农场、林场、药厂、医院等）人员，应单独计算编制。一般以不超过学生总数的

① 刘英杰．中国教育大事典（1949—1990）[M]．杭州：浙江教育出版社，1993.

3%～5%为宜。”①

此后，一些省（市）也依据此标准制定了本省的标准。如 1986 年 11 月，安徽省编制委员会、教育委员会根据国家教育委员会、劳动人事部 1985 年颁发的《关于颁发全日制普通中等专业学校人员编制标准（试行）的通知》精神，结合安徽省实际情况，制定了《安徽省全日制普通中等专业学校人员编制标准》，教职工与学生人数之比为 1:4.5。

（二）技工学校人员编制标准

关于技工学校人员编制标准，1986 年，国家劳动人事部门颁布了《技工学校机构设置和人员编制标准暂行规定》。在编制方面，与以往不同的是，把教师分为文化理论课、生产实习课、教学辅助人员三类，并分别制定了与学生的比例，同时还要求严格掌握行政人员和工勤人员数量，两类人员之和不得超过教职工总数的 35%标准如表 16-5 所示。②

表 16-5　技工学校教职工与教师编制表（1986 年）

学校规模（学生总人数）	教职工与学生之比	其中			实习工厂（场、店）工作人员占专业学生数（%）
		文化理论课教师与学生人数之比	生产实习课教师与学生人数之比	教学辅助人员与学生人数之比	
200—600	1:4～1:4.2	1:12～1:14	1:16～1:18	1:40～1:42	5～10
601—1000	1:4.2～1:4.5	1:14～1:16	1:18～1:20	1:42～1:45	5～10
1001—1600	1:4.5～1:5	1:16～1:18	1:20～1:22	1:45～1:50	5～10

（三）职业高中编制标准

关于职业高中人员编制标准，1963 年 9 月 20 日，虽然教育部、劳动部、财政部下发了《关于职业学校经费、编制的暂行规定》，但文件指出：职业学校试办阶段，由于缺乏经验，暂不规定统一的编制标

① 刘英杰．中国教育大事典（1949—1990）[M]．杭州：浙江教育出版社，1993.
② 同上。

准，待总结经验后，再行规定。各部门可根据学校的实际需要，确定必要的教职工人数。1986 年，原国家教委《关于加强职业技术学校师资队伍建设的几点意见的通知》（86 教职字（012）号）中指出：“职业高中教师的编制标准，可根据学校培养目标的不同，分别参照中专或技工学校教师编制标准，由各省、自治区、直辖市和国务院各部委自行制订。”1990 年 8 月 16 日，国家教委颁发《省级重点职业高级中学的标准》中指出：“除特殊专业外，专任教师与学生的比例，应达到 1:10 以上。”①

1984 年，教育部颁布的《关于中等师范学校和全日制中小学教职工编制标准的意见》中规定，高中阶段，每班平均学生数为 45～50 人，每班平均教职工数 4 人，教师 2.8 人。②

（四）部分省（市）制定的中等职业学校教职工编制标准

20 世纪 80 年代后期开始，一些省（市）依据国家的编制标准，根据本省（市）职业教育发展的实际需要，制定了本省（市）的中等职业学校教职工编制标准。如 1986 年 11 月，安徽省编制委员会、教育委员会根据国家教育委员会、劳动人事部 1985 年颁发的《关于颁发全日制普通中等专业学校人员编制标准（试行）的通知》精神，结合安徽省实际情况，制定了《安徽省全日制普通中等专业学校人员编制标准》，教职工与学生人数之比为 1:4.5。③1988 年 5 月 18 日，山东省发布的《山东省中等师范、职业学校、中小学等学校机构设置和人员编制标准的意见（试行）》中规定：理工类，48 人/班，教师 3.5 人，职工 1.5 人；文科类，48 人/班，教师 3.2 人，职工 1.3 人。按照以上标准，中等职业学校专任教师与学生比，理工类 1:13.7，文科类 1:15。

1990 年，福建省编委、劳动局、财政厅联合颁发了《福建省技工学校机构设置人员编制标准暂行规定》，标准表如表 16-6 所示。

---

① 国家教育委员会省级重点职业高级中学的标准[Z]．教职（1990）008 号．

② 教育部关于中等师范学校和全日制中小学教职工编制标准的意见．（84）教计字 239 号．

③ 安徽省教育厅关于颁发《安徽省全日制普通中等专业学校人员编制标准》的通知[Z]．教职字〔1986〕第 20 号．

表 16-6　1990 年福建省技工学校人员编制标准表

在校生人数（人）	教职工人数与学生人数之比	教职工中				实习工厂（场、店）工作人员占专业学生数（%）
		文化理论课教师占比（%）	生产实习课教师占比（%）	教学辅助人员占比（%）	行政与工勤人员占比（%）	
200～600	1:5.5～1:6.0	34	23	10	33	5
601～1000	1:6.0～1:7.0	30	23	10	37	5
1001～1600	1:7.0～1:8.0	28	23	10	39	5

1992 年福建省编制委员会、教育委员会、财政厅联合颁发《福建省全日制普通中等专业学校工作人员编制表》。标准表如表 16-7 所示。

表 16-7　1992 年福建省普通中等专业学校工作人员编制标准表

科类	学校规模	教职工		其中：专任教师	
		与学生比	编制数	与学生比	编制数
工、农林、医药	480	1:4.5	107	1:9	53
	640	1:4.75	135	1:9.5	67
	960	1:5	192	1:9.75	98
	1280	1:5.25	244	1:10	128
财政、政法	480	1:4.85	99	1:9.7	49
	640	1:5.15	146	1:10	64
	960	1:5.45	176	1:10.25	94
	1280	1:5.75	223	1:10.5	122
艺术	—	1:2.5	—	1:3.5	—
工艺美术、体育	—	1:3	—	1:4.6	—

第二节　新时期教师编制

2001 年，国务院办公厅转发中央编办、教育部、财政部《关于制定中小学教职工编制标准意见的通知》(国办发〔2001〕74号)中规定:普通高中教职工与学生之比,城市1:12.5、县镇1:13、农村1:13.5。[①]并规定:确实需要配备职员、教学辅助人员和工勤人员的,其占教职工的比例,高中一般不超过16%。同时指出职业中学参照普通中学标准执行。国家没有单独制定中等专业学校和技工学校的编制标准。各省落实这一编制标准时采取了不同的措施,具体可分为三类:

一、制定了本省(市)中等职业学校教师编制的省份

(一)广东省中等职业学校教师编制标准

2004年,广东省颁布了《广东省中等职业技术学校机构编制标准暂行规定》(粤机编办〔2004〕446号)[②],具体编制标准如表16-8所示。

表16-8 广东省中等职业学校教师编制标准表

分段(n)	在校学生数(Xi)	员生比(Qi)	师生比*
1	1000人及以下	1:11	1:13.4
2	1001~3000人	1:15	1:18.3
3	3001~5000人	1:17	1:20.7
4	5001~8000人	1:19	1:23.2
5	8001人及以上	1:21	1:25.6

根据该编制第十二条规定“教师和教学辅助人员合计占学校教职工的比例不低于82%”的要求,那么其含教学辅助人员的师生比计算结果如表16-8的“师生比”。上述教师编制标准是基础性编制标准,实际计算还需要按学校专业性质、重点和非重点学校、经济发达还是非发达地区通过具体的参数进行修正,制定的比较详细。

这一编制标准与以往相比具有四大特点:

① 国务院办公厅. 中央编办、教育部、财政部关于制定中小学教职工编制标准意见的通知[Z]. 国办发〔2001〕74号.

② 广东省编办、省教育厅、省劳动保障厅、省财政厅. 关于印发《广东省中等职业技术学校机构编制标准暂行规定》的通知[Z]. 粤机编办〔2004〕446号.

一是把各类中等职业学校机构统一进行编制，这在全国是第一个；

二是不再根据学校的专业设置性质的不同来确定编制标准；

三是充分考虑了国家级重点、省级重点、普通学校编制标准的不同；

四是根据经济发展水平不同制定不同的标准，实际上考虑了实习实训条件因经济发展水平而存在差异的事实。

（二）安徽省中等职业学校教师编制标准

2007 年，安徽省人民政府办公厅颁发了《关于印发安徽省中等职业学校机构编制管理暂行办法的通知》（皖政办〔2007〕23 号）。[①]具体编制标准如表 16-9 所示。

表 16-9　安徽省中等职业学校教职工编制标准

学生人数	职工与学生比例			
	理工农医类	综合类	文科类	艺体类
3000 人及以下	1:14.5	1:15.5	1:17	1:8～1:10
3001～5000 人	1:17.5	1:18.5	1:20	
5001～8000 人	1:20.5	1:21.5	1:23	
8001 人及以上	每增加 1000 人，教职工与学生比上调 0.5			

安徽省的教师编制标准略低于广东省。按照该编制第十一条“教学人员编制主要用于配备专职从事教学和实习实训工作的人员，其编制数不得低于学校人员编制总额的 75%”的规定。以 3001～5000 人的学校为例，理工农医类学校的生师比最高为 23.3:1，综合类学校的最高为 24.7:1，文科类学校最高为 26.7:1。

（三）福建省中等职业学校编制标准

2007 年，福建省编制办印发了《福建省中等职业学校编制标准等问题的暂行意见》（闽委编办〔2007〕210 号）规定：中等职业学校编制按员生比（指教职工与学生之比，下同）核定。其中，艺术、体育类中等职业学校按员生比 1:3 比例核定；其他省属和设区市属中等职业学校按我省普通高中城市标准（即员生比 1:12.5）核定，每班再加

① 安徽省人民政府办公厅. 关于印发安徽省中等职业学校机构编制管理暂行办法的通知. 皖政办〔2007〕23 号.

0.3 个编制；县（市、区）属中等职业学校按我省普通高中县镇标准（即员生比 1:13）核定，每班再加 0.3 个编制。在核定的总编制中，行政和工勤人员不超过 25%、专任教师和教学辅助人员不少于 75%。[①]

根据上述规定，可以看出，包括教辅人员的生师比，艺术、体育类中等职业学校为 4:1，按照 2002 年福建省委编办、省教育厅、省财政厅下发的《关于福建省中小学教职工编制标准的实施意见》规定的高中阶段标准班额为 50 人，非艺术和体育类学校，包含教辅人员的生师比，省属和设区市属中等职业学校为 15.2:1，县（市、区）属中等职业学校为 15.6:1。

从上述三个省（市）的中等职业学校编制标准来看，存在一定的差异。

二、未单独制定本省（市）中等职业学校教师编制的省份

2001 年国务院办公厅转发中央编办、教育部、财政部《关于制定中小学教职工编制标准意见的通知》（国办发〔2001〕74 号）中规定：普通高中教职工与学生之比，城市为 1:12.5、县镇为 1:13、农村为 1:13.5。并规定：确实需要配备职员、教学辅助人员和工勤人员的，其占教职工的比例，高中一般不超过 16%。

2002 年，教育部关于贯彻《国务院办公厅转发中央编办、教育部、财政部关于制定中小学教职工编制标准意见的通知》（教人〔2002〕8 号）的实施意见中规定：按照国办发〔2001〕74 号文件的编制标准折算，普通高中每班可配备教师 3.0 人；普通初中每班可配备教师 2.7 人；城市小学和县镇小学每班可配备教师 1.8 人；农村小学每班可配备教职工数由各省（区、市）根据实际情况确定。参考表如表 16-10 所示。参照普通高中的标准，职业高中的师生比应在 1:15—16.7。

① 中共福建省委机构编制委员会办公室、福建省教育厅、福建省劳动和社会保障厅、福建省财政厅. 关于印发《福建省中等职业学校编制标准等问题的暂行意见》的通知[Z]. 闽委编办〔2007〕210 号.

表 16-10　中小学班标准额与每班配备教职工数参考表

地区	学生班额	教职工	教师	职工
城市	45～50	3.6～4	3	0.6～1
县镇	45～50	3.5～3.8	3	0.5～0.8
农村	45～50	3.3～3.7	3	0.5～0.8

此后许多省份都制定了本省（市）的编制标准。从编制标准的制定情况来看，分为两种情况：

（一）对职业高中（职业中学）编制标准单独进行了说明

部分经济和职业教育发展较快的省份在中小学教师编制标准中专门制定了职业高中的教师编制标准，如江苏省和浙江省。2002 年，江苏省政府办公厅转发省编办等部门《关于核定中小学教职工编制实施意见的通知》（苏政办发〔2002〕113 号），江苏省职业高中教职工与学生比，城市为 1:11、县镇为 1:11.5、农村为 1:12，这一比例学生人数均比普通高中高 1.5。并规定“职员、教学辅助人员和工勤人员占教职工的比例，职业高中一般不超过 18%”，①按此标准计算，专任教师和学生人数比例：城市为 1:13.4、县镇为 1:14、农村为 1:14.6。中等职业学校教师编制标准高于普通高中。

浙江省 2004 年制定的中小学教职工编制标准与国家制定的 2001 年学校教师编制标准相同，但附加了“职业中学专任教师编制可以增编，增编幅度原则上不超过 0.5 人/班”。“对确实需要配备职员、教学辅助人员和工勤人员的学校，其专任教师占教职工的比例，高中一般不低于 86%”。按照这一标准，职业中学学生与专任教师的比例为 1:12.9—1:14.3，教师编制高于普通高中标准。

湖北省规定职业中学、普通中学 45 人/班，教职工与学生比为 1:13.8，教师与学生比 1:15.8。

（二）职业中学的标准参照普通中学标准执行

2002 年以后，全国各省（市）按照中央办公厅和教育部的要求，

① 江苏省人民政府办公厅．省政府办公厅转发省编办等部门关于核定中小学教职工编制实施意见的通知[Z]．苏政办发〔2002〕113 号．

制定了各省（市）中小学教职工编制标准，并明确说明职业中学的标准参照中学编制标准执行。从各地制定的标准来看，陕西、贵州、湖北、海南、山东等省的标准低于国家制定的标准，如山东规定高中教职工与学生比：城市为 1:13、县镇为 1:13.5、农村为 1:14。重庆、新疆等的部分标准高于国家规定，大部分地区与国家的标准相同，但部分省（市）在国家标准的基础上给了一定程度的下浮 3～5 个学生，说明可以低于国家标准。

第三节　教师编制执行情况

为了便于反映不同时期不同类型学校编制执行情况，现将不同历史时期编制标准归纳到一张表（详见表 16-11），下面分析不同历史时期编制执行情况。

表 16-11　不同历史时期三类中等职业学校教职工编制比较表

年份	中等技术学校		年份	技工学校		年份	职业高中	
	生员比	生师比		生员比	生师比		生员比	生师比
1952	6.5～9	16.7～20	1954	5～8	12.8～17.8	2001	12.5～13.5	14～16
1961	8.2～9.0	15.3～16.1	1961	6.8～7.8	14～15			
1962	6.0～7.0	12.0	—	—	—			
1985	4～5.5	8～10.5	1986	4～4.5	7.5～10			

资料来源：依据相关年份文件整理和计算。

一、20 世纪 50 年代教师编制执行情况

新中国成立后，针对旧有的中等技术教育，1952 年 3 月 11 日，原政务院发出的《关于整顿和发展中等技术教育的指示》指出：现阶段除整顿和发展正规的技术教育外，还举办各种速成性质的技术培训班和业余性质的技术补习班或训练班，使正规的、速成的各种技术学

校与训练班配合发展。由于速成技术学校的发展，1952 年中等技术学校的生师比较高，1952 年 1 月，政务院召开会议，提出了 1953 年文教工作的方针是“整顿巩固、重点发展、提高质量、稳步前进”。同年 7 月，原高等教育部发出《关于中等技术学校（中等专业学校）设置专业的原则的通知》，这些文件极大地规范了办学，使中等技术学校的生师比逐渐降低。1958 年全国开展“大跃进”运动，中等技术学校招生规模从 1957 年的 5.99 万人增加到 1958 年的 69.36 万人。1959 年 4 月 18 日，周恩来总理在二届人大一次会议上做的《政府工作报告》中指出：“我国教育事业的发展，必须采取普及和提高相结合的办法。”“去年各级学校都有了很大的发展，现在需要进行整顿、巩固和提高的工作”，1959 年招生人数下降到 39.94 万人，但 1960 年又增加到 62.64 万人，虽然教师队伍也迅速膨胀，但这 3 年的生师比仍比较高。

二、20 世纪 60 年代教师编制执行情况

从 1960 年开始，我国发生了严重的三年自然灾害，国民经济进入了为期 5 年的调整时期，1961 年和 1962 年，教育部先后召开三次会议讨论关于调整教育事业规模，提高教学质量，精简教职工，建立了新的教职工编制标准，中等职业教育发展速度逐渐恢复正常，在新的编制约束下，教师队伍得以精简，1966 年之前生师比处于平稳阶段。1966 年“文化大革命”开始，教育战线遭到了严重破坏，学校招生人数锐减，导致生师比极低。1970 年开始试点招收工农兵学员，1971 年学校招生人数有了一定的恢复，1973 年 7 月 3 日，国务院批转国家教委、国务院科教组《关于中等专业学校、技工学校办学几个问题的意见》，要求各地抓紧中等专业学校和技工学校的调整、规划和布局等工作，并根据需要与可能适当发展。招生人数当年比上年增加了近 1/3，生师比逐步开始提高。

十一届三中全会以来，各级各类教育在改革开放的大背景下逐步开始恢复性发展。1980 年 4 月，教育部召开专门的中等专业教育工作会议，提出在三、五年内，注重抓好调整、改革、整顿和提高工作，

并有计划稳步发展。1980 年 10 月，国务院批转教育部、国家劳动总局《关于中等教育结构改革的报告》，职业中学开始恢复性发展，由于职业高中专业教师严重短缺，致使一开始生师比较高。随着 1980 年《国务院批转教育部、国家劳动总局关于中等教育结构改革的报告的通知》中提出通过多种途径加强职业学校和技工学校教师的配备，职业学校和技工学校的教师队伍不断充实，生师比开始逐步下降。

三、20 世纪 80 年代中后期和 90 年代教师编制执行情况

1980 年开始的中等教育结构调整，职业（农业）中学通过普通高中改办或新建，得以快速发展，但师资严重不足，成为发展中的突出矛盾。1983 年 5 月，中共中央、国务院在《关于加强和改革农村学校教育若干问题的通知》和 1985 年《中共中央关于教育体制改革的决定》提出了加强各类职业学校师资队伍建设，致使职业高中的生师比不断下降，但在 1995 年以前在三类中等职业学校中仍然比较高。1991 年国务院颁布了《关于大力发展职业教育的决定》和 1993 年中共中央、国务院制定了《中国教育改革和发展纲要》，进一步促进了职业教育的快速发展，三类中等职业学校生师比迅速提高，尤其是普通中专由于招生人数和校均规模大幅度提高，生师比在三类教师中上升速度最快。20 世纪 90 年代中后期，我国中等职业教育发展进入一个新的发展阶段，1985 和 1986 年制定的编制标准已不适应新形势的要求。

四、21 世纪教师编制执行情况

2001 年中央编办教育部、财政部《关于制定中小学教职工编制标准的意见》中指出：职业中学教职工编制标准可参照中小学教职工编制标准，由各地根据实际情况具体确定。此次编制标准与以往相比，由于我国教育的快速发展和布局结构的不断优化和调整，新时期各类教育的办学规模有了明显的提高，教育发展强调“规模、质量和效益”的统一，因此，新时期学校教职员工编制标准降低。这一编制标准从实施初期来

看对职业高中具有一定的指导作用，但对中等专业学校和技工学校不具有指导意义，为此，一些省（市）从2004年开始陆续制定了独立的中等职业学校教职工编制标准。2002年《国务院关于大力推进职业教育改革与发展的决定》，尤其是2005年《国务院关于大力发展职业教育的决定》，使得职业教育进入了新一轮的快速发展时期，生师比大幅度提高，从2004年开始已连续6年成为各级各类教育中最高的。全国中等职业学校生师比折线图及生员比折线图分别如图16-1和图16-2所示。

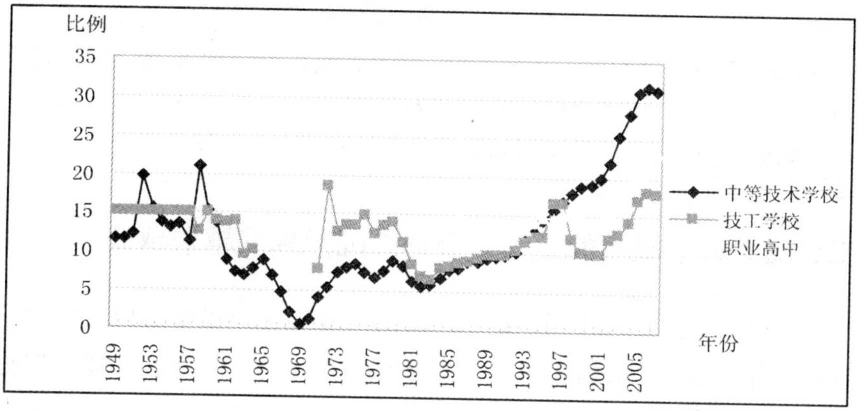

图16-1　全国中等职业学校生师比折线图

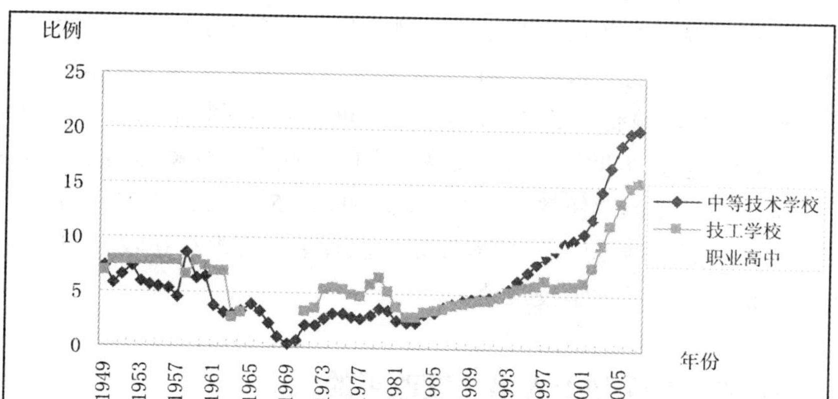

图16-2　全国中等职业学校生员比折线图

第四节　教师编制变化的特点

一、随着办学条件的改善，教师的配置标准越来越高

从 20 世纪 50 年代、60 年代和 80 年代三次编制标准来看，随着社会经济条件的改善、办学逐步规范化，教师的配置标准越来越高（即生师比越来越低，下同），但随着中等职业教育的快速发展，办学规模的扩大，国家人事制度的改革以及办学中越来越强调质量和效益的统一，2001 年教职员工的配置标准进入一个新的历史阶段。

二、随着办学规模的扩大，教师的配置标准越来越低

从经济学的角度来看，由于学校办学规模大可以带来规模经济，规模小存在规模不经济问题，所以学校规模越小，要求的教师编制标准越高，规模越大的学校要求的教师编制标准越低。从 20 世纪 50 年代、60 年代的中等技术学校教师编制标准与 2001 年国家制定的职业高中制定的编制标准以及部分省份制定的中等职业学校编制标准比较来看，具有很大的继承性。20 世纪 50 年代、60 年代中等职业学校规模比较少，所以编制标准高，无论是与 2001 年国家制定的职业高中编制标准，还是与 21 世纪广东、安徽制定的最低学校规模的编制标准来看，基本差不多，专任教师与学生之比在 1:15 左右。2007 年福建制定的教师编制标准与广东、安徽制定的教师编制标准存在较大的差异，是由于福建没有考虑学校规模。

三、编制标准受制于人事制度改革的取向

20 世纪 50 年代和 60 年代两次编制标准是出于教育整顿的特殊需要而制定的，由于功利性较强，所以实际执行情况并不理想。20 世纪

80 年代中期制定的编制标准是在正常情况下制定的，所以执行情况很好，但到 1992 年我国提出建立社会主义市场经济体制，人事制度的改革突出“减员增效”，因此，现实的中等职业学校编制执行超过了编制标准，近些年来，我国中等职业学校的生师比居高不下，与地方政府过多重视人员配置的经济效益有很大关系。

四、不同的人才培养模式下教师编制标准不同

从历史来看，我国三类中等职业学校的培养目标、培养方式存在一定的差异，因此，编制标准也不相同。技工学校多年来一直坚持“工学结合、校企合作”的职业教育办学特色，教师配置标准较高。例如，20 世纪 60 年代中等技术学校专任教师与学生之比是 1:15.3～1:16.1，技工学校平均在 1:14～1:15；80 年代中期中等专业学校专任教师与学生之比平均为 1:9～1:9.5，技工学校平均为 1:8～1:9，中等专业学校编制标准略低于技工学校。从实际运行情况来看，在大部分时期，中等专业学校低于职业高中、职业高中低于技工学校。技工学校的实践教学比例大于其他两类学校，因此也可以说，实践教学比例越高，教师配置标准越高。

五、中等职业学校编制内涵比较丰富

与普通教育相比，中等职业学校的人员编制有其独特的内容，如单独对实习工厂（校办工厂）的人员制定编制标准，不同专业类型的学校教职员工编制标准存在一定的差异。

第五节　教师编制存在的问题

一、教师编制标准与执行情况存在一定的差异

总体来看，教师编制标准在制定时是比较符合当时实际情况的，

但随着时间的推移，教师编制标准就难以适应现实情况。中等专业学校和技工学校20世纪60年代初制定的编制标准远远超过了60年代至80年代前期的实际情况。1985和1986年制定的编制标准在1995年以后就不再具有现实指导意义。20世纪80年代发展起来的职业高中在1986年提出“参照中等专业学校和技工学校标准”，这一规定从一开始就不具有指导意义。

二、教师编制没有适时调整

中等专业学校、技工学校分别在1985年和1986年制定的教师编制标准，除了安徽省等部分省（市）依据这两个编制在20世纪90年代制定了本省的编制标准外，从国家层面上来看20多年没有重新制定，致使编制的适应性较差。职业高中在1986年提出“参照中等专业学校和技工学校标准”一直到2001年没有制定国家层面的标准。

三、非教学人员比例较大

总体来看，随着体制改革的不断深入，我国中等职业学校非教学人员的比例不断下降，学校的办学效益不断提高。从国家制定的中等职业学校编制标准来看，2001年国务院办公厅转发中央编办、教育部、财政部《关于制定中小学教职工编制标准意见的通知》中规定，非教师人员比例高中不得超过16%，比1985年原国家教委、劳动人事部联合颁布的《全日制普通中等专业学校人员编制标准（试行）》中规定的35%的要求有了很大的提高。但从现实来看，由于专业结构更新、学校用人机制等多方面的原因，许多中等职业学校，尤其是办学历史时间比较长的学校，非教学人员比例超过了国家规定的标准，有的高达40%多。

四、教师队伍的结构性矛盾突出

中等职业学校与经济社会联系最为密切，随着我国产业结构调整的速度加快，我国中等职业教育专业结构调整步伐加快，尤其是职业高中，20 世纪 80 年代的一些专业现在存在的已不多，造成了专业建设与师资队伍结构性矛盾非常突出，新办的一些专业教师严重短缺，而一些曾经是骨干专业的教师现在却严重过剩，不仅使学校专业建设处于很大的困境，而且给教师编制核算带来一定的难度。

第六节　重新制定教师编制标准的客观性

一、学校的规模已发生了很大的变化

统计资料表明，1985 年我国中等职业教育三类学校（中专、技校、职高）数为 13549 所，在校生数为 415.61 万人，平均每所学校在校生规模 307 人，而 2007 年三类中等职业教育学校数为 12712 所，在校生数为 1874.03 万人，平均每所学校在校生 1474 人，2007 年是 1985 年的 4.8 倍，许多中等职业学校在校生突破 3000 人，有的甚至达到了 1 万人左右。学校规模的大幅度增加要求重新核定教师编制标准。

二、人才培养模式发生了变化

2005 年《国务院关于大力发展职业教育的决定》中指出：大力推行工学结合、校企结合人才培养模式。中等职业学校在校学生最后一年要到企业等用人单位顶岗实习。2008 年教育部《关于进一步深化中等职业教育教学改革的若干意见》（教职成〔2008〕8 号）指出：要高度重视实践和实训教学环节，突出“做中学、做中教”的职业教育教学特色。加大专业技能课程的比重，专业技能课程（含顶岗实习）的学时一般占总学时的三分之二。这些规定与教育部近年来倡导的“三段式”教学模式相一致，即一年打基础、一年学技能、一年到企业顶岗实习。人才培养模式的这些巨大变化，使得以往的教师编制难以适应新的形势。

三、教师的外延发生了变化

中等职业学校在校学生第三年到企业实践，使计算教师编制问题必须明确两大问题：一是企业顶岗实习指导人员是否应纳入教师编制范畴，目前并没有相关的文件；二是在顶岗实习期间，学校应如何安排实习指导教师，目前也没有明确的规定，2007年教育部财政部《中等职业学校学生实习管理办法》（教职成〔2007〕4号）中仅仅指出：学校应当建立健全学生实习管理制度，要有专门的实习管理机构，要加强实习指导教师队伍建设，要建立学生实习管理档案，定期检查实习情况，处理实习中出现的有关问题，确保学生实习工作的正常秩序。在现实中出于近年来扩招所带来的教学压力和经济利益，调研中发现一些职业学校并没有配备实习指导教师指导学生顶岗实习。

四、短期培训越来越成为中等职业学校的重要办学内容

目前，我国中等职业教育学校形成了学历教育与短期培训、长学制与短期办学相结合的办学体制。根据《中国教育统计年鉴》，2006年我国中等职业学校短期培训人数为774.81万，在校生人数为1809.89万，短期培训人数约为在校生人数的1/2，短期培训教学时数平均大约为1个月左右，为学历教育时间的1/5。与以往中等职业学校的短期培训相比，规模和数量有了很大的变化，而从现有的教师编制标准来看，并没有考虑这方面的教师编制需求。

第七节　重新制定教师编制须注意的几个问题

一、明确中等职业学校学生到企业顶岗实习的性质

2005年《国务院关于大力发展职业教育的决定》中明确指出：大

力推行工学结合、校企合作的培养模式。中等职业学校在校学生最后一年要到企业等用人单位顶岗实习。2008 年教育部《关于进一步深化中等职业教育教学改革的若干意见》（教职成〔2008〕8 号）指出：专业技能课程包含顶岗实习。从文件的规定来看，顶岗实习应该算中等职业学校的一个教学环节。但从实际情况来看，一些学校出于办学效益等多方面原因的考虑，很少派教师对顶岗实习学生进行指导，而错误地认为顶岗实习是企业落实“校企合作、工学结合”的职责，在很大程度上已不把它看作是学校的教学环节。如果学生最后一年到企业顶岗实习是中等职业教育的一个教学环节，2007 年我国中等职业学校的生师比是 23.95:1；如果不是职业学校的一个教学环节，2007 年我国中等职业学校的生师比是 16:1，与国家规定的职业高中的标准基本相符。因此，必须进一步明确中等职业学校在校生最后一年到企业等用人单位顶岗实习的性质。

二、明确中等职业学校教师的内涵和外延

如果中等职业学校最后一年的顶岗实习是职业学校的一个教学环节，那么，参与中等职业学校教育的教师包括学校编制教师、校外聘请教师、顶岗实习的企业指导教师，这三类教师在不同的教学环节都具有不可替代的作用。那么，需要确定的是兼职教师在中等职业学校中应占多大比例，兼职教师与学校编制教师如何折算；校外聘请兼职教师和顶岗实习的企业技术指导人员不具有教师资格证，是否算教师；如果是教师，顶岗实习期间参与指导学生的企业技术人员如何与学校编制教师进行折算。只有明确了中等职业学校教师的内涵和外延，中等职业学校的教师编制才可能科学制定。①

① 曹晔．我国中等职业教育教师数量变化与生师比比较研究[J]．中国职业技术教育，2009（15）．

三、中等职业学校短期培训教师编制的计算

从历史来看，一些省份制定的编制标准中把中等职业学校的函授教育在学历教育编制的基础给予一定的浮动。如1990年福建省编委、劳动局、财政厅联合颁发的《福建省技工学校机构设置人员编制标准暂行规定》中指出：有函授教育的中等专业学校，可核定函授人员编制，每75名中专函授学生配备1名教职工，所需经费从中解决；函授人员编制中，专任教师占80%，管理人员占20%。而目前我国中等职业教育的非学历教育已不同于过去的函授教育，大量是实践操作为主的短期实用技能培训，教学工作量大，占用大量的教师和教学资源，而且规模数量也远高于以往的函授教育。此外，短期培训的时间跨度也很大，几天、几个月、甚至一年多的都有。因此，对于短期培训一是要确定短期培训的时间；二是需要明确短期培训所需的编制是纳入学历教育来统一计算，还是在学历教育编制的基础上进行一定的浮动。

四、学校规模与教师编制之间关系的确定

从历史来看，除了职业高中外，无论是国家还是省级中等职业学校教师编制都能遵循规模经济原理，不同的规模确定不同的编制标准，但二者之间的演变是否存在规律以及如何确定二者之间的比例，是制定教师编制必须研究的一个重要问题。

五、专业性质不同的学校教师编制标准的确定

不同专业学生技能形成的过程不同，理论教学与实践教学的比例不同，所需的实习实训条件和方式不同，因此，专业性质不同的学校教师编制存在一定的差异。在计划经济体制下，中等专业学校和技工学校都是部门办学，而且专业设置有严格的审批程序，所以学校的专业性质比较明显。20世纪90年代末，随着中等职业教育专业设置和招生自主权的下放，许多中等职业学校专业设置都有了综合性的趋势，

尤其是随着我国工业化和城镇化进程的加快，绝大部分学校都设有加工制造类、信息技术类、旅游商贸类专业，所以按照传统的理工农医类、文科类、综合类、艺体类这样的类型很难对现实的学校进行分类。如何制定新的学校分类标准是科学制定教师编制的一个重要内容。

第十七章

中等职业学校教师资格制度

教师资格制度是一种国家法定的职业许可制度。中国公民在各级各类学校和其他教育机构中专门从事教育教学工作，必须依法取得教师资格。我国 1995 年颁布实施了《教师资格条例》，教师资格的认定包括以下四个方面：中国公民身份、思想品德条件、学历条件、教育教学能力条件。教育教学能力条件又包括身体条件、普通话水平等。中等职业学校教师有其特殊性，目前的教师资格不能满足中等职业学校教师职业需要，急需单独制定教师资格。通过对我国中等职业教育教师资格制度历史性的归纳和总结，不难发现，无论是教师资格制度实施前，还是实施后，我国中等职业教育教师资格均在条例规定的学历要求以外进行了必要的补充，有效地促进了我国职业教育师资队伍的建设，但这些补充规定不具有法律意义。为此，《国家中长期教育改革和发展规划纲要（2010—2020 年）》中提出：完善符合职业教育特点的教师资格标准。然而，从现实的条件来看，完善符合职业教育特点的教师资格制度还有许多制约因素亟待解决。

第一节　教师资格制度的历史沿革

一、体制改革前中职教师资格仅提出学历要求

新中国成立后，我国中等职业学校类型主要包括中等技术学校和技工学校两种类型。当时的中等职业教育主要由各业务部门办学，如1954年中央人民政府、政务院《关于改进中等专业教育的决定》中指出“自本院一九五二年颁布了整顿和发展中等技术教育的指示以来，中等专业教育在调整、整顿和改革工作中已取得了相当大的成绩：各类中等专业学校（不包括中等师范学校，下同）逐步转归有关业务部门领导，开始按照国民经济各部门的需要及专业化的原则来培养干部”，并建立了定期交流技术课教师和技术人员的制度。1952年8月，教育部发布《中等技术学校暂行实施方法》并提出：“中等技术学校的技术课，应设一定数量的专任教师，并由各主管业务部门自其企业或业务单位技术人员聘请兼任教师”。1954年11月，高教部制订的《中等专业学校章程》规定：“中等专业学校的教师，须具有高等教育文化水平，在特殊情况下，具有中等专业教育文化水平并有教学经验和生产经验者，经主管业务部门批准，亦可担任之”。从上面的文件来看，一是构建了专兼职相结合的师资队伍，二是提出了学历要求，二者结合基本能够满足职业教育师资队伍建设的要求。

我国技工学校以技能培训为主，所以对培训教师突出实践技能，而对学历要求较低。1954年4月25日，劳动部《关于技工学校暂行办法草案》中提出：“技工学校的教师，应尽量作到以专任为主。技术理论教师，应由相当于中等技术学校毕业以上程度的技术人员担任；技术实习教师，应选拔具有高小以上文化程度（小学6年级以上）及有一般技术理论常识的优秀技工担任。政治课须配备能够胜任的教师担任之”。而中等专业学校主要是培养国家干部，对教师的学历要求较高。1954年11月24日教育部发布《中等专业学校章程》提出了中等专业学校教师学历要求：文化课、专业基础课、专业课教师，一般应

具有本科学历或同等学历，其中某些技艺性较强的专业教师，也可为专科学历，从事教学工作多年，经验丰富、教学效果较好的教师，其学历要求可适当放宽；实习指导教师，一般应具有中等职业技术学校及以上学历。

煤炭部整顿技工学校的意见：基础理论和专业课教师应具备大专毕业水平，生产实习教师应具备技工学校毕业水平，五年以上实践经验，或具备初中文化程度和五级工以上的技术水平；理论课教师达不到大专毕业水平的，应采取各种方式组织他们进修提高，争取在三五年内达到；目前还达不到中专水平的教师应予调整。

二、体制改革后中职教师资格对学历与专业技能均提出了要求

经济体制改革初期，我国中等专业学校的任职资格没有多大变化。如1986年6月26日，国家教委颁发的《关于加强职业技术学校师资队伍建设的几点意见》对中等技术学校的文化、专业基础课、专业课教师的学历要求同1954年教育部发布的《中等专业学校章程》规定的相同。但同时指出："注意聘请有实践经验的四级以上技工、能工巧匠担任实习指导教师。"

而技工学校一方面对教师资格进行了必要补充，另一方面对学历提出了更高的要求。如，1986年11月11日，劳动人事部、国家教委联合颁发《技工学校工作条例》规定："学校应切实加强对教师的培训和业务进修工作。生产实习指导课教师要努力达到能教本工种（专业）的工艺理论课；技术理论课教师应掌握一定的实际操作能力。应支持和鼓励教师积极参加教学研究和学术研讨活动"。1988年9月1日，劳动部颁发的《关于试行〈职业技术培训教师专业证书〉制度实施意见》指出："试行《职业技术培训教师专业证书》制度是根据职业技术培训教师工作岗位的需要，对从事培训工作多年，具有一定业务知识或教学能力，但未达到现有教师任职资格所要求的大专毕业程度的人员，有目的地进行成人高等专业知识教育"。说明，当时技工学校对教师资格的学历要求是大专毕业。

1989年1月5日，劳动部制定了《关于加强职业技术培训师资队伍建设的意见》中指出：“根据以技能培训为主的特点和不同行业、专业（工种）的实际情况，技工学校要在加强文化、技术理论课教师队伍建设的同时，逐步建立一支既能指导技术操作又能讲授专业（工艺）理论，专业技术课与生产实习课一体化的新型师资队伍；企业培训中心和就业训练中心要逐步建立一支适应岗位技术（业务）培训需要的既懂专业又懂管理，以专职教师为骨干，专兼职相结合的师资队伍”。“技术理论基础课教师应争取掌握某一工种的操作技能；生产实习指导教师实际操作技能必须具备中级工（五级工）以上水平。”提出了建立一体化教师的目标，补充完善了各类教师职业资格。

1990年国家教委关于印发《全国农村教育综合改革实验区工作指导纲要（试行）》的通知中指出：“要认真作好职业技术教育专业课师资的培养、选聘工作；要特别重视技能教师的培养，要就地选聘一些能工巧匠，担任技艺指导，并经过多种形式的培训或实践，使各类教育的文化课师资也能掌握一定的专业技术知识和技能。”

1992年11月28日，劳动部关于印发《国家级重点技工学校标准》的通知中指出：“文化、技术理论课教师队伍专业结构合理，具有大专学历或中级职称以上者占90%，其中技术理论课教师掌握本专业某一工种初级工操作技能的应占70%，实习指导教师都应具有技工学校及以上学历、操作技能达到中级工及以上水平，其中高级、一级实习指导教师、技师应达到60%以上”。而这一标准在1993年9月29日劳动部颁发的《关于深化技工学校教育改革的决定》中成为技工学校教师普遍遵循的标准。

从以上文件不难看出，无论是教育部门的职业学校，还是劳动部门的技工学校，均对学历以外的教师资格做了补充，尤其是技工学校更为突出。

三、教师资格以法律的形式进行规定

1993年中共中央《关于建立社会主义市场经济体制若干问题的决

定》指出:“要制定各种职业的资格标准和录用标准,实行学历文凭和职业资格两种证书制度。”据此,1994 年 1 月 1 日起施行的《中华人民共和国教师法》对教师资格以法律的形式加以明确。《教师法》规定:“取得中等专业学校、技工学校、职业高中文化课、专业课教师资格,应当具备本科及其以上学历;取得中等专业学校、技工学校和职业高中学生实习指导教师资格应当具备的学历,由国务院教育行政部门规定。”1995 年 12 月 12 日国务院发布的《教师资格条例》规定:“取得中等职业学校实习指导教师资格,应当具备国务院教育行政部门规定的学历,并应当具有相当助理工程师以上专业技术职务或者中级以上工人技术等级。”对实习指导教师的专业技术资格做出了规定。关于实习指导教师的学历要求,1996 年 7 月 11 日国家教委专门下发的《关于取得中等职业学校实习指导教师资格应当具备的学历的规定的通知》规定:“取得中等职业学校实习指导教师资格,应当具备各类中等职业学校、普通高级中学毕业及其以上学历,但对于确有特殊技艺者,经省级教育行政部门核准,其学历要求可以适当放宽”。明确了中等职业学校实习指导教师的学历要求。

总之,《教师法》对三类中等职业学校文化课和专业课教师资格进行了统一,即大学本科毕业及其以上学历,但与 1989 年劳动部的规定相比,因没有提出技能方面的要求,抹杀了职业教育教师资格的特色。而对实习指导教师资格既提出了学历要求,也提出了专业技能资格要求。

第二节　教师资格制度的现状

一、建立了学历以外的以“双师型”教师和“一体化”教师为补充的教师资格制度

1994 年我国《教师法》实施，2000 年 9 月 23 日教育部颁布了《教师资格条例》实施办法，2001 年 5 月教育部印发了《关于首次认定教师资格工作若干问题的意见》的通知，国家首次开展全面实施教师资格认证工作。中职教师资格的实施对教师的学历提高起到了积极的作用。据 1996 年的统计，职业高中的专任教师中具有大学本科及以上学历者只占 31%，技工学校为 37.4%。而到 2008 年职业高中的专任教师中具有大学及以上学历者占 77.8%，中专学校为 81.6%。但由于仅有学历要求的教师资格不能满足职业教育发展的要求，因此，在实践中，无论是教育部主管的中等专业学校和职业高中，还是劳动部门主管的技工学校均在积极探索具有职业教育特色的教师资格标准。总的来看，教育部门主要强调建立“双师型”师资，技工学校强调建立“一体化”师资。

1997 年，教育部门首次召开的全国职教师资队伍建设工作座谈会明确提出：“职教师资工作以建设‘双师型’师资队伍为重点，今后中等职业学校要不断提高师资队伍中的‘双师型’教师所占比重，至 2010 年，‘双师型’教师所占比例应不少于 60%。”1998 年原国家教委在《面向 21 世纪深化职业教育教学改革的意见》中指出：“要采取教师到企事业单位进行见习和锻炼等措施，使文化课教师了解专业知识，使专业课教师掌握专业技能，提高广大教师特别是中青年教师的实践能力。要注意从企事业单位引进有实践经验的教师或聘请他们做兼职教师。要重视教学骨干、专业带头人和‘双师型’教师的培养。”初步提出了职业学校教师到企业实践的设想，对文化课和专业课教师资格做了补充说明。1998 年《教育部关于贯彻十五届三中全会精神促进教育为农业和农村工作服务的意见》中指出：“要切实抓好‘双师型’师资队

伍建设，通过多种形式的培训和加强考核评估等措施，着重提高专业教师的操作和动手能力，同时注意聘请有实际经验的专业技术人员和能工巧匠作为兼职教师。”1999年《中共中央国务院关于深化教育改革全面推进素质教育的决定》中进一步指出：“注意吸收企业优秀工程技术和管理人员到职业学校任教，加快建设兼有教师资格和其他专业技术职务的‘双师型’教师队伍。”并提出构建“双师”素质和“双师”结构的双师型师资队伍建设要求。2002年《国务院关于大力推进职业教育改革与发展的决定》中指出：“广泛吸引和鼓励企事业单位工程技术人员、管理人员和有特殊技能的人员到职业学校担任专、兼职教师，提高具有相关专业技术职务资格教师的比例。2006年教育部《关于建立中等职业学校教师到企业实践制度的意见》中指出：“中等职业学校专业课教师、实习指导教师每两年必须有两个月以上时间到企业或生产服务一线实践。”这些政策为建立“双师型”师资提供了重要的制度保障。

技工学校在进一步完善教师资格标准的同时，进一步加强“一体化”师资的建设。1993年劳动部《关于深化技工学校教育改革的决定》中指出：“实行技工学校教师资格证书制度和考核制度。”2002年劳动部《关于加强职业培训教师队伍建设的意见》中指出：“既能讲授专业理论又能指导生产实习的‘一体化’教师不断增多，逐步形成一支数量适当、结构合理、专兼职相结合、具有较高职业道德水平、较强创新意识和实践能力的新型教师队伍。”2007年劳动和社会保障部下发的《关于印发国家重点技工学校标准的通知》中指出：“文化、技术理论课教师具有高级讲师职务的占25%以上；技术理论课教师至少具备本专业相关职业的初级工操作技能水平，其中达到中级工及以上技能操作水平的应占40%以上；实习指导教师具备高级工及以上技能操作水平的达80%以上；高级实习指导教师、技师和高级技师占实习指导教师总数的40%以上；理论实习教学一体化教师达到专业课教师总数的50%以上。”

从以上分析不难看出，中职教师资格制度实施以来，实践中仍在继续构建学历以外的教师资格制度，教育部门的职业学校形成了以“双师型”师资为特色的教师资格制度，劳动部门的技工学校形成了以“一体化”师资为特色的教师资格制度。二者名称虽有所不同，但实质内涵是一致的。

二、我国中职教师资格制度的特点

国家职业资格证书是持有者具备某种职业所需要的专门知识和技能的证明，是持有者求职、任职、开业的资格凭证，是用人单位招聘、录用员工的主要依据，也是境外就业、对外劳务合作人员办理技能水平公证的有效证件。与学历文凭证书不同，职业资格证书与某一职业能力的具体要求密切结合，反映特定职业的实际工作标准和规范，以及劳动者从事这种职业所达到的实际能力水平。职业资格包括从业资格和执业资格。从业资格是政府规定技术人员从事某种专业技术性工作的学识、技术和能力的起点标准。从业资格是有等级的，如我国技术性职业（工种）的职业资格证书，分为“初级技工”“中级技工”“高级技工”“技师”“高级技师”五种。执业资格是政府对某些责任较大，社会通用性强，关系公共利益的专业技术工作实行的准入控制，是专业技术人员依法独立开业或独立从事某种专业技术工作学识、技术和能力的必备标准。执业资格实行注册登记制度，取得《执业资格证书》后，要在规定的期限内到指定的注册管理机构办理注册登记手续。所取得的执业资格经注册后，全国范围有效。可见，执业资格是一种入职标准。教师这一职业具有“责任较大，社会通用性强，关系公共利益”的专业技术工作，因此，教师资格证书相当于执业资格证书，取得教师资格证书，就具备从事教学工作的资格，与律师和医生的执业资格证书一样；而教师职务资格证书相当于从业资格证书。据此，我们认为我国教师资格制度具有以下特点。

（一）重视职后补充，不重视职前培养

由于我国没有严格的具有职业教育特色的教师资格制度，但职业教育所要求的教师职业能力并没有改变，因此，只能在职后对教师学历以外做出补充规定，虽然严格的说这不能称为教师资格制度，但事

实上它起着教师资格标准的作用，尤其是从国家有关文件中对技工学校各类教师的一些规定表现的尤为明显。如2007年劳动和社会保障部下发的《关于印发国家重点技工学校标准的通知》中指出："技术理论课教师至少具备本专业相关职业的初级工操作技能水平。"这很明显就是对这一类教师的统一要求，而不是对每个级别的职务要求，它属于教师资格。

（二）教师资格标准和教师职务资格标准相混淆

职业资格制度与职业的专业化程度密切相关，一种职业专业化程度越高，准入门槛越高，其职业资格与职务资格往往相分离；相反，二者合二为一。按照教师专业化发展的要求，我国《教师法》规定国家实行教师资格制度和教师职务制度，可见二者是两个不同制度。国家的教师资格制度，是国家对教师实行的一种特定的职业资格认定制度。教师资格是公民从事教师职业的基本条件，符合条件的，才允许担任教师。不具备教师资格的人，不能从事教师职业。而教师职务是指从事教师职业人员的专业技术职务，教师职务制度是关于教师任用的制度。这一制度涉及教师的聘用、职责、待遇、考核等多方面环节。通过教师的职务评聘，可以明确教师的地位及其权利义务。教师职务是各级各类学校依据教育和教学的需要而设置的教师工作岗位：有明确的职责；有高、中、初级职务的结构比例；有经相应的评审委员会认定的任职资格；由行政领导根据岗位设置和限额实行期限聘任；有一定的任期；领取相应的职务工资。可见，教师资格制度是从事教育教学工作的入门资格，是一种执业资格，它与职业相对应，不同的职业要求的执业资格内涵和标准不同；而教师职务资格制度是从业资格制度，是与岗位相对应，因职业岗位分层次，不同岗位对从业者的技能和责任要求不同，因此，职务资格是分等级的。

从我国教师任职制度的实施历程来看，先有教师职务资格制度。1980年，经国务院批准教育部印发《关于中等专业学校确定与提升教师职务名称的请示报告》及《关于中等专业学校确定与提升教师职务名称的暂行规定》两个文件，意味着我国中等职业学校开始实施教师职务制度，而《教师资格制度》1995 年国务院才颁布，2001 年才开始首次认证。由于这一历史原因，现实中许多教师职务制度中包含了教师资格制度，导致了人们重视教师职务制度而不重视资格制度。或者说教师资格制度依附于教师职务制度。

（三）“双师型”教师既能作为教师资格制度又能作为教师职务制度

目前，关于“双师型”教师有两种解释和两种培养途径。两种解释是职教师资培养单位的解释和用人单位职业院校的解释，两种培养途径是指专门培养职业教育师资的职前新教师培养和用人单位在实践中按照“双师型”教师的要求来培养教师，因此，存在两个话语体系。“双师型”作为职教师资培养机构的培养目标，实际上在一定程度上起着教师资格标准的作用，在现实中许多师资培养单位把“双证书、一体化”作为培养目标。而职业院校所谈的“双师型”师资是指教师入职以后，如何把教师培养成“双师型”教师，很明显已不是教师资格制度，而更像是教师职务制度。

正是由于“双师型”教师既是教师资格制度同时也是教师职务制度，因而在现实中对“双师型”的解释有诸如“既是讲师，又是工程师”，即“双职称”，“既有教师资格证书，又有其他专业技术职务”，“既能从事理论教学，又能从事实践教学”这些漂浮不定的说法，很明显第一种解释是一种职务资格，第二种既包含资格标准，也包括职务标准，第三种似乎又是资格标准。可以看出“双师型”师资是一种内涵不明确的制度。随着教师专业化的发展，教师资格制度与教师职务制度必然分离，因此，“双师型”教师只能作为教师资格的一个替代品，而不能作为教师专业发展的教师资格。

第三节　教师资格制度的实施

从教师资格制度和教师职务制度的关系来看，教师资格制度是教师职务制度的起点和基础，科学的教师资格制度是制定教师职务制度的重要依据，教师资格制度影响教师职务制度的性质和水平。教师职务制度是教师资格制度的延伸，不科学的教师职务制度会影响或制约教师资格制度的实施。可见，教师资格制度具有基础性、先导性的作用，必须科学制定教师资格制度。同时，教师资格制度具有强制性，而教师职务制度不具有强制性，教师职务制度不能代替教师资格制度。

教师资格证书制度是国家法定的职业许可制度，职业教育教师资格制度是国家教师资格制度的重要组成部分。纵观世界各国职业教育教师资格制度包括与职业相关的工作经验、教育或学历要求、教师培训和教学体验三方面的内容，只有具备了这些条件才具备申请教师资格的条件。从一些国家制定的教师资格标准来看，本身并不复杂，参照这些标准我国也可以制定出符合职业教育教师特点的资格标准，难的是制定出这些标准后能否有效地实施，即教师资格制度实施的条件是否具备，或者说制定出符合我国国情的职业教育教师资格标准比较难。综观各国的教师资格制度，往往是本国人事分配制度、教师地位和教育制度以及职业资格制度实施情况等多种因素共同决定的产物。因此，分析我国中等职业教育教师资格制度实施的条件，是制定具有职业教育特色的中等职业教育教师资格标准的重要前提。

从现实来看，我国中职教师资格制度 21 世纪初才开始实施，实施的时间较短，人们对职业资格的认识还不充分。同时，教师资格一次认定终身有效，随着时间的推移也使教师淡忘了教师资格的存在。导致实践中人们重职务资格、轻职业资格的观念。总之，社会对职业资格的重视程度还有待提高，职业资格证书制度的严肃性还有待完善，在这种情况下中职教师资格制度宜粗不宜细。

从我国教师教育来看，为了保持教师资格制度的先进性，许多国家的实践证明，教师资格制度的实施与教师职后继续教育是相辅相成的，而目前中职教师职后继续教育制度还缺乏有效的制度保障。1999 年，教育部颁布了《中小学教师继续教育规定》，而我国中等职业教育没有相应的法律法规保障。中职教师继续教育的体系也不完整，虽然我国有了 64 个国家级师资培训基地和 260 多个省级培训基地。但这些基地在培训设施、培训课程和体现职业教育特色的教师资格认证等方面还很不完善，难以高质量地满足中职教师的资格认证及其所需的培训。

我国中职教师的社会地位还有待提高。我国职业教育采取初中后分流制度，分“流”出来的均是普通教育的“不合格品”，这样的教育对象不可能不是二流教育，从事这样的教育不可能拥有较高的职业声望和社会地位。从经济待遇来看，中等职业教育是专业教育，它与高职高专和本科院校的教师从事的工作在性质上是一致性的，但所获得的待遇远远低于高等教育的教师。现实中把中等职业教育纳入高中阶段教育，工资级别按普通高中相应教师职务级别标准执行，但在教育资源不均等、升学热的情况下，中等职业学校老师收入与普通高中，尤其是重点高中教师的实际收入也存在一定差距。职业学校专业课教师是专业技术人员，与社会的专业技术人员的收入也存在差异，致使现实中中职学校很难留住技术出色的技术人才。总之，中职教师职业缺乏吸引力。完善教师资格制度，无疑是提高了入门门槛，一种职业在没有吸引力的情况下实施特殊的职业资格制度，无疑会雪上加霜。因此，在目前的工资制度和分配制度情况下，不利于中职教师资格制度的实施。

从要求申请中职教师资格具有一两年的本行业的工作经历来看，虽然2004年教育部等七部委联合颁布的《关于进一步加强职业教育工作的若干意见》中规定：要建立符合职业教育特点的教师继续教育进修和企业实践制度。2006年教育部专门制定了《关于建立中等职业学校教师到企业实践制度的意见》，但从执行情况来看，由于我国许多企业对给自己创造财富的员工都不重视培训，缺乏相应的培训制度和培训条件，何况职业学校的教师。教师到企业实践制度不完善，也不利于要求申请职业学校教师资格的人需要有一两年企业经历制度的落实。

从以上分析不难看出，我国中等职业教育全面实施符合中等职业教育教学要求的教师资格制度还有许多制约因素。而2010年颁布的《国家中长期教育改革和发展规划纲要（2010—2020年）》中提出要“完善符合职业教育特点的教师资格标准和专业技术职务（职称）评聘办法”。因此，需要我们下大力气创设有利于实施职业学校教师资格制度的条件，只有这样我国实施符合职业教育特点的教师资格制度的春天才会到来。

第十八章

中等职业教育教师职务制度

《教师法》第十六条规定："国家实行教师职务制度，具体办法由国务院规定。"教师职务也称教师职务聘任制度，是指从事教师职业人员的专业技术职务，它是教师管理和教师任用的重要制度，它涉及教师的聘用、职责、待遇、考核等多个环节。通过教师的职务评聘，可以明确教师的地位及其权利义务。教师职务聘任制度的基本原则是：按工作任务需要设置教师职务岗位，明确岗位职责和任职要求；以岗位任职要求选择合适的任职人选；按岗位聘任，签订聘约，明确聘期和双方的权利、义务。受聘上岗人员在聘任期内履行相应的岗位职责，领取相应的职务工资待遇。用人单位按聘约管理，对被聘教师履职情况进行考核，考核结果作为续聘、解聘、职务变动和奖惩的依据。实行教师职务聘任制度，其重要意义在于引入竞争激励机制，破除教师职务终身制，强调能上能下，强调履行岗位职责，强调责权利相统一的用人机制。[①]实行教师职务聘任制度的目的在于鼓励广大教师不断进取，鼓励学校选好人才，用好人才，优化教师队伍结构，不断提高办学效益和办学水平。

① 雷朝滋．教师职务聘任制度答疑[J]．人民教育，1998（3）:24-25.

第一节　教师职务制度的历史沿革

我国中等职业学校教师职务制度从20世纪80年代初开始试行。1980年2月7日，经国务院批准教育部印发《关于中等专业学校确定与提升教师职务名称的请示报告》及《关于中等专业学校确定与提升教师职务名称的暂行规定》两个文件。《请示报告》指出：“建国以来，中等专业学校教师一直没有职称，50年代曾经一度酝酿，但后来不提倡学位学衔而终止。”《暂定规定》明确了中等专业学校教师职务名称为：副教授、讲师、教员、实习教员四级，并对四级教师职务条件做了具体规定，在任职条件中均强调理论知识和实践技能并重。1980年12月10日，国务院批复“同意技工学校文化、技术理论课教师职称的确定和提升，按照国务院批准，教育部1980年2月7日发布的《关于中等专业学校确定与提升教师职务名称的暂行规定》试行。至于生产实习课教师的职务名称，可按各主管业务部门的有关技术职称的规定执行”。可见，当时中等职业学校教师职务名称与普通高等教育具有一致性。

1981年，教育部下发了《中等专业学校评定教师职称工作的通知》，在全国中等专业学校开展教师职称的评定工作。这个阶段，中等专业学校教师专业技术职务评定以评为主，只评不聘，专业技术职称只作为一种荣誉性的学术称号，由本人申报提交材料，并附所在单位的意见，然后由各级专业技术职务评审委员会进行评定，评审通过后，由主管行政机关授予专业技术职称①。教师专业技术职务评定制度的恢复和重建，极大地调动了教师工作的积极性和创造力，尤其对于缓解当时教师队伍年龄断层起到了积极的作用。但是，由于专业技术职务评定过程中因人设岗、论资排辈现象比较突出，不能充分反映教师真正的教学水平和能力，青年教师因资历不够而得不到晋升，影响了青年教师的积极性和主动性。为了总结经验教训，克服专业技术职务

---

① 李子江．我国高校教师职务管理制度的历史沿革与展望[J]．大学教育科学，2010（4）：18-22.

评定工作中出现的混乱现象，1983 年我国决定暂停专业技术职务评定，研究制定新的专业技术职务管理制度。

20 世纪 80 年代中后期，随着经济体制改革的深入，我国开始探索建立专业技术职务聘任制度。1984 年 10 月，中共十二届三中全会通过了《中共中央关于经济体制改革的决定》；1985 年 5 月，中共中央发布了《关于教育体制改革的决定》；1986 年 1 月 24 日，中共中央、国务院转发《<关于改革职称评定、实行专业技术职务聘任制度的报告>的通知》，指出："当前，为了适应经济体制改革和科技、教育体制改革的需要，需要在总结过去职称评定工作经验的基础上，改革职称评定制度。改革的中心是实行专业技术职务聘任制度，并相应地实行以职务工资为主要内容的结构工资制度"。1986 年 4 月 2 日，中央职称改革领导小组转发劳动人事部《技工学校教师职务试行条例》《关于技工学校教师职务聘任试点工作安排意见的报告》。《试行条例》对技工学校教师职务名称规定如下：①技工学校文化、技术理论课教师职务名称定为：高级讲师、讲师、助理讲师、教员。②技工学校生产实习课教师职务名称为：高级实习指导教师、一级实习指导教师、二级实习指导教师、三级实习指导教师。1986 年 5 月 17 日，中央职称改革工作领导小组转发了国家教委《中等专业学校教师职务试行条例》及《实施意见》，并提出："根据中等专业学校教师工作的特点和师资队伍建设的需要，现将中等专业学校原设的实习教员、教员、讲师、副教授四级教师职称依次调整为教员、助理讲师、讲师、高级讲师四级职务"。《试行条例》对教师的职务、职责、任职条件、任职资格评审、聘任或任命均做了详细规定。1987 年 7 月 16 日，国家教委《关于职业中学专业课教师职务聘任工作的补充意见》规定："职业中学教师职务聘任工作，应根据中央职称改革工作领导小组和国家教委关于中小学实行教师职务聘任制工作的有关文件执行。""在教师职务聘任工作中，对教师任职条件的掌握，要坚持理论和实践并重的原则，主要考察教师的政治思想、文化专业知识水平、教育教学能力、实际操作技能、本行业的实践经验和履行职责的实绩。达到相应职务要求的，可以聘任相应职务。"至此，我国形成了技工学校、中等专业学校、职业中学三种教师职务聘任制度。

20 世纪 90 年代初，我国开始从计划经济体制向市场经济体制转轨，打破计划经济体制下的教师职务终身制，逐步建立择优聘任上岗的教师职务聘任制度，成为中等职业学校教师职务管理制度改革的重要内容。1993 年 10 月，我国颁布了《中华人民共和国教师法》，明确规定“国家实行教师职务制度”，标志着我国教师队伍管理进入法制化、规范化的轨道。2000 年组织部、人事部《关于印发〈关于加快推进事业单位人事制度改革的意见〉的通知》中指出：“破除干部身份终身制，引入竞争机制，在事业单位全面建立和推行聘用制度，把聘用制度作为事业单位一项基本的用人制度。所有事业单位与职工都要按照国家有关法律、法规，在平等自愿、协商一致的基础上，通过签订聘用合同，确定单位和个人的人事关系，明确单位和个人的义务和权利。通过建立和推行聘用制度，实现用人上的公开、公平、公正，促进单位自主用人，保障职工自主择业，维护单位和职工双方的合法权益。通过聘用制度转换事业单位的用人机制，实现事业单位人事管理由身份管理向岗位管理转变，由单纯行政管理向法制管理转变，由行政依附关系向平等人事主体转变，由国家用人向单位用人转变。”2002 年，《国务院办公厅转发人事部〈关于在事业单位试行人员聘用制度意见〉的通知》（国办发〔2002〕35 号）明确规定在人员聘用过程中坚持按需设岗、竞争上岗，根据岗位确定工资待遇，并要求建立和完善考核制度，规范聘用行为，妥善做好未聘人员的安置工作。2006 年 7 月，人事部出台了《事业单位岗位设置管理试行办法》和《〈事业单位岗位设置管理试行办法〉实施意见》，进一步明确要求事业单位实行专业技术岗位聘用制度。

按照上述文件的要求，2007 年，人事部、教育部联合颁发了《关于中等职业学校岗位设置管理的指导意见》，提出中等职业学校分为管理岗位、专业技术岗位和工勤技能岗位三种类别。根据中等职业学校的社会功能、职责任务、工作性质和人员结构特点等因素，综合确定中等职业学校管理岗位、专业技术岗位、工勤技能岗位（以下简称三类岗位）总量的结构比例。岗位设置要优先满足教育教学、实习实训等工作的实际需要，严格控制非教学人员岗位。中等职业学校教师岗位占学校岗位总量的比例一般不低于 85%，其他岗位原则上不超过 15%。中等职业学校岗位设置实行岗位总量、结构比例和最高等级控制。学校各类岗位及结构比例的确定，要充分体现学校的性质和特色，特别是适应中等职业学校重点专业、紧缺专业建设的需要。中等职业学校专业技术岗位与相应教师职务序列相对应，设高级岗位、中级岗位和初级岗位，共划分九个等级。其中高级岗位设三个等级，分别对应事业单位专业技术岗位等级的五级、六级、七级；中级岗位设三个等级，分别对应事业单位专业技术岗位等级的八级、九级、十级；初级岗位设三个等级，分别对应事业单位专业技术岗位等级的十一级、十二级、十三级。中等职业学校教师专业技术职务加强了岗位管理。

截至 2016 年，聘用制度已在各地全面推行，与其紧密相关的各项制度，如监督考核制度、评估指标体系等也正在完善之中，职业学校的人事管理已由身份管理转向岗位管理，由行政任用关系转向平等协商的聘用关系，这是一项深刻的重要变革。

第二节　教师职务制度与职称制度

现实中人们往往把职务与职称混淆，1986 年 1 月 24 日，中共中央、国务院转发《关于改革职称评定、实行专业技术职务聘任制度的报告》的通知，指出：“当前，为了适应经济体制改革和科技、教育体制改革的需要，需要总结过去职称评定工作经验的基础上，改革职称评定制度。改革的中心是实行专业技术职务聘任制度，并相应地实行以职务工资为主要内容的结构工资制度”。文件在分析以往职称评定工作的成绩和存在的问题时指出：“在职称评定工作中，产生上述问题的主要原因：一是由于职称既具有称号性质，又具有职务因素，两者混在一起；与职责分离，但又作为工资晋级的依据；没有数量限制，一旦授予、终身享有等职称制度本身的缺陷。二是由于多年来工资基本冻结，都希望能通过职称评定解决待遇问题。”从上述文件中不难看出，职称和职务是有一定区别的。

“职称”，顾名思义就是“职务的名称”，与职务本质意思是一样的，但现实中职称只是表示一个人的职务，不一定表示水平、能力和贡献等，即使不称职，只要在其位，就可以有其“称”；职称是终生的，而职务必须在岗，即一个人离职后仍可以有职称，但已没有职务。从上述意义来看，职称应该具有如下特征：①不与工资待遇挂钩；②没有数额限制；③一旦取得，终身享有；④标准控制，相同的职称，评定的标准应该是相同的，不应因地区、民族等因素而有所差异；⑤与使用无关，离退休人员也可以参加职称评定。

而教师职务则是根据学校教育教学等实际工作需要设置的有明确职责、任职条件和任期，并需要具备专门的业务知识和相应的技术水平、身体健康才能担负的专业技术工作岗位，它不同于一次获得后而终身拥有的学位、学衔等各种学术、技术称号。教师职务是一种用人制度，大致具有以下属性：①与工资待遇挂钩；②有数额限制；③有任期；④有明确的职责，与工作岗位紧密联系，只能依附于岗位而存在；⑤有明确的任职条件，相同的职务，因具体岗位不同，其任职条件可以有所不同；⑥离退休教师不能参加职务评聘，教师退休后其职务自然解聘；⑦教师能否被聘相应教师职务，首先取决于岗位需要，其次才取决于自身具备的条件。考核教师是否具备任职条件，不仅要考查教师的学术水平、工作能力及工作实绩，而且还要考查教师的思想政治表现、职业道德、发展潜力、身体状况、年龄因素等方面的情况，看他能否履行相应的职务职责。

关于职称与职务的区分绝非为了概念之争，在中等职业学校师资队伍建设中具有极其重要的意义。我国中等职业学校师资队伍建设的一个重要内容，是专业教师可以拥有“双职称”。1980 年教育部印发的《关于中等专业学校确定与提升教师职务名称的请示报告》中指出：“中等专业学校的教师，在调来学校前，或在兼任社会职务时，已由其他部门授予某种职称，可兼有双重职称。”1994 年国家教委办公厅《全国骨干职业技术学校（中心）建设工作研讨会纪要》中指出：“专业课教师和实习指导教师逐步实行‘双职称’制。”1997 年 9 月 24 日国家教委制定了《关于加强中等职业学校教师队伍建设的意见》进一步指出：中等职业学校的专业课教师及实习指导教师，不仅可以评聘教师职务，同时，也可以申请评定相应专业（工种）的技术资格。1998 年国家教委、国家经贸委、劳动部关于印发《关于实施〈职业教育法〉加快发展职业教育的若干意见》的通知中指出："职业学校的专业课教师及实习指导教师可以评聘教师职务，也可以参评其他专业技术职务任职资格，学校可对具有双职务资格的教师在待遇上从优。"2004 年教育部七部委《进一步加强职业教育工作意见》中指出："对于到职业院校担任教师的专业技术人员、高级工和技师可按照相关专业技术职务条例的要求评聘教师职务，实行聘任制度和合同管理，享受合同规定的相关待遇。……职业院校中专业实践性较强的专业教师，可按照相应的专业技术职务系列条例的规定，再评聘第 2 个专业技术资格，也可根据有关规定取得相应的职业资格证书，促进'双师型'教师队伍建设。"2005 年《国务院关于大力发展职业教育的决定》中指出："加强'双师型'教师队伍建设，职业院校中实践性较强的专业教师，可按照相应专业技术职务试行条例的规定，申请评定第二个专业技术资格，也可根据有关规定申请取得相应的职业资格证书，等等。"

中等职业学校"双职称"制度提出了 30 多年，但现实中这一制度并未落实，原因可能是多方面的，但最根本的原因可能是职务聘任制度本身，从我国目前职务聘任制度来看，一个职务对应一个工作岗位，获得相应的工作报酬，现实中双职称教师也只能聘任一个岗位，同一岗位往往是同一报酬，所以双职称教师难以获得多一个职称的报酬，因此教师缺乏参评的积极性。同时，专业技术资格只有在继续从事本专业才能保持资格的先进性，如果脱离了工作环境或工作岗位，其资格的有效性将大打折扣。中等职业学校教师双职称制度需要进一步研究其科学性和可操作性。

第三节　教师职务结构不断优化

中等职业学校从 1981 年实行教师职务制度以来，增强了教师教育教学的责任感，提高了教师的社会地位，促进了党的知识分子政策的落实，稳定了教师队伍。从实施 30 多年来看，中等职业学校教师职务结构能够随着事业的发展不断提高高级职务教师比例，有效地促进教师队伍向专业化方向发展。

从 1990 年 8 月 16 日国家教委颁发的《省级重点职业高级中学的标准》的规定来看，当时作为省级重点职业高级中学要求：“具有高级职称的教师人数占教师总人数的 10%左右，具有中级职称的教师人数占教师总数的 40%左右，每个稳定专业至少有一名具有高级职称的专业骨干教师”。1994 年 2 月 1 日教育部颁发的《国家级重点职业高级中学标准》中规定：教师中具有高级和中级职称的分别占教师总数的 15%和 45%。每个骨干专业（工种）至少有两名具有高级职称或具有中级职称，同时还具有中级以上技能水平的专业教师。

而 2003 年教育部职成司《关于开展国家级重点中等职业学校调整认定工作的通知》中建立了适用于各类中等职业学校的国家级重点中等职业学校条件。其中对师资的规定条件为：专兼职教师比例合理。专任教师 80 人以上，其中具有本科以上学历教师占 85%以上，高级职务教师占 20%以上，“双师型”教师和研究生以上学历教师占有一定比例。而统计资料表明，2003 年全国中等职业学校专任教师中高级职务的比例是 16.9%，中级职称的比例是 40.7%。①

技工学校教师职务结构也表现出不断提升的趋势。1989 年 1 月 5 日劳动部制定了《关于加强职业技术培训师资队伍建设的意见》中指出：“五年内……文化、技术理论基础课教师，具有大学本科以上学历的应达到 45%以上，讲师应达到 40%以上，高级讲师应达到 10%左右；生产实习指导教师……具有大专以上文化程度的应达到 25%以上，一级以上实习指导教师应达到 20%以上。”1992 年 11 月 28 日劳动部《关于印发<国家级重点技工学校标准>的通知》中指出：“文化、技术理论课教师队伍专业结构合理，具有大专学历或中级职称以上者占 90%，其中技术理论课教师掌握本专业某一工种初级工操作技能的应

① 教育部发展规划司．中国教育统计年鉴（2008）[M]．北京：人民教育出版社，2009.

占 70%，实习指导教师都应具有技工学校及以上学历、操作技能达到中级工及以上水平，其中高级、一级实习指导教师、技师应达到 60%以上。”而这一标准在 1993 年 9 月 29 日劳动部《关于深化技工学校教育改革的决定》中成为技工学校普遍遵循的标准。1997 年 8 月 8 日劳动部关于印发《国家重点技工学校标准》（修订）的通知中指出：文化、技术理论课教师具有本科及本科以上学历，其中高级职称应占 15%以上；实习指导教师具有中等职业学校及以上学历，其中一级实习指导教师及以上职称的应占实习教师总数的 60%以上。1997 年 12 月 10 号劳动部关于印发《高级技工学校设置标准（试行）》的通知中指出：“本校专职教师中的高级讲师、高级实习指导教师、技师、高级技师人数不少于教师总数的 25%；兼职教师人数不超过专职教师人数的 1/3。”2007 年劳动和社会保障部下发了《关于印发国家重点技工学校标准的通知》，重新制订了标准：“文化、技术理论课教师具有高级讲师职务的占 25%以上；技术理论课教师至少具备本专业相关职业的初级工操作技能水平，其中达到中级工及以上技能操作水平的应占 40%以上；实习指导教师具备高级工及以上技能操作水平的达 80%以上；高级实习指导教师、技师和高级技师占实习指导教师总数的 40%以上。理论实习教学一体化教师达到专业课教师总数的 50%以上”。

通过以上重点职业学校评估标准的梳理，不难发现，随着科学技术的不断进步，我国中等职业学校高级教师职务比例在不断提升。以技工学校为例，1999 年，我国技工学校文化技术理论课教师中高级讲师占 13.6%；生产实习指导教师中，高级实习指导教师和技师占 12.9%；理论实习教学一体化教师占专任课教师总数的 5.9%。而五年后的 2004 年三者的比例分别为 21.4%、25.8%和 16%[①]，提高得比较快。技工学校的教师职务在一定程度上还体现了职业学校教师的资格要求。

① 国家统计局人口和就业统计司、劳动和社会保障部规划财务司．中国劳动统计年鉴［M］．北京：中国统计出版社，2000/2005.

第四节　教师职务制度存在的问题

从20世纪80年代中期颁布各类中等职业学校教师职务试行条例以来，有效地提高了教师的社会地位，推动师资队伍建设，但总的来看还存在以下问题：

一、各类中职学校教师职务制度陈旧

目前，我国四类中等职业学校教师职务条例，职业高中执行的是1986年颁布的《中学教师职务试行条例》，普通中专执行的是1986颁布的《中等专业学校教师职务试行条例》，技工学校执行的是1986年颁布的《技工学校教师职务试行条例》，成人中专执行的是1987年国家规定的参照普通中专教师职务试行条例。这些条例是在计划经济体制下制定的，当时学校招生即招工（干），学校的主要任务就是教学，学生就业等工作由国家劳动或人事部门负责，而现在中等职业学校学生面向市场就业，培养模式实行工学结合、校企合作，各类中等职业学校教师职务条例中的职责和任职条件已与现实不符，条例对现实的指导作用弱化。

二、三类学校同一层级教师工作岗位职责和任职条件不一致

历史上我国中等专业教育主要培养国家干部，技工学校培养技术工人，职业高中培养城乡技术人才，但随着我国教育体制的改革和社会人才结构的变化，三类中等职业学校的人才培养目标逐渐趋同，培养生产第一线的技能型人才。人才培养目标的趋同，要求三类中等职业学校教师的职责和任职条件应逐渐趋同，但从现实来看，中等专业学校教师职责和任职条件仍重视学术水平，技工学校职责和任职条件突出技能水平，职业高中仍与普通高中的标准相同。

三、教师职务评聘办法没有体现职业教育的特点

虽然中等职业学校教师职务形成了相对独立的系列，但职务评聘办法仍然没有突破普通教育的办法。为此，1991 年《国务院关于大力发展职业教育的决定》中指出："要制定职业技术教育教师的任职条件，完善教师专业技术职务评聘办法，逐步实行教师资格证书制度，采取措施逐步提高职业技术学校教师的待遇"。2002 年《国务院关于大力推进职业教育改革与发展的决定》中指出："职业学校教师职务资格评审要突出职业教育特点，改进评审办法。"2010 年《国家中长期教育改革和发展规划纲（2010—2020）》进一步明确指出："要完善符合职业教育特点的教师资格标准和专业技术职务（职称）评聘办法。"

总的来看，目前中等职业学校教师任职资格评审条件中，基本申报条件仍重视学历和英语，评审条件仍重视教师专业理论水平，即科研论文、成果获奖、课题、著作和教材等仍然是评聘中级职称以上教师职务的必备条件，而对实践教学能力方面的条件要求不足。

四、教师高级职务比例偏低

中等职业学校教育既承担专业教育，也承担文化教育；既要求有文化课教师，也要求有专业课教师；既教授基础理论知识，又突出实践操作技能；既要求有理论课教师，也要求有实习指导教师，教师类型存在多样性。教师类型的多样性要求中等职业学校在教师职务评定中各方面的教师都应该兼顾，客观上要求中高级教师职务比例相对高一些。然而从现实来看，许多地区对中等职业学校教师职务比例没有考虑职业教育的特殊性，而与普通高中教师职务比例标准一样，有的甚至低于普通高中，与作为专业教育的高职高专和普通高等本科教育教师职务比例存在较大差距。

五、实习指导教师职务制度缺失

我国中等职业学校教师分为文化课教师、专业课教师和实习指导教师三种类型。由于长期以来，我国中等专业学校教育和职业高中教育理论教学占的比例较大，因此，对实习指导教师重视不够，没有对实习指导教师职务名称和评审办法单独制定标准；相反，技工学校教育突出操作能力的培养，对实习指导教师职务分为高级实习指导教师、一级实习指导教师、二级实习指导教师和三级实习指导教师，对实习指导教师工作职责和任职条件以及评审办法有明确的规定。进入 21 世纪，随着我国三类中等职业学校人才培养目标和培养模式趋于一致，中等专业学校和职业高中的实习指导教师比例增加，客观上要求像技工学校一样建立和完善实习指导教师职务制度。

六、兼职教师职务制度缺位

我国中等职业学校兼职教师从新中国成立以来就广泛存在，尽管按照《中华人民共和国教师法》和《教师资格条例》的严格要求来看，这些兼职教师还不能称其为教师，因为他们大部分没有教师资格证书，但事实上他们已成为我国中等职业学校教师队伍的重要组成部分。随着工学结合、校企合作培养模式越来越成为我国中等职业教育基本的培养模式，兼职教师的比例还会进一步加大，需要进一步加强管理和规范。中等职业学校兼职教师作为教师队伍的组成部分，承担相应的教育教学工作，有明确的岗位职责和任职条件，因此也应建立兼职教师职务制度。

第五节　教师职务制度的改革

从上述我国中等职业学校教师职务制度存在问题来看，迫切需要加大改革的力度。从我国中等职业教育的改革与发展情况来看，也需要加快教师职务制度改革。1997年国家教委、国家计委下发了《关于普通中等专业学校招生并轨改革的意见》，中等职业学校学生开始实行缴费上学、自主择业、双向选择的招生就业制度，就业指导成为中等职业学校教育教学的重要组成部分。1999年新中国成立50周年之际，中共中央国务院颁发了《关于深化教育改革，全面推进素质教育的决定》，提出“扩大高中阶段教育和高等教育的规模”，从此随着高校大规模扩招，我国中等职业学校的招生对象和招生办法发生了很大的变化，生源素质低且差异大，学生教育和管理的难度加大。2005年国务院印发的《关于大力发展职业教育的决定》中提出：“坚持‘以服务为宗旨、以就业为导向’的职业教育办学方针，积极推动职业教育从计划培养向市场驱动转变，从政府直接管理向宏观引导转变，从传统的升学导向向就业导向转变。”“大力推行工学结合、校企合作的培养模式。”上述一系列的教育教学改革，中等职业学校教师的教育对象、教学内容和方式与以前相比发生了很大的变化，在国家各类中等职业学校教师职务试行条例没有改变的情况下，各地根据教师工作任务的变化积极完善教师专业技术职务评聘标准。从近年来各地出台的有关中等职业学校教师职务资格、职务聘评条件等来看，与1986年国家制定的各类教师职务试行条例相比有了很大的变化，而且各地的差异性也较大。为此，国家应亟须重新制定新的《中等职业学校教师职务条例》，来指导各地制定中等职业学校教师专业技术职务评审（评聘）办法。我们在充分借鉴各地有益经验的基础上，提出了新的中等职业学校教师职务制度框架。

一、定岗定编，明确教师岗位职责

教师职务是学校依据教育和教学的需要而设置的教师工作岗位，有明确的职责。有效设置教师岗位，需要制定科学的教师编制，根据教师编制确定教师工作岗位，根据工作岗位来确定各类教师职责，所以定岗定编是确定教师工作岗位的重要前提。教师的岗位职责也是确定教师任职条件和制定教师专业技术职务资格评聘条件的基础，有了岗位职责才能明确任职条件，有了任职条件才能制定出教师专业技术职务评聘条件。可见，岗位职责在教师职务制度中具有基础性的作用和地位。

中等职业学校在建立科学的教职员工编制标准的基础上核定好教师岗位，根据中等职业学校教育教学目标确立岗位职责，中等职业学校教师岗位职责的确定突出以下几条：既要重视传统的教学工作，也要重视教育工作，包括学生管理、职业指导和德育工作；教学工作既要重视传统的理论教学水平，也要重视实践教学能力；既要重视校内教学能力，也要重视行业企业联系能力；既要重视教学效果，也要重视改革创新能力等。

二、制定统一的中等职业学校教师专业技术职务资格标准

目前，各地区在制定三类中等职业学校教师专业技术职务资格时仍分而制之，但由于三类中等职业学校人才培养目标和培养模式的趋同，制定的资格标准越来越趋同，因此，已没有分别制定的必要。相反，统一标准有利于教师之间的公平竞争，促进教师在三类学校之间合理的流动，促进中等职业学校教师社会化，深化中等职业学校教师聘用制的改革。

三、中等职业学校应建立三类教师的专业技术职务评审条件

技能型人才成为我国中等职业教育人才培养目标的定位，工学结合、校企合作、顶岗实习，是具有中国特色的职业教育人才培养模式和中等职业学校基本的教学制度。实现上述人才培养目标和培养模式要求中等职业学校建立起文化课、专业课和实习指导三类教师队伍，构建三类教师的专业技术职务评审条件。中等职业学校文化课程，要按照培养学生基本科学文化素养、服务学生专业学习和终身发展的功能来定位。专业课教师要在专业技术理论的基础上，突出实践教学能力；实习指导教师重要的是突出实践教学能力。

四、制定兼职教师专业技术职务任职资格标准

由于中等职业学校专业变动频繁，加之工学结合、校企合作作为基本教学制度，要求中等职业学校建立起固定岗和流动岗相结合、专职和兼职相结合的设岗和用人办法，兼职教师将越来越成为中等职业学校教师队伍的重要组成部分，因此，也应像专任教师一样，建立兼职教师专业技术职务任职资格标准。兼职教师任职资格标准要制定高技能人才和非教师系列专业技术职务任职条件，高技能人才包括高级工、技师、高级技师以及能工巧匠四个层次；非教师系列专业技术职务分为中级、高级两个系列。这两类六种非教师系列专业人才任职资格标准的确定，一要符合教学要求和兼职教师管理的要求，二要参照其原工作岗位的任职资格标准。

五、"双师型"教师认定不能与教师职务制度相混淆

2005 年《国务院关于大力发展职业教育的决定》中指出加强"双师型"教师队伍建设。为了落实好国务院的精神，近些年来吉林、安徽、重庆、成都等地区开展了中等职业学校"双师型"教师认定工作，有的把"双师型"教师也像教师职务制度一样分为初级、中级、高级三个级别，有的还制定了"双师型"教师职务津贴，有的甚至称"双师型"教师资格或职务[①]。"双师型"教师是一个内涵不明确的用语，中等职业学校实行教师职务制度是《教师法》明确规定的，"双师型"教师认定只是加强"双师型"教师队伍建设的一个手段，不能纳入教师职务制度范畴，更不能替代教师职务制度。

---

① 刘韵琴."双师型"教师资格认证与实施绩效研究[J].中小企业管理与科技（上旬刊），2010（5）:146—148.

第十九章

中等职业学校教师队伍建设成就与展望

教育大计，教师为本。教师是教育的第一资源，是教育的核心要素，是教育事业发展最根本的依靠力量。新中国成立以来，在党和国家的领导和支持下，我国中等职业教育教师队伍随事业取得了长足的发展。教师能够依法执教，教师管理走向制度化和法制化。专任教师数量从 1980 年的 20.69 万人发展到 2010 年的 84.89 万人，教师的学历结构、职称结构也有了很大的提高，培养培训网络初步形成，培养培训能力大为提高，培养培训模式适应形势的要求不断优化，对外交流与合作的能力提高，具备了为发展中国家培养师资的能力。建设高质量的教育，必须有高质量的教师。当前，我国中等职业教育处于全面提高质量的阶段，师资队伍建设面临着新的挑战，教师的整体素质与提高职业教育质量的要求还存在较大差距，专业技能水平和实践教学能力偏弱，“双师型”教师比例偏低，还需要采取有效措施进一步加强建设。

第一节　教师队伍建设的成就

一、教师队伍发展变化情况

（一）教师队伍总量

改革开放前，中等职业学校主要是中等专业学校和技工学校两类。1949 年，两类学校共计 1174 所，在校生 23.17 万人，专任教师 1.6 万人；1976 年，两类学校发展到 3710 所，在校生 91 万多人，高中阶段职普比为 6.1∶93.9。改革开放以来，中等职业教育进入快速发展阶段，其中由普通中学改办的职业高中发展尤为迅速。1980 年到 2010 年，各类职业学校教师总量从 20.69 万人增加到 84.89 万人。总的来看，30 多年来中等职业学校教师队伍的数量变化有两个重要的转折点。20 世纪 80 年代初到 1998 年，随着中等教育结构调整和职业教育大发展，教师数量从 20 万人持续增加到 85.53 万人，达到历史上最高点。1999 年至 2002 年，由于中等职业教育招生出现“滑坡”，教师数量减少到不足 70 万人，降低到 90 年代初的水平。2003 年以来，随着中等职业教育止跌回升，进入快速发展的新时期，教师数量又开始稳步上升。到 2008 年，教师数量增加到 86.84 万人，超过 1998 年的最高水平（见图 19-1）。

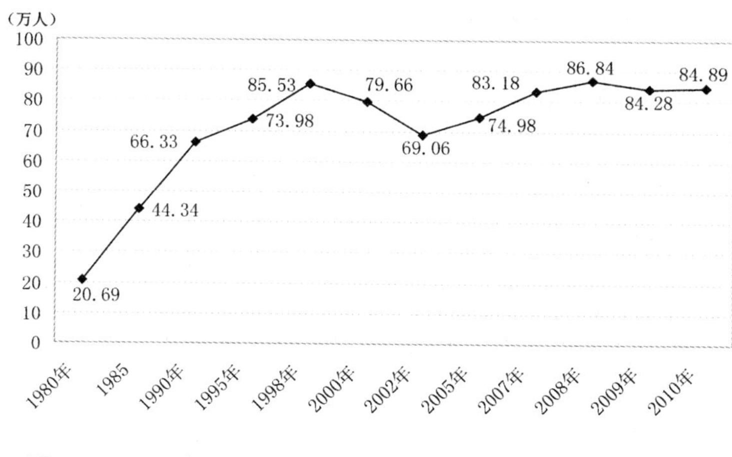

图 19-1　1980 年至 2010 年我国中等职业学校专任教师数量变化

1. 类型结构

职业学校课程分为文化课、专业课和实习实训课，其教师分为文化课教师、专业课教师和实习指导教师。1998 年统计，职业高中专业课教师占总数的 46.71%，实习指导教师仅占 2.70%。中等专业学校文化课占 42.18%，专业课占 56.19%，实习指导教师 1.63%。2013 年，中等职业学校文化课教师占 42.40%，专业课教师占 54.14%，实习指导教师占 3.35%。中等职业学校专业课教师比例有所提高，而实习指导教师比例仍偏低。

表 19-1 2005—2013 中等职业学校专任教师类型结构变化 单位：%

年份	文化基础课教师比例	专业课教师比例	实习指导教师比例
2005	47.94	49.13	2.92
2006	47.15	49.80	3.05
2007	46.14	50.54	3.32
2008	45.50	51.11	3.39
2009	44.51	51.91	3.58
2010	43.61	52.92	3.48
2011	43.59	52.71	3.70
2012	42.67	53.70	3.64
2013	42.40	54.14	3.45

注：不含技工学校和成人中专。

2. 学历结构

按照《教师法》规定，中等职业学校文化课、专业课教师应具备本科及以上学历；实习指导教师应具备各类中职、普通高中毕业及其以上学历。1985 年，具有本科学历教师的比例，普通中专不足 50%，职业高中不足 20%；2006 年，普通中专提高到 80.69%，职业高中提高到 73.18%；2007 年，各类中等职业学校本科学历以上教师达到 76.7%，其中研究生层次教师的人数比 2003 年翻了一番，比例达到 2.31%。

表 19-2　中等职业学校专任教师学历结构变化　　单位：%

年份	本科以上	专科	高中、中专以下
1985	36.67	32.59	30.74
1990	40.57	41.79	17.64
1995	46.07	41.82	12.11
2000	57.92	35.72	6.36
2005	72.31	25.29	2.40
2010	83.29	15.89	0.82
2011	85.39	13.86	0.75
2012	86.95	12.45	0.60
2013	87.94	11.50	0.56
2014	89.29	10.24	0.47

注：不含技工学校和成人中专。

3. 职务结构

按照相关教师职务试行条例，中等职业学校教师职务分为高级、中级、初级教师三个级别。具有高级职务教师的比例，普通中专 1985 年仅为 0.37%，2006 年增长到 22.83%；职业高中 1991 年为 3.7%，2006 年增长到 14.25%；2007 年各类中等职业学校中具有高级职务教师的比例达到 19%。专业课和实习指导课教师中，持有与所教专业相关资格证书的比例，由 2003 年的 19.33%，提高到 2006 年的 27.16%。进入新世纪，中等职业学校教师专业技术职务提高比较快，2014 年达到了 24.13%。

表 19-3　中等职业学校专任教师职称结构变化　　单位：%

年份	高级职务	中级职务	初级职务	无职务
1990	10.36	31.95	36.32	21.37
1995	10.52	33.69	45.59	10.19
2000	13.52	37.97	41.49	7.02
2005	17.90	40.80	32.56	8.73
2010	21.20	40.40	29.66	8.75
2011	22.05	40.36	28.87	8.72
2012	22.98	40.57	28.05	8.41
2013	23.76	40.17	27.30	8.87
2014	24.31	40.12	26.64	8.93

注：不含技工学校和成人中专。

4. 年龄结构

教师年龄结构是指各个年龄段的教师所占的比例，合理的教师年龄结构应是中间大、两头小。教师年龄结构在20世纪80年代，青年教师和年龄大的教师所占的比例较高，反映了我国20世纪80年代中等教育结构进行大规模调整，职业教育快速发展补充了大量的青年教师、外聘了一些兼职教师以补充不足。进入90年代以后，30～50岁的教师比例增加，青年教师和年龄较大的教师比例在下降，反映了我国中等职业教育师资队伍年龄结构日趋合理。

表19—4　中等职业学校专任教师年龄结构变化　　单位：%

年份	30岁以下	31—40岁	41—50岁	51岁以上
1985	40.90	21.82	24.95	12.34
1990	44.71	22.67	17.36	15.27
1995	42.68	28.61	15.59	13.12
2000	36.86	37.83	15.42	9.89
2005	28.84	41.73	20.62	8.80
2010	25.91	39.33	26.44	8.32
2011	24.28	39.15	28.55	7.82
2012	23.04	39.02	30.06	7.88
2013	19.55	38.32	31.89	10.24
2014	18.38	37.46	32.24	11.82

注：中等职业学校不含技工学校；2013和2014年教师年龄分段为：29岁以下、30-39岁、40-49岁、50岁以上。

5. “双师型”教师

“十一五”以来国家和地方政府加大了对“双师型”教师队伍建设的力度，“双师型”教师的数量和质量得到明显提高。统计资料表明，2005到2013年，全国中等职业学校“双师型”教师比重由12.45%增加到2013年的26.31%。以2011年“双师型”教师比例变化情况来看，全国“双师型”教师总体比例增长了2.3个百分点。其中，东部地区“双师型”教师所占比例最高，增幅也最为明显，由23.6%增加到26.6%，增长了3个百分点。中部地区由2010年的18.5%增长到21.0%，增加了2.5个百分点。西部地区增幅相对较小，也由21.3%增长到22.4%，增加了1.1个百分点。

表 19-5　2005—2013 年中等职业学校“双师型”教师基本情况

年份	“双师型”教师	
	数量（万人）	与专任教师比例（%）
2005	72.63	12.45
2006	88.66	14.36
2007	103.34	15.88
2008	115.67	17.25
2009	129.93	19.14
2010	145.39	21.44
2011	163.42	23.86
2012	172.29	25.38
2013	175.95	26.31

注：中等职业学校不含技工学校。

6. 兼职教师

兼职教师是指中等职业学校从社会上聘请的具有较高专业技能水平或“能工巧匠”、能胜任相应的教学工作的人员。兼职教师从 1984 年的 1.99 万人，发展到 1990 年的 3.04 万人，2000 年的 3.33 万人，2005 年的 8.23 万人，2008 年的 10.29 万人，数量在不断增加。尤其是进入 21 世纪，随着中等职业教育规模的扩大，数量不断增多。近几年有所下降，但与专任教师的比例仍然维持在 15%左右。

表 19-6　2005—2014 年中等职业学校聘请兼职教师基本情况

年份	兼职教师	
	数量（万人）	与专任教师比例（%）
2005	8.23	13.98
2006	8.99	14.46
2007	10.04	15.34
2008	10.29	15.26
2009	10.03	14.70
2010	10.18	14.95
2011	10.23	14.84
2012	10.65	15.57
2013	9.66	14.45
2014	9.97	15.01

注：中等职业学校不含技工学校。

二、师资培养培训网络建设

我国职教师资培养培训网络经过多年的建设，初步构建起“培养培训并重、职前职后一体”的职教师资培养培训网络。大致经历了四个阶段。

（一）建立职教师资培养机构

从20世纪70年代末开始，参照普通师范教育的模式，原国家教委和教育部先后批准成立了 14 所独立设置的职业技术师范学院。20世纪80年代，我国教育进入了中等教育结构调整和大力发展职业教育的阶段，产生了一大批新的职业学校，需要大量新教师，在普通高校开始设置职业技术教育师范院（系）、专业、班，逐步构建了以独立设置的职业技术师范院校和普通高校职业技术教育（师范）学院为主体的职教师资培养框架。

（二）建立以管理干部为主体的培训机构

从20世纪80年代后期，中等职业教育进入了稳步发展阶段，开始尝试依托普通高校和有条件的中等职业学校建立职教师资培训基地。1989年后，原国家教委先后批准天津大学等8所高等院校设立职业技术教育学院或农村职教培训中心。积极开展校长、管理干部和骨干教师培训工作。

（三）构建职业教育师资培养培训基地

1999年以来，我国中等职业教育处于大规模发展阶段，在前期探索的基础上，为了落实中共中央国务院《关于深化教育改革全面推进素质教育的决定》，按照国务院批转教育部《面向21世纪教育振兴行动计划》要求，教育部开始依托高等院校、有条件的职业院校和大型企业建立职教师资培养培训基地，初步建立了职教师资培养培训网络。到2014年，全国已建立了100个全国重点建设职教师资基地、6个全国教师专业技能培训示范单位，各地也陆续建立了300多个省级职教师资基地，培训基地与5000多个企业建立了稳定的校企合作关系，初步形成了涵盖新教师培养，教师和校长岗前培训、在职提高、高级研修培训，教师教学能力提高、教师学历达标和学位提升等不同层次和类型的培养培训项目体系，基本满足了教师成长的需要。

（四）进一步发挥和完善职业教育师资培养培训基地的功能

按照 2005 年国务院《关于大力发展职业教育的决定》提出的实施职业院校教师素质提高计划的要求，“十一五”期间教育部、财政部实施了“中等职业学校教师素质提高计划”，财政支持培训中等职业学校骨干教师 15 万人，培训采用“基地培训+企业实践”模式，中等职业学校教师培训从以往的学历提高进入了实践教学能力提升的阶段；中央财政专项支持开发 80 个重点专业的师资培训包，促进职教师资培训工作的科学化、规范化。

三、国际交流与合作

在职业教育师资队伍建设中，不仅重视国内的培养和培训，而且通过国际交流与合作，积极开展教师的国外学习和培训，教师的国际交流与合作经历了三个阶段。20 世纪 80 年代，主要是派遣职教教师出国考察学习国外经验。90 年代为了借鉴国外先进的职教模式，在各级政府的倡导下，通过引智的形式，探索性地开展中外合作培养培训职教师资项目。21 世纪进入一个新的发展阶段。教育部启动的“中德职教师资进修项目”，是新中国成立以来职业教育师资领域对外合作的一次创举，它标志着我国职教领域的对外合作在形式上由“输入型”向“输出型”转变，在内容上由“被动接受型”向“主动获取型”转变，在机制上由“供给导向型”向“需求导向型”转变。

（一）主要国际合作项目

1．职教师资出国培训项目

教育部“中德职教师资进修项目”（P 300）（2004—2006 年）。3 年累计培训汽车运用与维修、数控技术应用、机电技术应用、电子技术应用、旅游管理与服务、国际商务 6 个专业的骨干教师 916 人。2007 年启动了新一轮“中德职教师资进修项目”，选派了 500 名中等职业学校专业骨干教师赴德国、奥地利进修，675 名重点职业学校校长赴德国、澳大利亚考察。

教育部、财政部实施的“中等职业学校教师素质提高计划”（2006—2010 年），选拔国家级培训优秀学员 1000 人出国培训。

2．中德联合培养高层次职教师资项目

中德同济大学职业教育师资培养项目（1997—2008 年）。项目实施 11 年来，在土木工程等 4 个专业共同培养职教师资本科生 1512 人，其中 28 人出国学习；邀请国外专家来华授课 420 人次，逐渐形成了“同济模式”。

2005 年 11 月教育部批准“中德联合培养职业技术教育学硕士”项目，由中国天津大学、东南大学，德国马格德堡大学，越南胡志明技术教育大学共同实施，到目前已培养 46 名双硕士研究生。

3．中外合作国内培训职教师资项目

山东—巴伐利亚职教师资培训项目（1998—2007 年），项目累计培训学员 12445 人次，德方专家讲座 36 次，职教教师参加人数近 4000 人次；职教管理干部赴德培训或考察 77 人次；培训西部省、市职业学校的教师和管理干部 2197 人次。

中德唐山农村职业教育项目（1998—2004 年），项目培训果树、农机等 5 个专业的教师 527 人次，有 70 人次接受出国培训。

中澳（重庆）职业教育与培训项目（2002—2007 年），培训职教教师及管理干部 860 人次。

（二）各省开展职教师资培训合作项目

如湖北省教育厅实施了中英湖北职业教育与培训项目（2001—2005 年），以培训职业院校校长、教师以及地方行政职教科长为主，受训人数 396 人次，选派出国学术考察 136 人；实施了中法湖北职业教育培训项目（2003—2005 年），免费培训湖北省职业学校汽车相关专业的教师 200 名，以及神龙公司及其合作伙伴的中方员工 100 名。

广西教育厅与新加坡淡马锡基金会启动了“广西中等技术教育培训项目”，2008 年 11 月到 2009 年 12 月，共有 333 名学员接受出国培训，等等。

（三）对外援助职教师资培训项目

我国教育部、商务部、农业部等部委积极开展职教师资对外援助项目。商务部非洲国家职业技能开发研修班项目是由教育部职业教育中心研究所、天津职业技术师范大学联合实施，培训职业学校校长及教师500多人。

2003年教育部在天津职业技术师范大学挂牌成立“教育部教育援外基地”，为发展中国家培训教育官员和职教教师。受教育部委托，天津职业技术师范大学2007年在埃塞俄比亚建成了职业技术学院，采用中国职教模式进行管理和教学。

2008年德国经合部与同济大学职业技术教育学院签署协议，开展职业教育与培训亚洲区域合作平台项目。对泰国、老挝、越南等东南亚国家的职教师资进行培训，三年来共培训教师40多人。

（四）举办国际论坛

为了推广总结中德、中澳等一大批职教项目成果与增进国家间交流与合作，开展了形式多样的国际交流与研讨活动。

2000—2010年先后在重庆、上海、北戴河、南京、北京、天津等地共召开了30多次职业教育国际会议，内容涉及职教师资队伍建设、教师专业化发展、能力导向的职业教育课程开发、职业教育专业教学法等，来自中国、德国、美国、英国、奥地利、澳大利亚、法国等国的参会代表达6200多人次，各项目学校和职业院校通过研讨交流，增强了国际交流与合作的意识和能力，转变了教育教学观念，学习到先进的教育理念和教育教学方法。

经过多年的不懈努力和建设，目前，我国职教师资培养培训国际合作向纵深发展，一方面提高了培养培训的层次，与国外联合培养研究生；另一方面，具备了为发展中国家培养培训职教师资的能力。

四、职教师资培养培训项目

2000年以来，教育部开展了“园丁工程”骨干教师和校长国家级培训、中职教师在职攻读硕士学位、中德职教师资进修项目、校长高级研修等重点项目和工作。据不完全统计，2000－2007年，仅全国重点建设职教师资基地开展的师资培养培训就接近30万人次。2004－

2007 年，教育部选派了近 1200 名职业学校专业骨干教师赴国外进修学习。

2000 年 5 月，国家教育部、国务院学位委员会联合发出《关于开展中等职业学校教师在职攻读硕士学位工作的通知》，开始面向中职学校招收在职教师。计划在 2000 年至 2005 年间，平均每年招收约 1000 名中等职业学校教师在职攻读硕士学位。2004 年后，扩大了中等职业学校教师在职攻读硕士学位规模，年度招生计划增加到 2240 人。至 2008 年，先后已有 9 届、共 14715 名中职教师在职攻读硕士学位。

表 19-7 “中职在职硕士”招生情况表

年份	2000	2001	2002	2003	2004	2005	2006	2007	2008	2009	2010
招生学校数	12	12	13	22	29	29	29	28	32	33	30
计划招生人数	1170	1240	1040	1560	2240	2375	2320	1180	1665	1945	1615

从 2006 年开始，根据《国务院关于大力发展职业教育的决定》要求，教育部、财政部开始实施中等职业学校教师素质提高计划，中央财政投入 5 亿元专项经费予以支持。计划到 2010 年，组织培训 15 万名中等职业学校专业骨干教师，其中国家级培训 3 万人，省级培训 12 万人。2010 年圆满完成了专业骨干教师的培训任务。

五、师资管理制度建设

20 世纪后 20 年，中等职业学校教师编制、职务、资格和继续教育等基本制度初步建立。2000 年以来，教育部进一步加强了队伍建设的宏观规划，加快探索具有职教特色的教师管理制度。2000 年，教育部、全国教育工会下发了《中等职业学校教师职业道德规范（试行）》；教育部、国务院学位办下发了《关于开展中等职业学校教师在职攻读硕士学位工作的通知》，开辟了高层次职教师资的专门培养渠道。积极探索“双师型”教师队伍建设的新机制，2006年，教育部下发了《关于建立中等职业学校教师到企业实践制度的意见》，要求中等职业学校专业教师每两年必须有两个月以上时间到企业或生产服务一线实践，提高专任教师的“双师”素质；2006年教育部财政部《中等职业学校教师素质提高计划》设立“中等职业学校紧缺专业特聘教师资助”项目，中央财政设立专项重点支持一批职业学校面向社会特别是企事业单位聘请专业技术人员、高技能人才兼职任教，推动职业学校兼职教师聘请工作，优化职业学校教师队伍的能力结构。

总体上来看，职教师资队伍建设成效是十分显著的，教师队伍的总量、结构和素质基本满足了职业教育事业发展的需要，支撑队伍发展的培养培训体系和相关管理制度也逐步建立健全。

第二节　教师素质提高计划实施情况

为贯彻落实2005年《国务院关于大力发展职业教育的决定》中提出的“实施职业院校教师素质提高计划”，2006年12月26日，教育部、财政部下发了《关于实施中等职业学校教师素质提高计划的意见》。2007年1月25日，教育部召开“中等职业学校教师素质提高计划”新闻发布会，原教育部副部长吴启迪做了重要讲话，计划开始全面实施。

一、项目实施的背景

（一）国家大力发展职业教育的一项重要举措

职业教育在实施科教兴国战略和人才强国战略及经济社会发展中具有特殊的重要作用。必须把职业教育摆到更加突出、更加重要的位置。2005年国务院召开了全国职业教育工作会议，做出了《关于大力发展职业教育的决定》，提出了一系列加快职业教育发展的重大举措，实施“四大工程”和加强职业教育基础能力建设的四项计划，“中等职业学校教师素质提高计划”就是四项计划之一。

21 世纪我国职业教育改革发展进入了一个新的阶段，贯彻党的教育方针，全面实施素质教育，坚持“以服务为宗旨、以就业为导向”的办学理念，创新人才培养模式，办好让人民满意的职业教育，这都对职教师资提出了新的更高的要求。

（二）适应职业教育提高办学质量和水平的客观要求

近年来，在国家大力发展职业教育的政策引导下，经过多方的共同努力， 我国职业教育规模迅速扩大。职业教育的快速发展，适应了经济社会发展的需要和人民群众日益增长的多样化教育需求，受到广大人民群众的欢迎。

职业教育要保持良好的发展势头，实现又好又快的发展，就必须在扩大办学规模的同时，高度重视提高办学质量的问题，把提高人才培养质量作为一项重要工作。提高职业教育办学水平和质量的关键在教师。没有一支高素质的教师队伍，就不可能有高质量的职业教育。因此，必须把加强教师队伍建设摆在职业教育发展中的重要位置。

（三）加强职业教育教师队伍建设的迫切需要

“十五”期间，教育部采取多项措施加强职业教育教师队伍建设，教师队伍的数量、素质、结构都有了明显的提高和改善。但是，由于基础薄弱、保障不足，职教师资队伍建设仍然是当前制约职业教育发展的一个突出环节，教师的数量、素质、结构以及管理都还难以适应职业教育改革发展的需要。突出表现在：一是随着职业教育规模持续扩大，教师紧缺的问题日益严峻；二是专业课和实习指导教师比例偏低，教师的专业技能水平和实践教学能力偏弱，专业骨干教师和“双师型”教师缺乏的问题还很突出；三是职教教师管理制度有待完善，教师补充机制不健全，基地培养培训能力相对不足，培养培训项目存在针对性不强、不够规范等问题。

二、项目实施的内容

（一）中等职业学校专业骨干教师培训

1. 培训数量与目的

“十一五”期间，培训中等职业学校专业骨干教师 15 万人，其中，国家级培训 3 万人，省级培训 12 万人。旨在为中等职业学校造就一大批专业理论水平高、实践教学能力强，在教育教学工作中起骨干示范作用的“双师型”优秀教师和一批高水平的职业教育教学专家。

2. 培训对象

参加专业骨干教师培训的对象必须是中等职业学校教学一线的专业课或实习指导课骨干教师，品行端正，具有中级及以上教师职务，从事职业教育教学工作 5 年以上，年龄不超过 45 周岁。曾获市（地）级以上优秀教师称号的教师优先考虑。

3. 培训时间、内容和形式

每期培训时间：国家级为 2 个月，教学时间不少于 260 学时；省级不少于 1 个月，教学时间不少于 130 学时。培训方式采用脱产集中培训。国家级培训采取“基地培训+企业实践”的模式；省级培训可根据各地教师实际需要，采取“基地培训”“企业实践”或“基地培训+企业实践”等灵活多样的方式。培训应针对职业教育教学特点，采取专题讲座、模拟教学、交流研讨、现场观摩、技能训练等多种形式，突出示范性，注意发挥学员在培训活动中的主体作用。实行小班教学、分组训练，每个教学班一般控制在 30 人左右。培训内容分为三类：教学理论与方法、专业知识与技能训练、企业实践活动，分别占总学时的 20%、30%和 50%。企业实践主要是学习并熟悉相关企业先进的技术、生产工艺流程、管理制度与文化、岗位规范、用人要求等，进行取得职业资格证书或专业技术资格证书的技能训练。

（二）中等职业学校重点专业师资培养培训方案、课程和教材开发项目

项目开发 80 个重点专业的师资培养培训方案、课程和教材，形成一系列具有应用价值和示范作用的中等职业学校教师培训包、校长培

训包和公共基础研究三种类型成果，促进职教师资培养培训工作的科学化、规范化，提升职教师资基地的培养培训能力，完善职教师资培养培训体系。教师培训包包括：专业教师的教学能力标准；专业教师上岗培训、提高培训、骨干教师培训的培训方案；专业教师培训核心课程教材；专业教学法教材和专业教师培训质量评价指标体系。校长培训包包括：中职校长的岗位职责和能力标准；校长资格培训、提高培训和高级研修的培训方案；校长培训的系列教材；校长培训质量评价指标体系。公共基础研究项目的成果形式，应结合各自的特点和任务，形成相应的课程、教材、制度研究和设计成果、信息服务平台等。

（三）中等职业学校紧缺专业特聘兼职教师资助项目

为引导中等职业学校面向社会聘请专业技术人员、高技能人才担任兼职教师，缓解紧缺专业教师不足，优化教师队伍结构，创新职业学校用人制度，促进中等职业教育扩大规模、提高质量，“十一五”期间，教育部、财政部支持中等职业学校聘请兼职教师。资助范围为重点向中等职业教育办学规模增长快、专业课教师和实习指导教师短缺的地区倾斜，并加大对中西部地区的支持力度。项目资助学校应是发展势头良好、办学特色鲜明、社会声誉高、专业师资相对紧缺的中等职业学校，对当年在校生规模排位在全省（区、市、兵团）处于前 30%以内，或者招生年增幅超过全省（区、市、兵团）平均水平，以及省级及以上重点学校优先支持。项目资助专业主要是制造业和现代服务业等技能型紧缺人才相关专业，服务当地支柱产业的重点专业，以及其他急需扶植的特色专业等。特聘兼职教师须具备良好的职业道德、专业素养和较高的技能水平，具有中级以上专业技术职务或高级工以上职业资格，或者是在相关行业领域享有较高声誉、具有丰富实践经验和特殊技能的“能工巧匠”，品行端正，身心健康，胜任相应的教学工作。特聘兼职教师要面向社会公开招聘，严格考核，择优录用。各地要采取灵活的聘任和报酬支付方式，聘期可根据教学需要由学校自行确定，但原则上不少于一学期。

三、项目实施的成效

（一）骨干教师培训任务超额完成，教师素质明显提高

圆满完成了专业骨干教师的培训任务。专业骨干教师国家级和省级培训人数达 18 万人，超额完成国家计划规定的 15 万人的培训任务。选派国家级培训优选学员 1000 人出国进修任务顺利完成。

参加培训的专业骨干教师的专业操作技能和实践教学能力等素质明显提高，近万名国家级培训教师取得了高一级职业资格证书。与计划实施之前相比，“双师型”教师增加了 30%，兼职教师增加了 12%，进一步优化了职教师资队伍素质结构。一些教师在国家级和省级技能大赛中获奖。

（二）培训包开发项目成果丰硕，完善了培训体系项目建设

完成了重点专业师资培训方案、课程和教材开发项目，共形成了五大类成果：各类报告 83 种，各类标准 76 种，各类培训方案 77 种，各类质量评估指标体系 73 种，各类培训教材 235 种。

项目开发过程遵循了“边研发、边实践、边推广”的原则，既满足了专业骨干教师培训的需要，也有效提高了项目成果的质量。

项目成果完善了培训标准，制定了培训方案，开发了培训教材，规范了培训内容，促进了职教师资培训工作的科学化、规范化，提升了职教师资基地的培训能力，完善了职教师资培训体系，并将引领中等职业学校教学改革和课程开发。

（三）特聘兼职教师项目顺利实施，缓解了紧缺专业教师的不足

中央财政资助约 5000 所（次）中等职业学校，聘请兼职教师 1.6 万人（次）。带动 11 个地区设立省级专项资金，资助约 2200 所（次）学校，聘请兼职教师 1.1 万人（次）。受资助学校 90%为国家级和省级重点校，受资助专业 85%以上为制造业和现代服务业相关专业，有效地缓解了紧缺专业的专业课教师和实习指导教师不足的问题，使优质职业教育资源发挥了更大的作用，很大程度上满足社会对技能型紧缺人才的需求。

引导地方和职业学校建立和完善兼职教师补充机制。如海南省建

立中职学校“特岗、特聘、特邀”教师聘用制度。云南省实施中等职业学校特聘教师制度。

（四）推动教育教学改革，提高学生培养质量

培训教师回到工作岗位上，改革传统的人才培养模式，开发课程，编写教材，实施项目教学，改进教学方法，参与实训基地建设，自觉开展行业联系等，在教学方面起到示范和引领作用，极大地推动了中职学校的教育教学改革。

产生了一大批国家级教学名师、省级教学名师和教学骨干等。教师素质尤其是实践教学能力的提高，强化了实践教学环节，增强了学生动手操作能力，促进了毕业生的有效就业。2003 年中职毕业生就业率为 92.3%，2009 年为 95.99%；另据抽样调查显示，2004 年中职学生对口就业率还不到 50%，目前对口就业率大幅度提高，接近 80%。

（五）创新了培训模式，加强了培训基地内涵建设

专业骨干教师培训采取“基地培训＋企业实践”的培训模式，强化了理论培训和企业实践的结合，有效地提高了教师专业技能和实践教学能力。

职教师资基地普遍加强了组织机构建设，1/3 的基地建立了独立的职业技术教育（师范）学院，积极开展职业教育师资方面的研究，形成了众多填补空白的研究成果，聚集了一批职教师资研究专家。

推动地方积极深化教师到企业实践制度。如辽宁省在全省推广沈阳市的“千名教师进企业，千名技师进学校”经验。天津市实行新教师上岗前必须到企业实践半年的制度。

（六）加大体制机制创新，建立健全运行机制

全国重点建设职教师资基地已与 600 多家知名企业、省级培训基地与 2000 多家企业建立了稳定合作关系，初步形成了校企合作培训职教师资的机制，促进职教师资培训初步形成“双主体”的格局。

骨干教师培训形成了“国家主导、地方主体、基地实施、企业参与”的运行机制。

计划实施以来，中央财政投入专项资金 5 亿元，带动地方投入 8 亿元，行业企业投入 1 亿元，学校投入 3 亿元。初步形成了中央政府、省市地方政府、行业企业、学校，多方参与、多方投资的运行机制。

（七）加大改革创新力度，促进职教师资管理制度建设

为了有效实施计划，各地积极探索，深化改革，注重把实践中积累的经验做法上升为政策和制度。如湖南、广西等近10个地区出台了中等职业学校教职工编制标准；吉林、安徽、重庆等地区试行了中等职业学校专业教师能力标准；辽宁、湖南、江苏等地区开展了中等职业学校教师评聘正高级职务工作。安徽省、吉林省、宁夏回族自治区、重庆市、成都市实施了“双师型”教师认定制度。安徽省出台了《安徽省中等职业学校教师继续教育实施细则》等。

（八）取得了多方面的成果，开创了职教师资工作的新局面

整个计划以提高中等职业学校教师素质为宗旨，立足现实，着眼未来，系统设计，科学实施，既满足了师资队伍建设的现实需求，也推动了师资队伍制度建设。在实施项目过程中，形成了多个项目管理成果。建立有效的质量监控制度，成立专家指导委员会对项目全程进行指导和评审；依托国家级培训网实行全员网上报名和评教。项目日常管理实行国际上通行的第三方监理等。这些做法不仅保证了项目的正常运行，也为今后项目管理奠定了基础。

专业骨干教师培训实行“基地+企业”模式，开创了我国职教师资培训工作的新里程；专业教师开发包成果的诞生结束了我国以往只有教师没有方案、只有教材没有标准、只有培训没有评估的历史；资助特聘教师已由短期项目发展成为地方的一项长期制度。

第三节　教师队伍建设的基本经验

一、必须坚持优先发展

提高教育质量的关键在教师，教师是教育事业发展的前提和重要基础，没有高水平的职教教师队伍，就没有高质量的职业教育。必须要把教师队伍建设放在事业发展中更加突出的位置，加强统筹领导，加大投入力度，完善保障机制，确保教师队伍适度超前发展。

二、必须坚持政府主导

职业教育具有很强的公益性、基础性、先导性。职业教育的公益性特征，很好地诠释了职业教育与民生的关系，也鲜明地指出了政府必须发挥主导作用的客观要求。师资队伍建设是职业教育最薄弱的环节，基础较差，体制机制不完善，而师资是教育发展的第一要素，要加快职业教育发展，提高职业教育服务能力与水平，满足人民群众对职业教育服务的需求，必须依靠社会主义制度的优越性，充分发挥公共财政对师资队伍建设的保障作用，着力解决好师资问题，让人民群众享受满意的职业教育。

三、必须坚持教师为本

必须坚持办学以人才为本，以教师为主体，把学校事业发展和教师个人发展有机结合起来，切实做到全心全意为了教师、全心全意依靠教师。要重视教师专业成长需要，促进教师全面发展，支持教师的教育教学工作，充分调动教师的积极性、主动性和创造性，坚定不移地建设好教师队伍。

四、必须坚持改革创新

要立足于职业教育改革发展需要和职教教师特点，解放思想，改革创新，勇于打破传统的教师配置和管理方式，创新教师队伍管理制度和发展机制，广纳人才，用好人才，促进教师队伍健康有序发展。

五、必须坚持职教特色

职业教育的培养目标和特点，决定了职业学校的教师必须是一支

“双师型”的队伍。必须坚持“双师素质、双师结构”的建设重点，建设素质优良、业务精湛、结构合理、专兼结合的教师队伍，满足职业教育加强实践性和技能性教学的要求。

六、必须坚持国际交流

我国改革开放之所以取得巨大的成就，其原因之一在于不断学习和吸收人类文明的成果，通过消化吸收、为我所用，成功地开辟了一条中国特色的社会主义道路。师资队伍建设要坚持“以我为主、为我所用”的原则，开展多种形式的对外交流和合作，博采众长，并结合新的情况进行新的创造，才能加快建设高素质师资队伍的进程。要不断丰富对外交流与合作的形式和内容，不断提高对交流与合作的质量和水平，在学习借鉴的同时，向世界展示中国职业教育建设的成就。

第四节　教师队伍建设面临的机遇与挑战

进入 21 世纪以来，国家高度重视职业教育工作，把加快发展职业教育特别是中等职业教育，作为推动经济发展、促进社会就业，实现社会公平、优化教育结构的重大举措，作为教育工作深入贯彻落实科学发展观，推动整个教育事业改革发展的重要战略突破口。2002 年、2005 年全国职教会以来，国家采取了一系列强有力的措施推动职业教育改革与发展。“十一五”期间，中央财政将投入 100 亿加强职业教育基础能力建设，每年投入大约 180 亿用于中等职业学校助学工作，从 2009 年国家对农村家庭经济困难学生和涉农专业学生实行免学费。2005—2010 年连续五年大幅度扩招，到 2010 年，中职招生规模超过 800 万人，在校生数超过 2000 万人，高中阶段职普招生实现了大体相当，初步实现了优化教育结构的战略意图。与此同时，明确了以服务为宗旨、以就业为导向的办学指导思想，大力推进职业教育体制机制和教育教学改革，推行工学结合、校企合作、半工半读的人才培养模式，强化实践性和技能性教学环节，切实加强职业道德教育和职业技能训练。

经过几年来的努力，我国职业教育事业改革发展已经站在了一个新的历史起点上。职教师资队伍建设在获得发展机遇的同时，也面临着新的挑战，存在一些亟须解决的问题。

一、教师队伍的规模发展赶不上教育规模发展的速度

随着职业教育规模快速扩大，教师紧缺的问题再一次凸显，生师比连年提高，如图 19-2 所示。2003－2010 年，中职在校生数从 1256.72 万人增加到 2238.50 万人，增幅 78%多，而教师数从 71.29 万人增加到 84.89 万人，增幅仅为 19%，生师比从低于 18:1 上升到超过 26.4:1，在各级各类教育中最高，而同年普通高中生师比为 16.0:1，普通高校生师比为 17.33:1，相当于每个中职教师比普通高中教师多教 10 多个学生，工作量是后者的 1.65 倍。在各类中等职业学校中，普通中专的教师紧缺问题最为突出，全国平均生师比达到 29.8:1。从专业大类看，近年来职业学校为适应经济结构和产业结构调整而举办的一些紧缺专业，如加工制造类、商贸与旅游类、社会公共事业类专业，教师更为紧缺。

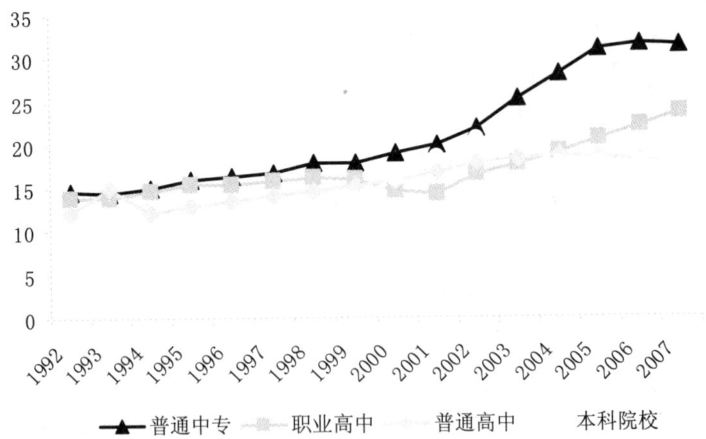

图 19-2　1992－2007 年普通中专、职业高中、普通高中、本科高校生师比情况比较

二、教师队伍的素质和结构还难以适应职业教育教学改革的需要

由于大部分中等职业学校是20世纪80年代以后发展起来的，特别是占学校总量1/3以上的职业高中绝大多数是从薄弱的普通中学改办的，大量专业课教师是由文化课教师转行过来的，队伍发展的基础很薄弱。2009年，还有近1/4的专任教师没有达到国家规定的合格学历。具有高级职务的教师仅20%。专业课教师和实习指导教师比例偏低，骨干教师和专业带头人缺乏，绝大部分专业课教师缺少在企业生产服务一线工作的经历。教师的专业技能水平和实践教学能力偏弱，“双师型”教师缺乏，持有与所教专业相关资格证书的专业课和实习指导课教师不足30%。根据对2007年中等职业学校专业骨干教师国家级培训学员的问卷调查，教师反映最集中的问题是迫切需要提高专业技能水平和实践教学能力。兼职教师数量少且多年来增长缓慢，占教师总数的比例仅为13%。

导致中等职业学校教师队伍数量相对不足、整体素质不高的原因，主要包括：

1. 职业学校教师的职业吸引力不足

社会上鄙薄职业教育的传统观念依然存在，职教教师的经济待遇、社会地位和职业声望相对较低，难以吸引人才到职业学校任教。

2. 有利于职业学校教师专业化发展的管理制度尚不健全

现有的职教教师管理制度不健全、职教特色不突出。目前，尚未出台统一的中等职业学校教职工编制标准。中等职业学校教师资格制度没有很好地反映职业教育对教师教学能力素质的要求。还没有统一的中等职业学校教师职务系列，教师职务评定标准和方式没有充分体现职业教育的特点。学校人事分配制度改革滞后等。

3. 师资培养培训体系不完善

职教教师继续教育制度和培养培训体系尚不健全，师资基地的培养培训条件和能力较弱，培养培训职教师资的专业化程度较低。

第五节 教师队伍建设的思路

一、创新队伍补充机制，构建专兼结合的教师队伍

（一）积极拓宽专任教师补充渠道

加大职教师资培养力度，不断创新职业教育教师培养模式。职业技术师范院校要广泛吸收企业和职业院校加入职教师资培养行列，形成“师范院校培养+企业实践+职业院校教学实习”的人才培养模式。改善生源结构，缩短培养周期，广泛吸引高职院校和普通高校本科优秀毕业生，通过职业技术师范教育、企业实践、教学实习等途径，使他们成为合格的职业教育教师。满足职业院校对高层次职教师资需求不断增强的要求，加快职教师资研究生培养进度。在进一步扩大现有职业教育师资研究生教育的基础上，积极开展职教师资专业硕士和博士培养工作，通过国内、国际合作等方式，探索高层次职教师资培养的新途径、新模式。针对农村和偏远地区职教师资不足的现状，实施免费师范生教育，通过财政买单、定向培养的方式，开展中等职业教育免费师范生教育。改革职业学校用人制度，提高职业学校教师待遇，吸引更多的优秀人才到中等职业学校任教。打破“企业编”向“事业编”转变的人事政策屏障，吸引社会上具有一定工作实践经验、符合教师资格要求的各类优秀人才到中等职业学校担任专任教师。

（二）进一步完善兼职教师聘用制度

把兼职教师队伍建设纳入中等职业学校教师队伍建设整体规划，要积极探索实名编与非实名编相结合、设立附加编等编制配备和管理方法，加强对专兼职教师配备的统筹，不断优化中等职业学校教师配置。鼓励职业学校多渠道从社会上特别是企事业单位聘请各类专业技术人员、高技能人才，以及具有丰富实践经验和特殊技能的能工巧匠，到职业学校教学一线兼职任教。在“十一五”财政支持聘请特聘兼职教师成果的基础上，完善聘用和管理办法，加强考核管理。把企业中从事实习实训指导人员纳入中等职业学校兼职教师队伍建设的范畴，

以更好地适应工学结合、校企合作等办学模式改革的需要。

二、完善符合职教教师特点的教师管理制度

（一）完善教师编制管理

根据职业教育办学规律和特点，制定统一的中等职业学校教职工编制标准。实行“固定岗”和“流动岗”相结合的设岗和用人办法，在中等职业学校编制中预留一定比例的“流动编”用于聘请兼职教师，逐步使职业学校的生师比达到合理水平。实行灵活的编制管理办法，对职业学校教职工编制实行定期调整、动态管理，不断优化中等职业学校人力资源配置，使教师配备适应职业教育事业发展的需要。

（二）完善教师职务评聘制度

统一和规范中等职业学校教师职务系列，改进职务评审办法，在中等职业学校教师职务系列中设立正高级教师职务，为职教教师提供更为有利的专业化成长空间。鼓励中等职业学校专业实践性较强的专业课教师按照相关规定，再取得第二个专业技术资格或职业资格证书。对于到职业学校担任教师的专业技术人员、技师和高级工，可按照相关专业技术职务条例的要求评聘教师职务。

（三）完善中等职业学校教师人事分配和保障制度

完善教师岗位绩效工资制度，探索建立以岗定薪、优劳优酬的收入分配办法，在保障教师基本工资待遇的前提下，扩大绩效工资分配额度，将教师收入与学校发展、所聘岗位及个人贡献挂钩，充分发挥收入分配的激励作用。按照国家有关规定和工作部署，探索建立教师失业、养老保险等社会保障制度，促进教师合理流动。

三、完善教师培养培训体系，加强教师培训工作

（一）完善职教师资培养培训网络

进一步改善职教师资基地的培养培训条件，使每个基地都有独立的职教师资培训场所和比较充足的设施设备。在“十一五”期间取得

的“中等职业学校重点专业师资培训方案、课程和教材开发”成果的基础上，支持基地开发一批培养职教师资的本科、研究生专业培养方案、课程标准和教材等项目。重视发挥行业企业在职教师资培养培训中的作用，确定一批在行业中代表性较强、技术水平较高、职工培训基础较好的骨干企业，作为职教师资专业技能培训示范单位和教师企业实践基地，引导基地加强与企业合作，联合开展职业教育师资培养培训工作。建立职教师资基地的资格认证和质量评估制度，完善职教教师培养培训课程体系和标准。

（二）创新和完善职教教师继续教育制度

加强对中职教师继续教育工作的指导，对中职教师继续教育的学时要求、内容形式、承担机构、组织管理及经费保障等予以统一明确的规定。完善教师到企业实践制度，把企业实践作为职教教师继续教育的一种重要形式，积极推进实施，并在实践中探索有效的工作机制，完善管理办法，形成长效机制。

（三）广泛开展以骨干教师为重点的师资培训活动

继续实施好“中等职业学校教师素质提高计划”专业骨干教师国家级培训，在总结“十一五”期间采取的“基地+企业”，形成了以传授和训练为特征的“技术型”培训模式的基础上，积极探索突出教师自主成长的专业培训模式。积极鼓励教师在职攻读各种形式的研究生教育，不断扩大中等职业学校教师在职攻读硕士学位的培养规模，创新职教教师研究生教育培养模式。加大对中青年专业带头人培养的支持力度。建立“全国中等职业学校双师型教学名师”评选制度。

四、加强教师队伍建设经费投入力度

建立职教教师队伍建设专项经费制度。各级财政职业教育专项经费中，用于教师队伍建设（不含人头费）的经费不低于10%，支持教师在职培训、职业学校聘请兼职教师、职教师资基地建设等工作。中等职业学校公用事业费中，用于教师队伍建设的经费不低于10%。建立职业学校“双师型”骨干教师津贴制度。

第二十章

农村中等职业教育发展历程

我国是农业大国、人口大国，农村人口占绝大多数，农村职业教育是我国农村教育和职业教育的重要组成部分，在解决农业、农村、农民问题中具有极其重要的作用。新中国成立以来，我国农村职业教育从发展阶段来看，先后经历了20世纪五六十年代的探索创办时期、80年代中等教育结构调整中的恢复与发展时期、90年代的深化改革时期、21世纪的重点发展时期以及发展面向农村的职业教育等时期；从发展的规模来看，随着我国工业化和城市化进程的不断提高，其发展规模在不断减少；从发展方向来看，从单一的“为农”服务向“为农”和“离农”服务并重，再向“为农”服务发展。

第一节　试办与消失时期

新中国成立后，农村继续推进土地改革，颁布了《中华人民共和国土地改革法》，在1950—1952年完成了土地改革，实现了耕者有其田，为巩固新政权、恢复和发展农业生产创造了基本条件。土地改革后，农民分得了土地，农户成为农业中的基本经营单位，极大地调动了农民生产的积极性。按照马克思、恩格斯的说法，社会主义是社会生产力高度发达的产物，因此当时认为社会主义不能建立在个体小农经济的基础上，必须通过互助合作运动，改造传统的小农经济，建立起集体化即社会主义化的农业体系，以与社会主义国家工业化相适应。1953 年 12 月，中共中央发布了《关于发展农业生产合作社的决议》，决议指出了党在农村工作的最根本任务，就是要促进农民联合起来，逐步实行农业的社会主义改造。农村首先开展互助组与初级社运动，1956 年又掀起了初级社转为高级社的热潮，1955 年下半年至 1957 年底，各地的初级社普遍转为高级农业生产合作社。1958 年 5 月，党的八大二次会议通过了社会主义建设总路线：鼓足干劲，力争上游，多快好省地建设社会主义，推行了大跃进运动。同年 8 月中共中央做出了《关于在农村建立人民公社问题的决议》。《决议》下达后，全国迅速形成了人民公社化运动的热潮。到 10 月底，全国 74 万多个农业生产合作社改组成 2.6 万多个人民公社，参加公社的农户有 1.2 亿户，占全国总农户的 99%以上，全国农村基本上实现了人民公社化。

自清末人口猛增以来，中国人地关系比例日趋紧张，从此中国一直成为人多地少的国家，粮食问题成为经济社会发展的一个大问题。由于长期战争的破坏，1949 年新中国成立时，国民经济处于崩溃状态，全国灾民达到 4000 万人，城市失业人口约有 400 万人。农业生产跌至谷底，1949 年全国人均农产品产量依次为：粮食 209 公斤，棉花 0.8 公斤，油料 4.8 公斤，猪牛羊肉 4.1 公斤，水产品 0.9 公斤。农民实际人均年占有粮食只有 100 公斤左右。[①]中共七届三中全会决定，利用三年（1950—1952 年）左右的时间，医治战争创伤，全面恢复国民经济，争取财政经济的根本好转。到 1952 年，全国粮食总产量超过了历史上（1936 年）的最高水平，人均占有粮食提高到 285 公斤，但这一水平不能满足工业化和国民经济发展的需要，1956 年中央政治局在 1995 年 11 月间毛泽东起草的《农业十七条》的基础上提出《一九五六年到一九六七年全国农业发展纲要（草案）》（即农业“四十条”），对我国农业进行全面规划，来促进农业生产的发展和农产品产量的提高。《纲要》中规划：从 1956 年开始，在 12 年内，粮食每单位平均年

① 牛若锋，李成贵，郑有贵等. 中国的“三农”问题[M]. 北京：中国社会科学出版社，2004.

产量，在黄河、秦岭、白龙江、黄河（青海境内）以北地区，由1955年的75公斤增加到200公斤；黄河以南、淮河以北地区，由1955年的104公斤增加到250公斤；淮河、秦岭、白龙江以南地区，由1955年的200公斤增加到400公斤。即所谓的粮食产量“过黄河、跨长江”。

社会化大生产的人民公社的建立和粮食单产要求快速提高，使农村对农业技术人才的需求十分迫切；与此同时，全国特别是广大农村却有大批高小、初中毕业生升不了学。当时全国每年13～16岁的高小毕业生共有3700万人，正规初中只能容纳700万人，缺口很大而且大多在农村。这些年轻学子回乡后，由于没有技术和技能，不能适应农村对人才的需求，正如中央在《全国农业发展纲要（草案)》中提出要“加强农业科学研究工作和技术指导工作，有计划地训练大批的农业技术干部，系统地建立、充实和加强农业科学研究工作和技术指导工作的机构”。《纲要》指出，“从1956年开始，在12年内，由各级农业部门分别负责，为农业生产合作社训练初级的和中级的技术干部（包括农、林、水利、畜牧、兽医、生产管理和会计等）500万人到1000万人，以适应合作经济发展的需要”。

为解决生产和升学双重压力，一些地区开始创办农业中学。1958年3月8日，江苏海安县双楼乡农民“用四天工夫（三月四日至七日）和二、三元钱创办起了三个班能容纳150个学生的省第一面民办农业中学的红旗。学校招收高小毕业或同等文化程度的青年入学，学制为三年的民办农业中学”，在全国树立起典型，上课时间采取半日制，一半时间上课（包括实习），一半时间下地劳动，学习时间可以机动掌握，基本原则是“农忙少学，农闲全学，特殊情况不学，取消星期日制度”。办学经费根据“谁出钱谁读书”的原则，每个学生每年收8元（普通初中生学费为14元）。开设政治、语文、算学、农业知识四门课，语文、算学教师由当地的两名高中毕业生担任，农业知识课由农业技术推广干部兼任。3月13日，邗江县施桥乡农业中学也宣告成立。17日，江苏省委召开民办农业中学座谈会，介绍海安县双楼乡、邗江县施桥乡创办农业中学的经验。座谈会上陆定一指出：“动员群众的力量办各种职业中学，特别是创办农业中学，使不能进普通初中的小学毕业生都能升学，这是一个好办法。办农业中学，不但有利于教育事业的大跃进，而且有利于农业生产的大跃进。”“农业中学办是可以办起来的。这是肯定的。办起来后，还要巩固，问题是多、快、好、省。”①3月24日，教育部在北京召开的第四次全国教育行政会议上提出“大力举办农业中学、工业中学和手工业中学，把高小毕业生培养成为有社会主义觉悟，有文化，又有一定生产技能的劳动者”。4月21日《人民日报》发表题为《大量发展民办农业中学》的社论。《社论》指出：“农业中学和普通中学都是中学教育，他们的共同任务是培养有社会主义觉悟的有文化的劳动者。农业中学的优秀学生，也能到高一级的学校读书，培养成更高一级的科学技术干部，但是，也应该指出，农业中学是一种职业中学，他又和普通中学担负着不同的任务。”“农业中学创办比较容易，但是要把它巩固下来并且逐步办好却并不容易，需要做很多的工作。巩固下来的中心问题，在于有计划地培养农业中学的教师，并且帮助现有的教师得到提高。”②4月，中共中央批准了江苏省委《关于民办农业中学问题的报告》。5月30日，刘少奇在中共中央政治局扩大会议上发表讲话。他指出：“农业中学就是半工半读学校，农业中学可以半日读书，半日种地，也可以一日读书，一日种地，还可以考虑半年种地，半年读书。现在是办农业初中，那么初中毕业之后势必要办农业高中，高中毕业之后势必办半工半读的农业大学。”③8月，中共中央、国务院发布了《关于教育事业管理权力下放问题的规定》，给各地兴办农业中学创造了体制上的保障，9月19日中共中央国务院下发的《关于教育工作的指示》中提出了不切实际的教育发展目标。11月党的八届六中全会的决议指出：“要在全国农村中普及小学教育，办好全日制的中学和半日制的农业中学，或者其他中等职业学校，逐步做到普及中等教育。”同年12月，中共八届六中全会通过的《关于人民公社若干问题的决议》中，又提出公社要办好全日制的中学和半日制的农业中学或其他职业学校。1959年3月23日，《人

① 何东昌．中华人民共和国重要教育文献（1949—1975）[M]．海口：海南出版社，1998:809.
② 何东昌．中华人民共和国重要教育文献（1949—1975）[M]．海口：海南出版社，1998:826.
③ 何东昌．中华人民共和国重要教育文献（1949—1975）[M]．海口：海南出版社，1998:834.

民日报》以《农业中学的发展前途和办学原则》为题，发表了原中共中央宣传部部长陆定一在农业中学创办一周年时给江苏省委宣传部的复信。于是全国掀起了兴办农业中学和职业中学的高潮。办学的速度很快，从筹备到开学一般都只花三五天的时间，最快的只有半天时间。以江苏省为例，“自从 3 月 17 日省委召开的农业中学座谈会结束以来，到 4 月 27 日为止，全省已经办起来的农业中学和各种职业中学 6568 所，7767 班，学生数达 342605 人。全省平均每个乡镇已有三所农业中学和各种职业中学。前三年未升学的 50 万高小毕业生，已有 66.6% 的人进入农业中学或职业中学”[①]。

农村职业教育短时期大办、快办、特办，发展势头迅猛，出现师资、校舍、设备全面紧张，严重影响教育质量，迫切要求提高。然而从 1959 年开始我国出现了严重的三年灾害，农业生产出现了异乎寻常的衰退，1960 年全国人均占有粮食由 1957 年的 306 公斤下降到 215 公斤，减少了 29.7%，棉花由 2.6 公斤下降为 1.6 公斤，减少了 38.5%；油料由 6.6 公斤下降为 2.75 公斤，减少了 56.1%[②]。为此，1960 年 8 月，中共中央发出《关于全党动手，大办农业，大办粮食的指示》，提出：“坚决从各方面挤出一切可能挤出的劳动力，充实农业战线。”“农村学校应当放农忙假。农业中学不要发展过快。”国民经济从 1960 年开始进入三年调整时期。

1960 年 11 月 24 日，中央文教小组召开全国文教工作会议，会后向中共中央提交了《关于 1961 年和今后一个时期文化教育工作安排的计划》，《计划》提出，当前文化教育工作必须贯彻执行调整、巩固、充实、提高的方针，以此为指导思想，1961 年 7 月 3 日，教育部召开全国高等学校及中等学校调整工作会议，并于 8 月 9 日发布了《全国高等学校及中等学校调整工作会议纪要》，《会议纪要》指出：“会议讨论了高等学校及中等学校缩短战线、压缩规模、合理布局的问题，并且讨论了通过调整工作如何集中力量提高办学质量等问题”。1961 年，

① 1958 年 5 月 8 日中共江苏省委书记陈光在地、市、县负责同志座谈会上的讲话“关于当前巩固提高农业中学和职业中学问题”。

② 农业部计划司．中国农村经济统计大全（1949—1986）[M]．北京：中国农业出版社，1989：576—578.

根据1960年开始贯彻的农村“六十条”精神，不少农业中学将占用的土地退回给生产队，还动员超过年龄的学生回生产队劳动。同时，农民生活困难，农业中学学生大量流失。1962年，农业中学再次进行调整，到1963年，农、职业中学由1960年的22597所减少至4303所，在校学生数由230.2万人减少至30.8万人，农业中学办学质量、规模等得以提高。

国民经济经过三年整顿和调整，经济得以恢复，1963年农业生产形势好转，对农业技术人员的需求开始增加，农业中学又开始了新一轮高速发展。1963年3月中央宣传部颁发《关于调整初级中学和加强农业、工业技术教育的初步意见（草稿）》，农业中学和职业中学又开始大规模兴办。

1966年5月至1976年10月是“文化大革命”的十年，这期间，林彪和“四人帮”对新中国成立十七年的教育进行了全面否定与批判。1967年7月18日，人民日报发表了题为《打倒修正主义教育路线的总后台》，文章对新中国成立十七年来我国的教育进行了全面否定，职业教育政策也遭到了严厉批判，文章指出“半工半读”就是“资产阶级的职业学校”，“两种教育制度”就是资本主义国家的“人才教育”“劳动者教育”“双轨制”的翻版。全面否定了以前的职业教育制度。1967年12月《人民日报》又发表了《旧学制的五大罪状》，把那些具有半工半读性质的各类职业学校都说成是“资本主义训练奴仆的歧视劳动人民的学校”。①

“文革”时期，各级各类教育都受到摧残，但在“文革”后期大多得以逐步恢复，而农村的农业中学、职业学校和半工（耕）半读学校大部分被停办，或改成普通中学。究其原因，除了因农业中学实行半工半读，半工半读是刘少奇提倡的原因外，主要有：一是由于“大跃进”以来兴办起的农业中学和职业中学，大多缺乏办学条件，急于求成，违背了教育规律，在运动过后就自生自灭。二是“文革”期间，农村兴办了大批“五七”干校、“五七”农校，大批高等农业院校分散

① 程晋宽．“教育革命”的历史考察[M]．福州：福建教育出版社，2001:311.

后搬到农村办学；三是大批城镇知识青年上山下乡。一方面大批知识青年落户农村，在很大程度上缓解了农村科技、文化落实的局面；另一方面，大批知识青年落户农村为农村普通教育提供了大量师资，促进了农村普通教育的规模和质量的大幅度提高，在很大程度上代替了农村职业教育。同时大批知识青年到农村，增加了农村的负担，农民依靠自己的力量已没有举办职业教育的能力。“文革”时期农村中等教育结构遭到严重破坏，农业中学、职业中学绝大多数销声匿迹，农村中等教育结构单一。

第二节　恢复与发展时期

1978 年 12 月，党的十一届三中全会决定把全党的工作重点转移到经济建设上来，实行改革开放的方针，决定在农村实行家庭联产承包责任制。使广大农民获得了经营土地的自主权，解放和发展了生产力，极大地调动了农民发展生产的积极性，农村的社会结构、产业结构发生了巨大的变化，农业综合生产能力大幅度提高，农村面貌和农民生活发生了历史性的变化。

国家确定了以经济建设为中心的发展路线，需要大量的技术人才。而“文化大革命”对职业教育造成严重破坏，普通教育超常规发展，中等教育结构单一，1977 年我国普通高中 64903 所，在校生 1800 万人；而中等职业学校（中等专业学校和技工学校）为 3818 所，在校生 92.3 万人，中等职业学校数仅为职普高中阶段教育学校数的 5.6%，在校生仅为 4.9%，职普教育结构严重失衡。一方面导致社会专业技术人才奇缺，另一方面回乡参加生产的中学毕业生，又缺乏思想、心理、技术、劳动技能上的准备。正是基于以上两方面的原因，1978 年全国教育工作会议报告中指出：“农村要大量发展农业中学，多学一些农业科学技术知识，直接为社队的需要服务”。1979 年中共中央《关于加快农业发展若干问题的决定》对我国实现农业现代化进行了全面部署，并指出：“实现农业现代化，迫切需要用现代科学技术知识来武装我们的农村工作干部和农业技术人员，需要有大批掌握现代农业科学技术的专家，需要有一支庞大的农业科学技术队伍，需要有数量充足、质量合格的农业院校来培养农业科技人才和经营管理人才”。“各省、市、自治区要根据农业区域规划办好一批农业科研机构、农业学院和中等农业技术学校，逐步形成门类齐全、布局合理的农业科学技术研究体系。”1980 年 9 月 27 日，国务院批转了教育部、国家劳动总局《关于中等教育结构改革的报告》，《报告》指出发展职业技术教育的重要性和紧迫性，提出了中等教育改革的方针，提出将部分普通高中改办为职业（技术）学校、职业中学、农业中学。从现实来看，农村普通高中改为职业学校的，大多是农业中学。

我国经济体制改革首先是从农村实行家庭联产承包责任制开始的。农村家庭联产承包责任制极大地解放了农村生产力，调动了广大农民的生产经营积极性。1978－1984 年，全国粮食总产量持续增长，粮食产量从原来不到 3000 亿公斤，连续跨越 3000 亿公斤、3500 亿公斤和 4000 亿公斤三个台阶，到 1984 年超过 4200 亿公斤。从此，中国粮食生产初步告别了短缺时代。粮食的大丰收，为农村产业结构调整和国民经济发展奠定了坚实的基础。1981 年中共中央、国务院批转了国家农委《关于积极发展农村多种经营的报告》中将指导农业生产的方针调整为“决不放松粮食生产，积极发展多种经营”。1984 年《中共中央关于一九八四年农村工作的通知》指出：随着农村分工分业的发展，将会有越来越多的人脱离耕地经营，必须要改变“八亿农民搞饭吃”的局面，才能实现农民富裕、国家富强和四个现代化。从 1984 年开始，中央颁布了一系列的开放、搞活政策，取消了对农民非农就业权力的限制。2 月，支持鼓励农民兴办交通运输业；7 月，允许农村集体和农民个人从事长途贩运；10 月，农民可以进入集镇务工、经商、办服务业。1984 年，中央还发文正式承认并鼓励社队企业的发展，并将其正是更名为“乡镇企业”，这在客观上成了乡镇企业大量兴起的起点。农村二三产业的快速发展，尤其是乡镇企业异军突起，需要大量的专业技术人才，而传统计划经济体制内中等技术学校和技工学校培养的人才难以进入农村。正是基于以上原因，一些省市的农村和城镇开始试办农业中学、职业中学，农村职业教育走上了恢复发展的道路。为了确实能够满足农村经济体制改革急需的人才，1982 年 1 月中共中央全国农村工作会议（中央 1 号）文件中指出："县级以及县以下农村的中学要设置农业课程，有的可以改为农业专科学校"。1983 年中央 1 号文件《当前农村经济政策的若干问题》中指出："必须抓紧改革农村教育……有步骤地增加农业中学和其他职业中学的比重。"同年 5 月 6 日，中共中央、国务院《关于加强和改革农村学校教育若干问题的通知》中进一步明确指出："各地要根据本地区的实际需要与可能，统筹规划，有步骤地增加一批农业高中和其他职业学校。除把一部分普通高中改为农业中学外，还要根据可能，新办一些职业学校"。"农村普通高中也要进行教学改革，开设必要的职业技术课和劳动课，有关课程要注意联系生产实际。""初中也要增设劳动技术课；或在三年级时，分为普通科和职业科；或试办农村初级职业中学，学习期限为三年或四年，文化课与职业技术课大致按三比一安排。""要重视对没有升学的高中、初中和小学的毕业生的职业技术教育，通过举办农民技术学校、短期培训、专题讲座等，使他们获得一技之长。"

在国家政策支持下，我国农村职业教育得到快速恢复和发展。当时由于城市和工业的经济体制还没有开始改革，农村经济改革极大地提高了农村劳动生产率，农业的比较效益较高，农民纯收入大幅度增长，城乡收入差距极大地缩小。统计资料表明，我国城乡居民收入之比 1978 年为 2.5:1，1984 年降为 1.7:1，这一比例是改革开放 30 多年来最低的。因此，最初的职业中学大多是农村职业学校。1980 年农业、职业中学发展到 3314 所，在校生 45.36 万人，其中，农村农业中学职业中学 2924 所，占学校总数的 74%；学生人数达 32 万人，占职业中学学生总数的 70%[①]。1981 年农业中学和职业中学共计 2655 所，其中农业中学就达 2094 所，占 78.9%。1985 年职业中学发展到 6444 所，在校生 98.5 万人。

农村中等职业教育虽然取得了长足的发展，但由于农村人口基数

① 李澜田．中国职业技术教育史[M]．北京：高等教育出版社，1994:358.

大，职普比例仍然失衡。统计资料表明，1985 年我国农村普通初中毕业生 622.28 万人（全国初中毕业生 998.32 万人，农村占 62.3%），升入职业高中的 41.39 万人，升入普通高中的 72.33 万人，二者合计为 113.72 万人，有 81.7%的农村初中毕业生不能升学。当年普通高中升入大学的比例是 22.2%，也就是说农村普通中学有 90%的学生不能升入高一级学校。

中等职业教育结构的调整并非一帆风顺，为了调动地方发展中等职业教育的积极性，1983 年 6 月，教育部和财政部联合向各省、市、自治区教育、财政厅（局）发出《关于追加发展城乡职业技术教育开办补助费的通知》，并指出："改革中等教育结构，发展职业技术教育，是适应社会主义现代化建设需要的一项战略措施……为了支持城乡职业教育的顺利发展，1983 年由中央财政对教育部门办的职业技术教育追加一次性开办补助费"。并要求"各地在安排使用追加的补助经费的同时，根据地方财力，也尽可能地拨出相应经费，积极支持城乡职业教育事业的发展"。从 1983—1985 年，中央财政每年都拨出 500 万元的职业教育补助费，各省、地、县财政也依照上述精神，相应地增加了职教补助费。这些款项使职业教育得以扩大招生规模，改善办学条件，特别是职业学校的教学仪器设备得到了很大的补充，为提高教学质量提供了物质基础，筹建了职业技术教育中心，并有计划地开展专业课师资的培训工作。①

1985 年 5 月 27 日，中共中央做出了《关于教育体制改革的决定》，进一步明确了"调整中等教育结构，大力发展职业技术教育"的发展方针，并指出："要充分发掘现有中等专业学校和技工学校的潜力，扩大招生，并且有计划地将一批普通高中改为职业高中，或者增设职业班，加上新办的这类学校，力争在 5 年左右，使大多数地区的各类高中阶段的职业技术学校招生数相当于普通高中的招生数，扭转目前中等教育结构不合理的状况"。1987 年 1 月国务院办公厅转发国家教育委员会等部门《关于全国职业技术教育工作会议情况报告》的通知中

① 《中国教育年鉴》编辑部．中国教育年鉴（1982—1984）[M]．北京：中国大百科全书出版社，1985:97.

指出：发展农村职业技术教育，关键在于办学思想的转变。农村教育应该从单纯为了升学转到为本地区培养具有实际生产技能和中等专业技术知识的人才，并适当兼顾向高一级学校输送新生的方向上来。农村职业技术教育必须坚定不移地确立为振兴农村经济、发展农业生产和为农民劳动致富服务的办学思想，并逐步形成培养初级和中级技术、管理人才的能力。城市各类专业学校毕业生的去向也要有一部分面向农村。1986 年国家科委实施了以推动农村产业结构调整、增加农民收入，全面促进农村经济持续健康发展为目标的"星火计划"。1987 年农牧渔业部组织实施了全国农牧渔业丰收的综合性计划（即丰收计划）。为给"星火计划""丰收计划"的推行培养农技人才，奠定发展基础，1987 年，国家教委在山东平度召开了"全国农村教育为当地经济建设服务经验交流现场会"，要求农村教育一定要面向本地需要培养人才，并决定在全国大力推进农村教育综合改革。同年 2 月，国家教委与河北省人民政府在深入调查研究的基础上，共同决定在河北省阳原县、顺平县（原完县）和青龙满族自治县三个贫困县建立农村教育改革实验区，9 月国务院正式批准国家教委实施"燎原计划"，旨在通过改革和发展农村教育，全面提高劳动者的文化技术素质，促进农村经济发展。仅一年的时间，全国实施"燎原计划"的县达到 758 个，乡达到 2458 个。1989 年 4 月 28 日，国家教委成立了农村教育综合改革实验领导小组，成员为各有关司局的负责人，设立农村教育综合改革实验办公室以落实和处理有关日常事务。标志着农村教育综合改革的正式推广。5 月 20 日，国家教委发出《关于在全国建立"百县农村教育综合改革试验区"的通知》，指出：为了更好地指导农村教育改革，实施"燎原计划"，国家教委决定会同各省（自治区、直辖市），在实施燎原计划的县中首先重点办好约 100 个县，作为全国百县农村教育综合改革试验区。9 月份，农业部、国家教委、国家科委、林业部、中国农业银行联合发出《关于农科教结合的意见（试行）》，明确当前农科教统筹的任务是积极推进农村及林区各类教育的协调发展。1990 年 7 月，国家教委印发《1990—2000 年全国农村教育综合改革实验区工作指导纲要（试行）（1990—2000）》中指出："要根据当地经济和社会发展的需求，积极发展职业技术教育。每个实验县首先要办好一所起骨干和示范作用的中等职业技术学校，坚持人才培养、科技试验、技术推广、生产示范和经营业务密切结合，发挥上挂（挂靠高校、科研所等拥有较高技术的单位）、横联（与农业、科技等部门和单位密切配合）、下辐射（向乡、村、农户传播致富信息、推广实用技术）的作用”。

1990 年 6 月国家教委下发的《关于动员农林中专和农村职业中学做好科技兴农工作的通知》中指出：“农林中专和农村职业中学必须坚持为农村社会主义建设服务的方向，一方面要为农村培养大量的坚持四项基本原则，掌握一定科学文化技术知识和实际操作本领的技术人员和新型农民，另一方面要利用学校具有的智力、技术优势，设备和基地等办学条件，直接为振兴农业、林业，确保粮棉油等主要农产品的稳定增产，促进农林牧副渔全面发展服务。”进一步提出农村职业学校要重视农林专业的发展，重视农业科技推广。1991 年 10 月，国务院发布了《关于大力发展职业技术教育的决定》，进一步强调“在广大农村地区，要积极推进农村教育综合改革，实施‘燎原计划’，实行农科教结合，统筹规划基础教育、职业技术教育和成人教育，采取灵活的方式大力发展职业技术教育”。1992 年，国务院发布了《关于积极实行农科教结合推动农村经济发展的通知》，《通知》强调，农村职业教育要始终坚持为农业、农村经济建设服务的方针，贯彻因地制宜、按需施教、灵活多样、注重实效的原则。特别是实用技术培训更要有很强的针对性，把培训农民与技术推广紧密联系起来，同时要有农业、科技、教育等各部门的积极参与和密切配合。

总的来说，这一时期，农村职业教育从 20 世纪 70 年代末恢复以来取得了一定的进展，尤其是 80 年代中后期，在农村教育综合改革中，取得了长足的发展，使农村职普教育结构发生了很大的变化。1990 年，农村职业学校（含县镇）已达 6651 所，在校生 195.5 万人，全国几乎县县都办起了职业中学。农业中专和林业中专也发展到 427 所，在校生 21.56 万人。此外，还对不能升学的小学、初中、高中毕业生，广泛开展了实用技术培训。据国家统计局对 67000 农户的调查，受到职业技术教育培训的农民收入明显高于其他农户。[①]

第三节　改革发展时期

1988 年我国提出价格改革，物价大幅度上涨，发生通货膨胀，为此，从 1989 年开始，整个国民经济进入三年“治理整顿”时期，使大量从农业中流出的资源返回农业，农业生产全面发展，粮食和棉花出现增长。1990 年粮食产量接近 4500 亿公斤，1991 年出现卖粮难，1992 年 9 月国务院做出了《关于发展高产优质高效农业的决定》，提出了“两高一优”的农业结构战略调整方针等，农业生产进入一个新的历史发展时期。更为重要的是 1992 年邓小平同志南方谈话后，党的十四大提出建立社会主义市场经济体制，1992 年后开发区热、房地产热，接着带来能源、原材料和基础产业投资的热潮，带动了产业扩张，产业的发展需要大量的农民工，农村劳动力转移的方式也从 20 世纪 80 年代的“离土不离乡、进厂不进城”转向了“离土又离乡，进厂又进城”。1992 年全国陡然出现了 4600 万大规模流动的“农民工”，以后是连续三年的经济高涨，进城打工的人从 1992 年的 4600 多万人，增加到 1994 年的 6000 万人左右。农村劳动力开始大规模地向城市转移，农村职业教育的办学方向从以往的为农林牧渔副发展服务转为一、二、三产业专业并进。1990 年国家教育委员会制定了《全国农村教育综合改革实验区工作指导纲要（试行）（1990—2000）》，对未来 10 年农村教育改革进行了规划，并指出：“在农村职业技术教育的发展中，要重视办好直接为农、林、牧业服务的专业，特别是与发展粮、棉、油生产有关的专业。同时也要办好为发展乡镇、县办企业，第三产业服务的各类专业”。

为了落实“十四大”精神，1993 年 2 月 26 日中共中央颁布了《中国教育改革发展纲要》，提出职业学校的目标是：“各级各类职业技术

① 《中国教育年鉴》编辑部．中国教育年鉴（1991）[M]．北京：人民教育出版社，1992:65.

学校都要主动适应当地建设和社会主义市场经济的需要。要在政府的指导下，提倡联合办学，走产教结合的路子，更多地利用贷款发展校办产业，增强学校自我发展的能力，逐步做到以厂（场）养校”。“县、乡两级政府要把教育纳入当地经济、社会发展的整体规划，分级统筹管理基础教育、职业技术教育、成人教育、统筹规划经济、科技、教育的发展，促进‘燎原计划’与‘星火计划’‘丰收计划’的有机结合，落实科教兴农战略。”农村职业教育进入了全面改革阶段。1993 年国家教委颁布了新的《普通中等专业学校专业目录》。1993 年 7 月，农业部教育司提出要大力发展农业中专，并且提出了“一快二上三突出”的改革思路：“一快”是加快农业中专改革的步伐和力度；“二上”是首先上规模，其次上水平；“三突破”是突破计划经济体制下国家包办学校、学校包学包教包分配的传统观念，建立政府办教育、学校自主办学、学生自主择业的新的办学体制，突破计划经济僵化模式，建立第二、第三产业迫切需要的新专业，突破计划经济体制下的人才培养观，探索产教结合的新的培养途径。[①]1994 年 5 月 27 日至 31 日，国家教委职教司在河北省石家庄市召开了全国骨干职业技术学校(中心)建设工作研讨会，与会代表参观考察了河北省县级职教中心。县级职教中心是农村职业教育改革的伟大创举，标志着我国农村职业教育发展进入一个新的历史时期。

1991 年我国粮食出现大丰收，出现了“谷贱伤农”的现象，同时在市场经济的推动下，我国农业的比较效益进一步下降，中等职业教育农林专业开始大幅度滑坡，农业类专业招生数由 1992 年的 25 万人下降到 1995 年的 16 万人，下降 36%[②]。为此，1995 年国家教委、农业部联合下发了《关于进一步办好农村中等职业学校农业类专业的意见》指出：“近两年来，农村中等职业教育中的农业类专业在发展中遇到较大困难，一些地方出现了滑坡现象。这与实现农业现代化对农业技术人才的需求很不适应。各级党委、政府和教育、农业、科技部门

① 方展画、刘辉、傅雪凌．知识与技能——中国职业教育 60 年[M]．杭州：浙江大学出版社，2009:135.

②《中国教育年鉴》编辑部．中国教育年鉴（1996）[M]．北京：人民教育出版社，1997:115.

应对此予以高度重视”。提出了“深化教育教学改革，不断增强办学生机与活力”“加强学校基本建设，努力改善办学条件”“加大政府统筹力度，给予财力和政策扶持”等举措。并提出了农村职业教育必须坚持“面向农业、面向农村、面向农民”。1995 年国家教委制定了《关于深入推进农村教育综合改革的意见》,《意见》指出:“落实教育优先发展的战略地位，在各级政府和教育主管部门的领导下，进一步调整和优化农村教育结构，坚持‘三教统筹’和‘农科教结合’，促进‘燎原计划’与‘星火计划’‘丰收计划’的有机结合，使农村教育与农村经济、社会协调发展，使农村劳动者素质有较大提高，为当地建设培养所需要的中、初级专业人才，逐步形成适应现代化建设需要的农村教育体系”。1998 年教育部《关于贯彻十五届三中全会精神促进教育为农业和农村工作服务的意见》中指出:“改革开放二十年来农村教育发展的实践证明，农村教育必须坚持为农业和农村工作服务，必须坚持走综合改革的道路，实行农科教结合和基础教育、职业教育、成人教育三教统筹,这是农村教育改革的方向,也是农民脱贫致富的出路。”1999 年《中共中央国务院关于深化教育改革，全面推进素质教育的决定》中指出:“进一步推进农科教结合，全面推进农村教育综合改革，促进农村普通教育、成人教育和职业教育的统筹协调发展，使农村教育切实转变到主要为农村经济和社会发展服务上来。”

1999 年《中共中央国务院关于深化教育改革 全面推进素质教育的决定》提出:“调整现有教育体系结构，扩大高中阶段教育和高等教育的规模，通过多种形式积极发展高等教育……到 2010 年，我国同龄人口的高等教育入学率要从现在的百分之九提高到百分之十五左右。”1999 年我国高等教育开始大规模扩招，拉动了普通高中的发展，中等职业教育出现了滑坡，为此，2000 年教育部下发了《关于全面推进素质教育，深化中等职业教育教学改革的意见》，对中等职业学校的教学改革进行了全面指导。颁布了新的专业目录，成立教学指导委员会，进行课程改革，出版新的教材，实行弹性学制等。

第四节 重点发展时期

1997 年下半年发生了亚洲金融危机，我国经济发展速度放慢，大量农民工返乡。同时，2000 年我国粮食产量出现大幅度下降，减少到 4621.8 亿公斤，此后连续四年粮食产量一直在下降，到 2003 年下降为 4307 亿公斤，减少到 20 世纪 90 年代初的水平。农民收入也全面下降，1997—2000 年，农民人均纯收入增长 163 元，三年中来自于农业的收入出现负增长。从 1997—2003 年农民人均纯收入的增长速度连续七年低于 5%。特别是 1997—2000 年，农民人均收入增长幅度连续四年下降，增长率从 1996 年的 9%下降至 2000 年的 2.1%。与此同时，农业资源大量非农化，1997—2002 年的建设用地共计占用耕地 109.7 万公顷。到 2002 年底全国耕地已经减少为 1.26 亿公顷。面对耕地连年减少，粮食大幅减产，粮食安全以及农民收入和社会冲突的多重危机，2004 年中央做出了《关于促进农民增加收入若干政策的意见》的 1 号文件，此后中共中央、国务院连续八年下发了关于“三农”的 1 号文件。“三农”问题在这一时期凸显。2003 年 12 月中央农村工作会议指出：“全面建设小康社会，必须统筹城乡经济社会发展，更多地关注农村，关心农民，支持农业，把解决好农业、农村和农民问题作为全党工作的重中之重，放在更加突出的位置，努力开创农业和农村工作的新局面。”这一时期，农村职业教育与“三农”问题一样，受到了党和国家的高度关注。

2002 年 8 月国务院《关于大力推进职业教育改革与发展的决定》中指出：“农村和西部地区职业教育是今后一段时期职业教育发展的重点。”2003 年 9 月，国家召开了全国农村教育工作会议，温家宝总理指出：“农村教育必须坚持为三农服务的方向。”2003 年国务院《关于进一步加强农村教育工作的决定》中进一步指出：以就业为导向，大力发展农村职业教育。要“明确农村教育在全面建设小康社会中的重要地位，把农村教育作为教育工作的重中之重”。“农村教育在全面建设小康社会中具有基础性、先导性、全局性的重要作用。发展农村教育，办好农村学校，是直接关系 8 亿多农民切身利益，满足广大农村人口学习需求的一件大事；是提高劳动者素质，促进传统农业向现代农业转变，从根本上解决农业、农村和农民问题的关键所在；是转移农村富余劳动力，推进工业化和城镇化，将人口压力转化为人力资源优势的重要途径；是加强农村精神文明建设，提高农民思想道德水平，促进农村经济社会协调发展的重大举措”。2004 年教育部七部委《进一步加强职业教育工作意见》中提出：“大力加强农村职业教育，为解决‘三农’问题提供服务。”

自 21 世纪以来，我国工业化和城镇化进程加快，农村劳动力经过多年的转移，农民非农化已达到相当大程度。据农业部抽样调查估计，1997 年转移出去的农民为 4461 万人，1998 年为 5481 万人，1999 年 6683 万人，2001 年为 8961 万人，2002 年为 9400 多万人。可见农村劳动力转移的增速明显放慢，难以满足工业化、城镇化快速发展的要求，因此东部沿海地区出现了“民工荒”和“技工荒”，迫使企业聘请员工从以往的老一代生存型农民工为主，逐渐转向新生代发展型农民工，推动了 2002 年以来中等职业学校进入快速发展阶段。与此同时，国家开始重视农民工的培训工作。2001 年 5 月教育部印发《关于中等职业学校面向农村进城务工人员开展职业教育与培训的通知》，2003 年 3 月农业部等六部委联合制定了《2003—2010 年全国农民工培训规划》，并下发了《关于组织实施农村劳动力转移培训阳光工程的通知》，开始对全国农民大规模培训。9 月《国务院关于进一步加强农村教育工作的决定》中指出：“开展学历教育的同时，大力开展多种形式的职业培训，适应农村产业结构调整，推动农村劳动力向二、三产业转移。”11 月教育部、财政部、劳动保障部《关于开展东部对西部、城市对农村中等职业学校联合招生合作办学工作的意见》，促使东部地区和城市与西部地区、农村职业学校的联合办学。国家提出“十五”期间，中等职业学校面向农村地区的招生规模要从 2002 年的每年 254 万人提高到 350 万～400 万人。12 月教育部等六部门《关于实施职业院校制造业和现代服务业技能型紧缺人才培养培训工程的通知》，以缓解劳动力市场上制造业和现代服务业技能型人才紧缺状况。国务院批转的教育部《2003—2007 年教育振兴行动计划》中提出“农村劳动力转移培训计划”，2004 年 3 月，教育部《关于印发<农村劳动力转移培训计划>的通知》。2005 年温家宝总理在全国职业教育工作会议上的讲话中也明确提出要“大力发展职业教育”，特别是要“加快农村职业教育和技能培训，提高农民转移就业能力”。从上述这些文件来看，这一时期，虽然不乏农村职业教育为“三农”服务的提法，但总体上都是促进农村劳动力转移培训，农村职业教育发展表现出“离农”的倾向。

第五节　发展“面农”职业教育

2002 年党的十六大提出“必须统筹城乡经济社会发展”的重大论断，2003 年党的十六届三中全会通过的《中共中央关于完善社会主义市场经济体制若干问题的决定》中提出了以“统筹城乡发展”为首的“六统筹”（统筹区域发展、统筹经济社会发展、统筹人与自然和谐发展、统筹国内发展和对外开放），2003 年 12 月中央农村工作会议指出：“全面建设小康社会，必须统筹城乡经济社会发展，更多地关注农村，关心农民，支持农业，把解决好农业、农村和农民问题作为全党工作的重中之重，放在更加突出的位置，努力开创农业和农村工作的新局面”。我国工业化已进入中期，农业长期支持工业的格局需要改变。从 2004 年以来连续八个关于“三农”的中央 1 号文件的核心思想是城市支持农村、工业反哺农业，实行城乡统筹的战略决策和“多予、少取、放活”的方针，重点强调农民增收，给农民平等权利，给农村优先地位，给农业更多反哺。党的十七大要求建立以工促农、以城带乡长效机制，形成城乡经济社会发展一体化新格局。2006 年 2 月中共中央国务院《关于推进社会主义新农村建设的若干意见》中提出：“当前，中国总体上已进入以工促农、以城带乡的发展阶段，初步具备了加大力度扶持三农的能力和条件。”2008 年 10 月 9 日召开的党的十七届三中全会提出“城乡经济社会发展一体化”的目标任务，“三农”问题的解决从全党工作的重中之重发展为全民的行动。近年来党和国家一系列方针政策，使得我国农村的经济社会发展从以往城乡分割、城乡共同发展进入一个城乡统筹发展的新的历史时期。

从农村剩余劳动力转移情况来看，许多研究表明，我国农村劳动力已进入了刘易斯拐点，即经济发展进入一个的新阶段，意味着工资水平上涨，劳动力开始变得稀缺。也就是说，在现有条件下农村剩余劳动力进一步增加转移人数已没有多大的余地。甚至有人提出我国不仅出现了“民工荒”，也出现了“农民荒”，农业和农村的发展也面临着严重的挑战。2006 年，国务院发展研究中心《推进社会主义新农村建设研究》课题组就新农村建设现状在全国范围内进行了调查，共涉及 17 个省（市、区）、20 个地级市、57 个县（市）、166 个乡镇、2749 个村庄。结果显示，74%的农村已无可以进城打工的“剩余劳动力”，仅有 25%的农村还有四十岁以下的劳动力。此外，许多研究成果也得出相似的结论。

尽管进入 21 世纪以来，农村职业教育的主体是为农村劳动力转移服务，但也出台了一些专门针对服务农村的一些政策。2005 年 3 月教育部《关于实施农村实用技术培训计划的意见》，11 月农业部《关于实施农村实用人才培养“百万中专生计划”的意见》，2006 年 7 月财政部、教育部下发了《关于印发〈中等职业教育国家助学金管理暂行办法〉的通知》和《关于完善中等职业教育贫困家庭学生资助体系的若干意见》，对全部农村学生给予助学金资助。2007 年 11 月中共中央办公厅、国务院办公厅联合颁发了《关于加强农村实用人才队伍建设和农村人力资源开发的意见》，尤其是 2009 年财政部、发改委、教育部等《关于中等职业学校农村家庭经济困难学生和涉农专业学生免学费工作的意见》，确立了 21 个涉农类专业和免学费的实施办法。涉农专业免学费政策的实施，使得国家重视农业和农村职业教育从以前的政策引导，进入了实质性的实施阶段，是农村职业教育为农服务的一个里程碑。2010 年 7 月中共中央、国务院印发了《国家中长期教育改革和发展规划纲要（2010—2020 年）》，提出了发展面向农村的职业教育，2011 年 10 月教育部等九部门联合印发了《关于加快发展面向农村的职业教育的意见》，旗帜鲜明地提出：加快发展农村职业教育，服务社会主义新农村建设；加强农业职业学校和涉农专业建设，提升支撑现代农业发展能力等要求。农村职业教育开始逐渐走向“为农”服务新的历史时期。

长期以来，人们一直对农村职业教育“为农”还是“离农”的价值取向争论不休，从新中国走过的60多年的历程来看，农村职业教育先后经历了1958年开始一直到20世纪80年代的“为农”阶段，进入90年代逐渐转向“为农”和“离农”并重发展的阶段，进入新世纪又转向了“离农”阶段，目前正转向“为农”服务，表现出循环反复，螺旋上升的趋势。当然在这个循环过程中，农业的内涵也发生了变化，从20世纪90年代中期以前的农业主要是指农林牧副渔各业，现在的农业是指产前的生产资料供应和信息服务，产中的种养业，产后的农产品加工、贮藏、流通、运输等环节，包括了农村大部分的一、二、三产业，“为农”服务的外延扩大了。总的来看，农村职业教育大多时期是服务农业和农村的，即使进入90年代后期开展农村劳动力转移培训，也是农民矫枉过正的举措。正如清华大学秦晖教授所言：我们常以世界耕地的7%养活世界21%的人口而自豪，却很少提到另一面：以世界上40%的农民仅仅“养活”世界上7%的“非农民”。所以农民问题的解决就是要减少农民数量，也就是让大量农民向非农产业转移。可见，农村职业学校面向城市办专业和开展大规模的劳动力转移培训，促进农村剩余劳动力转移，最终也是为了实现“为农”的目的。1979年全世界平均每个农业劳动力负担的耕地面积约1.62公顷，按这个标准推算，我国1.08亿公顷只需要劳动力6680万人。因此，尽管前面提到我国农村剩余劳动力已进入了刘易斯拐点，但这仅针对目前的生产条件而言，随着我国农村社会生产力水平的提高，农村剩余劳动力仍然需要大量转移，且需要较长的时间。在这一过程中，农村职业教育不能抹杀农民的这一需求，农村职业教育还需要积极开展农村劳动力转移培训工作，但城乡职业学校服务“三农”应各有侧重，农村职业学校的非农化转移培训应主要面向当地农村非农产业从业人员，进城农民工应由城市职业学校和企业进行培训。当然从长远来看，发达国家的实践证明，未来我国农村职业教育越来应侧重发展农业职业教育。

第二十一章

农村中等职业教育办学经验

我国农村幅员辽阔，各地经济社会条件千差万别。职业教育与经济社会联系最为紧密，农村职业学校办学必须根据当地的社会经济条件来有效地选择办学模式和人才培养模式，才能取得成功。正是由于农村经济社会条件的复杂性，使得农村职业教育在办学实践中创造出许多好的经验和做法。总结这些经验和做法不仅是正确把握农村职业教育发展规律的客观需要，而且是推动其持续健康发展的重要手段。我国农村职业教育的发展可以分为经济体制改革前的创办试验期和经济体制改革后的恢复发展和改革发展时期。体制改革前由于急于求成、盲目冒进，最后以失败告终，但也给人们留下了一些值得反思的空间。体制改革后，在中等教育战略性结构调整过程中我国农村职业教育逐步恢复发展，经过多年的发展形成了具有自身办学特色和相对独立的办学体系，并创造了许多成功的经验。

第一节　改革开放前的办学经验与教训

一、依靠群众力量办学

新中国刚成立，百废待兴，国家的经济建设既需要大量的技术人才，也需要大量的建设经费；大量高小毕业生缺乏一技之长，需要发展职业教育，而发展职业教育与国家的经济建设存在争资金的矛盾，解决这一问题需要依靠群众的力量。我国是一个人口大国，更是一个农业人口大国，如何让庞大的农民接受教育是新中国必须解决的一个问题。同时，农业是国民经济的基础，当时农业生产水平低，粮食产量连人民群众的基本温饱都难以满足，更难以支持国民经济快速发展，发展农业生产力也成为新中国必须解决好的一个问题。因此，在农村依靠群众的力量兴办农业中学、职业中学就成为一种必然。农业中学受到农民和农村的高小毕业生的欢迎，因为这种学校设在学生的家门口，可以不脱离生产，不增加家庭负担，也可以做到学习和生产密切结合，为许多家境不富裕的农民子弟开辟念中学的机会，学到发展农业生产的更多的本领。①依靠群众力量办学，符合穷国办大教育的客观要求，但忽视办学条件，不尊重教育规律、重数量不重视质量，“大跃进”式的发展所导致的大起大落，也留下了沉痛的教训。

二、教育与生产劳动相结合

1958 年 8 月 13 日毛泽东同志在天津大学视察时指出：“高等学校要抓三个东西：一是党委领导；二是群众路线；三是把教育与生产劳动结合起来。”同年 8 月 16 日《人民日报》发表了中共中央宣传部部长陆定一的文章《教育与生产劳动必须相结合》。文章指出：“我们的教育，必须一反以往几千年的旧传统，采取教育与生产劳动相结合的

① 大量发展民办农业中学.《人民日报》社论，1958-04-21.

方针，来消灭脑力劳动和体力劳动的差别。”9 月，中共中央、国务院在《关于教育工作的指示》中提出，“党的教育工作方针，是教育为无产阶级的政治服务，教育与生产劳动相结合”；“教育的目的，是培养有社会主义觉悟的有文化的劳动者”。此后，教育与生产劳动相结合成为我国教育方针的重要组成部分，它对职业教育的意义更为重大。如果职业教育不通过生产劳动，那就不可能培养出熟练技术工人，也就失去了教育的意义。如果离开了教育单纯的去搞生产，那职业学校就不成其为学校，而成了工厂，所以教育与生产的结合是一个辩证的统一体，不能分割。①在“大跃进”期间和“文革”期间，没有很好地认识和处理二者的关系。通过搞政治运动的方式组织师生参加生产劳动，搞勤工俭学，过分强调劳动而否认和贬低教师、书本、课堂教学的作用，以致学生劳动过多，活动过多，打乱了教学秩序，降低了教育质量。甚至把它作为政治工具，看作是消除三大差别、防止资本主义复辟的手段。

三、实行半工（农）半读教育

两种教育制度和两种劳动制度、半工半读教育，于 1958 年提出，到 1964 年逐步形成和发展，成为社会主义教育制度的一个组成部分。1957 年 11 月 8 日，刘少奇同志对《参考资料》所载《美国大学生有三分之二半工半读》一文批示道：“此件送团中央一阅。中国是否可以个别试办？请你们研究。”此后，各地主要从勤工俭学的角度开展了讨论。1958 年 1 月毛泽东同志在《工作方针（草案）》中和在武汉等地视察时，提出学校办工厂、农场，实行半工半读。5 月 27 日，天津国棉一厂所办全国第一所半工半读学校开学。同年 5 月 30 日，刘少奇在中共中央政治局扩大会议上提出：“我们的国家应该有两种主要的学校教育制度和工厂农村的劳动制度，还可以采取一种制度，就是一种半工半读的学校教育制度和一种半工半读

① 邢予洪．全国技工学校工作会议总结（摘要）[J]．中国劳动，1958（8）：10—11.

的工厂劳动制度”。1965 年 7 月中共中央《关于半农半读教育工作的指示》中指出：学生既读书，又劳动，花钱不多，上学方便，大大提高了贫下中农子女的入学率，深受广大群众欢迎，为发展中等教育开辟了一条新的道路。半工半读作为职业教育的一种教学制度是非常重要的，结合专业实践进行教学，开展工学结合，有助于学生实践能力的锻炼和增强。但作为一种教育制度，并在各级各类教育中普遍推行是存在一定问题的。

四、工厂办学校、学校办工厂

1958 年毛泽东同志在视察天津大学和南开大学时指出：“以后要学校办工厂，工厂办学校。”根据毛泽东同志的号召，在 1958 年 9 月中共中央、国务院发布的《关于教育工作的指示》中规定：今后的方向，是学校办工厂和农场，工厂和合作社办学校。当时提出的学校办工厂主要是满足半工半读教育制度，工厂办学校主要是满足半工半读劳动制度的要求。工厂办学校、学校办工厂作为发展职业教育的两条途径是正确的，与当前“建立健全政府主导、行业指导、企业参与的办学机制”“鼓励行业组织、企业举办职业学校”的要求是一致的，但泛化的、大规模的在各级各类学校中实施是不恰当的。

五、招收有实践经验的人接受职业教育

体制改革以前，为了贯彻教育为无产阶级政治服务，办学贯彻阶级路线，坚持向工农开门的方针，重视提高工农干部和群众的文化和科学水平。在招生工作中不仅注重吸收产业工人、农民、革命干部和烈属及工农子女入学，对他们给予各种入学的便利和优待，如适当放宽入学录取成绩标准、提高其人民助学金待遇、减免学杂费等，而且重视直接招收来自实际工作的人员。招收有一定工作经验的人接受职业教育不仅可以缓解当时企事业单位人才短缺的局面，加快培养进度，提高培养质量，而且改善了职业教育生源结构，促进了职业教育与现

实的联系，有利于更有针对性地培养人才。“文革”后期，所有的大中专院校，尤其是许多重点大学招收工农兵学员是片面和错误的，但在现实中也探讨了一条职业教育办学的新途径。

第二节　改革开放后的办学经验

一、“农科教结合”从教育领域扩展到农业、农村经济领域

党的十一届三中全会以来，随着改革开放的不断深入和农村经济快速发展，我国农村教育的改革和发展进入了一个新的历史时期。1980年我国农村中等职业教育开始恢复兴办。1983 年，中共中央、国务院颁布的《关于加强和改革农村学校教育若干问题的通知》中指出：农村的职业技术教育涉及的部门很多，省、地、县各级党委、政府都要把教育、农业、计划、财政、劳动人事、科技、工业等部门组织起来，明确分工，齐心协力地抓好这项工作。在实践中，1983 年 8 月安徽省蒙城县发展农村职业技术教育提出了“党政群齐抓共管，政科教多位一体”（后将“政科教多位一体”改为“农科教多位一体”），大力开发农村智力资源的口号，并成立了县委、县政府领导下的，农、科、教有关部门负责人参加的“开发农村科技人才领导小组”。同年，安徽省休宁县成立了县经济教育协调领导组，组织县农、科、教等部门联合办学，培养农业技术人才。1987 年上半年，安徽省政府制定了《关于大力发展农村职业技术教育的决定（试行）》，并提出“农村职业技术教育由政府统筹规划，努力建立以职业学校为依托，农科教多位一体，普教与职教相互沟通，职前与职后相互衔接，县、区、乡分级办学的体制”。当时的徽州地委、行署明确提出“科教结合，为农服务”，并在休宁县溪口区进行实验。溪口区成立了“农科教协会”，组织区农、科、教部门以溪口职业中学为依托，联合办学，培养人才，推广科技，促进了全区经济迅速发展。1989 年 1 月，原国家教委副主任王明达致信安徽省政府负责同志，认为安徽省农科教多位一体的实验，“是一项

很有意义的改革”，并建议把“农科教多位一体”改为“农科教统筹或结合”。这一建议很快被安徽省委、省政府采纳。自此，便有了“农科教统筹”“农科教结合”的提法[①]。

此后，农科教结合的思想从安徽走向全国，从教育领域拓展到农业和农村经济领域，成为发展农业和农村经济的重要举措。1989 年农业部、林业部和国家科学技术委员会联合印发的《关于农科教结合，共同促进农村、林区人才开发与技术进步的意见（试行）》中指出:“农科教结合，是增加农村、林区智力投入并获得更好效益的有力保证，是促进农村和林区社会主义建设事业的一项重要措施。”1992 年《国务院关于积极实行农科教结合推动农村经济发展的通知》中指出:“实行农科教结合，即在政府统筹协调下，使农、科、教等各有关方面形成强大合力，以促进农业和农村经济发展为目标，以推广先进农业科学技术为动力，以加强农村教育特别是职业技术教育和适用技术培训为基础，实现农业和农村经济的全面振兴。”可见，“农科教结合”已从最初的发展农村教育的举措演变为国家推动农业和农村经济的重大战略。

二、“三教统筹”与县级职教中心

1983 年，中共中央、国务院颁布的《关于加强和改革农村学校教育若干问题的通知》中指出：各地要根据本地区的实际需要与可能，统筹规划，有步骤地增加一批农业高中和其他职业学校。除在普通高中增设职业技术课，开办职业技术班，把一部分普通高中改办为农业中学或其他职业学校外，还要根据可能，新办一些各类职业学校。要重视对没有升学的高中、初中和小学的毕业生的职业技术教育，通过举办农民技术学校、短期培训、专题讲座等，使他们获得一技之长。既明确了各自的分工，又建立了相互之间的联系。

各地在现实中加大了实践的力度。如山东平度市教育以率先创立

① 张德元，何开荫等. 变迁：安徽农村改革述论[M]. 合肥：安徽大学出版社，2007.

“人民教育基金”，实施基础教育、职业教育、成人教育三教统筹，“经（农）科教结合”而闻名全国。1987 年，原国家教委在山东平度召开了全国农村教育为当地经济建设服务经验交流现场会，要求农村教育一定要面向本地需要培养人才，并决定在全国大力推进农村教育综合改革。同时，1987 年初，为了贯彻中共中央《关于教育体制改革的决定》的精神，国家教委决定在河北阳原等三县进行农村教育综合改革实验，随即又确定了 116 个农村教育综合改革实验县，在全国范围内推动改革实验活动。在农村教育综合改革实践中涌现了一批“教促富，富促教”的典型，为加快推广这些先进典型，1993 年，又在全国确定了 30 个地区（市）改革联系点，在较大范围内推广了改革的经验。

农村教育的改革始终围绕农村经济社会发展的需要进行。1985 年国家科委实施了“星火计划”、1987 年农业部实施了“丰收计划”，为了给这两大“计划”提供强有力的人力资源支持，教育部于 1988 年实施了“燎原计划”。“燎原计划”极大地推动了“三教统筹”，由于当时农村教育资源相对不足，当地政府对农村教育中的普通教育、职业教育、成人教育进行统筹规划与安排，发挥各自的特点，使之相互沟通、资源优化，协调发展，更好地为当地培养应用人才，提高劳动者素质。“三教统筹”在实践中表现在三个方面：一是农村的基础教育、职业教育、成人教育应根据当地经济、社会发展需要，形成合理结构，协调发展；二是应从当地实际出发，加强农村“三教”的衔接与沟通；三是要加强三类教育在师资、校舍、实验实习设施等方面的统筹与利用，充分发挥教育资源的使用效益。

“三教统筹”极大地丰富了农村职业教育的办学模式：一是普教与职教相结合的“渗透型”模式，在农村中小学中普遍开设劳动课和劳技课；二是普教与职教并存的“分流型”模式，即在初中进行初二、三分流教育；三是普教与职教对接的“附加型”模式，在普通初中毕业后，再加一段或一年的实用技术、职业技术培训教育；四是职教与成教合一的“复合型”模式，主要以农村职业高中和农村成人大中专为依托，既搞学历教育，又搞短期农业技术培训[①]。

县级职教中心也源于农村教育的综合改革。1987年2月，原国家教委与河北省人民政府共同决定把河北省阳原县、顺平县（原完县）作为贫困地区经济开发和改革试验区，同年9月将青龙满族自治县正式确立为农村教育改革实验区。1988年河北省教委决定在获鹿县进行综合技术学校（即职教中心）实验，1989年3月动工开始建设，把原有各部门分散的、小规模的农业中学、职业中学、农民中专、技工学校、农业广播学校等集中起来，形成了拥有10个专业、7个实验实习场所、20个教学班、1000名多学生的综合性职业学校，实行政府统筹、教委主管、部门联办、一校多制、各负其责的办学新体制。[②]县级职教中心统筹了县域内的职业教育资源，发挥了农科教结合的优势，1991年4月，河北召开全省职业教育大会，出台了《河北省人民政府关于发展中等职业技术教育事业的通知》，省政府决定推广获鹿县经验，分期分批地建设县级职教中心。1995年，河北省全省的139个县（市）的职教中心全部落成。此后，县级职教中心成为农村职业教育改革的一个重要方向，在许多省逐步推广实施，如1997年江苏省、2003年辽宁省等省市政府发文加快发展县级职教中心，2005年6月，教育部在宝鸡市召开了全国县级职业教育中心改革与发展座谈会，2005年《国务院关于大力发展职业教育的决定》中提出要加强县级职教中心的建设，更加肯定了其发展方向的正确性，各地都采取多种措施加大县级职教中心的建设力度。

农村教育综合改革，通过对“三教”的统筹，有效地深化了农村教育改革，使基础教育、职业教育和成人教育得以全面发展，促进农村经济社会的发展。通过统筹建立职教中心，解决了条块分割、多部门分散办学导致的规模小、专业重复建设、办学条件差、质量效益低等问题，有效地理顺了农村职业教育办学体制，整合了农村职业教育资源，扩大了办学规模，实现了规模、质量和效益的统一。由此可见，

① 陈谟开．加大县级政府统筹力度深化农村教育综合改革[J]．吉林教育科学，1997.2.

② 葛玉刚．探索农村职教发展的新路子——河北省农村职教中心建设纪实[J]．教育与职业，1994.7.

政府是推动农村职业教育改革的重要力量，政府统筹是农村职业教育办学的客观要求。

三、“上挂、横联、下辐射”与东西、城乡联合办学

由于农村职业教育的弱质性，除了政府发挥统筹作用外，各职业学校自身也要加强与外界的联合，来增强办学实力。从1988年实施“燎原计划”以来，河北省南宫职教中心等许多农村职业学校不断总结经验，探索出了“上挂、横联、下辐射”办学模式。所谓“上挂”就是与大专院校和科研单位挂钩，引进新品种、新技术、新项目，聘请专家教授来讲学。“横联”就是与当地农、林、畜、科委等相关部门建立横向联系。向下辐射到乡（镇）成人文化技术学校、农村及农户，实行帮扶办学和生产指导。“上挂、横联、下辐射”不仅形象具体，也充分体现了“农科教”结合和“三教统筹”的思想，符合农村职业学校办学的客观要求，国家和许多地方政府大力提倡，如《国家教育委员会全国农村教育综合改革实验区工作指导纲要（试行）（1990—2000年）》中指出：每个实验县首先要办好一所起骨干和示范作用的中等职业技术学校，坚持人才培养、科学试验、技术推广、生产示范和经营服务密切结合，发挥上挂（挂靠高校、科研所等拥有较高技术的单位）、横联（与农业、科技等部门和单位密切配合）、下辐射（向乡、村、农户传播致富信息、推广实用技术）的作用。

随着农村产业结构的调整和生产力水平的不断提高，尤其是我国工业化与城镇化进程不断加快，农村职业学校不断向城镇聚集，农村职业学校的农科专业的比例不断下降，而促进农村劳动力转移的二三产业的专业比例不断提高，农村职业教育“上挂、横联、下辐射”区域内联合已不能满足新的形势，开始走向了“城乡、东西联合、合作办学”的跨区域联合。

江苏省从1999年开始积极尝试开展职业学校的南北合作。“南北合作”是指苏北职业学校与苏南职业学校本着互利原则自愿结对（一对一或一对多），苏北学校以苏南结对学校名义进行招生，所招学生由

双方学校分段共同培养，毕业生由苏南学校负责推荐就业的一种校际合作。根据专业和实习教学对装备条件的要求，实行“一二分段”“二一分段”“三年对半分段”。招生形式不拘一格。可以由苏北职业学校代为招生，也可以苏南职校直接到苏北招生。[①]自2001年开始，山东省出台政策，打破以往中等职业学校招生仅限本地生源的规定，允许全省各地间跨地区、无地域界限进行招生，并实施东西部地区职业学校联合办学。

为了鼓励东西部、城乡职业教育的联合，2002年《国务院关于大力推进职业教育改革与发展的决定》中指出:“加强东部地区和西部地区、大中城市和农村的学校对口支援工作。东部地区和大中城市要为西部地区和农村的职业学校培养培训骨干教师，帮助改善办学条件。推动东部地区与西部地区、大中城市与农村开展合作办学”。为了贯彻中共中央十六届三中全会提出的“统筹城乡发展”的精神，2003年教育部、财政部、劳动保障部专门联合制定了《关于开展东部对西部、城市对农村中等职业学校联合招生合作办学工作的意见》（教职成〔2003〕6号），来加强对这一工作的指导。

四、湖南邵阳的“十百千万工程”与陕西省的“一网两工程”

“十百千万工程”是湖南省邵阳市在教育改革实践中创造的。1995年11月23日，邵阳市教委提出了关于《教育为建设农业强市服务的实施方案》，得到市政府的肯定，正式批准实施“十百千万工程”。所谓“十百千万工程”:“十”，是集中力量建好10所县级示范性职校。“百”，是由这10所职校扶植100个村成为专业村，同时指导办好100所乡镇农校。即要求每所职校要联系10个村作为校外实习基地，将农业新技术通过职校师生传给村民，并要把这10个村扶植为专业村；每所职校还要联系10所乡镇农校，派老师到乡镇农校任教，乡镇农校的老师再去培训各村的农业技术骨干。“千”，10所职校扶植1000名毕

① 马能和．江苏省加强省内南北合作，推进职教整体均衡发展[N]．中国教育报，2003-6-11.

业生成为科技致富专业户；100 所乡镇农校再指导 1000 所村农校。“万”，再由职校的毕业生、职校扶植的专业村和乡镇村农校辐射带动 1 万户农民依靠科技致富，致富的标准是每户年纯收入达 1 万元。[①]可见，“十百千万工程”就是由职校、学生、专业村、乡镇农校、村农校共同组成科教兴农辐射网，以职校为辐射网的核心，把农业技术层层辐射到千家万户，将教育与经济、人才培养与科技推广相结合，使农民学习科学技术、办高效农业、走致富道路，是“农科教”“三教统筹”的一种具体形式。

随着我国现代农业的发展和工业化与城市化进程的不断加快，越来越多的农民需要从农村转入城市，从农业转入工业。到 20 世纪末，我国农村进城务工人员达 1.2 亿人，成为产业工人的重要组成部分，需要转移的农村富余劳动力仍有 1.5 亿人，每年还新增 600 万人，农民工问题已成为关乎国家经济社会发展的一个重大问题，为此，国家和各级地方政府采取一系列措施提高农村劳动力素质，促进农村劳动力转移。2003 年经国务院批准农业部等七部委联合实施了《2003—2010 年全国农民工培训规划》。在这一历史背景下，陕西省教育厅总结多年来发展职业教育的经验教训，于 2003 年 6 月确定了以县级职教中心为龙头，大力实施“一网两工程”的职业教育办学新思路。“一网”就是农村职业教育和培训网络；“两工程”就是职业教育强县富民工程和职业教育促进农村劳动力转移培训工程。具体来说，“一网”是指它以西北农林科技大学和杨凌职业技术学院为龙头，以农业类普通中专学校为骨干，以县级职教中心（75 所）和重点职业高中（30 所）为基础，以乡镇农民文化技术学校（5000 所）为辐射点的为农民脱贫致富服务的网络体系。[②]

在一定程度上说，“一网两工程”是对农村职业教育和培训网络体系的一种形象说法。2005 年《国务院关于大力发展职业教育的决定》指出：建立和完善遍布城乡、灵活开放的职业教育和培训网络。教育

① 湖南省邵阳市委市政府．“十百千万工程”——农科教结合的成功尝试[J]．北京成人教育，1999.9.

② 柯昌万．寻找农村致富的金钥匙——陕西省实施职业教育“一网两工程”纪实[N]．中国教育报，2005-6-13.

部《关于印发2005年职业教育与成人教育工作要点的通知》中指出：大力推广陕西实施“一网两工程”的经验，健全县、乡、村职成教育培训网络。动员各类职业学校、成人学校和培训机构，广泛开展农村劳动力转移培训和实用技术培训，切实提高农村劳动力的创业和致富能力。

湖南邵阳的“十百千万工程”和陕西省的“一网两工程”，本质是一样的，都是“三教统筹”“农科教结合”的具体表现。但湖南邵阳的“十百千万工程”中的“农”主要是指农业，而陕西省的“一网两工程”中的“农”主要是指农民，更具有时代特色，二者的差异，不是中、西部区域性差异所致，而是发展时间上先后的结果。“农科教结合”中“农”的内涵由农业发展成为农民，不仅体现了以人为本的思想，反映了农村职业教育的面向由过去服务于农业到服务于农业农村和农村劳动力转移等多个方面，极大地丰富了农科教结合的内涵，农科教结合开始从农村走向城镇，体现了城乡统筹发展的思想，增强了农科教结合的活力。

五、“边上学、边致富”与“公司+学校+农户”

由于我国许多农村中等职业学校是从普通高中转制而来的，虽经过10年的发展，办学条件仍然较差，“黑板上种庄稼、开机器”的现象较普遍，毕业生回乡出现了“种田不如老子，养猪不如嫂子”的被动局面。1990年国家教育委员会制定的《全国农村教育综合改革实验区工作指导纲要（试行）》中指出：“当地政府要划拨一部分土地、山林、水面给学校作劳动和生产实习基地……职业中学不仅要有与专业教学要求相适应的、较高经营管理水平的校内生产实习基地，而且要积极发展校外和学生家庭实习基地。”学校要加强经营管理，充分利用基地培养学生的劳动观点和动手能力，掌握实际本领，开展科普实验，推广新技术，对当地生产起示范作用。许多农村职业学校在改革实践中探索出“边上学，边实践，边致富”等培养模式。如河北迁安职教中心学生一入学，学校就要求每个学生根据自己所学专业及家庭的种养殖实际，在教师的指导下建立家庭实习基地，或搞养殖，或搞种植，边上学，边致富。[①]黑龙江北安农垦职教中心学校要求学生课堂学理论，基地看示范，回家放手干。要求教师校内办科研，社会做示范，深入农场搞生产（经营）。由专业课教师牵头，建立学生家庭生产经营指导小组，从专业学生中选出科技示范户，进行重点指导，影响和带动周边群众，帮助这些户制订科学发展规划，提供技术咨询。唐山丰南区农职中实施“一师带两生，两生带十户”的“双边生”培养模式。[②]

随着市场农业的不断发展，1997 年我国提出了大力发展农业产业化经营，在实践中产生了巨大的作用，农业产业化经营成为我国农业发展的基本方向。农业产业化的基本经营形式有“公司+基地+农户”“公司+合作社+农户”等。许多农村职业学校在服务农业产业化过程中取得了发展，他们围绕当地主导产业调整或设置专业，培养农业产业化所需的专业户、科技示范户、合作社人才、经济能人等；利用人才和科技优势，充分发挥实习基地、校办工厂（场）科技示范作用，引进和推广优良畜禽和先进的生产经营管理技术，与加工企业合作，服务于农业产业化的产前、产中、产后各个环节。把培养人才、科技推广与公司、农户联系起来，把教育同生产联系起来。

“公司＋学校＋农户”办学模式是对“边上学、边致富”模式的继承，它不仅直接服务于农业产中的农户和农业生产，而且按照农业产业化的要求，围绕产业化项目，服务于农业产业化的人才培养、基地建设、科技推广、技术服务等各个环节。无论是“边上学、边致富”还是“公司+学校+农户”办学模式都形成了“依托产业办专业、办好专业促产业”的办学格局，在农业领域开启了我国职业教育校企合作、工（农）学结合的先河，为我国职业教育的改革提供了有益的经验。

六、“依托专业办产业　办好产业促专业”和参与集团化办学

长期以来，我国职业教育一直非常重视校办产业、校内实习基地

---

① 彭学军．迁安市职教中心“边上学边致富”有特色[J]．职教通讯，1999.5.

② 丰南农中以“双边生”培养为载体在科技兴农中发挥积极作用[OL]，丰南教育信息网，2006，203.

的建设。如1991年《国务院关于大力发展职业教育的决定》中指出：各类职业技术学校和培训中心，应根据教学需要和所具有的条件，积极发展校办产业，办好生产实习基地。提倡产教结合，工学结合。政府和有关部门要在起步资金、条件设施、产销渠道等方面给予支持。但由于我国许多地区农村经济发展水平一般，政府对职业教育的投入十分有限，为了加强实践能力的培养，许多农村职业学校依托精品专业的优势，积极创办相应的校办产业，依托专业发展产业，以产业发展促进专业建设，形成“产教结合、产教并举、以教促产、以产养教”的良性循环，创造了依托专业办产业，办好产业促专业的办学模式。在湖南邵阳、河北南宫、江苏句容、山东潍坊等地的职业学校提出，要以市场为导向，努力做到办一个专业，建一个实体，育一批人才，兴一个产业，富一方群众，并在这方面创造了很好的经验。同时，也促进了当地经济发展。①

随着我国综合经济实力的不断增强，2002年全国职业教育工作会议以来，中央和地方政府加大了对职业教育投资的力度，来进一步改善我国职业教育办学条件。2004年教育部和财政部《关于推进职业教育若干工作的意见》中指出：从2004年开始，中央财政设立专项资金，对符合条件的各级各类职业院校实训基地进行扶持。尤其是2005年《国务院关于大力发展职业教育的决定》中提出“十一五”期间国家投资100亿元加大职业教育基础能力建设，将不断改善中等职业学校的办学条件。与此同时，国家大力推行“工学结合、校企合作”的培养模式，职业学校一改过去依靠自身力量发展职业教育为充分利用社会资源发展职业教育，许多农村职业学校从过去“依托专业办产业，办好产业促专业”封闭的办学思路逐步走向“依托产业办专业，办好专业促产业”开放的办学之路，积极参与集团化办学。如城乡联合、以城带乡的“河南模式”，2003年以来河南省以城市名牌中职、高职学校为龙头，以农村中职学校为主体，以龙头学校的品牌专业为纽带，吸收相关行业、企业及科研单位组建职教集团。利用职教集团平台，

① 张玉文. 促进职教与经济社会良性互动协调发展——产教结合之路越走越宽[N]. 中国教育报，2004-2-14.

通过以城带乡、以强带弱，促进农村中职教育的规模扩张、城市职教的质量提高。市县合作、三段培养的“海南模式”，以主导行业为服务面向，以城市示范性职业学校为龙头，以县（市）职教中心和相关企业为成员，学生第一年在县（市）职教中心学习基本文化知识，接受职业意识、职业道德、职业习惯培养；第二年在城市示范性中职学校学习专业理论，强化技能训练；第三年到企业顶岗实习，毕业后由城市学校推荐就业。[①]

“依托专业办产业，办好产业促专业”办学模式，由于学校的职能主要是人才培养，所以职业教育和产业发展相互促进的作用是十分有限的。而具有“依托产业办专业，办好专业促产业”特性的集团化办学，由于实现了职业教育与行业、城市与乡村、学校与企业的有效结合，促进校企优势互补，形成学校与企业之间的良性互动，推动职业学校和企业共同发展，拓展了职业教育的发展空间，其作用是无限的。教育部在海南召开的 2009 年度职业教育与成人教育工作会议暨全国职业教育集团化办学经验交流会上要求全国各地加快推进职业教育集团化办学，推进校企合作、区域合作、城乡合作和校际合作。

我国农村幅员辽阔，各地农村职业学校在办学实践中创造了许多成功的经验，可以说每一所成功的农村职业学校都书写了一部成功的发展史，上面归纳的仅限于报道的或在全国产生了较大影响的一些，还有许多有待我们去挖掘、去总结。农村职业教育办学中产生的这些经验，虽然有些做法随着社会经济条件的变化已不复存在，有些经验随着时光的推移也在退去以往的光环，但他们都是农村职业教育发展的真实写照，总结这些经验不仅仅是对历史的回顾，更重要的是为今后发展提供有益的借鉴。当前，我国农村职业教育进入了城乡统筹发展新的历史时期，农村职业教育发展注入了新的活力，发展空间更大，需要我们更新观念，用更广阔的视野去审视它、认识它、发展它。

---

① 沈祖芸．我国职教集团化办学的模式及类型[N]．中国教育报，2009-4-18.

第二十二章 农村中等职业教育的成就与展望

中国的问题实质上是农民问题，解决好农民问题必须解决好农民的教育问题。农村职业教育历来受到党和国家的高度重视。新中国成立以来，尤其是十一届三中全会之后我国农村职业教育取得了长足的发展，不仅为农村经济社会发展、乃至国民经济发展培养了大量的实用型人才，而且在改革开放进程中取得了一系列成果。梳理这些取得的成就既是对农村职业教育的历史性回顾和总结，也是进一步搞好农村职业教育的基础。随着整个国家现代化步伐的加快，我国农村经济社会进入了城乡一体化发展、发展现代农业、建设社会主义新农村和全面建设小康社会新的历史阶段，作为农村经济社会重要组成部分的农村职业教育，必须审时度势，正确把握农村经济社会发展趋势，重新审视和定位自己的发展思路和方向，来更好地适应经济社会发展的要求。

第一节 取得的主要成就

新中国成立后，我国农村中等职业学校在 1958—1960 年、1963—1965 年曾两次取得了较快的发展，在数量上达到了非常大的规模，但由于受“左”的思想的影响，过于急于求成，办学规模脱离当时社会经济发展条件，违背了教育规律，再加上十年“文革”的破坏，农村职业教育在“文化大革命”结束后几乎完全消失。总之，在经济体制改革以前，农村职业教育没有成为一种独立的教育形式保留下来，农村教育结构仍为单一的普通教育。农村经济体制改革以来，随着我国社会经济条件的发展变化，尤其是随着工业化和城市化进程不断加快，我国农村职业教育在教育结构调整中得以恢复和发展。回顾改革开放30多年来的发展历程，我们认为我国农村职业教育主要取得了以下几方面的成就。

一、农村职业教育从无到有，并初步建立了较完善的体系

在1978年4月召开的全国教育工作会议上，中央提出了中等教育结构改革的问题，邓小平同志在会议的讲话中指出：“应该考虑各级各类学校的比例，特别是要扩大农业中学、各种中等职业学校和技工学校的比例”。1980年10月，国务院批转了教育部、国家劳动总局《关于中等教育结构改革的报告》，针对我国中等教育结构不合理的状况，提出普通教育与职业、技术教育并举，全日制学校与半工半读学校、业余学校并举，国家办学与业务部门、厂矿企业、人民公社办学并举的方针；县以下教育事业应当主要面向农村，为农村的各项建设事业服务；可以适当将一部分普通高中改办为职业（技术）学校、职业中学、农业中学。农村职业教育在农村教育结构调整中得以恢复。1980年全国出现了3314所农业中学及职业中学，其中，农业中学为2924所，占了88.23%。1984年农村职业中学达到了6262所，占全国职业中学的89.43%，其中，职业初中1802所，占全国职业初中的98.6%；职业高中4217所，占全国职业高中的81.5%。随着农村经济体制改革，尤其是国家提出农村城市化和工业化发展战略以来，农村职业中学发展出现了两大趋势：一是农村职业中学在全国的比例下降，二是农村职业中学向县镇集中。农村职业初中的比例从1984年的98.6%下降到2002年的96.85%，农村职业高中的比例从1984年81.5%下降到2002年的56.4%。职业初中分布在县镇的比例从1984年的5.3%上升为

17.8%；农村职业高中在1992年以前分布在县镇的职业高中低于分布在乡村的职业高中，农村职业高中分布在县镇的比例从1984年的24.7%上升为2002年的74.6%。①

农村成人学校也取得了长足的发展。农广校（农业广播电视学校）从1981年创办以来，从原来的以培养种养业人才为主逐渐拓展为种植、养殖、农业工程、经济管理与服务四个门类的49个专业，基本涵盖了农业和农村经济的各个领域，而且不断地调整和改进专业，2000年增设了现代乡村综合管理、人口与计划生育管理、汽车维修和计算机应用等专业。目前，农广校已形成包括1所中央校、39个省级校、348个地（市）级分校，县级校2145个，12000个基层（乡镇）教学班的五级办学体系。基本上形成了每个县拥有1所农广校，每3个乡镇有一个教学点的办学格局。

乡（镇）村成人技术培训学校从20世纪80年代以来一直处于不断发展壮大的状态，乡镇成人技术培训学校从1986年的每2.5个乡镇拥有1所，发展到1990年1.5个乡镇拥有1所，1995年1.2个乡镇拥有1所，到2000年几乎每个乡镇拥有1所。村办农民成人技术培训学校1986年为8.73个行政村拥有1所，发展到1990年为5.87个村拥有1所，1995年2.16个拥有1所，2000年1.7个村拥有1所。② 2000年以后，随着我国大部分农村地区"两基"任务的达标，乡（镇）村成人学校数量和注册学生人数均开始下降。截至2006年我国共有城乡成人技术培训学校17.77万所，培训结业人数4467.25万人，其中，农民技术培训学校15.1万所，培训结业人数4520.58万人，分别占城乡成人技术培训学校和培训结业人数的85%和81.2%，农村成人初等教育仍占主体。

总之，经过30年的发展，我国农村基本上已形成了以高等农业院校为龙头，中、初等农村职业学校为骨干，乡（镇）村成人技术培训学校、农业推广教育和农广校为主体，农业实用技术培训、农村劳动

① 曹晔，汤生玲．我国城镇化和工业化过程中的农村职业教育[J]．职业技术教育，2007（1）:66-69.

② 曹晔，冯利民．我国农村职业学校布局结构与专业结构调整分析[J]．教育与职业，2008（5）:19-21.

力转移培训和农村管理干部培训为重点，农科教结合、“三教”统筹为主要形式，高等农业教育、农村职业教育、农村成人教育三个层次合理布局、相互补充、协调发展的“三农”职业教育和培训体系。

二、县级职教中心成为农村职业教育的重要办学形式

县级职教中心是20世纪80年代末和90年代初期河北省在农村教育综合改革试验中创造的。在多年来的计划经济体制下，我国农村中等职业教育呈现出多部门办学的格局，形成了农业部门办的农、牧业中专、劳动部门办的职工中专、工业部门办的技工学校、水利部门办的水利学校，供销系统办的供销学校、卫生系统办的卫生学校，建筑部门办的建筑学校，教育系统后来兴办的职业中学，甚至在一些大的部门如农业部门，还分为农业学校、农机学校等。这种部门办学在计划经济体制下发挥了重要的作用，但随着计划经济体制向市场经济体制的过渡，尤其是1992年提出建设社会主义市场经济体制以后，这种规模狭小、分散，专业单一、服务面窄的部门办学越来越不能适应产业结构调整、经济结构变化、政府职能转变等的需要，尤其是一些国有经济比例逐渐下降的部门，如供销、建筑等行业，在发展中越来越难以支撑学校的日常经费，招生人数逐年减少，许多学校难以生存，面临着倒闭的危险，而各部门依靠自身的力量又难以解决，这一重任就自然落到作为管理各职能部门的政府身上。以河北省为例，据资料统计，1989年全省139个县(市)共办各级各类中等职业技术学校1297所，平均每个县（市）9所，有农业学校、农广校、卫校、技工学校、商校等，学校规模普遍很小，有的在校生不足100人。县级职教中心就是通过政府协调，部门联办，把政出多门的多个职业学校整合成一个多专业、多功能的职业教育发展中心，形成了“政府统筹、部门联办、教育协调、多校一体”的办学体制。通过教育资源的整合，既实现了资源的共享，优化了资源的配置，扩大了办学规模，提高了资源的使用效率，又能随着市场变化不断调整和增设新的专业，能更好地适应市场经济的发展。据统计，1995年，河北省138所县级职教中心

平均在校生1226人，比1990年的县办各类职业学校校均383人增长了220.1%。[①]

实践证明，县级职教中心是我国经济体制转型过程中政府举办农村职业教育的有效形式。它的产生有效地深化了农村职教管理体制，优化了农村职业学校的资源配置，提高了农村职业教育规模、质量和效益。这一模式被理论界人士称为“河北模式”，并逐渐在全国推广普及。如1997年江苏省决定实施“1122工程”，在全省范围内建成100所占地面积在6.66万平方米以上，建筑面积在2万平方米以上，在校生2000人以上，以就业前中等职业教育为主体的职前、职后沟通，多层次、多形式办学，具有多种功能的示范性骨干职教中心。辽宁省委省政府2003年下发了《关于加快推进县（市、区）职教中心建设工作的意见》，要求每个县建立一所水平较高的职教中心。2007年8月25日，福建省发改委、教育厅和劳动社会保障厅联合下发了《关于加快推进县级职教中心建设的指导意见》。2005年6月，教育部在宝鸡市召开了全国县级职业教育中心改革与发展座谈会，周济同志在会上做了重要讲话，充分肯定了县级职教中心的地位和作用。2005年《国务院关于大力发展职业教育的决定》中提出要加强县级职教中心的建设，更加明确了其发展方向，各地都采取多种措施加大县级职教中心的建设力度。

三、专业设置从单一的农林类发展为覆盖农村三类产业

体制改革以前，我国一直坚持农村发展农业、城市发展工业的产业布局，因此，体制改革初期，农村产业结构单一，主要是农业，使得1980年农村中等教育结构调整产生的职业中学均叫农业中学，农业中学的专业主要是农林类专业。1981年3月30日，中共中央和国务院转发了国家农委《关于积极发展农村多种经营的报告》，提出绝不放松粮食生产，积极发展多种经营的发展方针，农村二、三产业开始

① 曹晔．试论我国农村职业教育中的县级职教中心[J]．职业技术教育，2005（16）：50—54.

快速发展，此后乡镇企业异军突起，发展成为农村经济的主导力量，据统计，乡镇企业已经创造了 1/3 强的国内生产总值、吸收了 14000 多万的农村剩余劳动力。经过多年的发展，许多乡村由于快速的工业化而发展成为常住人口为 2 万～5 万的小城镇，甚至成为中型城市。农村一、二、三产业结构的比例由 1978 年的 68.56:19.46:11.98 发展为 1998 年的 22.3:55.9:21.8，农村劳动力在一、二、三产业的就业结构由 1978 年的 89.7:6.8:3.5 发展为 1998 年的 70.1:11.3:18.6，[①]农村产业结构和就业结构的变化，尤其是 20 世纪末以来农村劳动力大规模向城市转移极大地推动了职业教育专业结构的调整。1985 年我国职业高中在校生 133.48 万人，其中农林类专业在校生 59.3 万人，占 44.42%，而发展到 2003 年，职业高中在校生数达到 455.76 万人，而农林类专业下降到 29.5 万人，占 6.47%。总之经过多年的发展，农村职业教育的专业结构基本上能适应农村产业结构发展的需要。统计资料表明，我国职业高中一、二、三产业专业结构比例 1985 年为 37.11:25.40:37:49，到 2003 年 7.79:46.16:46.05。我们对 2007 年河北省和安徽省的抽样调查表明，河北省调查的 28 所农村中等职业学校一、二、三产业专业的比例是：7.07:45.43:47.5，安徽省 22 所的比例是 6.25:29.46:64.29。

四、服务方向从面向农村转为农村以劳动力转移两个大方面

我国农村职业教育在兴办初期，主要是服务农村经济社会发展，多年来不仅为农村培养了大量的专业技术人员，而且积极兴办校办产业、农业试验、示范基地，参与农业科技推广，最为典型的是河北省南宫职教中心创造的“上挂、横联、下辐射”办学经验。“上挂”就是与大专院校和科研单位挂钩，引进新品种、新技术、新项目，聘请专家教授来讲学。“横联”就是与当地农、林、畜、科委等相关部门建立横向联系。向下辐射到乡（镇）成人文化技术学校、农村及农户，实

① 夏永祥，余其刚．从非农产业结构看我国农业和农村的经济结构调整[J]．中国软科学，2001（8）:115—118.

行帮扶办学和生产指导。

由于我国人均耕地少，随着农村社会经济的发展，人地矛盾越来越突出，在城市化与工业化的推动下，出现了农业劳动力向非农业产业转移，农村劳动力向城市转移，转移农村剩余劳动力越来越成为解决“三农”问题的重要途径。党的十六大报告强调，农村富余劳动力向非农产业和城镇转移，是工业化和现代化的必然趋势。党的十六届三中全会和中央经济工作会议都指出，要把改善农村富余劳动力转移就业环境，作为深化农村改革、完善农村经济体制的一项重要措施。2003 年召开的中央农村工作会议，进一步指出要按照统筹城乡经济社会发展的思路，加强农民技能培训，改善农民转移就业环境，努力拓展农村内、外部增收空间。2004 年中央 1 号文件，进一步提出了促进农民从传统农业向现代农业、从农业向非农产业、从农村向城镇转移就业的一系列政策措施，并首次提出“进城就业的农民工已经成为产业工人的重要组成部分”这一重要论断。据统计，1990—2001 年的 11 年间，我国平均每年新增城镇 800 多个，每年转移农村人口约 1000 万人，11 年超过 1 亿人。[①]为此，农业部等六部委联合制定的《2003—2010 年全国农民工培训规划》提出：2003—2005 年，开展引导型培训 1000 万人，开展职业技能培训 500 万人；2006—2010 年引导型培训 5000 万人，开展技能培训 3000 万人。农村职业中学除了积极参与农村剩余劳动转移培训阳光工程外，即使是学历教育，其专业设置、人才培养目标有很大比例是面向农村劳动力转移的。总的来看，农村经济发展水平高，当地主导产业优势明显，农村中等职业学校的专业设置、人才培养主要面向当地经济社会；农村经济发展水平低，主导产业特色不明显，农村中等职业学校的专业设置、学生去向主要是面向发达地区劳动力市场。

① 中国教育与人力资源问题报告课题组．从人口大国走向人力资源强国[M]．北京：高等教育出版社，2003:87—89.

五、农村中等职业学校的办学条件和服务能力不断增强

横向来看，农村职业教育仍然是我国职业教育中最薄弱的环节，仍然处于基础能力建设时期，但从 30 年的发展历程来看，在各级政府的大力支持和各职业学校的不懈努力下，农村职业学校无论是办学条件、办学实力，还是服务社会的能力上，都有了很大的提高。以河北省南宫职教中心为例，该校 1988 年建校，经过 20 年的发展，学生人数从 60 多人增加到 8000 多人，建筑面积由建校初期不足 1000 平方米发展到现在的 13.6 万平方米，固定资产由 40 多万元增加到 8000 多万元，开设专业由农学、牧医两个专业增加到现代农业、建筑、财会、幼教等 20 多个专业，实训基地由单一的农业增加到现代农业、建筑、数控、电子电工、金属焊接、计算机等 10 余个实训基地的“五大跨越”。学校先后探索出“上挂、横联、下辐射”“三业一体”“六业贯通”等模式。办学 20 多年，学校始终坚持“培养专业技术人才、传播实用技术、开展劳动力转移培训”的办学宗旨，累计培养长期班毕业生 38600 人，举办各种短期班 2000 余期，内转外输农村劳动力 53800 人，先后向本市及周边地区推广优良品种 25 个，传播先进技术 36 项，提供优良麦种 8 万公斤，优质仔猪 3.9 万头，雏鸡 28 万只，食用菌 4.3 万公斤，鸡、猪饲料 7500 吨，修剪果树 75 万株，为全市经济建设和社会发展做出了突出贡献。南宫职教中心仅仅是全国 3000 多所农村中等职业学校的一个缩影。

六、东西合作、与城市联合办学成为一条重要途径

近些年来，我国东南沿海经济发达地区，也是我国制造业较集中的地区，既有广阔的就业市场，又有良好的办学条件，但本地生源不足制约着职业教育的发展，而在广大中西部的农村地区，经济发展水平低，就业不充分，存在着大量的剩余劳动力，能够有效就业成为农村地区人们接受职业教育的最大愿望，而本地的职业教育无论是数量和质量都不能满足现实需要。为使更多的农村初中毕业生能够接受职

业教育，实现有效就业，近年来各级政府和教育主管部门积极促进城乡和东西部职业学校合作办学、联合招生。2003年《国务院关于进一步加强农村教育工作的决定》中指出："要积极推进城市与农村、东部与西部职业学校多种形式的合作办学，不断扩大对口招生规模。城市和东部地区要对农村家庭经济困难的学生适当减免学费并为学生就业提供帮助，促进农村新增劳动力转移。"2006年东部对西部、城市对农村中等职业学校联合招生、合作办学规模达到40万人，2007年达到了50万人。此类办学方式，通过统筹城乡和东西部职业教育资源，解决了农村和西部优质职业教育资源不足而生源较多，城市和东部优质职业教育资源相对丰富而生源短缺的矛盾，有利于促进区域间职业教育的协调发展，是落实国家提出的"城市支持农村，工业反哺农业"发展战略在教育领域的具体表现。根据我们对河北省和安徽省进行的抽样调研，如在安徽省调研的22所农村中等职业学校的112个专业中，有16个专业开展了联合办学，而城市中等职业学校的241个专业中仅有2个专业实行联合办学。河北省调研的28所农村中等职业学校设置的339个专业中，有67个专业实行联合办学，而15所城市中等职业学校设置的299个专业中，有6个专业开展联合办学。

七、农村职业教育教师队伍从小到大，教师素质不断提高

我国绝大部分农村职业中学是由普通中学转制后形成的，因此，职业中学师资队伍建设的任务繁重。为此，国家采取了一系列政策举措来加大对职业教育师资队伍的建设。正如1985年《中共中央关于教育体制改革的决定》中指出："师资严重不足，是当前发展中等职业技术教育的突出矛盾。各单位和部门办的学校，要首先依靠自身力量解决专业技术师资问题，同时可以聘请外单位的教师、科学技术人员兼任教师，还可以聘请专业技师、能工巧匠来传授技艺。"农村职业教育发展的社会经济条件差，农村职业学校的师资建设的问题更为突出，为此，国家还专门针对农村职业教育师资队伍建设薄弱的现状进行了重点扶持。如20世纪90年代初原国家教委、农业部、林业部颁布的

《关于加强农村、林区中等职业学校和农民中专农类、林类专业师资队伍建设的几点意见》中指出：各级政府及农林、科技等部门应积极支持农村、林区职业技术教育、成人教育的发展，抽调部分适宜做教学工作的科技人员到学校担任专职或兼职教师。凡到县以下（含县城）学校任兼职教师的，工资（含津贴、奖金等）由原单位照发，各地可根据实际情况给予适当补贴。调到学校任职的专职教师，应享受同级教师待遇。

通过多年的建设，我国农村职业教育师资队伍建设取得了可喜的成效，师资队伍的数量基本上能满足农村职业教育事业发展的需要，素质也有了明显的提高。统计资料表明，2005 年职业高中专任教师 28.25 万人，具有本科学历的比例达到 67.74%，比 1993 年提高了 42%，是各类中等职业学校中提高比例最快的；具有高级职务教师的比例为 13.11%，比 1993 年提高了 9%；专业课和实习指导课中，“双师型”教师的比例为 23.8%，接近全国各类中等职业学校平均水平的 24%。通过我们对中部地区河北、湖北、安徽中部三省 2006 年 68 所职业高中的师资队伍建设现状抽样调查结果来看，专任教师中具有高级职称教师的比例为 15.4%，具有本科及以上学历的教师比例是 76.6%；“双师型”师资占专业课教育的比例为 46.3%；文化课教师、专业课教师、实习指导教师的比例是 51.7:38:10.3。总的来看，农村职业学校初步建立起与事业发展相适应的师资队伍。

八、形成了灵活、多样、开放的多种办学形式

农村中等职业教育在多年的改革发展中，除了搞好学历教育，积极参与阳光培训工程和兴办各种短期培训班外，各地依据实际情况，积极创新办学形式。如 20 世纪 90 年代出现的“职、成、普”三教统筹、初高中渗透职业教育、农业职业教育的“边上学，边致富”“十百千万工程”。21 世纪的“学校+农户+市场”“依托专业办产业 办好产业促专业”“一网两工程”、城乡合作办学的“三段式”、订单培养、职教集团等多种办学形式，有效地推动了我国农村职业教育的发展。

在县级职教中心的建设中，各地的做法也不一样，如最早的河北省是统一规划和新建，把各类职业学校合并到一所学校，在办学体制上形成“一校多制”，后来许多县级职教中心建设因地制宜，大多采用了学校合并的形式，形成“一校多制、一校多区”的办学格局。福建省对县级职教中心的建设提出了“多校一体”的办学体制，即以一所条件较好的中等职业学校为主体，联合县域内中等职业学校、乡（镇）成人文化技术学校和职业培训机构等各类职业教育资源，组成综合性、多功能、有较高办学水平与办学效益的县级职教中心。吉林省农安县职教中心实行“民办公助”，即由凤有公司和农安县人民政府共同举办，以民办为主体，以公助为补充，产权按投资双方出资比例所有，公助期限为3年，逐步向完全民办体制过渡。职教中心实行在董事会领导下的校长负责制。①

近年来，一些地方在“三教统筹”方面创造了有益的经验。如吉林省九台市探索出的“提前渗透、职普衔接、三级递进、拓宽出口”、农村初中“一校挂三牌”（初中牌子、农民技术学校牌子、职业学校分校牌子）、“一长管三校”的农村职业教育发展模式。河北省唐山市等其他许多地区针对未升学的农村初高中毕业生开展绿色证书教育等。

九、支持农村中等职业教育的制度体系正在逐步形成

2004年，国家发改委和教育部提出了实施“推进职业教育发展专项建设计划”，决定连续4年每年投入专项资金，重点用于县级职教中心建设，扎扎实实地支持1000个职教中心的建设，以此带动全国每个县建设好一个高质量的职教中心。2005年《国务院关于大力发展职业教育的决定》中明确提出：继续实施好县级职教中心建设计划和建立职业教育贫困家庭学生资助制度。“十一五”期间中央财政每年投入10亿元，重点支持1000所县级职教中心和1000所示范性中等职业学校；每年投资 8 亿元支持中等职业学校贫困家庭学生，每年资助 80

① 职业技术教育编辑部．县级职教中心：怎么建，怎么办？——关于吉林的报告[J]．职业技术教育，2007（24）：18—33．

万人。2006 年 7 月 24 日财政部、教育部制定了《关于完善中等职业教育贫困家庭学生资助体系的若干意见》。该《意见》提出了资助体系主要包括 6 个方面：建立助学金制度，建立奖学金制度，建立以学生参加生产实习为核心的助学制度，建立学费减免制度，建立助学贷款或延期支付学费制度，建立社会资助制度。2007 年 3 月温家宝同志在《政府工作报告》中宣布："为了促进教育发展和教育公平，我们将采取两项重大措施。其中一项就是从今年新学年开始，在普通本科高校、高等职业学校和中等职业学校建立健全国家奖学金、助学金制度。中等职业学校资助的对象覆盖所有在校的一二年级农村学生，农村职业学校的学生全部得到了资助。资助标准为每生每年 1500 元，连续资助两年共 3000 元，以解决学生在学期间的基本生活需要。各省市也积极探讨资助体系，如江苏省从 2004 年起就建立了职业教育助学金制度，安排统计专项经费，对农村家庭经济困难的学生进行资助。" 2008 年党的十七届三中全会通过的《中共中央关于推进农村改革发展若干重大问题的决定》中明确提出：加快普及农村高中阶段教育，重点加快发展农村中等职业教育并逐步实行免费。2010 年《教育规划纲要》指出逐步实行中等职业教育免费制度，完善家庭经济困难学生资助政策。2012 年，财政部、国家发展改革委、教育部和人力资源社会保障部联合下发了《关于扩大中等职业教育免学费政策范围进一步完善国家助学金制度的意见》。这些政策的落实和进一步完善无疑极大地促进了农村职业教育的发展。

十、农村职业教育进入了城乡统筹发展的新阶段

多年来，由于受我国城乡经济社会二元结构的严重影响，城市的技工学校只招收城镇职工的子女，毕业后在城市当工人，中专虽然招生没有限制，但培养的主要是干部，农村职业教育只招收农村的学生，服务面向是农村。可见，在职业教育领域也存在着城乡分割的现象。党的十六大提出，全面建设小康社会必须统筹城乡经济社会发展。城乡统筹发展就是充分发挥工业对农业的支持和反哺作用、城市对农村

的辐射和带动作用，建立以工促农、以城带乡的长效机制，促进城乡协调发展。职业教育作为社会事业，发展也需要城乡统筹。实际上我国职业教育经过多年的发展，农村职业教育和城市已形成了相互联系、相互依赖、相互补充、相互促进的关系，农村职业教育的发展离不开城市职业教育和企业的辐射和带动，城市职业教育的发展也离不开农村生源的支持。2003 年《国务院关于进一步加强农村教育工作的决定》中指出："城市职业学校要扩大面向农村的招生规模，到 2007 年争取年招生规模达到 350 万人。城市各类职业学校和培训机构要积极开展进城务工就业农民的职业技能培训。"从现实来看，我国城市中等职业教育的生源大约有 70%左右的来自农村，城市的现代工业和职业学校的发展已越来越离不开农村职业教育和生源的支持，城乡职业教育已进入一个统筹发展的新阶段。

第二节　面临的任务与发展趋势

一、县域职业教育将取代农村职业教育

农村是相对于城市而言的，农村与城市的划分是城乡分割的产物，按照城乡统筹的发展理念，党的十六大第一次提出了"县域"这个概念，十六届三中全会又进一步强调"要大力发展县域经济"，在这样的大背景下，县域经济的问题被提到了议事日程并受到前所未有的重视和关注，种种迹象和现实表明，中国走向县域经济时代已经是大势所趋。当然，现实中农村与城市是客观存在的，农村与县域的提法本质上是没有多大差别的，把农村改为县域，充分体现了城乡统筹的战略思想，正是基于这一思想，《国家中长期教育改革和发展规划纲要（2010—2020 年）》（以下简称《规划纲要》）中强调："健全县域职业教育培训网络，根据需要办好县级职教中心。"县域城乡统筹是我国城乡统筹的基础，是统筹的重点，因此，县域职业教育将取代以往农村职业教育，发展县域职业教育就是发展农村职业教育。

二、农村职业教育将首先进入免费教育阶段

2007 年中央 1 号文件《中共中央国务院关于积极发展现代农业扎实推进社会主义新农村建设的若干意见》中指出："加大对大专院校和中等职业学校农林类专业学生的助学力度，有条件的地方可减免种植、养殖专业学生的学费。" 2008 年党的十七届三中全会通过的《中共中央关于推进农村改革发展若干重大问题的决定》中进一步指出："加快普及农村高中阶段教育，重点加快发展农村中等职业教育并逐步实行免费。"《中共中央国务院关于 2009 年促进农业稳定发展农民持续增收的若干意见》明确提出："加快发展农村中等职业教育，2009 年起对中等职业学校农村家庭经济困难学生和涉农专业学生实行免费。"为了落实国务院的精神，2009 年国家财政部、发展改革委、教育部、人力资源社会保障部联合发布了《关于中等职业学校农村家庭经济困难学生和涉农专业学生免学费工作的意见》。农村职业学校涉农专业比例大、农村生源是主体，在中等职业教育逐步实行免费的历程中，农村职业教育将实现全部免费，首先成为高中阶段的免费教育。

三、农村职业教育的涉农类专业比例将不断增大

随着我国工业化和城镇化进程不断加快，农村职业学校的比例在逐渐下降。据对教育部职成教司信息系统数据库中筛查：2008 年，全国县级职教中心、县级和县以下的各类中等职业学校共计 4032 所，占全国中等职业学校总数 14847 所的 27.2%；全国县级职教中心、县级和县以下的各类中等职业学校招生 16697 万人，占全国中等职业学校招生总数 812.11 人的 20.9%；在校生 274.91 万人，占全国中等职业学校在校生总数 2087.09 万人的 13.2%。在县和县以下的各类中等职业学校中，县级职教中心有 1074 所，2008 年招生数、在校生数分别为 51.04 万人和 158.42 万人。[①]可见，农村中等职业学校在校生比例越来

① 张昭文．加快发展农村职业教育的研究报告[J]．中国职业技术教育，2011（9）:68-73.

越接近全国涉农类专业的招生比例约10%的数字，说明全国涉农类专业集中在农村从数量上来看是可行的。随着资源、环境、人口矛盾的日趋突出，农产品价格上升、食品短缺和安全问题已成为世界性问题。党的十六届四中全会指出：“农业是安天下、稳民心的战略产业，必须始终抓紧抓好。”我国从2004年以来连续9年中央1号文件都是以“三农”为主题的，2007年中央1号文件明确提出对农村家庭经济困难学生和涉农专业实行免学费制度，2009年这一政策实施以来，21个涉农专业比例明显在提高。从城乡统筹、城乡一体化发展战略来看，城乡一体化不是城乡同一化，而是城乡发展分工更加明确，协作程度更高。从发达国家工业化的实践来看，农村职业教育应以农业职业教育为主，第二、第三产业的职业教育更适合在城市发展。以上分析表明，按照比较优势原则，农村职业教育将逐渐以发展涉农类专业为主，以更好地服务社会主义新农村建设。《教育规划纲要》也提出“加强涉农专业建设，加大培养适应农业和农村发展需要的专业人才力度”。

四、农村职业教育的教育对象由职前为主向职后延伸

我国属于人多地少的国家，亚洲人多地少的日本、韩国等国家实践经验证明，在国家现代化的过程中，大量农民“半工半农”或“不工不农”，农村会出现兼业化和老龄化的现象。如在20世纪40年代前，日本兼业农户占总农户的比例大约在30%左右，到80年代中期，则在80%以上，其中，第二类型兼业户（以非农收入为主的农户）发展突出，从1941年的21.2%上升到1984年的71.1%。日本农村从1965年到1998年30多年间年龄在65岁的老人则由13%提高到50%。[①]韩国农村50岁以上人口占农村人口比例1970、1980、1990、1995年分别为15.6%、20.5%、34.5%、43.8%。针对农业后继无人、农业人口老龄化和女性化、农业职业教育萎缩的倾向，各国制定了农业后备劳动力和专业（核心）农户培养政策，并不断加大培养力度，即把农业

① 金茂霞，赵肖燕．对日本农业劳动力结构变化的分析与思考[J]．现代日本经济，1997（4）：41—44.

职业教育从重视职前教育向重视职后教育或二者兼顾的方向发展。近些年来，随着我国从农业社会向工业社会的转型，城乡差异进一步拉大，许多农村出现了经济、社会、文化萧条和衰败的趋势，越来越多的农村青年外出到城镇就业，出现了农业劳动力老弱化，农村经济农业化，农业经济副业化，农村发展空心化等现象，一些省市开始探索在职农民的全日制教育，如河北省的新农村建设双带头人培养工程等。河南、云南等一些省市也积极开展“送教下乡”活动，满足在职农民的学习需求。

随着我国农村劳动力的大量转移，农村人地比例逐步改善，农业规模经营的比例不断提高。我国农业正从传统农业向现代农业迈进，农民从身份向职业转变、从兼业向专业转变。2006 年《中共中央、国务院关于推进社会主义新农村建设的若干意见》中提出，提高农民整体素质，培养造就有文化、懂技术、会经营的新型农民。2007 年 10 月，党的十七大报告中进一步强调要培育有文化、懂技术、会经营的新型农民，发挥亿万农民建设新农村的主体作用。2012 年中央一号文件提出“大力培育新型职业农民”。适应新形势，2014 年 4 月，教育部和农业部联合印发了《中等职业学校新型职业农民培养方案试行》，标志着新型职业农民的培养进入实施阶段。新型职业农民的大量产生要求农村职业教育的教育对象由职前向职后延伸。

五、农村职业教育的发展需要强调市级政府的统筹力度

1985 年《中共中央关于教育体制改革的决定》提出中等职业教育主要由地方来负责。1987 年 1 月国务院办公厅转发国家教育委员会等部门《关于全国职业技术教育工作会议情况报告》中指出，面向农村的职业技术教育，在省、自治区、直辖市和地（市）领导下，由县负责统筹。1991 年，国务院《关于大力发展职业教育的决定》提出：“发展职业技术教育主要责任在地方，关键在市、县。”至此形成了农村职业教育主要由县级政府统筹的管理体制。但从发展趋势来看，一方面，未来接受中等职业教育的学龄人口越来越少。从全国小学生和初中生

入学人数变化来看，统计资料表明，小学生入学人数，已经从 1994 年的 2537 万人下降到 2009 年的 1637.80 万人，下降了 1/3 多；初中生入学人数，已经从高峰时期 2000 年的 2295 万人，下降到 2009 年的 1788.45 万人，降幅为 19.97%，高中阶段人数减少已成必然趋势。由于高等教育招生的刚性必然导致普通高中招生的刚性，初中生源减少只能减少中等职业学校职前生源。另一方面，我国幅员辽阔，区域经济社会条件差异大。我国县域人口在不同省（市）之间存在较大的差异。2009 年全国平均县域人口规模为 46.53 万人，东部的江苏和广东省平均每个县域人口分别为 94.19 万人和 75.46 万人，而西部的新疆、青海和西藏分别为 20.97 万人和 11.16 万人和 3.62 万人。从县域之间来看，我国人口最多的县是广东普宁市（县级市），常住人口 350 万人，户籍人口 230 万人，安徽临泉县人口 230 万人，而全国人口最少的 100 个县（自治县、旗）中，最多的人口仅 4 万多，最少的仅 6000 多人，这 100 个县的人口总和与广东普宁市人口差不多。县域经济发展水平也存在较大差异。2004 年，在全国 2010 个县和县级市中，财政困难县的总数就达到 791 个，可见，全国约有 1/3 多的县财政不能自理。此外，随着我国工业化和城镇化进程的加快，农村青年农民大幅度减少，农村出现空心化。鉴于以上情况，对于许多县来说，以县统筹中等职业教育的历史必将被以市统筹的趋势所代替。当然，对于那些人口数量多、综合经济实力较强的县，尤其是县级市，以县统筹将长期存在。

参考文献

一、著作：

1. 刘英杰．中国教育大事典（1949—1990）[M]．杭州：浙江教育出版社，1993.

2.《中国煤炭职业技术教育史》编写组．中国煤炭职业技术教育史[M]．北京：煤炭工业出版社，2009.

3. 方展画等．知识与技能——中国职业教育 60 年[M]．杭州：浙江大学出版社，2009.

4. 金钟明等．中国民办教育史[M]．北京：中国社会科学出版社，2003.

5. 杨士谋，彭干梓，王金昌．中国农业教育发展史略[M]．北京：北京农业大学出版社，1994:204.

6.《中国教育年鉴》编辑部．中国教育年鉴（1949—1981）[Z]．北京：中国大百科书出版社，1984:182.

7. 纪秩尚，郭齐家，余博．中华人民共和国教育法实务全书[M]．北京：北京广播学院出版社，1996.

8. 蒋乃平.《中等职业教育多种课程模式的研究》研究报告[A].教育部面向 21 世纪职教课程改革和教材建设项目成果汇编[C]．北京：高等教育出版社，2002.

9. 徐国庆．职业教育课程论[M]．上海：华东师范大学出版社，2008.

10. 陈至昂．职业教育模式创新与规范管理全书[M]．长春：吉林摄影出版社，2002.

11. 教育部职业教育与成人教育司．面向 21 世纪中等职业教育教学改革文件汇编[M]. 北京：高等教育出版社，2000.

12.国家教委职业技术教育司组织编写. 中国职业技术教育简史[M]. 北京：北京师范大学出版社，1994.

13. 李蔺田. 中国职业技术教育史[M]. 北京：高等教育出版社，1994.

14. 汤生玲，曹晔. 职业教育若干问题的理论与实践[M]，长春：吉林科技出版社，2003.

15. 闻有信，杨金梅. 职业教育史[M]. 海口：海南出版社，2000.

16. 陆定一. 陆定一文集[M]. 北京：人民出版社，1992.

17. 顾明远. 改革开放30年中国教育纪实[M]. 北京：人民出版社，2008.

18. 教育部职业教育与成人教育司，教育部职业技术教育中心研究所. 中等职业教育教学改革理论与实践研究[M]. 北京：高等教育出版社，2008.

19. 张德元，何开荫等. 变迁：安徽农村改革述论[M]. 合肥：安徽大学出版社，2007.

20. 中国教育与人力资源问题报告课题组. 从人口大国走向人力资源强国[M]. 北京：高等教育出版社，2003:87-89.

二、文章

21. 汪海波. 国民经济恢复时期恢复、发展工业的基本经验[J]. 中国社会科学院研究生院学报，1995（1）.

22. 杨黎源. 建国后三次人口大迁徙的流动机制比较及启示[J]. 探索，2007（3）.

23. 陈理. 60年代初精减职工、动员城市人口下乡决策的研究[J]. 当代中国史研究，1996（6）.

24. 杨旭，李剑萍. 两种教育制度：半工半读的两次试验高潮[N]. 中国教育报，2009-10-13

25. 王连英. 我国技工教育的回顾与反思[J]. 太原城市职业技术

学院学报，2006（5）.

26. 徐涵. 工学结合概念内涵及其历史发展[J]. 职业技术教育，2008（7）.

27. 陈波涌. 半工半读职业教育思潮（上）[J]. 职教论坛，2004年10月（上）.

28. 陈波涌. 半工半读职业教育思潮（下）[J]. 职教论坛，2004年11月（上）.

29. 潘海生，周志刚. 高等工程教育专业设置动态调整机制研究[J]. 国家教育行政学院学报，2010（7）.

30. 周光礼，吴越. 我国高校专业设置政策六十年回顾与反思——基于历史制度主义的分析[J]. 高等工程教育研究，2009（5）.

31. 曹晔. 社会职业演变的六大趋势及理论依据[J]. 中国职业技术教育，2010（21）.

32. 陈仁麟. 教育规模与学校布局调整[J]. 基础教育参考，2003（10）:29-30.

33. 石人炳. 国外关于学校布局调整的研究及启示[J]. 比较教育研究，2004（12）.

34. 杜育红. 学校布局结构调整的战略意义[J]. 人民教育，2005（2）.

35. 陈光. 调整中等职业学校布局结构 促进中等职业教育健康发展[J]. 中国职业技术教育，1999（12）:16-17.

36. 丁彦. 论我国政府农村职业教育管理职能演进的内在逻辑[J]. 煤炭高等教育，2010（4）.

37. 曹晔，汤生玲. 城市化与工业化过程中的农村职业教育[J]. 职业技术教育，2007（1）.

38. 严雪怡. 中专课程改革发展趋势[J]. 教材通讯，1990（5）.

39. 姜大源. 关于职业教育的课程观[J]. 中国职业技术教育，2003（31）.

40. 谭移民. 论能力本位的职业教育课程改革[J]. 教育研究，2001

（2）.

41. 赵丹丹，赵志群. 我国职业教育课程改革综述[J]. 中国职业技术教育，2005（25）.

42. 蒋鉴. 积极搞好职业教育“九五”规划教材建设规划[J]. 职教通讯，1995（2）.

43. 费爱伦，戴小芙. 面向21世纪，启动职业教育课程改革与教材建设工程[J]. 中国职业技术教育，1997（1）.

44. 教育部专项研究课题组. 中等职业教育教材建设问题与对策分析[J]. 中国职业技术教育，2008（25）.

45. 刘志鹏. 精品·规模·服务——高等教育出版社中等职业教育国家规划教材简介[N]. 中国教育报，2002-6-24. .

46. 曹晔. 我国职业教育区域统筹发展的七大举措[J]. 教育发展研究，2010（19）.

47. 孙琳. 新中国职业教育的发展与变革[J]. 中国职业技术教育，2008（33）.

48. 王继平. 总结经验不断开拓扎扎实实地做好职业教育师资基地建设工作[J]. 中国职业技术教育，2002（8）.

49. 吴继宸. 部属职教师资培训基地成果概览[J]. 中国职业技术教育，1998（9）.

50. 刘育锋. 论我国职教教师资格要求的缺失——我国与北欧国家职教教师资格比较研究[J]. 中国职业技术教育，2006（35）.

51. 杨春芳. 我国职业教育教师资格制度的反思与重构[J]. 职教论坛，2009（25）.

52. 李广平. 从国际教师资格制度的发展趋势看我国教师资格证书制度的完善[J]. 外国教育研究，2004（3）.

53 贺文瑾. “双师型”职教师资的资格认定研究[J]. 职教论坛，2010（4）.

54. 杨上游. 我国创建中等专业教育的实践[J]. 武汉电力职业技术学院学报，2006（2）.

55. 翟海魂. 高等师范教育要主动适应发展职业技术教育的需要[J]. 河北农业技术师范学院学报，1988（2）.

56. 张炳耀. 我国职业技术师范教育情况调查与分析[J]. 职业技术教育（教科版），2003（1）.

57. 陈谟开. 加大县级政府统筹力度深化农村教育综合改革[J]. 吉林教育科学，1997（2）.

58. 葛玉刚. 探索农村职教发展的新路子——河北省农村职教中心建设纪实[J]. 教育与职业，1994（7）.

59. 曹晔，冯利民. 我国农村职业学校布局结构与专业结构调整分析[J]. 教育与职业，2008（5）.

60. 曹晔，刘颖，盛子强. 新中国现代职业教育体系建设的历史溯源[J]. 教育与职业，2015（8）.